1592년 3월 9일부터 1599년까지의 일록, 초서정리본
경북 의성출신 監營 營吏의 시선에 의한 기록, 보물 제880호
남인 상관 받든 정치적 입장, 아전이라는 신분적 입장

이탁영 정만록의 임진변생후일록

李擢英 征蠻錄 壬辰變生後日錄

李擢英 원저 · 申海鎭 역주

보고사
BOGOSA

머리말

이 책은 경상북도 의성 출신으로 임진왜란 당시 경상도 감영의 영리(營利) 이탁영(李擢英, 1541~1610)이 종군하며 전장에서 보고 듣고 느낀 바를 중심으로 생생하게 기록한 일록을 번역하였다. 곧 〈임진변생후일록(壬辰變生後日錄)〉으로 1592년 3월 9일부터 1599년 5월까지의 일기이다. 한국국학진흥원에 소장된 《정만록(征蠻錄)》의 건(乾)이다. 원래는 경주이씨 직장공파 문중에 소장되었던 것이다.

현전 《정만록》은 건곤의 2권 2책인데, 보물 제880호로 지정된 귀중한 문헌이다. 그 가운데 149면 분량의 〈임진변생후일록: 약칭 일록〉에 대해서는 1592년 11월 18일의 내용에 의하면, 이미 당시에 주목받고 있었다. 경상도 도사(都事) 김홍미(金弘微, 1557~1605)가 병사(兵使) 박진(朴晉, 1560~1597)으로부터 일록의 존재를 듣고서 이탁영에게 보여주기를 부탁하였던 것이다.

그러나 일록의 전편을 살펴볼 때 한 사람의 글씨체가 아닐 뿐만 아니라, 정유년(1597) 7월 1일의 기사가 9월 20일의 기사 다음에 기록되어 있는 점에서, 보물로 지정된 초서필사본은 이탁영 본인이 직접 쓴 친필 초서본이라 할 수 없고 후일 누군가에 의해서 정리된 '초서정리본'이라 하겠다. 곧, 일정 시간이 지난 뒤에 친필 초서본과 여러 문서들을 정리한 형태이다.

아마도 1603년 도체찰사 이원익(李元翼, 1547~1634)이 경상 감사 이시발(李時發, 1569~1626)에게 임진왜란 당시 영남지역 관련 사적을 채집하여 올리도록 한 것에 기인한 것이 아닌가 한다. 이러한 명에 따라 경상도 지역의 관련 사적을 정리하여 찬진한 것이 바로 나의 13대조인 성은공 신흘(申仡, 1550~1614)의 《난적휘찬(亂蹟彙撰)》이다. 이는 나의 졸역에 의해 출간되었다.(『역주 난적휘찬』, 역락, 2010) 현전 《정만록》도 이와 같은 경우로 사족이 아닌 중인의 아전에 의해 채집된 중요 사료로 짐작된다. 매일 적은 일기를 먼저 정리한 뒤에 관련 각종 공문 자료를 보충하여 찬진하였는데, 1질은 왕에게 또 1질은 감영에 보냈던 것으로 보인다. 왕에게 올렸다가 다시 내려 되돌려 보내온 것을 본가에 보관하고 있었던 것이다.

초서정리본인 현전 《정만록》은 유전하였으니, 곤(坤)을 베낀 것이 천리대학교(天理大學校) 도서관 금서문고본(今西文庫本)의 용사일록(〈조선학보〉 76, 조선학회, 1975)이고, 동일한 내용을 전재한 경도대학교(京都大學校) 도서관 하합문고본(河合文庫本)의 정만록(〈조선학보〉 77, 조선학회, 1975)이다. 이 외에도 석인본 〈효사재선생정만록(孝思齋先生征蠻錄)〉이 있다.

이탁영의 본관은 경주(慶州), 자는 자수(子秀), 호는 반계(盤溪)·효사재(孝思齋)이다. 아버지는 이연년(李延年), 어머니는 김철손(金哲遜)의 딸로 분성김씨(盆城金氏)이다. 1541년 경상북도 의성 지곡리(芝谷里: 현 의성읍 상리동)에서 태어났다. 15세 때인 1555년 아버지를 여읜 후, 1561년 의성현의 향리(鄕吏)로 나아갔다가 1565년부터 2년 동안 강사상(姜士尙, 1519~1581)이 경상도 관찰사였을 때 영리(營吏:

감영의 아전)로 발탁되어 들어가 1592년 임진왜란 일어났을 때의 김수(金睟, 1547~1615) 관찰사를 거쳐 1600년부터 2년 동안 김신원(金信元, 개명: 金履元, 1553~1614)의 관찰사 때까지 영리로 있었다.

그의 어머니 분성김씨는 노비에서 면천된 것으로 보인다. 일록의 6월 19일 내용에 의하면, 당시 관찰사 김수가 관문(關文: 공문서)을 통해 이탁영의 노모에게 쌀·콩·소금·간장 등을 지급해 주도록 하고 늙은 노비에서 면제시키도록 하였다는 기록이 있다. 굳이 이를 언급함은 일록에 이탁영이 어머니를 그리는 대목이 유별나게 많은데, 이에 연유한 것으로 보이기 때문이다.

일록은 그날그날 보고 듣고 겪은 일들을 적고 있는데, 1592년 3월 9일 기사 이후 임진왜란이 시작된 4월 14일 기사부터는 거의 날마다 기록하였으나 1593년부터 1599년까지의 기사는 연월 중심으로 중요한 사건만 적은 것이 특징이다.

이탁영은 임진왜란이 일어나자 순찰사였던 김수의 막하로 들어가 참모로 활동했는데, 김수가 근왕병(勤王兵)을 이끌고 수원(水原)까지 진군하였을 때에도 시중을 들었기 때문에 자신의 주위에서 일어난 일이었지만 대부분 김수 중심의 전투 상황에 대한 기록이다. 관찰사 김수가 전란 초 밀양에 계속 주둔해 있으면 호령할 길이 없을 것으로 생각하여 4월 17일 마지못해 영산으로 퇴각하였음을, 4월 19일에는 합천으로 옮겨 주둔하여 도모할 작정이었음을, 4월 20일에는 고령으로 가다가 장계 올렸음을, 4월 22일에는 지례로 달려가 추풍령을 방어하려 하였음을, 4월 26일에는 거창에서 동서로 대응하려 하였음을, 4월 28일에는 경상도의 적을 방비해야 했지만 그럼에도 근왕군을 일으키려 했음을 한결같이 우호적인 시선으로 적고 있다. 6월의 용인 전투에서도 다른 관찰사들과 달리 김수가 결사적으로 전투에 임했음을, 적은 병사로 근왕한 것은 왕의 지시에 따른 충성이었음을, 김수 가족들이 임진강으로 피난갔다가 몰살당하고 사위까지 사망한 참혹한 소식을 차마 전하지 못하는 데서 그러한 시선 또한 확인할 수 있다.

9월 7일 김수가 한성 판윤으로 소환된 이후에는 주로 초유사(招諭使)로서 경상 우감사가 된 김성일(金誠一, 1538~1593)과 관련된 기사로 채워지는 데다, 9월 10일 고향 의성으로 돌아와 가족들과 재회하고서 9월 16일 이후로는 대부분 의성에 있으며 조보나 전통으로 들은 전황을 기록하고 있다. 1592년 12월 13일 기사에 의하면 경상 좌감사 한효순(韓孝純, 1543~1621)이 이탁영에게 영리를 맡으라고 했으나, 이탁영이 남인계 인물이었던 김수와 김성일과는 다르게 노모와 처자식을 보살펴야 한다는 명분으로 한효순의 명을 사양하였고 끝내 16일에 허락을 받았는데, 이는 일록에 있어서 1593년 이후의 기사가 날마다 기록되어지지 못한 까닭과 연관이 있어 보인다.

1593년 이후의 기록은 일기라기 보다는 이탁영이 전문한 것들을 적은 것이라 하겠다. 주로 명나라 군대의 동향과 주요 전투상황에 관한 것이었는데, 명나라 장수들의 이름을 제대로 적지 못하는 것을 유감으로 여겼을 만큼 대명의리를 보이기도 하였지만, 명나라 군사의 횡포를 포함한 군량 보급 문제를 기록하기도 하였다. 1598년에는 명나라 정응태(丁應泰)가 경리 양호(楊鎬)와 갈등을 빚으면서 조선이 의도적으로 일본을 끌어들여 함께 명나라를 침략하려 했다고 모함하였던 주본(奏本)에 대응한 우의정 이덕형(李德馨) 등의 상서문과 형조 판서 이충원(李忠元) 등이 올린 상서문을 수록하고 있는데, 이 사건이 조선에 가져다 준 충격을 엿볼 수 있다.

일록에 있어서 눈에 띄는 대목은 부왜(附倭: 왜놈들에게 붙어서 나라를 해롭게 함)와 신분 상승한 향리에 관하여 다양하고 자세한 것인데, 1592년 7월 5일에는 기밀한 정보를 제공하는 것을, 7월 11일에는 일본군에게 적지 않은 백성들과 향소의 임원들이 투항하는 모습을, 7월 16일에는 포로가 되었던 조선인들이 왜인에게 협력하거나 왜인보다 더 심한 자행들을 묘사한 것 등이고, 또한 7월 17일에는 교동공생(喬桐貢生) 출신 고언백(高彦伯)이 아병(牙兵) 300명을 이끌고 공을 세워 양주목사에 제수된 것 등이다.

요컨대, 이탁영은 대명의리를 지닌 향리로서 남인계 인물을 우호적인 시선으로 받들고 어머니를 극진히 섬겨 충효를 보였던 자신의 자취를 기록으로 남긴 것이 일록으로 보인다.

한결같이 하는 말이지만 나름대로 최선을 다하고자 했다. 그러함에도 불구하고 여전히 부족할 터이니 대방가의 질정을 청한다. 그리고 의성문화원 원장을 지낸 신시호 족형이 재직 시에 번역하기를 희망하였는데 이제야 받들어 마칠 수 있게 되어서 다행이다. 끝으로 편집을 맡아 수고해 주신 보고사 가족들의 노고와 따뜻한 마음에 심심한 고마움을 표한다.

2023년 7월 빛고을 용봉골에서

무등산을 바라보며 신해진

차례

임진년(1592)

*: 원문의 연월일 착종 보임

계사년(1593)

갑오년(1594)

을미년(1595)

병신년(1596)

정유년(1597)

무술년(1598)

기해년(1599)

일러두기

이 책은 다음과 같은 요령으로 엮었다.

01. 번역은 직역을 원칙으로 하되, 가급적 원전의 뜻을 해치지 않는 범위 내에서 호흡을 간결하게 하고, 더러는 의역을 통해 자연스럽게 풀고자 했다. 다음의 자료가 참고되었다.
    - 『譯註 征蠻錄』, 李虎應 역, 의성문화원, 2002.
02. 원문은 저본을 충실히 옮기는 것을 위주로 하였으나, 활자로 옮길 수 없는 古體字는 今體字로 바꾸었다.
03. 원문표기는 띄어쓰기를 하고 句讀를 달되, 그 구두에는 쉼표(,), 마침표(.), 느낌표(!), 의문표(?), 홑따옴표(' '), 겹따옴표(" "), 가운데점(·) 등을 사용했다.
04. 주석은 원문에 번호를 붙이고 하단에 각주함을 원칙으로 했다. 독자들이 사전을 찾지 않고도 읽을 수 있도록 비교적 상세한 註를 달았다.
05. 주석 작업을 하면서 많은 문헌과 자료들을 참고하였으나 지면관계상 일일이 밝히지 않음을 양해바라며, 관계된 기관과 여러분께 진심으로 감사드린다.
06. 이 책에 사용한 주요 부호는 다음과 같다.
    - (　　) : 同音同義 한자를 표기함.
    - [　　] : 異音同義, 出典, 교정 등을 표기함.
    - "　　" : 직접적인 대화를 나타냄.
    - '　　' : 간단한 인용이나 재인용, 또는 강조나 간접화법을 나타냄.
    - 〈　　〉 : 편명, 작품명, 누락 부분의 보충 등을 나타냄.
    - 「　　」 : 시, 제문, 서간, 관문, 논문명 등을 나타냄.
    - 《　　》 : 문집, 작품집 등을 나타냄.
    - 『　　』 : 단행본, 논문집 등을 나타냄.
07. 이 책과 관련된 안내 사항은 다음과 같다.
    - 박인호, 「임진왜란기 지방 이서의 전쟁 경험과 정리 작업: 이탁영의 『정만록』을 중심으로」, 『한국사학사학보』 34, 한국사학사학회, 2016.

| 번역과 원문 |

이탁영 정만록의 임진변생후일록

李擢英 征蠻錄 壬辰變生後日錄

임진년
1592

3월 9일。

집을 떠나서 청로(青路)를 거쳐 의흥(義興)·소계(召溪)·대구(大丘: 大邱)·현풍(玄風)·창녕(昌寧)·영산(靈山)을 들르고, 14일 창원(昌原)에 도착하였다가 15일 곧장 우병영(右兵營: 진주)에 들어갔다.

상국(相國: 문맥상 바른 표기가 아님) 김수(金晬: 金睟의 오기, 경상 우감사)가 순행하며 방비 상황을 살피고자, 웅천(熊川)에서 안골포(安骨浦)·가덕(加德)·천성(天城)·제포(薺浦), 영등포(永登浦)·거제(巨濟)·옥포(玉浦)·지세포(知世浦)·조라포(助羅浦)·우수영(右水營), 당포(唐浦)·사량(蛇梁), 가배량(加背梁), 고성(固城)·소비포(所非浦), 삼천진(三千鎭)·적량(赤梁), 미조항(彌助項)·상주포(尙州浦)·곡포(曲浦)·평산포(平山浦)·남해(南海), 사천(泗川)까지 두루 다닌 뒤 4월 7일 진주(晉州)에 도착하였다.

6일 동안 머물며 변란을 대비하는데, 나는 방호차지(防護次知: 방호 담당자)로서 진영(鎭營)과 포구(浦口)를 드나드느라 조금도 휴식을 취할 수가 없어서 답답한 심정으로 날을 보내니 부모를 찾아뵈려는 마음이 절박하여 편안히 쉴 기약을 고대하였건만, 또 보름날 이후까지 계속 번을 서라는 명이 내려졌다고 하니 이 답답한 심정이 어찌 끝이 있으랴.

三月 初九日。

離家, 由靑路[1], 歷義興[2]·召溪[3]·大丘·玄風[4]·昌寧[5]·靈山[6], 十四日到昌原[7], 十五日卽入于右兵營[8]。金相國晬[9], 欲巡審防備, 由熊川[10]·安骨浦[11]·加德[12]·天城[13]·薺浦[14], 永登浦[15]·巨濟[16]·玉浦[17]·

---

1 靑路(청로): 경상북도 의성군 금성면의 마을. 청로리는 구릉성 산지로 둘러싸인 농촌 마을이다. 남쪽에 솟아 있는 왕제산에서 뻗어 나온 산줄기가 마을 서쪽을 가로 막고 있으며, 동쪽은 낮은 구릉이 분포하고 있다. 마을 북쪽은 쌍계천이 흐르며, 농경지가 펼쳐져 있다.

2 義興(의흥): 경상북도 군위군 의흥면 지역. 조선시대에는 대구, 영천, 의성, 안동을 연결하는 군사 교통의 요지였으므로 華山山城을 축조하기도 하였다.

3 召溪(소계): 경상북도 군위군 효령면 花溪里.

4 玄風(현풍): 대구광역시 달성군 남부에 있는 현풍면 지역. 苞山이라고도 하였다. 1592년 임진왜란 때 곽재우가 이곳의 왜병을 격파시켜 창녕과 현풍간의 왜군을 대구로 철수하게 하였다.

5 昌寧(창녕): 경상남도 북부에 있는 창녕군 창녕읍 지역. 동쪽은 밀양시와 경상북도 청도군, 서쪽은 합천군·의령군, 남쪽은 함안군·창원시, 북쪽은 대구광역시와 경상북도 고령군에 접한다.

6 靈山(영산): 경상남도 창녕군 영산면 지역.

7 昌原(청원): 경상남도 중남부에 있는 창원시 지역. 동쪽은 김해시·부산광역시, 서쪽은 진주시·함안군·고성군, 남쪽은 거제시, 북쪽은 창녕군·밀양시와 접한다.

8 右兵營(우병영): 조선시대 경상우도 진주에 있었던 병마절도사의 駐營.

9 金相國晬(김상국수): 金晬(1547~1615)의 오기. 相國은 영의정, 좌의정, 우의정의 통칭인바, 문맥상 바른 표기는 아니다. 본관은 安東, 자는 子昻, 호는 夢村. 1573년 알성문과에 급제하여 평안도관찰사·경상도관찰사를 거쳐 대사헌, 병조·형조의 판서를 두루 지냈다. 1592년 임진왜란이 일어났을 때 경상우감사로 진주에 있다가 동래가 함락되자 밀양과 가야를 거쳐 거창으로 도망갔다. 전라감사 李洸, 충청감사 尹國馨 등이 勤王兵을 일으키자 함께 용인전투에 참가했으나 패배한 책임을 지고 한때 관직에서 물러났다. 당시 의령에서 의병을 일으켰던 곽재우와 불화가 심했는데 이를 金誠一이 중재하여 무마하기도 했으며, 경상감사로 있을 때 왜군과 맞서 계책을 세워 싸우지 않고 도망한 일로 사람들의 비난을 받았다.

10 熊川(웅천): 경상남도 창원시 진해구 웅천동 지역.

知世浦[18]·助羅浦[19]·右水營[20], 唐浦[21]·蛇梁[22]·加背梁[23]·固城[24]·所

---

11 安骨浦(안골포): 경상남도 창원시 진해구 웅동동에 있었던 포구. 남해연안에 있으며, 石城으로 둘러싸여 있는 水軍의 진영이 있었던 곳이다.

12 加德(가덕): 섬 이름. 부산광역시 강서구 낙동강 하구 진해만 남동쪽에 있다. 1597년 정유재란 때 통제사 元均이 전선 60여 척을 거느리고 적의 퇴로를 차단할 목적으로, 이곳에서 적장 시마쓰(島津)와 타카하시(高橋) 등과 싸우다가 패하였다.

13 天城(천성): 부산광역시 강서구 가덕도에 있던 동네 이름.

14 薺浦(제포): 경상남도 창원시 진해구 제덕동 일명 괴정 마을. 웅천의 포구 乃而浦이다. 수군만호진이 있던 곳이다.

15 永登浦(영등포): 鎭 이름. 경상남도 거제도 장목면에 있던 진이다. 1592년 萬戶는 禹致績이었다.

16 巨濟(거제): 경상남도 진해만 전면에 있는 섬.

17 玉浦(옥포): 경상남도 거제시 옥포동에 있는 포구. 지형이 복잡한 거제도의 北地山脈 동쪽에 있으며, 수심 14~15m의 옥포만에 연하여 있다. 이러한 지형적 특징으로 조선시대에는 진영이 설치되어 있어 군사상 중요지역으로 여겨왔던 곳이다.

18 知世浦(지세포): 경상남도 거제시 일운면 지세포리에 있는 鎭.

19 助羅浦(조라포): 경상남도 거제시 옥포의 북쪽에 있는 포구.

20 右水營(우수영): 조선시대 전라도와 경상도에 두었던 수군의 주진 가운데 오른편을 관할하던 수영. 경상도 우수영은 거제도에 설치하였다가 1604년 고성(지금의 통영)으로 옮겼다.

21 唐浦(당포): 경상남도 통영시 산양읍에 있는 포구. 이곳에 있는 당포산성은 1374년 최영이 왜구의 침입에 방비하고자 쌓은 성곽으로, 조선시대에 들어와서도 그대로 이곳 주변의 수군진을 관할하는 萬戶가 지키는 鎭城이었다. 1592년 임진왜란 때 한산대첩에 앞서 당포대첩을 거둔 바 있다.

22 蛇梁(사량): 섬 이름. 경상남도 통영시에서 가장 서쪽 해역에 있는 섬. 樸島라 불렸었는데, 고려시대에는 樸島句堂所가 있어 봄과 가을에 관할 수령이 남해의 호국신에게 望祭를 지냈었다. 사량도는 두 섬 사이를 가로흐르는 물길이 가늘과 긴 뱀처럼 구불구불한 형세를 이룬 것에서 유래하였다.

23 加背梁(가배량): 경상남도 거제시 동부면 노자산 기슭의 깊숙한 해안에 있는 성곽. 가배리마을 가운데에서 거제만으로 향하고 있는데, 성곽의 외부는 城軸에 접하여 쌓았다. 1592년 이순신이 우수영을 한산도 두억포에서 전라도 녹도, 진도로 옮겼다가 거제 가배량포로 옮기면서 성을 쌓았다. 1601년엔느 가배량포에

非浦[25]·三千鎭[26]·赤梁[27]·彌助項[28]·尙州浦[29]·曲浦[30]·平山浦[31]·南海[32]·泗川[33], 四月初七日到晉州。留六日待變, 我以防□次知[34], 出入鎭浦, 少無休息, 悶默度日, 歸寧[35]情迫, 苦待休期, 而又令仍立望後云, 此悶何極?

통제영이 있었으나 통제영으로 적당하지 못해 고성군 춘원포로 옮겼다가 다시 통영으로 옮겼다.

24 固城(고성): 경상남도 중남부에 있는 고을. 동북쪽은 창원시, 북쪽은 진주시, 서쪽은 사천시, 동남쪽은 통영시, 남쪽은 남해의 한려수도와 접한다.

25 所非浦(소비포): 경상남도 고성군에 있었던 포구. 소징개라 불리기도 하였다. 조선 세조 때 蛇梁을 고친 이름으로 萬戶營이 있었다. 오늘날에는 송진포라 부른다.

26 三千鎭(삼천진): 경상남도 통영시 산양읍 영운리에 있었던 鎭. 당포진과 통영 남쪽에 있었던 군사주둔지이다.

27 赤梁(적량): 경상남도 남해군 창선면 진동리에 있는 포구. 마을 앞으로 보이는 통영의 사량도와 수우도 사이에서 붉은 해가 제일 먼저 떠오르는 데서 불렸다고 한다.

28 彌助項(미조항): 경상남도 남해군 삼동면 미조리에 있는 항구.

29 尙州浦(상주포): 경상남도 남해군 남부의 錦山 아래에 있는 포구.

30 曲浦(곡포): 경상남도 남해군 이동면 하계리에 있는 포구.

31 平山浦(평산포): 경상남도 남해군 남면 평산리에 있는 포구.

32 南海(남해): 경상남도 남서단에 있는 고을. 남해도는 남해군에 있는 제일 큰 섬. 동쪽은 통영시, 서쪽은 전라남도의 광양시·여수시, 남쪽은 남해, 북쪽은 하동군·사천시와 접한다.

33 泗川(사천): 경상남도 남부에 있는 고을. 동쪽은 고성군, 서쪽은 하동군, 남쪽은 한려수도와 사천만 및 남해군, 북쪽은 진주시와 접한다.

34 防□次知: 防護次知인 듯. 次知는 主任으로 담당자란 뜻이다. 各官의 사무를 맡아 보는 사람이다.

35 歸寧(귀녕): 부모를 찾아뵙는 일. 원래는 시집 간 딸이 친정에 돌아가서 어버이가 편한히 계신 지를 살펴보는 것을 일컫는다.

4월 14일。

갑자기 왜적이 400여 척의 배로 부산포(釜山浦)를 침입해 왔고, 뒤이어서 나오는 왜적들은 그 수를 알지 못한다고 하였다. 처음에는 세견선(歲遣船: 일본인에게 허락한 무역선)인 것으로 여겼으나, 뒤늦게 듣건대 부산포를 직접 침범했다니 나랏일이 망극한 지경에 이르렀다.

四月十四日。

奄聞倭賊, 四百餘艘, 來犯釜山浦, 繼後出來之賊, 不知其數云。初以爲歲遣舡[36], 追聞直犯釜山浦, 國事罔極。

4월 15일。

진주(晉州)에서 말을 달려 반성현(班城縣)에 이르니, 듣건대 부산포(釜山浦)가 성이 함락되어 첨사(僉使) 정발(鄭撥)이 참수되었고 온 성 안에 가득했던 남녀들이 남김없이 다 섬멸되었다고 하였다. 연유를 갖추어 급히 장계(狀啓)를 올리고 상도(上道) 가운데 여러 고을의 수령들에게도 널리 알리도록 한 후에 말을 달려 함안(咸安)에 이르니, 날이 이미 저물었다.

일행의 상하 모두가 쇄마(刷馬: 관용의 말)를 탔는데, 그 쇄마를 부리는 마부(馬夫) 1명이 도망치자 즉시 목을 베어 사람들이 놀랐고 간신히 칠원(柒原)에 이르자 동방이 밝아왔다.

十五日。

自晉州馳, 到班城縣[37], 聞釜山浦陷城, 僉使鄭撥[38]被斬, 滿城男

---

36 歲遣舡(세견강): 歲遣船. 조선시대에 쓰시마섬 도주에게 내왕을 허락한 무역선.

女, 無遺被殲云。具由馳啓, 上道中諸邑守令處, 傳令後, 馳到咸安[39], 則日已暮矣。一行上下, 皆乘刷馬[40], 一馬扶[41]逃走, 卽斬驚衆, 艱到漆原[42], 則東方啓矣。

4월 16일。

말을 달려 일문역(一門驛) 앞에 이르렀을 때, 또 듣건대 동래부(東萊府)가 성이 함락되어 부사(府使) 송상현(宋象賢)·교수(敎授) 노개방(盧蓋邦)·양산쉬(梁山倅: 양산군수) 조영규(趙英珪)·조방장(助防將) 홍윤관(洪允寬)·대장(代將) 송봉수(宋鳳壽) 모두가 참수되었고, 울산 군수(蔚山郡守) 이언함(李彦諴)은 거짓으로 죽은 척하여 살아 돌아왔으나 성안에 죽은 자가 가득차서 몇 천 몇 백 명이나 되는지 알지 못하였고,

---

37 班城縣(반성현): 경상남도 진주시 동부에 있는 면. 동북쪽의 五峰山 줄기 끝에 형성된 야트막한 구릉에 면 소재지가 자리를 잡고 있다.

38 鄭撥(정발, 1553~1592): 본관은 慶州, 자는 子固, 호는 白雲. 1592년 折衝將軍의 품계에 올라 부산진첨절제사가 되어 방비에 힘썼다. 4월에 임진왜란이 일어나 부산에 상륙한 왜병을 맞아 분전하였으나 중과부적으로 마침내 성이 함락되고 그도 전사하였다. 이때 첩 愛香은 자결하였고, 奴婢 龍月도 전사하였다.

39 咸安(함안): 경상남도 남부 중앙에 있는 고을. 동쪽은 창원시, 서쪽은 의령군·진주시, 남쪽은 고성군, 북쪽은 남강과 낙동강을 경계로 의령군·창녕군과 접한다.

40 刷馬(쇄마): 조선시대 지방에 갖추었던 관용의 말. 外官의 迎送이나 詔使의 方物 등을 수송하는 데 쓰였다. 조선전기에는 역참에 소속된 말과 인부가 주로 이용되다가 임진왜란 이후부터 민간의 말을 대가를 지불하고 사용하는 것이 일반화되었다.

41 馬扶(마부): 馬夫의 오기인 듯.(이하 동일)

42 漆原(칠원): 경상남도 함안군 동부에 있는 읍. 동쪽은 창원시 북면, 남쪽은 마산시 내서읍·함안군 산인면, 서쪽은 산인면, 북쪽은 칠서면·칠북면과 접한다.

부사(府使: 송상현)의 두 첩 가운데 한 명은 요행히 달려서 나왔으나 다른 한 명은 적장에게 사로잡혔다고 하였다.

한낮이 되어서야 말을 달려 밀양(密陽)에 들어서니, 적도(賊徒)들이 곧장 양산(梁山)을 쳐들어갔다고 하는지라 온 도내(道內)에 알려 모든 고을의 색군(色軍: 유사시 대비 군사)을 모조리 징발하여 차례대로 각지에 나뉘어 주둔해 있다가 적의 형세를 살피며 계속해서 구원하게 하였다.

十六日。

馳及一門驛[43]前, 又聞東萊府[44]陷城, 府使宋象賢[45]·教授盧蓋邦[46]·梁山倅趙英珪[47]·助防將洪允寬[48]·代將宋鳳壽[49], 皆被斬, 蔚

---

43 一門驛(일문역): 경상남도 창녕군 계성면 일문에 있던 역참. 日門驛으로도 표기되었다. 본래 一門과 月山 두 마을이었으나, 지금은 明里라 일컬어진다.

44 東萊府(동래부): 부산광역시 동래구 지역을 중심으로 편성되었던 조선시대의 관청이자 행정구역. 1592년 임진왜란이 일어난 직후 동래현으로 강등되었다가 1599년 다시 동래부로 승격되었다.

45 宋象賢(송상현, 1551~1592): 본관은 礪山, 자는 德求, 호는 泉谷·寒泉. 1570년 진사에, 1576년 別試文科에 급제하여 鏡城判官 등을 지냈다. 1584년 宗系辨誣使의 質正官으로 명나라에 다녀왔다. 귀국 뒤 호조·예조·공조의 正郎 등을 거쳐 東萊府使가 되었다. 임진왜란이 일어나 왜적이 동래성에 쳐들어와 항전했으나 함락되게 되자 朝服을 갈아입고 단정히 앉은 채 적병에게 살해되었다. 충절에 탄복한 敵將은 詩를 지어 제사지내 주었다.

46 盧蓋邦(노개방, 1563~1592): 본관은 豊川, 자는 維翰. 1588년 식년 문과에 급제, 東萊教授가 되어 1592년 봄 임진왜란이 일어나기 직전 휴가를 얻어 귀가하여 있다가 왜적이 침입했다는 소식을 듣고 급히 동래로 달려가 동래부사 宋象賢, 양산군수 趙英珪 등과 끝까지 성을 지키다 전사하였다.

47 趙英珪(조영규, ?~1592): 본관은 稷山, 자는 王瞻. 전라남도 長城에서 태어났다. 무과에 급제하여 龍川府使를 거쳐 梁山郡守가 되었다. 임진왜란이 일어나자 東萊府使 宋象賢을 찾아가 생사를 같이하기로 기약한 후, 노모가 있는 양산

山郡守李彦諴[50], 佯死生還, 滿城死亡, 不知幾千百, 府使兩妾, 一則僥倖走出[51], 一則爲賊將所占[52]云。當午, 馳入密陽[53], 則賊徒直衝梁山[54], 傳令一道, 盡徵諸色軍[55], 次次分屯, 觀賊勢繼援。

4월 17일。

또 듣건대 어젯밤에 양산성(梁山城)이 불타 함락되었는데 대장(代

으로 돌아와 작별하고 다시 동래성으로 갔다. 이때 왜병이 동래성을 포위하고 있었는데, 單騎로 돌진하여 성내로 들어가 끝까지 싸웠으나, 성이 함락되자 송상현과 함께 殉節하였다.

48 洪允寬(홍윤관, 1541~1592): 본관은 南陽, 자는 彦容. 1576년 별시 무과에 급제하였다. 아버지는 洪進이다.

49 宋鳳壽(송봉수, 1539~1592): 본관은 東萊, 자는 大光. 1576년 식년 무과에 급제하였다. 아버지는 宋珣이다.

50 李彦諴(이언함, 1541~?): 본관은 陽城, 자는 景信. 1572년 별시 무과에 급제하였다. 아버지는 李琳이다. 1589년 비변사에서 무인을 채용할 때 鄭彦信의 추천을 받아 벼슬에 나아가기 시작하여 거제, 結城, 울산 군수를 지냈다. 《宣祖修正實錄》 1592년 4월 14일 9번째 기사에 의하면, 적장 고니시가 조선 조정과 교섭할 의향이 있다는 내용의 서한을 주어 전달토록 하였으나, 뒤탈이 두려워 스스로 도망하여 왔다고 하면서 고니시의 서한을 조정에 전하지 않았다.

51 僥倖走出(요행주출): 李良女의 사실을 가리킴. 송상현이 전투가 벌어지기 전 서울로 보냈으나, 부산성 함락 소식에 家君 곁에서 죽겠다며 돌아갔다가 일본군의 포로가 되었지만 훗날 송환되었다.

52 爲賊將所占(위적장소점): 함흥기생 출신 금섬의 사실을 가리킴. 송상현의 시신 곁에서 사흘 동안 왜군을 꾸짖다 살해되었다. 象村 申欽의 〈송동래전〉에 나온다.

53 密陽(밀양): 경상남도 동북부에 있는 시. 동쪽은 울산광역시·양산시, 서쪽은 창녕군, 남쪽은 낙동강을 경계로 김해시·창원시, 북쪽은 경상북도 청도군과 접한다.

54 梁山(양산): 경상남도 동부에 있는 시. 동쪽과 남쪽은 부산광역시, 서쪽은 밀양시·김해시, 북쪽은 울산광역시와 접한다.

55 色軍(색군): 조선시대 군대편제의 하나로 평상시에는 병역의 의무가 없으나 유사시에 대비한 형식상의 군대.

將) 영산쉬(靈山倅: 영산 현감) 강효윤(姜孝胤)이 성의 북문을 열어서 성 앞으로 도망쳐 나가니 부상을 입은 자가 많지 않았다. 좌병사(左兵使: 울산 좌병영) 이각(李珏)은 소산역(蘇山驛)에서 진(陣)을 치고 적을 막으려다가 성이 함락되는 것을 보고는 놀라 스스로 적을 당하기 어려움을 알고서 멀리 달아났고, 본영(本營)의 좌수사(左水使) 박홍(朴泓)도 스스로 영사(營舍: 막사)를 불태우고 또한 달아나니 여러 장수들이 산산이 무너지고 사졸들이 새가 나는 듯이 흩어졌기 때문에 마치 무인지경 같아서 적도(賊徒)들의 한 부대는 곧장 언양(彦陽) 방면으로 돌진하고 다른 한 부대는 밀양(密陽) 방면으로 침공하자, 부사(府使: 밀양 부사) 박진(朴晉)에게 모든 군사를 다 거느리고 황산천(黃山遷: 황산잔도, 물고미잔로)에 가서 막도록 하였다.

사상(使相: 김수)이 응천(凝川: 밀양부)에 계속 주둔해 있다가 포위라도 된다면 곧바로 호령할 길이 없게 될 터라 형세상 부득이 영산(靈山)으로 물러나 주둔하기로 하였다.

十七日。

又聞昨夜, 焚陷梁山城, 代將靈山倅姜孝胤[56], 開北門, 走出前, 被傷不多。左兵使李珏[57], 蘇山驛[58]結陣遏截, 驚見當城之陷, 自

---

56 姜孝胤(강효윤, 1545~1592): 본관은 晉州, 자는 汝述. 아버지는 姜夢瑞이다. 외손자가 韓克謙이다. 1585년 식년시 무과에 급제하였다.

57 李珏(이각, ?~1592): 임진왜란이 일어났을 때 경상좌병사로 울산 북방에 병영을 주둔하면서 부산진 전투와 동래 전투 동안 동래부사 宋象賢에게 수비를 맡겼으며, 경주성 전투를 앞두고는 그냥 내버려둔 채 달아났다. 한양이 함락된 뒤에 임진강에서 도원수 金命元에게 체포되어 참수되었다.

58 蘇山驛(소산역): 부산광역시 금정구에 있었던 역참. 조선시대 경상도의 도로망

知難當遠走, 本營左水使朴泓[59], 自焚營舍, 亦走出, 諸將瓦解, 士卒鳥散, 故如入無人之境, 賊徒一運, 直突彦陽[60]路, 一運衝斥密陽路, 令府使朴晉[61], 盡率諸軍, 往遏黃山遷[62]。使相, 仍駐凝川[63]被圍, 卽無路號令, 勢不得已, 退駐靈山。

인 황산도에 속한 역참이었다. 동래 休山驛과 낙동강 하구의 梁山을 잇는 역할을 했다.

59 朴泓(박홍, 1534~1593): 본관은 蔚山, 자는 淸源. 1556년 무과에 급제하여 宣傳官·江界府判官·鍾城府使 등을 거쳐 임진왜란 때 경상좌도 水軍節度使로서, 左水營(동래)에서 적과 싸웠으나 중과부적으로 패하였다. 평양으로 피난 간 선조를 찾아가던 중에 도원수 金命元을 만나 左衛大將에 임명되어, 임진강을 방어하나 다시 패하였다. 成川에서 우위대장·義勇都大將이 되었다가, 이듬해 전사하였다.

60 彦陽(언양): 울산광역시 울주군 언양읍 지역의 옛 지명. 동쪽은 범서읍, 서쪽은 상북면, 북쪽은 두동면·두서면, 남쪽은 삼남면과 접한다.

61 朴晉(박진, ?~1597): 본관은 密陽, 자는 明甫, 시호는 毅烈. 밀양 부사였을 때 임진왜란이 일어나자 李珏과 함께 蘇山을 지키다가 패하여 성안으로 돌아왔다가, 적병이 밀려오자 성에 불을 지르고 후퇴했다. 이후 경상좌도 병마절도사로 임명되어 나머지 병사를 수습하고, 군사를 나누어 소규모의 전투를 수행하여 적세를 저지하였다. 1592년 8월 영천의 민중이 의병을 결성하고 永川城을 근거지로 하여 안동과 상응하고 있었던 왜적을 격파하려 하자, 별장 權應銖를 파견, 그들을 지휘하게 하여 영천성을 탈환하였다. 이어서 안강에서 여러 장수들과 회동하고 16개 고을의 병력을 모아 경주성을 공격하였으나 복병의 기습으로 실패하였다. 그러나 한 달 뒤에 군사를 재정비하고 飛擊震天雷를 사용하여 경주성을 다시 공략하여 많은 수의 왜적을 베고 성을 탈환하였다. 이 결과 왜적은 상주나 서생포로 물러나지 않을 수 없었고, 영남지역 수십 개의 읍이 적의 초략을 면할 수 있었다. 1593년 督捕使로 밀양·울산 등지에서 전과를 올렸고, 1594년 2월 경상우도 병마절도사, 같은 해 10월 순천부사, 이어서 전라도 병마절도사, 1596년 11월 황해도 병마절도사 겸 황주 목사를 지내고 뒤에 참판에 올랐다.

62 黃山遷(황산천): 황산잔도 또는 물고미잔로. 경상남도 양산시 물금읍 물금리에 있는 벼랑길이다.

63 凝川(응천): 경상도 密陽府의 다른 이름.

4월 18일。

어제 흉적이 황산천(黃山遷: 황산잔도, 물고미잔로)을 곧장 침공하자, 부사(府使: 밀양부사) 박진(朴晉)은 죽도록 힘껏 싸웠으니 화살과 탄환이 갑옷을 씻듯 떨어지고 그 소리가 요란스럽게 쏟아지는 우박 같았는데도 오히려 물러나 피하지 않았다. 왜장이란 자가 은색 가마를 타고 은색 일산(日傘)을 펴고서 줄기차게 휘몰아 압도해 오자, 사졸들이 이미 뿔뿔이 흩어졌는 데다 원군까지 이르지 않아서 겨우 죽음을 면하고 물러나 피하여 본부(本府: 밀양부)로 달려 들어와 관아의 창고와 무기고를 불살랐다. 성안에는 한 사람의 종적조차 없었고 관아에는 단지 부사(府使: 박진)의 선조(先祖) 신주(神主)만 남아 있었는데, 부사는 오직 신주만 품고 성을 빠져 나와 멀리 바라보니 영남루(嶺南樓) 앞에는 왜군이 들판에 가득하였다. 민가를 분탕질하는데 사람을 죽이고 가축을 노략질하며 부녀자들을 범하여 간음하는 등 못하는 짓이 없었다. 장차 영산(靈山)을 침범하려 하였기 때문에 밤을 무릅쓰고 초계(草溪)로 옮겨 주둔하였다.

十八日。

昨日, 兇賊直衝黃山遷, 府使朴晉, 殊死力戰, 矢丸洒甲[64], 聲如亂雹, 猶不退避。倭將者, 乘銀轎, 奉銀傘, 長驅壓倒, 士卒已散, 援軍不至, 僅免退避, 馳入本府, 自焚官倉武庫。城內一無人蹤,

---

64 洒甲(쇄갑): 갑옷을 씻음. 杜甫의 〈洗兵行〉에 "어찌하면 장사로 하여금 은하수 끌어와서, 갑병을 깨끗이 씻어 영원히 쓰지 않게 할꼬.(安得壯士挽天河, 淨洗甲兵長不用?)"라고 한 데서 온 말이다. 오랑캐를 평정하고 전쟁을 중지하는 것을 의미하나, 여기서는 무기가 떨어져 그친다는 의미이다.

衙中只遣府使先世神主, 府使惟抱, 出城望見, 則嶺南樓[65]前, 青軍[66]滿野。焚蕩人家, 殺掠人畜, □□[67]婦女, 無所不至。將犯靈山, 故冒夜, 移駐草溪[68]。

4월 19일。

듣건대 흉적이 군대를 나누어 좌도(左道: 경상 좌도)의 여러 고을들을 마구 짓이겨 놓았다고 하기 때문에 말을 달려 합천(陜川)에 이르렀다. 하루를 머무르며 중간에서 형편에 따라 처리하려고 하였다.

十九日。

聞兇賊分運[69], 橫衝左道列邑, 故馳到陜川[70]。留一日, 居中策應[71]。

4월 21일。

듣건대 적도(賊徒)의 한 부대가 이미 영산(靈山) 방면을 침범하고서

---

65 嶺南樓(영남루): 경상남도 밀양시 내일동 밀양강가의 북안에 있는 누각. 고려 공민왕 때에 창건되었으나, 현재의 건물은 조선 憲宗 때 불타 버린 것을 그 이듬해에 중건한 것이다.

66 青軍(청군): 1592년 임진왜란 때 일본군의 동군을 이끈 加籐清正의 군대를 지칭하는 듯. 青軍은 東軍의 의미가 있다.

67 □□: 淫犯인 듯. 범하여 간음함.

68 草溪(초계): 경상남도 합천군 중동부에 있는 면.

69 分運(분운): 군대를 나눔.

70 陜川(합천): 경상남도 북서부에 있는 고을. 동쪽은 창녕군, 서쪽은 거창군, 남쪽은 의령군·산청군, 북쪽은 경상북도 고령군·성주군과 접한다.

71 策應(책응): 벌어진 일이나 사태에 대하여 알맞게 헤아려서 대응함.

곧바로 창녕(昌寧)·현풍(玄風)을 짓이기고 장차 낙동강(洛東江)을 건너려 하고, 또 다른 한 부대는 밀양(密陽)에서 청도(淸道)까지 이미 함락시켰고 대로(大路)로 이동하여 경산(慶山)·대구(大丘: 大邱) 두 성을 불태워 함락시키고 곧장 팔거(八莒)·인동(仁同)을 향하며 곳곳에 분탕질하여 연기와 불꽃이 하늘을 뒤덮었으며 장차 낙동강을 건너려 한다고 하였으므로 말을 달려 고령(高靈)에 이르렀다. 군관(軍官) 박태고(朴太古)에게 위급함을 고하는 치계(馳啓)를 하도록 하였다.

이후부터는 좌도(左道)로 가는 길이 이미 막혔으니, 노모(老母: 金哲遜의 딸 盆城金氏)와 처자식이 피란하여 살았는지 죽었는지 소식을 들을 길이 없었다. 또 정란(庭蘭: 이탁영의 장남)이 입번(入番)하는 일로 말미암아 고향에서 이중윤(李仲尹)의 상차(喪次: 상을 치르는 곳)에 조문하러 갔다가 번드는 길을 떠나 소촌(召村)에 이르러 말에서 떨어져 부상을 입고 친구 강만택(姜萬澤) 집에 머무르며 누워 조리하지 않을 수 없었는데 18일에야 비로소 낙동강(洛東江)을 건너 곧장 공산(公山: 팔공산)으로 갔다고 하였다. 바로 적의 칼날을 만났을 것인데, 또한 목숨을 부지해 집으로 돌아갔는지 알지 못하여 통탄스럽고 답답한들 어찌할 수가 있겠는가?

二十一日。

聞賊徒一運, 已犯靈山路, 直衝昌寧·玄風, 將越洛江, 又一運, 自密陽已陷淸道[72], 大路行軍, 焚陷慶山[73]·大丘兩城, 直向八莒[74]·仁

72 淸道(청도): 경상북도 최남단에 있는 고을. 동쪽은 경주시, 서쪽은 경상남도 창녕군, 남쪽은 경상남도 밀양시, 북쪽은 대구광역시 달성군·경산시와 접한다.

同[75], 處處焚蕩, 烟焰漲天, 將越洛江, 故馳到高靈[76]。令軍官朴太古[77], 告急馳啓。自此以後, 左路已塞。老母妻子, 避亂存亡, 無路得聞。且以庭蘭[78]入番事, 自家山[79]往吊李仲尹喪次[80], 行到召村[81], 爲馬所傷, 不得不留臥調友人姜萬澤[82]家, 十八日始越洛江。直向公山[83]云。正當賊鋒, 亦未知得保還家, 痛悶奈何?

---

73 慶山(경산): 경상북도 남부에 있는 고을. 동쪽은 경주시·영천시, 서쪽은 대구광역시, 남쪽은 청도군, 북쪽은 영천시와 접한다.

74 八莒(팔거): 대구광역시 북구(옛 칠곡동 일원)에 있었던 옛 지명. 조선시대에는 금호강의 지류인 팔거천이 흐르고 있었다.

75 仁同(인동): 경상북도 구미시 동부 지역에 있었던 지명. 조선시대에는 선산과 칠곡 사이의 작은 현에 불과하던 인동이 도호부라는 높은 품계를 받은 것은 임진왜란 때 의병장 곽재우가 왜적을 크게 무찔렀기 때문이다.

76 高靈(고령): 경상북도 남서단에 있는 고을. 동쪽은 대구광역시 달성군, 서쪽과 남쪽은 경상남도 합천군, 북쪽은 성주군과 접한다.

77 朴太古(박태고, 1557~1643): 본관은 咸陽, 자는 子淳, 호는 竹圃. 1589년 정여립의 난 당시 공신에 녹훈되어 訓練判事에 제수되었고, 이후 유성룡이 특별히 추천하여 訓練院正에 제수되었다. 1592년 임진왜란 때에는 李濯英, 鄭起龍, 군수 金敬老 등과 수원 북산에서 왜적을 맞아 싸웠는데, 왜병 2명을 쏘아서 죽였다. 이처럼 전쟁에서 공을 세워 醴泉郡守에 제수되었다.

78 庭蘭(정란): 李庭蘭. 이탁영의 장남이다.

79 家山(가산): 고향 집과 산. 고향 산천.

80 喪次(상차): 喪中에 喪主가 거처하며 執喪하는 처소.

81 召村(소촌): 召村驛. 경상남도 진주시 문산읍 소문리에 있었던 역참. 조선시대 경상도 진주를 중심으로 형성되엇던 소촌도의 중심이 되는 본역이었다.

82 姜萬澤(강만택, 생몰년 미상): 趙慶男의 《亂中雜錄》 권2 임진년(하)에 營吏로 나오나 구체적인 인적 사항은 알 수 없음.

83 公山(공산): 八公山. 대구광역시 동구, 경상북도 경산시, 영천시, 군위군, 칠곡군에 걸쳐 있는 산. 원래 명칭은 公山이었지만, 공산 전투에서 爲王代死의 고사로 유명한 신숭겸을 비롯하여 김락과 김철, 전이갑, 전의갑 형제와 그 사촌 동생인 전락, 개국 공신 평장사 호원보와 대상 손행을 포함한 8명의 장수가 이곳에서 전사하였다 하여 공산의 명칭이 팔공산이 되었다고 전해진다.

4월 22일。

듣건대 흉적의 한 부대는 현풍(玄風)을 거쳐서 이미 낙동강(洛東江)을 건너 성주(星州)를 쳐들어가 차지한 뒤 곧장 김산(金山: 金泉)으로 돌진하고 있으며, 다른 한 부대는 인동(仁同)에서 이미 선산(善山)을 건너 장차 상주(尙州)로 향한다고 하였기 때문에 추풍령(秋風嶺) 방면에서 간절히 적을 막으려는 계획으로 말을 달려 지례(知禮)에 이르렀다. 3일을 머물면서 동서로 형편에 따라 밤낮으로 처리하는 것이 오히려 온당치 못할까 두려워 비록 성의를 다하고 충성을 다 할지라도, 장차 어찌해야 하겠는가? 사상(使相: 김수)에게 도순찰사(都巡察使)를 겸하는 교지(教旨)가 내려왔다.

우정이 깊은 이중윤(李仲尹)이 지금 부친상을 겪고 있지만 조문하러 갈 겨를이 없으니, 이 한 몸의 괴로움이야 말하지 않아도 알 것이다. 나와 같은 고향 사람으로 개운포(開雲浦) 수군(水軍)인 자가 개운포에서 공사(公事: 공문서)를 가지고 밀양(密陽)을 거쳐 올라왔다. 올라올 때 숲 사이에 숨어서 자세히 살피니 적도(賊徒)가 많이 포치(布置)되어 있었고, 밀양을 거쳐 청도(淸道)를 향했을 때는 동틀 무렵부터 길에 적도가 가득히 올라오다가 날이 저물자 그제야 그쳤다고 하였다. 그의 말로써 헤아려 보건대 왜군의 한 부대는 거의 1만 명이나 2만 명쯤 되는 것 같았다. 이 사람이 돌아가는 편에 집에 부치는 편지를 부탁하였지만, 한스럽게도 전달될지 여부는 알 수가 없다.

24일에 흉적이 어느새 상주(尙州)에 이르러 순변사(巡邊使) 이일(李鎰)과 접전하였으나, 아군이 불리하여 퇴각하였다. 종사관(從事官) 이경류(李景流: 李慶流의 오기)는 바로 판서(判書) 이증(李增)의 아들로 올해 20세인데 지난해 과거에서 장원급제하여 병조 정랑(兵曹正郎)이 되었다가 전사하였으며, 사근 찰방(沙斤察訪) 김종무(金宗武) 또한 전장터에서 전사했다고 하였다. 죽임을 당한 사람과 가축은 몇 천인지 몇 백인지 알지 못하니, 포개져 있는 시체가 여기저기 어지러웠다.

二十二日。

聞兇賊一運, 由玄風, 已越洛江, 入據星州[84], 直突金山[85], 一運自仁同, 已越善山[86], 將向尙州[87], 故秋風[88]路, 大欲遏截之計, 馳到知禮[89]。留三日, 東西策應, 夜以繼朝, 猶恐乖當[90], 雖竭誠盡忠, 其將奈何? 以使相兼拜都巡察使, 有旨下來。深朋李仲尹, 方在父喪, 無暇往吊, 一身艱苦可知。同鄕人, 開雲浦水軍者, 自其浦, 持公事, 由密陽上來。時隱伏林間, 詳見賊徒多寡, 由密陽, 向淸道時, 自黎明, 瀰滿道路上去, 至暮乃止云。以此料之, 則其一運, 幾

84 星州(성주): 경상북도 남서쪽에 있는 고을. 동쪽은 낙동강을 경계로 대구광역시·칠곡군, 서쪽은 김천시·경상남도 합천군, 남쪽은 고령군, 북쪽은 김천시와 접한다.

85 金山(김산): 金泉. 경상북도 남서부에 있는 고을. 동쪽은 칠곡군·성주군, 서쪽은 충청북도 영동군·전라북도 무주군, 남쪽은 경상남도 거창군, 북쪽은 상주시·구미시와 접한다.

86 善山(선산): 경상북도 서부 중앙에 있는 고을.

87 尙州(상주): 경상북도 서북부에 있는 고을. 동쪽은 예천군·의성군, 서쪽은 충청북도 옥천군·보은군·영동군, 남쪽은 구미시·김천시, 북쪽은 문경시와 접한다.

88 秋風(추풍): 秋風嶺. 충청북도 영동군 추풍령면과 경상북도 김천시 봉산면의 경계에 있는 고개.

89 知禮(지례): 경상북도 북서부의 金泉市에 있는 고을. 동쪽은 조마면·성주군 금수면, 서쪽은 부항면·대덕면, 남쪽은 증산면, 북쪽은 구성면과 접한다.

90 乖當(괴당): 정당하지 않음.

一二萬。右人之還，請付家書，恨未知傳否也。二十四日，兇賊直到尙州，與巡邊使李鎰[91]接戰，我軍不利退兵。從事官李景流[92]，乃李判書增[93]之子，年今二十，去榜壯元，方爲兵曹正郎，戰死于陣中，沙斤[94]察訪金宗武[95]，亦戰亡云。被斬人畜，不知幾千百，枕

---

91 李鎰(이일, 1538~1601): 본관은 龍仁, 자는 重卿. 1558년 무과에 급제하여, 전라도 수군절도사로 있다가, 1583년 尼湯介가 慶源과 鐘城에 침입하자 慶源府使가 되어 이를 격퇴하였다. 임진왜란 때 巡邊使로 尙州에서 왜군과 싸우다가 크게 패배하고 충주로 후퇴하였다. 충주에서 도순변사 申砬의 진영에 들어가 재차 왜적과 싸웠으나 패하고 황해로 도망하였다. 그 후 임진강·평양 등을 방어하고 東邊防禦使가 되었다. 이듬해 평안도 병마절도사 때 명나라 원병과 평양을 수복하였다. 서울 탈환 후 訓鍊都監이 설치되자 左知事로 군대를 훈련했고, 후에 함북 순변사와 충청도·전라도·경상도 등 3도 순변사를 거쳐 武勇大將을 지냈다. 1600년 함경남도병마절도사가 되었다가 병으로 사직하고, 1601년 부하를 죽였다는 살인죄의 혐의를 받고 붙잡혀 호송되다가 定平에서 병사했다.

92 李景流(이경류): 李慶流(1564~1592)의 오기. 본관은 韓山, 자는 長源, 호는 伴琴. 아버지는 李增이다. 1591년 식년문과에 급제, 典籍을 거쳐 예조좌랑이 되었다. 1592년 임진왜란이 발발하자 병조 좌랑으로 출전하여 상주에서 상주판관 權吉과 함께 전사하였다.

93 李判書增(이판서증): 判書 李增(1525~1600). 본관은 韓山, 자는 可謙, 호는 北崖. 1549년 사마시에 합격해 진사가 되고, 1560년 별시 문과에 급제해 승문원 정자에 보임되었다가 홍문관의 정자, 持平, 사간원의 정언·헌납 등을 차례로 역임하고, 육조의 관직도 두루 거쳤다. 이후로 병조·호조·형조의 참의와 판결사 및 도승지를 지냈고, 외직으로는 황해·충청·전라·경상 4도의 관찰사를 지냈다. 1589년 대관의 장으로 정여립 옥사 국문에 참여하는 공을 세웠고, 1591년 형조판서에 제수되었으며, 뒤에 형조·예조·공조의 판서, 좌·우참찬을 역임하였다.

94 沙斤(사근): 沙斤驛. 경상남도 함양군 수동면에 있었던 역참. 沙斤道의 중심이 되는 조선시대의 역이다.

95 金宗武(김종무, 1548~1592): 본관은 善山, 자는 毅伯. 아버지는 金就文이다. 1591년 학덕으로 천거되어 남원의 獒樹道察訪을 지냈으며, 이어서 함양의 沙斤道察訪에 제수되었다. 1592년 임진왜란이 일어나자 상주로 가서 순변사 李鎰의 진에 들어가 상주판관 權吉과 함께 의병을 모아 전투하다가 전사하였다.

屍狼藉。

4월 26일。

듣건대 적의 한 부대가 200척의 배로 부산(釜山)에서 김해부(金海府)로 침범하고 성을 함락하여 우도(右道: 경상 우도)의 여러 진(鎭)을 다 무찔러 우병영(右兵營)을 돌파하고서 곧장 함안(咸安)·의령(宜寧)으로 쳐들어갔다고 하였기 때문에 사상(使相: 김수)이 진(陣)을 거창(居昌)으로 옮겼다. 8일을 머물면서 동서로 형편에 따라 처리하였는데, 김해 전투에서의 패한 장수인 초계 군수(草溪郡守) 이유검(李惟儉)은 목이 베어져 진중(陣中)에 효시되었다.

二十六日。

聞賊一運, 二百隻, 自釜山, 移犯金海[96]府陷城, 屠盡右道列鎭, 衝突右兵營[97], 直入咸安·宜寧[98]云, 故使相, 移陣居昌[99]。留八日, 東西策應, 金海敗軍將, 草溪郡守李惟儉[100], 斬示軍中。

---

96 金海(김해): 경상남도 낙동강 서쪽의 동남부에 있는 고을. 동쪽은 양산시·부산광역시, 서쪽은 창원시, 남쪽은 남해, 북쪽은 밀양시와 접한다.

97 右兵營(우병영): 조선시대 경상 우도 병마절도사의 駐營. 1592년 임진왜란 때는 경상남도 창원의 합포에 있었다가, 1603년 진주로 옮겼다.

98 宜寧(의령): 경상남도 중앙에 있는 고을. 동쪽은 창녕군, 동남쪽은 함안군, 서쪽과 북쪽은 합천군, 서남쪽은 진주시와 접한다.

99 居昌(거창): 경상남도 북서부에 있는 고을. 동쪽은 합천군, 서쪽은 함양군, 남쪽은 산청군, 북쪽은 경상북도 김천시·전라북도 무주군과 접한다.

100 李惟儉(이유검, 1538~1592): 본관은 全州, 자는 仲約. 1564년 무과에 급제하였다. 1592년) 임진왜란이 발발하자 순찰사 金睟는 초계군수 이유검을 김해 남문 수문장에 임명해 성문을 지키도록 하였으나 기세등등한 왜군과 제대로 싸우지도 못하고 성을 빼앗기자, 김수는 성을 포기한 죄를 물어 이유검을 효시하였다.

4월 28일。

흉적이 곧장 조령(鳥嶺)을 넘어 충주(忠州)를 돌격해 도순변사(都巡邊使) 신립(申砬)과 접전했는데, 아군이 또 불리하였으니 충청도의 군대뿐만 아니라 경성(京城)에서 온 정예병 또한 만여 명까지 한 사람도 살아 돌아오지 못했다고 하였다.

본도(本道: 경상 우도)의 적이 비록 지금 크게 성하다 할지라도 의리상 차마 물러나 있을 수 없으니, 단지 2천 명일망정 거느리고 근왕병(勤王兵)으로 상경하는 것이 절실한 계책이었다.

二十八日。

兇賊直越鳥嶺[101], 衝突忠州[102], 與都巡邊使申砬[103]接戰, 我軍又不利, 非但忠淸之軍, 京來精卒, 亦萬餘名, 無一人生還云。本道之賊, 雖方大熾, 義不忍退在, 只率二千名, 勤王上京切計。

5월 5일。

안음(安陰)에 이르렀다.

五月 初五日。

---

101 鳥嶺(조령): 경상북도 문경시 문경읍과 충청북도 괴산군 연풍면 사이에 있는 고개.

102 忠州(충주): 충청북도 북부에 있는 고을. 동북쪽은 제천시, 서쪽은 음성군, 남쪽은 괴산군과 경상북도 문경시, 북쪽은 강원도 원주시·경기도 여주시와 접한다.

103 申砬(신립, 1546~1592): 본관은 平山, 자는 立之. 1567년 무과에 급제하여 1583년 북변에 침입해온 尼湯介를 격퇴하고 두만강을 건너가 野人의 소굴을 소탕하고 개선, 함경북도 병마절도사에 올랐다. 임진왜란 때 三道都巡邊使로 임명되어 忠州 㺚川江 彈琴臺에서 背水之陣을 치며 왜군과 분투하다 패배하여 부하 金汝岉과 함께 강물에 투신 자결했다.

到安陰[104]。

5월 6일。

함양(咸陽)을 지나서 운봉(雲峯)에 이르렀다.

初六日。

過咸陽[105]，到雲峯[106]。

5월 7일。

장차 남원(南原)으로 향하려는데, 초유사(招諭使) 김성일(金誠一)이 남원에서 말을 달려 왔다. 처음으로 듣건대 호남 순찰사(湖南巡察使)가 군사를 거느리고서 공주(公州)에 이르렀다가 군사를 되돌려 갔다고 하였다. 또 듣건대 지난달 그믐날 난여(鑾輿: 大駕)가 도성(都城)을 떠나 관서지방으로 갔는데, 그믐날 이전에는 도성의 4대문을 굳게 닫아걸어 열지 않고 출입도 못하게 금하다가 뜻밖에 도성을 떠났으므로 도성 안의 사대부와 그 부녀자들이 엎어지고 자빠지며 달아나 피신하면서도 오히려 남보다 뒤질까 두려워하였으니, 모든 궁(宮)과 높은 누각 및 물건 창고와 곡식 창고가 저절로 거의 다 불탔으며, 명문대가들마저도 200년 동안 전해져 오던 가업(家業)을 헌신짝 버리듯 했다고 하였다.

---

104 安陰(안음): 경상남도 함양군과 거창군의 일부 지역.

105 咸陽(함양): 경상남도 서북부에 있는 고을. 동쪽은 거창군·산청군, 서쪽은 전라북도 남원시·장수군, 남쪽은 하동군, 북쪽은 거창군과 접한다.

106 雲峯(운봉): 전라북도 남원시 동부에 있는 운봉읍 일대.

사상(使相: 김수)은 도내(道內)의 적을 먼저 공격해 없애려던 것을 초유사의 권유로 그만두고서 다시 군사를 출동시킬 시기를 정하고 근왕(勤王: 임금에게 충성함)하기로 계획하였다.

初七日。

將向南原[107], 招諭使金誠一[108], 自南原馳到。始聞湖南巡察使, 領軍到公州[109], 還師。又聞去晦日, 鑾輿[110]西行, 晦日以前, 則都城四大門, 牢閉不開, 禁不得出入, 不意播遷[111]之, 故都中士婦, 顚倒走避, 猶恐居後, 諸宮傑閣, 府庫倉廩, 自焚殆盡, 名家大族, 二百年青氈[112]舊業, 如棄弊屣云。使相, 因招諭使, 勸止[113]先除道內

---

107 南原(남원): 전라북도 남동부에 있는 고을. 동쪽은 경남 함양군·하동군, 서쪽은 임실군·순창군, 북쪽은 장수군, 남쪽은 전남 구례군·곡성군과 접한다.

108 金誠一(김성일, 1538~1593): 본관은 義城, 자는 士純, 호는 鶴峰. 1564년 사마시에 합격했으며, 1568년 증광 문과에 급제하였다. 1577년 사은사의 서장관으로 명나라에 가서 宗系辨誣를 위해 노력했다. 그 뒤 나주목사로 있을 때는 大谷書院을 세워 김굉필·조광조·이황 등을 제향했다. 1590년 通信副使가 되어 正使 黃允吉과 함께 일본에 건너가 실정을 살피고 이듬해 돌아왔다. 이때 서인 황윤길은 일본의 침략을 경고했으나, 동인인 그는 일본의 침략 우려가 없다고 보고하여 당시의 동인정권은 그의 견해를 채택했다. 1592년 임진왜란이 일어나자, 잘못 보고한 책임으로 처벌이 논의되었으나 동인인 柳成龍의 변호로 경상우도 招諭使에 임명되었다. 1593년 경상우도 관찰사 겸 순찰사를 역임하다 晉州에서 병으로 죽었다.

109 公州(공주): 충청남도 동부 중앙에 있는 고을. 동쪽은 세종특별자치시·대전광역시, 서쪽은 예산군·청양군, 남쪽은 계룡시·논산시·부여군, 북쪽은 아산시·천안시와 접한다.

110 鑾輿(난여): 大駕. 鸞鳥라는 새의 울음소리를 모방한 방울이 달렸다 하여, 임금이 타는 輦을 이르는 말.

111 播遷(파천): 임금이 도성을 떠나 딴 곳으로 피란함.

112 青氈(청전): 푸른색의 담요. 벼슬하는 집안에서 대대로 전해져 내려온 물건이라는 말로, 대대로 집안의 명성을 잃지 않고 잘 전하는 것을 뜻한다. 晉나라 王羲

之賊, 更定師期, 勤王[114]爲計。

5월 8일。

함양(咸陽)에 도로 돌아와서 점심을 먹고 곧장 안음(安陰)에 이르렀으나, 비에 막혀 오고 가지 못한 채 6일을 머물렀다.

흉적이 경성(京城) 가까운 곳에 이르러서 통사(通事: 통역)를 통해 대신(大臣)과 김성일(金誠一)·이덕형(李德馨)을 불렀는데, 주상이 대신(大臣) 권극지(權克智)·이덕형에게 적소(賊所)로 가도록 명하자, 판서(判書: 예조판서) 권극지는 어명을 듣고서 스스로 목숨을 끊었고, 대제학(大提學) 이덕형은 어명을 받들어 그곳에 갔으나 적소에 막 이르려는 참에 도망쳐 돌아왔다. 김성일과 이덕형 두 분은 지난해 통신사(通信使)로서 일본에 갔다 왔으므로 적이 이름을 알고 이렇게 부른 것이다.

영덕(盈德)의 관리가 자기 고을에서 지난 4월 24일 떠나 의성(義城)을 지나다가 우리 일가족이 피란한 곳을 찾아가자 정란(庭蘭: 이탁영의 장남)이 과연 있었다고 하니 기쁨을 금치 못하였다. 가솔들은 모두 성동(城洞: 성골)에 숨었는데 정 서방(鄭書房) 아낙이 산골에서 아이를 낳았다고 하니, 가족들이 무사히 살아 있는 것을 비로소 알게 되자

之가 밤에 서재에서 자다가 도둑이 들어 방 안의 물건을 다 훔쳐서 짐을 꾸리는 것을 보고 "푸른 모포(青氈)는 우리 집의 오랜 물건이니 그것만은 놓아두라."라고 한 고사에서 유래한 말이다.

113 勸止(권지): 권하여 그만두게 함.

114 勤王(근왕): 임금을 위하여 나랏일에 힘씀.

기쁨과 답답함이 교차하여 서러운 눈물을 금치 못하였다.

初八日。

還到咸陽, 晝餉, 直到安陰, 關雨[115]留六日。兇賊, 行到京城近處, 令通事, 召大臣與金誠一·李德馨[116], 自上命大臣權克智[117]·李德馨, 往賊所, 權判書, 聞命自盡, 李大提學, 承命往彼, 將至賊所逃還。金李兩員, 年前以通信使, 往還日本, 故知姓名, 如是召之耳。盈德[118]官人, 自本邑, 去四月卄四日, 歷義城[119], 尋往吾一

115 關雨(관우): 비에 막혀서 오고가지 못함.

116 李德馨(이덕형, 1561~1613):. 본관은 廣州, 자는 明甫, 호는 漢陰·雙松·抱雍散人. 1592년 임진왜란이 일어나자 왜장 小西行長과 충주에서 담판하려 했으나 성사되지 못하였고, 대동강에서 玄蘇와 회담하여 그들의 침략을 논박하였다. 그 뒤 定州까지 선조를 호종하였다가 請援使로서 명나라에 원병을 청하였다. 귀국하여서는 대사헌이 되어 명군을 영접하고 군량의 수집을 독려하였다. 그해 12월 한성부 판윤이 되어 명장 이여송의 접반관으로 활동하였다. 이듬해 1월 판윤 직에서 물러났으나 4월에 다시 복귀하였으며, 형조·병조 판서를 거쳐 1594년 이조판서가 되었다. 1595년 경기도·황해도·평안도·함경도의 四道體察府使에 임명되었으며, 1597년 정유재란 때에는 명장 楊鎬와 함께 서울 방어에 힘썼다. 이 공으로 같은 해 38세의 나이로 우의정에 올랐고 곧이어 좌의정이 되었다. 전란이 끝난 후에는 判中樞府事가 되어 군대를 재정비하고 민심을 수습하는데 노력하였으며, 대마도 정벌을 주장하였으나 실행되지는 못하였고, 1598년 영의정이 되었다.

117 權克智(권극지, 1538~1592): 본관은 安東, 자는 擇中. 1558년 사마시를 거쳐, 1567년 식년문과에 급제하여 검열이 되고, 예조·병조·형조의 좌랑을 거쳐 충청도사·직제학·지평 등이 되었다. 1589년 대사헌으로서 사은사가 되어 명나라에 갔다온 뒤 1591년 형조참판 및 예조판서가 되었다. 이듬해 임진왜란이 일어나자 備邊司有司堂上으로 침식을 잊고 국사에 몰두하다가 병을 얻었고, 국세가 날로 위급해가는 것을 보고 울분을 참지 못하여 죽었다.

118 盈德(영덕): 경상북도 동부에 있는 고을. 동쪽은 동해, 서쪽은 영양군·청송군, 남쪽은 포항시, 북쪽은 울진군과 접한다.

119 義城(의성): 경상북도 중앙부에 있는 고을. 동쪽은 안동시·청송군, 서쪽은 상주

家避亂處, 則庭蘭果有之云, 喜不自勝。家屬皆隱城洞[120], 鄭書房阿只, 産兒山間云, 始知生存, 喜悶交至, 哀淚難禁。

5월 14일。

함양(咸陽)에 도로 돌아와서 하루를 머물렀다.

전라 감사(全羅監司: 李洸)가 전한 통문(通文: 통지 문서)의 좌승지(左承旨: 盧稷) 서장(書狀)에 의하면, “왜적이 도성 가까운 곳을 침공해와 형세상 마지못해 송도(松都: 개성)에 주둔하면서 사방에 명령을 내려 왜적을 무찔러 없애는 계획을 세우게 하는 바이니, 경(卿)은 경상 우도(慶尙右道)에 은밀히 통지하여 경내(境內)의 군사를 총동원해 와서 구원하라.” 하였다. 내린 교지는, 반 조각의 막종이에 잘게 써서 겨우 글자 모양을 이룬 것으로 시골집의 사사로운 편지 조각과도 같았으니, 어찌 국운이 불행하여 이러한 극단적인 지경에까지 이르렀는가? 단지 장수와 군사 100여 명을 거느리고 근왕병으로 길을 떠났다.

十四日。

還到咸陽, 留一日。全羅監司[121]傳通, 左承旨[122]書狀, “倭賊衝

시, 남쪽은 군위군·구미시, 북쪽은 안동시·예천군과 접한다.

120 城洞(성동): 경상북도 의성군 옥산면 금학리 산성터인 듯. 금학리 새고무실 마을의 동쪽으로 난 골짜기에 해당한다. 이 골짜기의 입구는 좁은 편이지만 안쪽으로 들어가면 비교적 넓고 긴 경작지가 잇고, 그 끝부분에는 성골 마을이 있다.

121 全羅監司(전라감사): 李洸(1541~ 1607)을 가리킴. 본관은 德水, 자는 士武, 호는 雨溪散人. 1567년 생원이 되고, 1574년 별시 문과에 급제하였다. 평안 병마평사·성균관 전적·병조좌랑·정언·형조좌랑 등을 거쳐 1582년 예조정랑·지평,

斥近畿[123], 勢不得已, 駐箚[124]松都[125], 號令四方, 勦滅之計, 卿其密通于慶尙右道, 掃境[126]來援事." 有旨, 半片常紙, 細書艱成字, 有同村家私札, 何國運之不幸, 至於此極? 只率將士百餘名, 勤王

이듬해 성균관직강·북청 판관·함경도 도사를 지냈다. 1584년 병조정랑·장악원 첨정을 거쳐, 함경도 암행어사로 나가 북도민의 구호 현황을 살피고 돌아와 영흥부사가 되었다. 1586년 길주 목사로 나갔다가 함경도 관찰사 겸 순찰사로 승진했고 1589년 전라도 관찰사가 되었다. 그해 겨울 모역한 鄭汝立의 문생과 그 도당을 전부 잡아들이라는 영을 어기고, 혐의가 적은 인물을 임의로 용서해 풀어주었다가 탄핵을 받고 삭직되었다. 1591년 호조 참판으로 다시 기용되었으며, 곧 지중추부사로서 전라도 관찰사를 겸임하였다. 이듬해 임진왜란이 일어나자 전라감사로서 충청도 관찰사 尹先覺, 경상도 관찰사 金睟와 함께 관군을 이끌고 북상해 서울을 수복할 계획을 세웠다. 그리하여 5월에 崔遠에게 전라도를 지키게 하고, 스스로 4만의 군사를 이끌고 나주 목사 李慶福을 중위장으로 삼고, 助防將 李之詩를 선봉으로 해 林川을 거쳐 전진하였다. 그러나 도중 용인의 왜적을 공격하다가 적의 기습을 받아 실패하자 다시 전라도로 돌아왔다. 그 뒤 왜적이 전주·금산 지역을 침입하자, 光州牧使 權慄을 도절제사로 삼아 熊峙에서 적을 크게 무찌르고, 전주에 육박한 왜적을 그 고을 선비 李廷鸞과 함께 격퇴시켰다. 같은 해 가을 용인 패전의 책임자로 대간의 탄핵을 받고 파직되어 백의종군한 뒤, 의금부에 감금되어 벽동군으로 유배되었다가 1594년 고향으로 돌아왔다.

122 左承旨(좌승지): 盧稷(1545~1618)을 가리킴. 본관은 交河, 자는 士馨. 1570년 생원이 되고 1584년 별시 문과에 급제하여 검열이 되었다. 그 뒤 감찰·좌랑·지평을 거쳐 병으로 체직하였다. 1592년 임진왜란이 일어나 왕을 호종할 때 말에서 떨어져 다쳤으나 계속 성천의 行在所까지 달려가 병조참판에 임명되었고 이어 개성유수가 되었다. 정유재란 때는 京江舟師大將을 지내고, 接伴正使 金命元의 부사로서 명나라 지휘관 邢玠를 맞아 군사문제를 논의하였다. 그 뒤 황해감사·병조판서·경기감사를 거쳤다. 지냈다. 1592년 6월 21일 이후는 柳根이 좌승지가 된다.

123 近畿(근기): 도성에서 가까운 지방.

124 駐箚(주차): 군대를 주둔시켜 변란 등을 막는 것.

125 松都(송도): 開城. 松嶽山 밑에 있던 서울이란 뜻으로 일컫는 말이다.

126 掃境(소경): 경내에 있는 군사를 총동원하는 것.

啓行[127]。

5월 16일。

사상(使相: 김수)이 아침에 도사(都事)와 함께 우리 경상도 곳곳에서 적을 붙잡을 수 있도록 조치하기로 약속한 후, 방어사(防禦使: 경상 우도 방어사) 조경(趙儆)·조방장(助防將) 양사준(梁思俊: 梁士俊의 오기)·군관(軍官) 70여 명 및 종사관(從事官) 이조 좌랑(吏曹佐郎) 이수광(李睟光)·수찬(修撰) 신식(申湜)을 대동해 가는데, 또한 따라갔다.

곧장 운봉(雲峯)의 비전리(碑殿里)에 이르니 동료 정종함(鄭終涵)이 전주(全州)에서 되돌아와 있었는데, 영상(領相) 이산해(李山海)는 삭탈관직(削奪官職: 벼슬과 품계를 빼앗고 벼슬아치의 명부에서 이름을 지움)하고 좌상(左相) 류성룡(柳成龍)·우상(右相) 이양원(李陽元)은 본직(本職)만 파한 뒤에 최흥원(崔興源)을 영상으로 윤두수(尹斗壽)를 좌상으로 유홍(兪泓)을 우상으로 삼았다고 하였다. 운봉의 아전들 기풍이 매우 아름다워 우리들을 매우 후하게 대접하였다.

어둑어둑해질 무렵에서야 남원(南原)에 이르자, 병사(兵使) 최원(崔遠)이 그곳에 주둔해 있었다. 군영(軍營)의 아전들이 풍성하게 준비해 와서 위로하고 또 술상까지 차려 주니 취하고 피곤하여 군영의 아전 방에 유숙하였다.

그러나 단지 정종함(鄭終涵)·이하(李賀)·이호(李湖)·정희개(鄭希凱)·김취영(金就英)만은 사상을 모시고 따라가게 되었다. 김취영은

---

127 啓行(계행): 여행에 나섬.

바로 김세우(金世友)의 아들인데, 본도(本道: 경상도)에 있을 때부터 몹시 두려워하여 나를 믿고 의지해 따르기를 바라니 애틋하였다.

十六日。

使相, 朝與都事, 本道處處, 賊措捕事, 約束後, 帶防禦使趙儆[128]·助防將梁思俊[129]·軍官七十餘人及從事官吏曹佐郎李睟光[130]·修撰申湜[131], 亦隨之。直到雲峯碑殿[132], 則同僚鄭終涵, 自

---

128 趙儆(조경, 1541~1609): 본관은 豊壤, 자는 士惕. 무과에 급제하여, 선전관·제주목사를 거쳐, 1591년 강계부사를 지냈고, 1592년 임진왜란이 일어나자 경상우도방어사가 되어 金山에서 왜적을 물리치다 부상을 입었다. 같은 해 겨울 수원부사로 적에게 포위된 禿山城의 權慄을 응원, 이듬해 도원수 권율과 함께 행주산성에서 대첩을 거두었다. 1593년 훈련도감 당상을 겸하고, 이듬해 훈련대장이 되었다. 그 뒤 동지중추부사·함경북도병사·훈련원도정·한성부판윤을 거쳐 1599년 충청병사회령부사를 지냈다.

129 梁思俊(양사준): 趙慶男의《亂中雜錄》〈임진년 상〉에 의하면, 梁士俊(생몰년 미상)의 오기인 듯. 본관은 南原, 자는 興淑. 富寧府使를 지냈고, 1592년 임진왜란이 일어났을 때 8월 1일 경상도 우병사에 임명되었다가 9월 1일에 파직되었다.

130 李睟光(이수광, 1563~1628): 본관은 全州, 자는 潤卿, 호는 芝峯. 1578년 초시에 합격하고, 1582년 진사가 되었다. 1585년 승문원부정자가 되었으며, 1589년 성균관전적을 거쳐 이듬해 호조좌랑·병조좌랑을 지냈고, 聖節使의 서장관으로 명나라를 다녀왔다. 1592년 임진왜란이 일어나자 경상도방어사 趙儆의 종사관이 되어 종군하였으나, 아군의 패배 소식을 듣고 의주로 돌아가 北道宣諭御史가 되어 함경도 지방의 선무 활동에 공을 세웠다. 1597년 성균관 대사성이 되었으며, 정유재란이 일어나고 명나라 서울에서 中極殿과 建極殿 등 궁전이 불타게 되자 陳慰使로서 명나라를 다녀왔다. 1605년 조정 관료들과 뜻이 맞지 않아 안변 부사로 나갔다가 이듬해 병으로 사직하고 돌아왔으며, 1607년 겨울 홍주목사로 부임하였다가 1609년 돌아왔다. 1616년 순천부사가 되어 지방관으로 나가 지방행정에 전념하였다. 1623년 인조반정이 일어나자 도승지 겸 홍문관 제학으로 임명되고, 대사간·이조참판·공조참판을 역임하였다.

131 申湜(신식, 1551~1623): 본관은 高靈, 자는 叔止, 호는 用拙齋. 1576년 별시문과에 급제하였다. 사헌부 집의로 있을 때 鄭汝立의 일파로 탄핵되어 유배당하였다가 1592년 다시 집의가 되었다. 임진왜란 때에는 慶尙道 按撫御史로 활약하

全州還來, 領相李山海[133]削奪官爵, 左相柳成龍[134]·右相李陽元[135]

였다. 그 뒤 동부승지·좌부승지·좌승지 등을 역임하고 대사간과 부제학을 거쳐 도승지·동지중추부사·공조참판 등을 지냈다. 1599년에 謝恩使로 명나라에 다녀와서 호조참판·대사헌이 되었다. 광해군 즉위 후, 충청도관찰사·강원도관찰사를 역임하였다.

132 碑殿(비전): 전라북도 남원시 운봉읍 서면 前村里 일대. 마을 앞에 1380년 이성계의 황산대첩을 기념하기 위하여 세운 荒山大捷碑閣이 있다 하여 불리게 되었다.

133 李山海(이산해, 1539~1609): 본관은 韓山, 자는 汝受, 호는 鵝溪·終南睡翁. 1578년 대사간이 되어 서인 尹斗壽·尹根壽·尹晛 등을 탄핵해 파직시켰으며, 1588년 우의정에 올랐을 무렵 동인이 남인·북인으로 갈라지자 북인의 영수로 정권을 장악하였다. 1590년 鄭澈이 建儲(세자 책봉) 문제를 일으키자 아들 李慶全을 시켜 金公諒(仁嬪의 오빠)에게 정철이 인빈과 信誠君을 해치려 한다는 말을 전해 물의를 빚었으며, 아들로 하여금 정철을 탄핵시켜 강계로 유배시켰다. 한편 이와 관련해 호조판서 윤두수, 우찬성 윤근수와 白惟咸·柳拱辰·李春英·黃赫 등 서인의 영수급을 파직 또는 귀양보내고 동인의 집권을 확고히 하였다. 1592년 임진왜란 때 왕을 호종해 개성에 이르렀으나, 나라를 그르치고 왜적을 침입하도록 했다는 兩司(사간원·사헌부)의 탄핵을 받고 파면되었다. 白衣로 평양에 이르렀으나, 다시 탄핵을 받아 平海에 中途付處되었다.

134 柳成龍(류성룡, 1529~1603): 본관은 豊山, 자는 而見, 호는 西厓. 李滉의 제자이다. 1566년 별시문과에 급제하였다. 1569년 聖節使 서장관으로 명나라에 다녀왔다. 1583년 부제학이 되어 〈備邊五策〉을 지어 올렸으며, 1589년에는 왕명으로 〈孝經大義跋〉을 지어 올리기도 하였다. 왜란이 있을 것을 대비해 형조정랑 權慄과 정읍현감 李舜臣을 각각 의주목사와 전라도좌수사에 천거하고 1592년 4월 판윤 申砬과 軍事에 대하여 논의하여 일본침입에 대한 대비책을 강구하였다. 4월 13일 왜적의 내침이 있자 도체찰사로 군무를 총괄하고, 영의정이 되어 왕을 扈從하였다. 1593년 명나라 장수 이여송과 힘을 합해 평양성을 수복하고 4도의 도체찰사가 되어 군사를 총지휘하여, 이여송이 碧蹄館에서 대패하여 西路로 퇴각하자 권율 등으로 하여금 파주산성을 방어케 하였다. 1604년 扈聖功臣 2등에 책록되고 다시 豊山府院君에 봉해졌다. 영남유생의 추앙을 받았다.

135 李陽元(이양원, 1526~1592): 본관은 全州, 자는 伯春, 호는 鷺渚. 1592년 임진왜란이 일어나자 留都大將으로 수도의 수비를 맡았으나 한강 방어의 실패로 楊州로 철수, 分軍의 부원수 申恪과 함경도병마절도사 李渾의 군사와 합세해 蟹踰嶺에 주둔, 일본군과 싸워 승리한 뒤 영의정에 올랐다. 이때 의주에 피난해 있던 선조가 遼東으로 건너가 內附(딴 나라에 들어가 붙음)한다는 소식을 전해

只罷本職, 崔興源[136]爲領相, 尹斗壽[137]爲左相, 兪泓[138]爲右相云。雲峯吏風甚美, 待我曺極厚。薄暮, 到南原, 則兵使崔遠[139]駐此。

듣고, 탄식하며 8일간 단식하다가 피를 토하고 죽었다 한다.

136 崔興源(최흥원, 1529~1603): 본관은 朔寧, 자는 復初, 호는 松泉. 1555년 소과를 거쳐 1568년 증광문과에 급제하여, 장령·정언·집의·사간을 역임하였으며, 이어 동래와 부평의 부사를 지냈다. 1578년 승지로 기용되고, 1588년 평안도관찰사가 되었다. 이후 지중추부사를 거쳐 1592년 임진왜란이 일어나자 경기도와 황해도 순찰사, 우의정·좌의정을 거쳐 柳成龍의 파직에 따라 영의정에 기용되었다. 임진왜란 당시 왕을 의주까지 호종했던 공으로 1604년 扈聖功臣에 追錄되었다.

137 尹斗壽(윤두수, 1533~1601): 본관은 海平. 자는 子仰, 호는 梧陰. 尹根壽의 형이다. 1592년 임진왜란이 발발하자 어영대장·우의정을 거쳐 좌의정에 이르렀다. 평양 行在所에 임진강의 패배 소식이 전해지자, 명나라에 구원을 요청하자는 주장에 반대하고 우리의 힘으로 최선의 노력을 다하자고 주장하였다. 이조판서 李元翼, 도원수 金命元 등과 함께 평양성을 지켰다. 이듬해 三道體察使를 겸했으며, 1595년 판중추부사가 되었고 海原府院君에 봉해졌다. 1597년 정유재란 때에는 영의정 柳成龍과 함께 난국을 수습하였다. 이듬해 좌의정이 되고 영의정에 올랐으나, 대간의 계속되는 탄핵으로 사직하고 南坡에 물러났다.

138 兪泓(유홍, 1524~1594): 본관은 杞溪, 자는 止叔, 호는 松塘. 1553년 별시 문과에 급제, 승문원 정자·典籍·지제교·持平·掌令·집의 등 문관 요직을 역임하였다. 1557년 강원도 암행어사로 나가 민심을 수습하고, 1563년 권신 李樑의 횡포를 탄핵하였다. 이듬해 試官으로 李珥를 뽑았으며, 1565년 文定王后 상사 때에는 山陵都監으로 치산의 일을 맡았고, 춘천부사가 되어서는 선정을 베풀어 선정비가 세워졌다. 1573년 함경도병마절도사로 회령부사를 겸했고, 그 뒤 개성부유수를 거쳐 충청·전라·경상·함경·평안도의 관찰사와 한성판윤 등을 역임했다. 1587년 명나라에 사신으로 가서 이성계가 고려의 권신 李仁任의 아들로 잘못된 것을 바로잡았으며, 1589년 좌찬성으로서 판의금부사를 겸해 鄭汝立의 逆獄을 다스렸다. 1592년 임진왜란 때 선조를 호종했고, 평양에서 세자(뒤의 광해군)와 함께 종묘사직의 신위를 모시고 동북 방면으로 가 도체찰사를 겸임하였다. 1594년 좌의정으로서 해주에 있는 왕비를 호종하다가 객사하였다.

139 崔遠(최원, 생몰년 미상): 1580년 전라도 병마절도사가 되고, 1592년에 임진왜란이 일어나 군사 1,000명을 거느리고 의병장 金千鎰, 月串僉節制使 李蘋과 함께 여산에서 적군의 진출을 막아 싸웠다. 김천일 등과 함께 남원·순창을 거쳐

營房輩, 盛辨來慰, 且給酒瓶, 醉困而宿留營房。只鄭終涵·李賀·李湖·鄭希凱·金就英, 陪行。就英, 乃世友之子, 深恐在本道, 恃我願從之, 可惜。

5월 17일。

오수역(獒樹驛)에 이르러 말에게 여물을 먹이고 임실현(任實縣)에 찾아가니, 나와 같은 수리(首吏: 이방)로 자(字)를 문중(文仲)이라 하는 전례(全禮)가 자리를 마련하여 대접하였다. 죽을 쑤어 준 뒤에 밥을 주었는데 극히 풍성하여 마치 큰 손님을 대접하는 듯해 매우 감사하였다.

지난 밤 꿈에 분명하게 어머니의 낯을 보고 또 달성(達城)에 있는 아니를 보았다.

十七日。

到獒樹驛[140]抹馬, 來投任實縣[141], 則同風[142]首吏, 全禮字曰文

북상하던 중 군사 4만 명을 거느리고 서울로 향하여 떠났던 전라 감사 李洸 등 많은 군사가 용인에서 패전한 뒤라 수원에서 강화도로 들어가 주둔지로 삼고 군사를 모집하였다. 한편으로는 한강 연변지역을 왕래하면서 적의 후방을 공략하고 해상으로 의주에 있는 行在所와도 연락을 취하였다. 이듬해 永德으로 나가 왜군을 격파하고 200여 명을 참획, 그 공으로 상호군에 승진되었다. 1596년 황해도 병마절도사를 거쳐, 1597년 정유재란이 일어나자 중앙으로 들어와서 한강 수비의 소임을 맡았다.

140 獒樹驛(오수역): 조선시대 전라도의 도로망인 오수도에 속한 역참. 전라남도 임실군 居寧에 있었던 역참이다.

141 任實縣(임실현): 전라북도 중남부에 있는 고을. 동쪽은 진안군·장수군·남원시, 서쪽은 정읍시, 남쪽은 순창군, 북쪽은 완주군과 접한다.

142 同風(동풍): 同類. 같은 부류.

仲, 設席而待。先粥後飯, 極其豐侈, 如待大賓, 深謝深謝。昨夢分明, 得見慈顏, 且見達城兒。

5월 18일。맑음。

전주(全州) 지경인 신원(新院)에 이르러 말에게 여물을 먹이고서 전주에 들어가니, 순찰사(巡察使) 이광(李洸)이 그곳에 군사를 주둔시키고 있었으나 성문을 굳게 닫아걸고 봉쇄하였기 때문에 곧장 북정(北亭: 鎭北亭)으로 가자, 잠시 뒤에 순찰사가 사상(使相: 김수)을 맞이하러 왔다. 사상이 마침내 별관(別館)으로 들어가니, 일행의 마부와 말들이 차츰차츰 도망치고 흩어져 수령(守令)·군관(軍官)이 스스로 자기의 말을 끌어야 했다. 이후로부터 사상도 자기의 양식을 가지고 말 안장도 얹어야 했기 때문에 일행의 상하가 모두 직접 자기의 양식을 짊어져서 길을 가기가 매우 어려웠다.

이곳 전라도 감영의 아전 30명이 모두 모여 우리를 대접함이 지극히 후하였다. 같은 일행의 아전(衙前) 가운데 다만 자(字)가 사화(士和)인 무안(務安) 사람 박대언(朴大彦), 사수(士秀)인 고부(古阜) 사람 이언호(李彦豪), 약순(約純)인 보성(寶城) 사람 박응진(朴應眞), 성부(聖符)인 옥구(沃溝) 사람 임응봉(林應鳳), 의중(宜仲)인 무안 사람 정의(丁義), 명보(明甫)인 흥양(興陽) 사람 신제운(申薺雲), 선원(善元)인 창평(昌平) 사람 진만곡(陳萬穀), 인수(仁叟)인 김제(金堤) 사람 조덕수(趙德秀), 중숙(仲淑)인 영광(靈光) 사람 조덕호(曺德灝), 중숙인 나주(羅州) 사람 정응청(鄭應清), 근부(謹夫)인 태인(泰仁) 사람 송경신(宋敬臣), 사수(士秀: 李彦豪) 이하는 행차를 모시고 따라가게 되었다.

밤이 되자, 큰 술통을 가져와서 위로해 몹시 취하여 거꾸러져 쓰러졌는데 어버이를 생각하고 아이를 그리워하니 울적하여 눈물이 샘처럼 솟았다.

十八日。晴。

到全州境新院[143], 抹馬, 來入全州, 則巡察使李洸, 駐兵于此, 堅閉城門, 故直到北亭[144], 則須臾巡察使, 來見使相。使相, 遂入別館, 一行人馬, 稍稍逃散, 守令·軍官, 自牽其馬。自此以後, 使相自粮懸鞍, 故一行上下, 自負其粮, 行路甚艱。此道營房三十人, 齊會待我輩, 極厚。同行唯吏, 朴大彦士和居務安[145], 李彦豪士秀居古阜[146], 朴應眞約純居寶城[147], 林應鳳聖符居沃溝[148], 丁義宜仲居務安, 申薺雲明甫居興陽[149], 陳萬穀善元居昌平[150], 趙德秀仁叟居金堤[151], 曺德灝仲淑居靈光[152], 鄭應清仲淑居羅州[153], 宋敬臣謹

---

143 新院(신원): 조선시대 전라북도 완주군 상관면에 있었던 역참. 《新增東國輿地勝覽》에 의하면, 전라북도 완주군에 전주부를 중심으로 동쪽 30리에 신원, 남쪽 40리에 上館院, 북쪽 30리에 虛高院, 북쪽 35리에 參禮院이 있었다고 한다.

144 北亭(북정): 鎭北亭. 조선시대 전주관에 소속된 누정. 전라북도 전주시 완산구 중앙동 객사 후원에 있었던 射亭인 것으로 보인다.

145 務安(무안): 전라남도 서부 중앙에 있는 고을. 동쪽은 영산강을 건너 나주시, 서쪽은 신안군의 많은 도서에 면하고, 남쪽은 목포시, 서북쪽으로는 깊게 만입된 함평만을 사이에 두고 영광군·함평군과 접한다.

146 古阜(고부): 전라북도 정읍시 북서부에 있는 고을. 동쪽은 덕천면, 서쪽은 부안군, 남쪽은 소성면·고창군, 북쪽은 영원면과 접한다.

147 寶城(보성): 전라남도 남부 중앙부에 있는 고을. 동쪽은 순천시, 서쪽은 화순군·장흥군, 남쪽은 득량만·고흥군, 북쪽은 화순군과 접한다.

148 沃溝(옥구): 전라북도 군산시 남서부에 있는 고을.

149 興陽(흥양): 전라남도 고흥지역의 옛 지명.

150 昌平(창평): 전라남도 담양군 남부에 있는 고을.

夫居泰仁[154], 士秀以下, 行次陪行。夜來, 大筒來慰, 極醉倒落, 思親憶兒, 悶淚如泉。

5월 19일。

큰 비가 주룩주룩 쏟아져 전주(全州)에 머무니, 이곳 전라도 순찰사(巡察使: 李洸)가 군사들을 이끌고 먼저 떠났는데 남원(南原)·장수(長水)의 군사 2천여 명이 배반하여 흩어지는 바람에 우리 경상도 행차(行次)의 선문(先文: 도착 예정을 통지하는 공문) 또한 반역 졸개들에게 빼앗겼다.

지난날에 역적(逆賊) 연법주(衍法主: 義衍) 상좌(上佐)를 체포하려는 일로 우리 경상도에 갔었던 임사과(林司果)라 불리는 중이 우리 행차를 보고는 즉시 술을 가지고 와서 위로하였다.

十九日。

大雨注下, 留全州, 此道巡察使, 率軍先行, 南原·長水[155]軍二

---

151 金堤(김제): 동쪽은 노령산맥의 주능선을 경계로 완주군, 남쪽은 동진강을 경계로 정읍시·부안군, 북쪽은 만경강 및 그 하구를 경계로 익산시·군산시, 서쪽은 황해와 접한다.

152 靈光(영광): 전라남도 북서부에 있는 고을. 동쪽은 장성군, 서쪽은 황해, 남쪽은 함평군, 북쪽은 전라북도 고창군과 접한다.

153 羅州(나주): 전라남도 중서부 전남평야의 중앙에 있는 고을. 동쪽은 화순군, 서쪽은 무안군·함평군, 남쪽은 영암군, 북쪽은 광주광역시와 접한다.

154 泰仁(태인): 전라북도 정읍시 중북부에 있는 고을.

155 長水(장수): 전라북도 동부 소백산맥에 있는 고을. 동쪽은 소백산맥을 넘어 경상남도 함양군·거창군, 서쪽과 서북쪽은 진안군·임실군, 남쪽은 남원시, 북쪽은 무주군과 접한다.

千餘名, 叛散, 本道行次先文[156], 亦被奪於叛卒。前日, 逆賊衍法主[157]上佐, 措捕事, 往本道, 林司果稱號僧, 見吾行, 卽持酒來慰。

5월 20일。맑음。

출발하기에 앞서 사상(使相: 김수)이 진전(眞殿: 경기전)을 알현하여 통곡하고 길을 떠나 오리정(五里亭)에 이르렀을 때, 함양 군수(咸陽郡守) 이각(李覺)·단양 현감(丹陽縣監: 丹城縣監의 오기) 이제(李磾)·산음 현감(山陰縣監) 김락(金洛)이 군사를 거느리고 양식을 싣고서 뒤따라 왔는데, 밤새도록 산을 넘고 물을 건너느라 전신에 흙투성이가 되어 귀천(貴賤)을 분간하기가 어려웠다.

삼례역(參禮驛)에 이르러 곧 전주(全州)의 지경에서 말에게 여물을 먹이고서 어둑어둑해질 무렵에 익산군(益山郡)에 찾아갔는데, 적의 칼날이 점점 가까워지자 말과 군졸들이 거의 절반이나 도망치고 흩어져서 흔한 고을의 수령이 행차한 것과 같은 모양새라 길 가는 일이 매우 어려우니 장차 어찌해야 하겠는가?

念日。晴。

臨行, 使相謁眞殿[158]痛哭, 行至五里[159], 咸陽倅李覺[160]·丹陽[161]

---

156 先文(선문): 도착하는 날짜를 미리 통지하는 공문)

157 衍法主(연법주): 鄭汝立과 함께 圖讖을 빙자하여 모반한 익산의 妖僧 義衍. 蘇德裕로 개명하여 제주도로 피신하였다는 기록도 있다.

158 眞殿(진전): 임금의 초상화인 어진을 봉안, 향사하는 처소. 여기서는 전주의 慶基殿을 일컫는다.

159 五里(오리): 五里亭. 각 지방 관아에서 빈객을 영송하기 위하여 5리쯤 떨어진 곳에 세운 정자.

倅李磾[162]·山陰倅金洛[163], 領兵粮追及, 達夜跋涉[164], 塗土滿身, 亂分貴賤。到參禮驛[165], 卽全州地抹馬, 薄暮來投益山郡[166], 則賊鋒漸近, 馬卒幾半逃散, 有同賤邑守令之行, 行李甚艱, 其將奈何。

5월 21일。소낙비가 크게 내림。

용안현(龍安縣)에 이르러 점심을 먹었는데, 나와 같은 아전(衙前) 몇 사람이 술과 과일을 가지고 와서 위로하니 그들의 두터운 정에 깊이 고마웠다.

길을 떠나 10리쯤 가니 양호(兩湖: 충청도와 전라도) 사이에 청포진(菁浦津)이 있었는데, 배를 모아 뗏목을 만들어 뭍을 완성시키니, 통행하는 선박의 수가 무려 300여 척이나 되었으니 보기에 매우 장관이었다.

이어서 임천군(林川郡)에 이르니, 호남 순찰사(湖南巡察使: 이광)가 먼저 도착하여 군사들이 주둔하고 있었다. 양상(兩相: 김수와 이광)이

---

160 李覺(이각, 1541~?): 본관은 全州, 자는 民先. 1567년 식년시에 급제하여 진사가 되고, 1574년 별시 문과에 급제하였다.

161 丹陽(단양): 丹城의 오기. 경상남도 산청 지역의 옛 지명이다.

162 李磾(이제, 1539~?): 본관은 固城, 자는 仲質. 1570년 식년시에 급제하여 진사가 되었다. 李适이 그의 셋째 아들이다.

163 金洛(김락, 1545~1604): 본관은 淸風, 자는 仲深, 호는 七峯. 1567년 진사에 급제하여 도사·주부·司評을 역임하고, 외직으로 1588년부터 1596년까지 산음현감을 지냈고, 1597년 담양도호부사, 1598년 연안도호부사를 지냈으며, 이후에도 강화부사와 여주목사를 지냈다.

164 跋涉(발섭): 산을 넘고 물을 건서서 길을 감.

165 參禮驛(삼례역): 전라북도 완주군 삼례읍 삼례리에 있었던 역참.

166 益山郡(익산군): 전라북도 북서부에 있는 고을.

한 방에서 같이 묵었는데, 이번 출행에서 우리 사상(使相: 김수)이 먼저 자헌대부(資憲大夫: 문신 정2품 하계의 품계)가 되고 호남 사상(湖南使相: 이광)은 늦게 자헌대부가 된데다 호서 사상(湖西使相: 尹國馨)은 가선대부(嘉善大夫: 문신 종2품의 하계의 품계)가 된 까닭에 우리들도 진영(陣營)의 행랑 가운데 좋은 방을 매양 차지할 수 있어서 실로 다행한 일이었다.

念一日。驟雨大作。

到龍安縣[167], 晝點, 同風數人, 持酒果來慰, 深謝其厚意也。行及十里, 兩湖間有菁浦津[168], 聚船造轎[169]成陸, 通行舟船之數, 無慮三百餘隻, 所見極壯。轉到林川郡[170], 湖南巡察使, 先到駐兵。兩相同宿一房, 唯今行我使相先資憲, 湖南使相後資憲, 湖西使相[171]嘉善, 故吾等每萬上房營廊, 實是幸事。

---

167 龍安縣(용안현): 전라북도 익산군 용안면 일대의 옛 행정 구역.

168 菁浦津(청포진): 충청남도 부여군 남부의 林川에 있었던 나루. 금강 하류에 있었으므로 조선시대에는 海倉을 두어 이곳의 물산을 모아 서해로 보냈다.

169 造轎(조교): 造橋의 오기인 듯. 뗏목을 만듦.

170 林川郡(임천군): 충청남도 부여군 남부에 있는 고을. 남쪽은 전북 익산시, 서쪽은 충화면과 접한다.

171 湖西使相(호서사상): 尹國馨(1543~1611)을 가리킴. 본관은 坡平, 초명은 尹先覺, 자는 粹夫, 호는 恩省·達川. 경북 의성 출신. 1568년 별시 문과에 급제하여 정언, 좌승지를 역임하였고, 1586년 사간을 지냈다. 1592년 충청도순찰사를 거쳐 관찰사가 되자 왜적의 침입에 대비하여 무기를 정비하였다. 그해 임진왜란이 일어나 왜적을 막아 내다 패하여 파직당하였다. 뒤에 다시 기용되어 충청도순변사가 되었고, 判決事·병조참판·同知中樞府事 등을 거쳐 備邊司堂上이 되어 왜란 뒤의 혼란한 업무들을 처리하였으며, 광해군 초에 공조판서를 지냈다.

5월 22일。

호남 순찰사(湖南巡察使: 이광)가 군대를 출발시켜 먼저 정산(定山)을 향하였는데, 사상(使相: 김수)이 뒤따르다가 부여(扶餘) 지경인 은산역(銀山驛: 恩山驛의 오기)에 미쳐서 다시 만나 마주하고 점심을 먹었다.

길을 떠나 우현(右縣: 부여현) 10리쯤에 이르렀을 때 중방(中房) 김애손(金愛孫)이 그의 어미가 이곳 현감(縣監: 朴東燾)의 서모(庶母)로 이곳에 피란을 왔다고 하면서 그의 어미를 찾아 산속으로 들어갔는데, 매우 부러움을 금치 못해 어버이를 생각하고 아이가 그리워서 차마 눈물을 걷잡기 어려웠다.

밤을 무릅쓰고 정산현(定山縣: 현감 金長生)에 들어갔는데, 밤 사이에 비가 쏟아붓 듯이 내리는지라 다행히 윗전에 알리고서 자게 되었다. 나와 같은 수리(首吏: 이방) 한 명이 술을 가지고 와서 대접하였다.

念二日。

湖南巡察使, 行軍先向定山[172], 使相追及扶餘[173]地銀山驛[174], 相對晝點。行到右縣十里, 中房[175]金愛孫, 厥母以縣監[176]之庶母, 來

---

172 定山(정산): 충청남도 청양군 동부에 있는 고을.

173 扶餘(부여): 충청남도 남서부에 있는 고을. 동쪽은 논산시, 서쪽은 서천군·보령시, 남쪽은 금강을 경계로 전라북도 익산시, 북쪽은 공주시·청양군과 접한다.

174 銀山驛(은산역): 恩山驛의 오기. 충청남도 부여군 서쪽 15리에 있었던 역참.

175 中房(중방): 수령을 따라다니며 시중을 들던 사람.

176 縣監(현감): 부여 현감 朴東燾(1550~1614)를 가리킴. 본관은 潘南, 자는 文起. 朴應男의 장남이다. 1605년 고성군수를 지냈고, 뒤를 이어 마전군수·온양군수를 지냈다.

此避亂云, 尋其母入山中, 不勝健羡[177], 思親憶兒, 忍淚難禁。冒夜, 來入定山縣, 夜來下雨如注, 好得[178]于上而宿。同風有一首吏。持酒來饋。

5월 23일。아침 비。

본도(本道: 경상도)에 영(令)을 전하려 했으나 가지고 갈 사람이 없어서 동료 이하(李賀)를 돌려보내기로 하고 집에 부치는 편지를 보냈는데, 날이 개기를 기다리느라 늦게서야 출발하였다.

호남 순찰사(湖南巡察使: 이광)가 먼저 군대를 출발시켰는데, 겨우 얼마 가지 못했을 때 날이 이미 저물었다. 호남의 군대는 산위에서 주둔하였고, 사상(使相: 김수)은 시골집이 있는 곳을 찾아 들어가 진(陣)을 쳤다. 우리들은 다행히 방 1칸을 얻어 무릎만 들어갈 수 있었을지라도 또한 족하였다. 종일토록 굶주림에 지쳤는데, 삼경(三更: 밤 12시 전후)이 되어서야 비로소 밥을 먹고 나니 자못 생기가 났다.

밤 사이에 큰비가 쏟아져 내렸는데, 꿈속에서 먼저 어머니의 얼굴을 뵙고 또 처자식들을 보고는 꿈을 깨어 서러이 운들 어찌하랴.

念三日。朝雨。

因作本道傳令, 持去無人, 同僚李賀還送, 使寄家書, 待晴晚發。湖南巡察使, 爲先行軍, 行及僅許, 日已暮矣。湖南駐兵于山上, 使相尋入村家結陣。吾等幸得一間于容膝, 且亦足也。終日飢

177 健羡(건선): 매우 부러워함.

178 好得(호득): 다행히.

困, 夜三更, 始覓食, 頗有生氣。夜來, 大雨滂沱[179]。夢裏先見慈顔, 又見妻妾兒輩, 覺來悲泣奈何?

5월 24일。

사상(使相: 김수)이 샛길을 따라 먼저 행군하여 공주(公州)의 지경인 유구역(維鳩驛)에 이르렀는데, 호남 사상(湖南使相: 이광)이 군대를 거느리고 뒤따라 이르니 함께 앉아서 점심을 먹었다. 사상이 먼저 온양군(溫陽郡)에 이르자, 호서 순찰사(湖西巡察使) 윤선각(尹先覺: 尹國馨)이 방어사(防禦使) 이옥(李沃)·병사(兵使) 신익(申翼)을 거느리고서 군대를 이곳에 주둔시키고 있었다.

먼저 충청 사상(忠淸使相: 윤선각)을 알현하였는데, 나를 앞으로 불러놓고서 먼저 나의 노모가 어디에 피란했는지 물었고, 다음 내가 사상의 대부인은 어디에 피란했는지 물었지만, 늙은 어미의 생사를 전혀 듣거나 알지 못하였다. 어버이에 대한 정이 피차간에 어찌 다르겠는가라고 하면서 한참 동안 슬피 울었으며, 나도 그 말을 듣고서 목메어 울었지만 감히 울음소리를 낼 수가 없었다. 곧바로 술을 보내왔으며, 자제(子弟) 한림생원(翰林生員)이 또한 모시고 왔다.

세 사상(三使相: 김수·이광·윤선각)이 한 방에서 같이 묵었다.

念四日。

使相從間道, 先行到公州地維鳩驛[180], 湖南使相, 領軍追到, 同坐

179 滂沱(방타): 비가 세차게 좍좍 쏟아짐.

180 維鳩驛(유구역): 충청남도 공주시 유구읍 유구리에 설치되었던 조선시대의 교

點心。使相先到溫陽郡[181]，湖西巡察使尹先覺，率防禦使李沃[182]·兵使申翼[183]，駐兵于此。先謁忠淸使相，則召前先問吾老母避亂何處? 次問大夫人避亂何地? 老母存亡，了莫聞知。情何異於彼此乎云，良久悲泣，聞來鳴咽，不敢聲。卽令饋酒，子弟[184]翰林生員，亦陪來。三使相同宿一房。

5월 25일。

큰비가 쏟아부어서 형편상 마지못해 온양(溫陽)에 머물렀다. 이 도(道: 충청도)의 영방(營房: 營吏의 집무소)에 있는 자(字)가 무숙(武叔)인 태안(泰安) 사람 방호신(房虎臣), 경로(景老)인 문의(文義) 사람 박순수(朴舜壽), 우상(虞相)인 은진(恩津) 사람 배팔경(裵八卿), 문언(文彦)인 공주(公州) 사람 이몽강(李夢康), 태정(太淨)인 태안 사람 방내결(房乃潔)이 자주 우리들을 찾아왔다.

통통신 기관. 호남과 한양을 열결하는 중심 통로 역할을 하던 곳이었다.

181 溫陽郡(온양군): 조선시대 때 지금의 충청남도 아산시 온양 1~6동 일대와 탕정면, 배탕면, 송악면 일부에 해당하는 행정구역.

182 李沃(이옥, 생몰년 미상): 이성계 휘하에 귀순한 여진족 李之蘭의 차남인 李和英의 5대손. 본관은 靑海. 1576년 고부군수를 지냈고, 1592년 임진왜란 때 충청도방어사로서 수원과 공주 등지에서 왜군과 싸웠으나 모두 패했다. 이후 충청도 兵使로 승진했으나, 사헌부의 청으로 인해 체직되었다.

183 申翼(신익, 생몰년 미상): 본관은 平山. 아버지는 申命仁이다. 무과에 급제하고 1559년 함평현감, 1571년 함경남도 병마절도사, 1573년 함경북도 병마절도사, 1574년 제주목사, 1575년 전라도 병마절도사, 1583년 순천 부사 등을 역임하였다. 1592년 임진왜란 때 충청병사로서 3도의 근왕병을 이끌고 서울로 진격하였으나 전투다운 전투를 하지 못했다.

184 子弟(자제): 尹國馨의 아들 尹敬立(1561~1611)과 尹義立(尹毅立, 1568~1643) 또 尹貞立(1571~1627)이 있으나, 구체적으로 누구를 가리키는지 알 수 없음.

밀양 부사(密陽府使) 박진(朴晉)은 지난날 황산천(黃山遷)에서 힘껏 싸운 공로로 포상을 바라는 장계(狀啓)를 올렸었기 때문에 직위가 올려져서 좌병사(左兵使: 경상 좌도 병마절도사)에 제수되었는데, 이곳에서 떨어져 본도(本道: 경상 좌도)로 향하였다. 사상(使相: 김수)이 좌병사에게 영을 전하며 말하기를, "찬획(贊劃) 이 아무개는 처음부터 끝까지 변란을 대비하느라 그 고초가 남들보다 배나 되는데다 또 80세가 된 노모의 생사에 대해 전혀 듣거나 알지 못하고 있으니 인정과 도리로 긍휼히 여길 만하다."라고 하면서, 쌀 8석과 먹을거리를 창고가 있는 각 관아에서 현물로 지급하도록 공문서를 내리라는 영을 전하였으니 매우 감사하였다.

念五日。

大雨注下, 勢不得已, 留溫陽。此道營房[185], 房虎臣武叔居泰安[186], 朴舜壽景老居文義[187], 裵八卿虞相居恩津[188], 李夢康文彦居公州, 房乃潔太淨居泰安, 頻來見吾輩。密陽府使朴晉, 以前日黃山遷力戰之由, 褒啓, 故陞拜左兵使, 自此落向本道。使相傳令于左兵使曰: "贊劃李某, 終始待變, 其苦倍他, 且八十老母存亡, 了莫聞知, 情理可矜." 米八石食物, 有倉庫各官帖給[189]事, 傳令, 深謝。

---

185 營房(영방): 조선시대에 監營·軍營 등의 관아에서 營吏가 사무를 보던 곳.

186 泰安(태안): 충청남도 북서단에 있는 고을. 동쪽은 서산시, 서·남·북쪽은 가로림만·적돌만·천수만 등과 접한다.

187 文義(문의): 충청북도 청주시 상당구 남부에 있는 고을. 서쪽은 대전광역시, 동쪽은 가덕면·보은군, 북쪽은 남이면과 접한다.

188 恩津(은진): 충청남도 논산시 남서부에 있는 고을. 동쪽은 부적면·가야곡면, 남쪽은 연무읍, 서쪽은 채운면과 접한다.

5월 26일。맑음。

호남 사상(湖南使相: 이광)이 먼저 행군하고 사상(使相: 김수)이 뒤따라 출발하여 10리쯤 가는데, 호남군이 앞길을 가득 메워 막는지라 형편상 마지못하여 말을 내려 시냇가에 걸터앉고 말에게 여물을 먹인 뒤, 산길을 따라 밤을 무릅쓰고 가서 이경(二更: 밤 10시 전후)이 되어서야 비로소 아산(牙山)의 요로원(要路院)에 이르렀다. 두 사상(使相: 김수와 이광)이 한 대청 안에 같이 묵었다.

어떤 자는 산 위에서 노숙하였는데 도롱이로 몸을 가리고 밤을 보냈다. 예방 비장(禮房裨將)인 군수 안세희(安世熙)가 나를 불러 과일과 육포를 주어 매우 감사하고 감사하였다.

念六日。晴。

湖南使相, 爲先行軍, 使相尾發, 行到十里, 湖南兵盈塞前路, 勢不得已, 下馬坐溪邊抹馬, 從山路, 冒夜而行, 夜二更, 始到牙山[190]要路院[191], 兩相同宿一廳內。或露宿山上, 以簑掩身經過。禮房裨將, 安郡守世熙[192], 召我給果脯, 深謝深謝。

---

189 帖給(체급): 조선시대 관아에서 공문서를 작성해 발급하는 일. 이때 帖자의 도장을 찍어 내려 주면 이에 의하여 현물을 지급하는 일이다.

190 牙山(아산): 충청남도 북부에 있는 고을. 동쪽은 천안시, 서쪽은 삽교천을 경계로 하여 당진시, 남쪽은 예산군·공주시, 북쪽은 아산만을 사이에 두고 경기도 평택시와 접한다.

191 要路院(요로원): 충청남도 아산시 음봉면 신정리 지역에 있었던 숙박시설.

192 安郡守世熙(안군수세희): 군수 安世熙(1547~1597). 본관은 順興, 자는 和一. 1572년 무과에 급제하였다. 도총부 부사, 영흥부사, 도체찰사 등을 역임하였다.

5월 27일。맑음。

두 사상(使相: 김수와 이광)이 계본(啓本: 上奏書)을 함께 봉하여 올렸다.

호남의 병마(兵馬)가 먼저 사상(使相: 김수)과 함께 길을 떠나 직산(稷山) 땅에 이르러 산 위에서 말에게 여물을 먹이고 점심을 먹었다. 호남 사상(湖南使相: 이광)은 군대를 수헐원(愁歇院)에 주둔시켰는데, 사상(使相: 김수)은 더 들어가 서로 만나려고 먼저 경기도(京畿道) 양성(陽城) 지경인 성초(省草) 들판에 이르러 고개 위에 진(陣)을 쳤다. 호남 사상도 뒤따라 이르러 같은 곳에 진을 쳤는데, 끝없이 넓은 들판에 행군하는 모습을 멀리서 바라보니 머리와 꼬리가 서로 이어져 무려 80여 리나 되는지라 가히 장관이라고 할 만하였다.

밤에 비가 쏟아져 내리니, 모자를 쓴 채로 안석에 기대어 앉아 밤을 새운데다 저녁밥도 얻어 먹지 못하였다.

念七日。晴。

兩使相, 同封啓本[193]。湖南兵馬, 先與使相, 行到稷山[194]地, 山上抹馬點心。湖南使相, 駐兵于愁歇院[195], 使相漸入相會, 先到京畿陽城[196]境省草坪, 嶺上結陣。湖南使相, 尾至同處結陣, 無邊廣野, 望見行軍形止[197], 首尾相連, 無慮八十餘里, 可謂壯觀。夜來,

---

193 啓本(계본): 조선시대 임금에게 중대한 일로 올리던 문서.

194 稷山(직산): 충청남도 천안시 서북구에 있는 고을.

195 愁歇院(수헐원): 충청남도 천안시 서북구 직산읍 수헐리에 있던 숙박시설. 시름새로 불리기도 한다.

196 陽城(양성): 경기도 안성시 북부에 있는 고을. 동쪽은 안성시 고삼면·대덕면, 북쪽은 용인시 이동읍, 서쪽은 용인시 남사읍·안성시 원곡면, 남쪽은 안성시 공도읍과 접한다.

雨下如注, 着帽几坐過夜, 夕食不得食。

5월 28일。

빗줄기가 그치지 않고 하늘이 돕지 않으니 진흙탕에 빠지곤 하여 행군하기가 몹시 어려웠다. 호남 병마가 앞길을 가득 메워 막고 있어서 행군할 수가 없는지라 갈원(葛院)으로 들어가 앉았고 말에게 여물을 먹였다.

군관(軍官) 최몽성(崔夢聖)·이회(李晦)가 본도(本道: 경상도)에서 뒤따라 이곳에 왔는데, 고향의 소식을 또 들을 수가 없어서 몰래 말 위에서 울었지만 장차 어찌해야 하겠는가?

진위현(振威縣)에 간신히 도착하니 호남 사상(湖南使相: 이광)이 먼저 도착해 있었고 방어사(防禦使: 호남 방어서) 곽영(郭嶸) 또한 먼저 이곳에 도착해 있었다.

念八日。

雨勢不止, 天不助順, 衝泥出沒, 行路甚艱。湖南兵馬, 充塞前路, 不得行路, 入坐葛院[198]抹馬。軍官崔夢聖·李晦, 自本道追及于此, 家山消息, 又未得聞, 暗泣馬上, 其將奈何? 艱到振威縣[199], 則湖南使相先到, 防禦使郭嶸[200], 亦先到于此。

---

197 形止(형지): 일이 되어 가는 형편.

198 葛院(갈원): 경기도 평택시 칠원동에 있었던 숙박시설.

199 振威縣(진위현): 경기도 평택시 북동부에 있는 진위면. 북쪽은 오산시 누읍동·청호동·원동, 동쪽은 용인시 남사읍, 서쪽은 서탄면·오산시 두곡동, 남쪽은 지산동·독곡동·신장동·안성시 원곡면과 접한다.

200 郭嶸(곽영, 생몰년 미상): 본관은 宜寧. 1591년 평안도병마절도사를 역임하였

5월 29일。

큰비가 쏟아져 내려서 물난리를 만나 이곳에 머물렀다. 수원(水原)에 웅거해 있는 적을 먼저 없앤 뒤에 마땅히 경성(京城)의 적을 토벌하기로 여러 장수들이 종일 다짐하였다.

念九日。

大雨注下, 遭水留此。先除雄據水原[201]賊, 然後當討京城賊, 故諸將終日約束。

6월 1일。

또 진위현(振威縣)에 머물렀는데, 하나는 군사를 휴식시켜 사기를 북돋우려는 것이고, 다른 하나는 충청 사상(忠淸使相: 윤국형)을 기다려 함께 적을 토벌하는 계획을 세우려는 것이었다.

양호(兩湖: 전라도와 충청도)의 병마(兵馬)와 치중병(輜重兵: 군수품 나르는 군사)이 모두 5만여 명이었다. 오시(午時)에 호서 사상(湖西使相: 윤국형)이 이곳으로 왔는데, 일찍이 임진강(臨津江)의 전투에서 승리했다고 들었다. 지금 호서의 영방(營房: 營吏)을 통해 자세히 듣건대 신립(申砬)의 동생 신할(申硈) 또한 명장의 한 명이었지만 적의 수가 적은 것을 보고 많은 군사를 이끌고서 강을 건너 경솔히 추격에

다. 1592년 임진왜란이 일어나자 전라도방어사로서 龍仁·錦山 전투에 참가하였으나 패주, 사헌부로부터 전란 이후 단 한 번도 용감하게 싸움을 못한 拙將이라 하여 탄핵을 받았다. 1595년 右邊捕將·行護軍 등을 역임하였다.

201 水原(수원): 경기도 중남부에 있는 고을. 동북쪽과 동쪽은 용인시, 서쪽과 남쪽은 화성시, 서북쪽은 의왕시와 접한다.

나섰다가 건너편의 적이 많은 병력으로 맞받아치는 바람에 대패하였는데, 아군이 강에 가득히 빠져 죽고 신할·김여눌(金汝訥: 金汝律의 오기) 또한 빠져 죽었다고 하였으며, 임진강에는 단지 경기도의 얼마 안되는 병마(兵馬)만 남아 있다고 하니 걱정스럽고 염려스럽다.

안동(安東) 구화현(仇火縣)의 금소역(琴召驛) 역졸로 순석(順石)이라고 하는 자가 김산(金山: 金泉)에서 적에게 포로로 잡혔다가 용인(龍仁)에 이르러 도피하였는데, 호남의 군사에게 붙잡혀 청로역(青路驛)의 마부(馬夫) 윤기(允己)를 보게 되자 통곡해 마지않았다. 사상(使相: 김수)이 특별히 구제하여 죽이지 않고서 데리고 다니니, 참으로 다행스러웠다.

청주(清州)에 살며 여러 대에 걸쳐 벼슬을 한 집안의 여대덕(呂大德)이란 자가 그의 두 딸을 왜장(倭將)에게 시집보내고서도 청주 목사(清州牧使) 되기를 탐하니, 호서 사상(湖西使相: 윤국형)이 그를 찾아 체포하여 참하였다.

六月 初一日。

又留振威縣, 一以休兵養士, 一以待忠清使相, 共謀討賊爲計。兩湖兵馬輜重[202], 幷五萬餘衆。午時, 湖西使相來此, 曾聞臨津江勝戰矣。今因湖西營房, 詳聞申砬弟申硈[203], 亦一名將, 見賊數

202 輜重(치중): 말이나 수레 따위에 실은 짐. 군대의 여러 가지 군수 물품. 여기서는 군수품을 운송하는 책임을 맡은 군사를 말한다.

203 申硈(신할, 1548~1592): 본관은 平山. 申砬의 동생이다. 1567년 무과에 급제하여 비변사에 보임된 뒤 1589년 慶尙道左兵使를 지냈다. 1592년 임진왜란이 일어나자 咸鏡道兵使가 되어 선조의 몽진을 호위한 공으로 京畿守禦使兼南兵使에 임명되었다. 이후 都元帥 金命元과 임진강에서 9일 동안 왜적과 대치하다가

少, 率衆兵越江, 輕進追擊, 彼賊以衆多之兵迎擊[204], 大敗之, 我軍滿江渰死, 申砬·金汝訥[205], 亦渰死溺云, 臨津[206]只有京畿數少兵馬云, 可慮可慮。安東仇火[207], 琴召驛[208]子, 順石稱名者, 被擄於金山, 到龍仁[209]逃避, 被捉於湖南之軍, 得見青路[210]馬扶允己, 痛哭不已。使相特救, 不殺率行, 多幸多幸。清州[211]居世族呂大德者, 以其二處女, 許嫁於倭將, 求清州牧, 湖西使相, 尋捕斬之。

都巡察使 韓應寅의 병력을 지원받아 심야에 적진을 기습하였으나 복병의 공격을 받아 그 자리에서 순절하였다.

204 迎擊(영격): 자기편을 치려고 오는 상대방을 나아가 맞아 침.

205 金汝訥(김여눌): 金汝岉(1551~1604)의 오기인 듯.《宣祖實錄》1592년 5월 23일 6번째 기사가 참고된다. 본관은 順天, 자는 士挺. 아버지는 金壎이고, 형은 金汝岉이다. 1589년 증광시 무과에 급제하여 장연현감, 소강 첨사, 제주 판관, 진주 판관, 풍천부사, 진주목사 등을 역임하였다. 1592년 장연현감 재임 때 5월 18일에 벌어진 임진강 전투에서 신할과 함께 참전하기로 했으나 돕지 않고 달아났는데, 원문에서는 빠져 죽은 것으로 전해들은 것이다. 그의 형 김여물은 신립과 함께 충주의 달천강 전투에서 패하여 물에 빠져 죽은 사실이 있다.

206 臨津(임진): 경기도 파주시 신속면에 있는 고을.

207 仇火(구화): 仇火縣. 지금의 경상북도 의성군 단촌면 일대.

208 琴召驛(금소역): 경상북도 안동시 임하면 琴召川의 북쪽 언덕에 있었던 역참. 금소천은 지금의 半邊川으로 경상북도 안동시의 임동면·길안면·임하면 일대를 흐르는 하천이다.

209 龍仁(용인): 경기도 중앙부에 있는 고을. 동쪽은 이천시, 서쪽은 수원시·화성시, 남쪽은 안성시·평택시, 북쪽은 성남시·의왕시·광주시와 접한다.

210 青路(청로): 青路驛. 조선시대 경상도 의성군 남쪽 32리 떨어진 곳에 있었던 역참.

211 清州(청주): 충청북도 중서부에 있는 고을. 동쪽은 괴산군·보은군, 서쪽은 세종특별자치시·충남 천안시, 남쪽은 대전광역시, 북쪽은 진천군·증평군과 접한다.

6월 2일。

수원(水原) 지경인 청호역(菁好驛)의 북쪽 산 위에 진(陣)을 쳤지만, 저녁밥은 얻어 먹을 수가 없었다.

밤에 큰비가 쏟아져 내려 온 몸이 흠뻑 다 젖었는데, 어버이를 그리워 눈물을 훔친들 장차 어찌해야 하겠는가?

初二日。

結陣于水原地菁好驛[212]北山上, 夕食不得食。夜來, 大雨注下, 盡沾一身, 思親掩泣, 其將奈何?

6월 3일。

독성산(禿城山)으로 이동하여 산 위로 올라가 호남 순찰사(湖南巡察使: 이광)와 같은 곳에 진을 치니, 바로 수원부(水原府)의 남산이었다. 한 번 바라보면 천 리(千里)에 이르러 한없이 보아도 그 끝이 보이지 않았으니, 충청도(忠淸道)의 내포(內浦)와 도성(都城)의 서강(西江)이 눈 아래에 또렷하였다.

수원부에 웅거해 있던 적들이 우리 대군이 왔다는 소식을 듣고서 어제 아침에 불을 때어 밥을 지어놓고 미처 먹기도 전에 허둥지둥 달아나 갔다고 하였다. 관청과 마을 살림집들이 분탕되지 않았고, 창고의 곡식들을 다 흩었어도 아직 흩어지지 않은 나머지가 있다고 한 까닭에, 군량 40석과 말먹이 콩 50석을 판관(判官)에게 받아오도

---

212 菁好驛(청호역): 조선시대 경기도의 도로망인 良才驛에 속한 역. 경기도 오산시 대원동에 있었던 역참이다.

록 하여 일행의 군사와 말에게 나누어 주었다.

10리 밖을 바라보니 용인(龍仁) 근처의 왜적들이 여염집들을 분탕질하여 연기와 불길이 곳곳에서 하늘을 뒤덮었는데, 급히 보낸 장수와 군사들이 적을 만나지도 않고 속절없이 돌아왔다.

밤에 큰비가 쏟아져 내리는데다 거센 바람까지 계속 일어나니, 온 몸이 축축하고 떨려서 큰 병이 생길 듯하여 안타깝고 절박한 심정을 금할 수 없었다.

서계(書啓)의 초안(草案)을 잡아 들이니, 사상(使相: 김수)이 말하기를, "찬획(贊劃: 이탁영)의 정신이 요사이 크게 예전만 못하니 우습다." 라고 하였다.

初三日。

移登禿城山[213]上, 與湖南巡察使, 同處結陣, 卽水原府南山。一望千里, 極目無際, 忠淸道內浦[214]與京都西江[215], 瞭然於眼下。水原府雄據之賊, 聞大軍至, 昨朝炊飯, 未及食, 蒼黃遁去云。官舍閭里[216], 不爲焚蕩, 倉穀散盡, 尙有餘數云, 故軍粮四十石, 馬太五十石, 令判官受來, 分諸一行軍馬。望中十里外, 龍仁近處倭賊,

---

213 禿城山(독성산): 경기도 오산시 지곶동에 있는 산. 이곳에는 禿城山城이 있다. 돌로 쌓은 산성으로 둘레는 약 3.6km인데, 현재 약 400m 정도의 성벽과 성문 4곳이 남아 있다. 1593년 7월에 전라도관찰사 겸 순변사였던 權慄이 근왕병 2만 명을 모아 북상하다가 이곳에 진을 치고서 왜적을 물리쳤던 곳이다.

214 內浦(내포): 충청남도 예산 가야산 주변에 있는 10고을을 일컬음. 홍주, 결성, 해미, 서산, 태안, 덕산, 예산, 신창, 면천, 당진 같은 마을이다. 큰 바다가 내포를 만나면 뭍으로 파고들어 '육지 속 바다'가 된다 하여 '內浦'라고 하였다 한다.

215 西江(서강): 서울특별시 서쪽에 있는 麻浦의 한강을 이르는 말.

216 閭里(여리): 마을. 일반 백성의 살림집이 많이 모여 있는 곳.

閭家焚蕩, 烟焰處處漲天, 馳送諸將士, 未遇賊而空還。夜來, 大雨注下, 大風繼作, 一身濕寒, 將生大病, 不勝悶迫。書啓草入納, 則使相曰: 贊劃精神, 自近日, 大不如前, 可笑.”云。

6월 4일。

아침에 삼도 순찰사(三道巡察使: 김수·이광·윤국형)가 한 자리에 모여 앉아서 계본(啓本: 上奏書)을 봉하여 올렸다.

나는 배가 아프다고 말하고는 들어가 뵙지 않았더니, 사상(使相: 김수)이 나에게 소주를 보내주도록 명하였다. 아침 해가 비로소 뜨자 젖은 옷가지들을 볕에 쬐어 말리니 자못 생기가 있었다.

오후에 수원(水原) 북산(北山)으로 이동하여 진(陣)을 쳤는데, 세 사상(使相)이 한 자리에 모여 앉아 멀리 바라보니 연기와 불길이 하늘로 치솟았다. 사상(使相: 김수)만 본도(本道: 경상도)의 장수와 군사 50여 명을 보내며 기어이 돌격하라고 하면서 적진 속으로 달려가도록 하니, 유곡 찰방(幽谷察訪) 김충민(金忠敏)이 맨 먼저 돌진하여 적 1명의 머리를 베었고, 봉사(奉事) 정기룡(鄭起龍)·강만남(姜晩男)·군수(郡守) 김경로(金敬老)가 각기 적 1명의 머리를 베었고, 동향(同鄕) 봉사 박태고(朴太古) 또한 적 2명을 쏘아 죽이고 돌아왔다. 그 기쁜 마음을 말로 할 수 있겠는가. 호남의 장수와 군사들은 자못 시기하는 빛이 있었다.

정기룡은 바로 진산(晉山: 진주)의 나와 같은 부류인 향리(鄕吏) 강세정(姜世貞)의 사위이다. 본도(本道)의 김산(金山: 金泉)에서 적과 접전했을 때 적 2명의 머리를 벤 데다 이번에 적 1명의 머리를 베어서 이미 3명의 머리를 채웠으니 당상관으로 승진할 수 있게 되었다. 그 기쁜 마음을 말로 할 수 있겠는가.

승전(承傳: 임금의 뜻과 명령)에 의하면, 적 1명의 머리를 벤 자는 공사천(公私賤)을 가리지 않고 과거에 급제한 것으로 인정하며, 적 2명의 머리를 벤 자는 6품직에 올려 서용하며, 적 3명의 머리를 벤 자는 당상관으로 올리며, 왜장을 벤 자는 공훈으로 가선대부(嘉善大夫)에 봉한다고 했기 때문이다.

初四日。

朝, 三道巡察使同坐, 封啓本。稱腹病, 不有入現, 使相命饋燒酒。朝暾[217]始出, 濕衣曝乾[218], 頗有生氣。午後, 移陣于水原北山, 三使相同坐望中, 烟焰漲天。使相, 獨送本道將士五十餘員, 期於突擊云, 馳往賊中, 幽谷察訪金忠敏, 先登突進, 斬一頭, 奉事鄭起龍[219]·姜晩男·郡守金敬老[220], 各斬一頭, 同鄉奉事朴太古, 亦射

217 朝暾(조돈): 아침에 떠오르는 해.

218 曝乾(폭건): 曬乾. 볕에 쬐어 말림.

219 鄭起龍(정기룡, 1562~1622): 본관은 晉州, 초명은 茂壽, 자는 景雲, 호는 梅軒. 경상남도 하동에서 출생하였다. 1590년 경상우도 병마절도사 申砬의 휘하에 들어가고 다음해 훈련원봉사가 되었다. 1592년 임진왜란이 일어나자 별장으로 승진해 경상우도방어사 趙儆의 휘하에서 종군하면서 방어의 계책을 제시하였다. 또한 거창싸움에서 왜군 500여명을 격파하고, 金山싸움에서 포로가 된 조경을 구출했고, 곤양 守城將이 되어 왜군의 호남 진출을 막았다. 이어 游兵別將이 지내고, 상주목사 金澥의 요청으로 상주판관이 되어 왜군과 대치, 격전 끝에 물리치고 상주성을 탈환하였다. 1593년 전공으로 회령부사에 승진하고, 이듬해 상주목사가 되어 통정대부에 올랐다. 1597년 정유재란 때에는 討倭大將으로서 고령에서 왜군을 대파하고, 적장을 생포하는 등 큰 전과를 올렸다. 이어 성주·합천·초계·의령 등 여러 성을 탈환하고 절충장군으로 경상우도병마절도사에 승진해 경주·울산을 수복하였다. 1598년 명나라 군대의 摠兵직을 대행해

中二倭而還。其賀可言? 湖南將士, 頗有猜氣。鄭起龍, 乃晉山同風姜世貞[221]壻也。在本道金山接戰時, 斬二頭, 今得一頭, 已滿三頭, 可陞堂上, 其賀可言? 承傳內, 得一首者, 勿論公私賤, 許登科, 得二首者, 六品陞敍。得三首者, 陞堂上, 得倭將者, 勳封嘉善, 故云耳。

6월 5일。

평양(平壤)의 토관(土官)이 세자의 교서(敎書)를 봉해 가지고 왔는데, 역적(逆賊) 정여립(鄭汝立)과 법으로 연좌된 자 외에는 남김없이 석방하라는 유지(宥旨: 임금의 특사 명령)를 가지고 온 것이었다. 또 사상(使相: 김수)을 도로 좌우도 관찰사(左右道觀察使)를 겸하라는 유지(有旨: 왕명서)가 또한 내려왔다.

경상도 방면에 있던 왜군의 잔적을 소탕해 龍驤衛副護軍에 오르고, 이듬해 다시 경상우도병마절도사가 되었다. 1601년 임진왜란이 끝난 뒤 다시 경상도방어사로 나가 다시 침입해올지 모르는 왜군에 대처했고, 다음해 김해부사·밀양부사·中道防禦使를 역임하였다.

220 金敬老(김경로, ?~1597): 본관은 慶州, 자는 惺叔. 무과에 급제하였고, 1587년 경성판관이 되어 두만강변 야인을 소탕하는 데 전공을 세웠다. 1592년 임진왜란이 일어나자 김해부사로 경상도관찰사 金睟의 막하에서 군사의 규합, 군량조달 등에 노력하였다. 이듬해 황해도방어사가 되어 관찰사 柳永慶의 명에 따라 해주의 방어를 맡았으며, 1594년 첨지중추부사로서 도원수 權慄의 막하에서 전라도 방어를 맡았다. 1597년 정유재란이 일어나자 왜적이 사천·고성 등지로 상륙하여 남원을 포위하자 조방장으로 전주에 있다가 병마절도사 李福男과 함께 결사대를 조직, 남원으로 들어가 방어사 吳應井, 구례현감 李元春과 함께 명나라의 副總兵 楊元을 도와 왜적과 싸우다 성이 함락되자 진지에서 전사하였다.

221 姜世貞(강세정, 생몰년 미상): 경상남도 진주의 부유한 향리. 姜世鼎이라고도 한다. 1585년 자신의 딸을 정기룡에 시집을 보냈다.

지금 듣건대 과천 현감(果川縣監)이 급히 보고하는 장계(狀啓)를 가지고 온 사람 및 포로가 되었다가 살아 돌아온 사람 등의 말에 의하면, "곧 왜장(倭將) 평의지(平義智)가 종묘(宗廟)를 점령하고는 사람들을 죽이지 않으면서 어리석은 백성들을 유인하거나 양반가의 처녀들을 많이 약탈한 뒤에 자색(姿色)을 살펴 한 무리를 만들어 깊숙이 숨겨 두며 '진상할 것이다.' 하였고, 또 한 무리를 만들어 방탕한 짓을 멋대로 하였다."라고 하니, 더욱더 원통함이 심하였다.

호남 방어사(湖南防禦使) 곽영(郭嶸)과 조방장(助防將) 이지시(李之詩)·백광언(白光彦) 등이 군사를 거느리고 용인(龍仁)으로 가서 진(陣)을 쳤는데, 적이 근처에 이르렀다. 흉적이 고산준령(高山峻嶺) 사이에 험준한 곳을 차지하여 진(陣)을 친 데다 방패로 둘러싼 틈에는 멍석으로 가려놓았기 때문에 화살이 진중으로 날아들 수가 없었다. 접전하던 당일은 또한 이미 저물었는데도 함부로 적진으로 뛰어들어 이지시·백광언 두 장수 및 고부 군수(古阜郡守) 이원인(李元仁: 李允仁의 오기)·함열 현감(咸悅縣監) 정연(鄭淵)이 칼 한 자루로 죽음을 당하였으니, 이 때문에 군사들의 마음이 적을 두려워하며 술렁거렸다.

또한 듣건대 울산군(蔚山郡)에 한 공생(貢生)이가 있었는데, 동래(東萊)가 함락되던 날에 포로가 되어 적과 함께 경성(京城)에 이르니, 왜장(倭將)들 가운데 한 왜장이 나이가 열일고여덟 살이나 부술(符術)에 능하여 가장 권력이 있는 자가 되어 한 번 호령하면 호랑이나 표범으로 변한 병졸이 어슴푸레하게 앞에 가득했다고 한다. 하루는 술을 마시며 몇 순배 돌 즈음, 공생이 자못 왜장에게 공손하지 않자 그의 졸병에게 공생을 참하도록 명하였는데, 공생이 그의 말을 듣자

마자 왜장의 칼을 빼앗아 왜장을 찔러 죽이고 마침내 제 목도 찔러서 죽고 말았다. 이 왜장을 잃은 이후에는 적도(賊徒)가 염려하고 답답해하며 항상 서로 의지해 돌아갈 것을 꾀한다고 하였다.

또 듣건대 전라 수사(全羅水使: 이순신)가 왜적선을 들이받아서 부수니, 적들이 돌아갈 길이 없자 저희끼리 서로 말하기를, "우리는 부모와 처자식을 다시 볼 수 없게 되었다."라고 하며 서로 마주보고서 소리내어 슬피 운다고 하였다.

또한 임진강(臨津江)에서 접전했을 때 왜장 2명이 편전(片箭: 아기살)에 맞아서 실려 돌아갔는데, 이 때문에 2일부터 길에 가득히 그 수를 알 수 없을 정도로 적이 남쪽으로 내려가고 있다 하였다. 그리고 은색 가마를 탄 두세 명의 왜장은 제 몸을 호위하는 군사들 모두에게 붉은 옷을 입도록 하여 머리와 꼬리가 서로 이어졌는데 거의 30여 리나 되었고, 부녀자들에게 흰 여모(女帽)를 쓰도록 하여 말을 타고 앞서서 가게 했는데 또한 몇 명이나 되는지 알지 못한다고 하였다. 평의지(平義智)란 자가 내려간 것이 아닌가?

初五日。

平壤土官, 賚封世子教書, 與逆賊鄭汝立[222], 法當緣坐外, 無遺

222 鄭汝立(정여립, 1546~1589): 본관은 東萊, 자는 仁伯. 1589년 황해도 관찰사 韓準과 안악군수 李軸, 재령군수 朴忠侃 등이 연명하여 정여립 일당이 한강이 얼 때를 틈타 한양으로 진격해 반란을 일으키려 한다고 고발했다. 관련자들이 차례로 잡혀가자 정여립은 아들 玉男과 함께 竹島로 도망하였다가 관군에 포위되자 자살했고 그의 아들 鄭玉男은 체포되어 국문을 받았다. 이 사건의 처리를 주도한 것은 鄭澈 등의 서인이었으며, 동인인 李潑·李浩·白惟讓 등이 정여립과 가깝다는 이유만으로 처형되는 등 동인의 세력이 크게 약화되었다. 이를 己丑

赦放事, 宥旨[223]而來。又以使相, 還兼左右道觀察使事, 有旨[224]亦下來。今聞果川縣監, 馳報狀持來人, 及被擄生還人等言: "則倭將平義智[225], 雄據宗廟[226], 不殺人物, 誘致愚民, 多掠兩班家處女, 擇品作一隊, 深藏曰: '爲進上之.' 次又一隊, 縱淫自恣."云, 尤增痛甚。湖南防禦使郭嶸, 助防將李之詩[227]·白光彦[228]等, 領兵往陣于龍仁, 賊至近處。兇賊, 高山峻嶺間, 據險作陣, 圍以防牌間, 掩網席[229], 故矢不入陣。當其接戰日, 亦已暮, 輕進賊陣, 李白兩將

獄事라고 한다. 이 사건을 계기로 전라도는 叛逆鄕이라 불리게 되었고, 이후 호남인들의 등용이 제한되었다. 정여립은 '천하는 일정한 주인이 따로 없다.'는 天下公物說과 '누구라도 임금으로 섬길 수 있다.'는 何事非君論 등 왕권체제하에서 용납될 수 없는 혁신적인 사상을 품은 사상가이기도 하였다.

223 宥旨(유지): 임금이 죄인을 용서한다는 명령.

224 有旨(유지): 임금의 분부를 전하는 문서.

225 平義智(평의지, 1568~1615): 일본 대마도 제18대 島主. 宗義智로도 표기된다. 小西行長(고니시 유키나가, ?~1600)의 사위이자 平秀吉의 심복이었다.

226 宗廟(종묘): 조선시대 역대 임금과 왕비의 위패를 모시던 왕실의 사당.

227 李之詩(이지시, ?~1592): 본관은 丹陽, 자는 詠而, 호는 松菴. 1567년 무과에 장원급제, 훈련원정으로 있었고, 뒤로 注書와 승지를 역임하였다. 1583년 이성현감으로 있으면서 북방 오랑캐의 침입을 격퇴하였다. 그 뒤 1592년 임진왜란 때에는 助防將으로 경상도에 나가 여러 번 싸워 공을 세웠으며, 청주가 함락되고 적이 수원에 웅거하자 이를 격퇴하기 위하여 白光彦 등과 함께 분전하다가 전사하였다.

228 白光彦(백광언, 1554~1592): 본관은 海美, 호는 楓巖. 泰仁 출신이다. 1592년 모친상을 당하여 태인에 머무르고 있는 중에 임진왜란을 만나 全羅監司兼巡察使 李洸의 助防將이 되었다. 이때 이광이 전라도병사 8,000명을 이끌고 公州까지 북상했다가 서울이 함락되었다는 소식을 듣고 퇴군하여 全州에 이르자 백광언은 이광을 꾸짖어 북상할 것을 약속받고 다시 2만 여의 군사를 모아 전열을 재정비한 뒤 수원을 향하여 진격하였다. 龍仁城 남쪽 10리에 이르러 우군선봉장이 된 백광언은 좌군선봉장 李之詩와 함께 文小山의 적진을 협공하였으나 패전하여 모두 전몰하고 말았다.

及古阜郡守李元仁[230]·咸悅縣監鄭淵, 一劒被戮, 以此軍情危懼。且聞蔚山郡[231], 有一貢生[232]者, 東萊陷城之日, 被擄與賊, 偕到京城, 倭將中有一將, 年可十七八, 能符術[233], 最有權者, 一發號令, 變化虎豹之卒, 依俙[234]滿前。一日飮酒杯行之際, 貢生者, 頗不恭倭將, 命其下卒斬貢生, 貢生聞其言, 卽奪倭將劒, 斫殺倭將, 遂刎其頸而死。自失此將以來, 賊徒慮悶, 常依歸去之計。又聞全羅水使, 撞破其舡[235], 無路歸還, 自中相語曰: "吾父母妻子, 無復得見." 相向哭泣云。且臨津接戰時, 倭將二人, 中片箭[236]載還。以此自初二日, 瀰滿道路, 不知其數, 下去云。且乘銀轎, 數三倭將者, 自衛兵, 皆着紅衣, 首尾相接[237], 幾三十餘里, 以婦人, 着白女帽, 騎馬前導, 亦不知幾許云。無乃平義智者, 下去耶?

---

229 網席(망석): 멍석. 짚으로 결어 네모지게 만든 큰 깔개.

230 李元仁(이원인): 李允仁(생몰년 미상)의 오기인 듯. 조경남의《난중잡록》, 이긍익의《연려실기술》, 송내희의《금곡집》, 윤정현의《침계유고》등에 모두 이윤인으로 기록되어 있다.

231 蔚山郡(울산군): 경상남도 북동부 해안에 있는 고을. 동쪽은 동해, 서쪽은 경상남도 밀양시·경상북도 청도군, 남쪽은 부산광역시 기장군·경상남도 양산시, 북쪽은 경상북도 경주시와 접한다.

232 貢生(공갱): 향교의 校生.

233 符術(부술): 부적과 주문을 배용하고 공력을 실어서 병사를 무찌르고 환자를 치료하는 등의 술법. 도구를 사용하여 부리는 주술이다.

234 依俙(의희): 희미함. 어슴푸레함.

235 全羅水使, 撞破其舡(전사수사, 동파기강): 전라 좌수사 이순신의 옥포해전을 가리킴. 5월에 玉浦 앞바다에서 이순신이 지휘하는 조선 수군이 왜의 함대를 무찌른 해전이다.

236 片箭(편전): 아기살. 조선시대 대표적인 화살로, 짧고 작은 화살.

237 首尾相接(수미상접): 머리와 꼬리가 서로 닿음. 서로 이어져 끝이 없는 모습.

6월 6일。

사상(使相: 김수)이 호남 진중(陣中)으로 함께 들어갔다가 이지시(李之詩)·백광언(白光彦) 두 장수의 전사 소식을 듣고 밤새도록 애태우며 날이 밝기를 몹시 기다렸다.

양호(兩湖: 전라도와 충청도)의 병마(兵馬)를 적진 속으로 다 보내고 본도(本道: 경상도)의 장수와 군사들 또한 보내어 전투를 돕도록 하였는데, 상하의 장수와 군사가 밥을 미처 먹기도 전에 적진 속에서 허다한 군마(軍馬)가 온 산에 가득히 도망쳐 돌아오니 그 까닭을 알지 못하였다. 잠시 후에 흉적의 선봉대가 얼굴에 물감을 칠하고 흰 깃발을 가지고서 맞은편 산 정상에 불쑥 서 있으니, 10여 보쯤 떨어져 있었던 충청 대군(忠淸大軍)이 산산이 흩어지고 절로 무너져서 별안간 곳곳에 포진했던 병력이 거의 다 어지러이 흩어지고 말았다.

나는 깃발을 말아서 함양 사령(咸陽使令)에게 준 뒤, 세자의 봉한 교서(敎書)를 받들어 몸에 지녔다. 호남 사상(湖南使相: 이광)은 이미 먼저 말을 타고 떠났으나, 유독 우리 사상(使相: 김수)만은 굳게 앉아 움직이지 않았다. 내가 뛰어 나아가 급하게 소리 지르며 다그쳐 재촉하여 말하기를, "사태가 이미 급박한데 어찌 속히 말을 타지 않으십니까?"라고 하였다. 말을 타도록 나는 서서 화급하게 재촉했지만, 사상(使相: 김수)은 군사들을 진정시킬 계획으로 진중하게 혼자 앉아 있었다. 나는 거듭 고하기를, "장수와 군사들은 이미 흩어졌는데 홀로 남아 있다가 해를 당하면 단지 적의 기세가 승승장구할 뿐만 아니라 나라를 욕되게 함이 이보다 더 큰 것은 없으리니, 차라리 물러나 방어하며 보답하기를 꾀하는 것이 낫습니다."라고 하였다.

잠깐 사이에 적의 선봉이 이미 눈앞에 바싹 다가왔는지라, 허둥지둥 말을 타고 어지러운 군중(軍中)으로 달려 들어갔다. 나와 자제 김진사(金進士: 金睟의 장남 金敬立), 비장(裨將) 전 군수(前郡守) 김경로(金敬老), 유곡 찰방(幽谷察訪) 김충민(金忠敏), 배행(陪行) 김취영(金就英) 또한 뒤를 따랐다. 무논으로 말을 달리느라 진흙탕에 빠지곤 하면서 몇 리를 가다가 뒤돌아 보니, 후군(後軍)은 너무나 적었고 적의 선봉은 바싹 다가왔다. 김 군수(金郡守: 김경로)는 말이 진흙탕에 빠져 넘어지자 말을 버리고 달아났는데, 마부 구룡(仇龍)은 옷가지를 벗어 버리는 사이에 미처 따라오지 못하였다. 다만 소촌역(召村驛)의 견마잡이가 있었는데 역졸 구룡을 보좌하던 자로 김 군수에게 붙여 주었지만, 김 군수 또한 진흙탕에 빠져 넘어졌다. 사상(使相: 김수)이 홀로 말을 타고 가다가 다시 물속에 빠져서 전신이 잠기자, 나는 즉시 말에서 내려 급히 구호해 말을 타게 하였지만 적의 칼날에 거의 해를 입을 뻔 했으나 하늘에 힘입어 목숨을 보전하였으니 다행히 둘 다 온전하였다.

길을 떠나 30리쯤에 이르자, 중방(中房) 김애손(金愛孫)이 달려왔고, 영리(營吏) 이호(李湖) 또한 인신(印信)을 가지고 왔는데, 견마잡이도 없고 흑립(黑笠: 갓)도 없이 온 몸이 흙투성이가 되어 귀천을 구분하기가 어려웠다. 규율이 흐트러진 군사들이 앞서려고 밀치는 바람에 앞으로 나아갈 수가 없었지만 구사일생으로 간신히 40여 리쯤에 이르니, 사람도 힘이 다하고 말도 지쳐서 잠깐 산골짜기에 들어가 조금 쉴 곳을 찾았다. 진사(進士: 김수의 장남 김경립)께서 지니고 있던 미식(米食: 인절미나 떡 따위)과 나의 주머니 속에 남아 있던 전복

1개를 드린 후, 규율이 흐트러진 군사들 속으로 도로 들어갔는데 함양(咸陽)의 도척(刀尺: 음식 조리사)을 만나서 비로소 말을 이끌게 하였다. 규율이 흐트러진 군사들 속에 한 관원(官員)이 말을 이끌고 오는데 하인이 흑립(黑笠: 갓)을 가지고 있는지라, 그가 누군지 물으니 바로 비인 현감(庇仁縣監) 김기명(金基命)이라고 하였다. 나는 즉시 몸을 굽혀 예를 갖추고 말 위에서 애걸하여 말하기를, "이 대오(隊伍)는 영남 우병영(嶺南右兵營) 소속인데 순찰사(巡察使)가 흑립이 없는 까닭에 규율이 흐트러진 군사들이 앞서려고 밀치는 것을 뚫고서 속히 앞으로 나아갈 수가 없소이다. 바라건대 진사(進賜: 나의리)의 흑립을 잠시 며칠만 빌려주면, 마땅히 삼가 싸서 돌려드리겠소이다." 라고 하니, 듣고는 못 들은 척하였다. 규율이 흐트러진 군사들 속에서 한 사람이 나를 보고 말하기를, "영찰(營察: 營吏), 영찰! 살아남았으니 매우 경하하고 경하하외다."라고 하였다. 처음에는 누구인지 알지 못하여 다시 누구인지 물었더니, 답하기를, "저는 바로 좌병영(左兵營) 허정(許貞)의 내궁인(內弓人: 활 제작 장인)이외다. 영찰은 다시 살아났어도 마음이 어수선하여 나를 알아보지 못하니 아깝구려."라고 하였다. 그래서 "앞줄의 이 분이 우리 도(道)의 순찰사(巡察使)이신데 흑립이 없어져 쓰지 못하고 있으니 안타깝다."라고 하자, 허정이 곧장 그가 아끼던 갓을 주었다. 갓을 받아서 올리자마자 썼는데, 이후로부터 순찰사임이 분간되어 규율이 흐트러진 군사들을 꾸짖어 금할 수 있었다.

진위(振威) 지경인 갈원(葛院) 근처의 산 위에 어렵게 도착하였는데, 사상(使相: 김수)이 단지 모시 홑옷만을 입고 있어서 내가 직접 빨아서 입게 하였다. 동료 정종함(鄭終涵)·공생(貢生) 정덕함(鄭德涵) 및 여러 부하 군졸들이 모두 이곳에 이르렀다. 마침내 듣건대 충청 사상(忠淸使相: 윤국형)이 갈원에 들어왔다고 하여 즉시 가서 한 자리에 앉았다. 어렵사리 군량미를 얻어 밥을 지어서 올렸는데, 사상(使相: 김수)이 밥을 덜어서 나에게 보내주었다. 충청 사상이 말하기를, "찬획(贊劃: 이탁영)이 살아남아서 참으로 다행이다."라고 하였다. 양상(兩相: 김수와 윤국형)이 함께 길을 떠나 평택현(平澤縣)에서 같이 묵었다.

어제 저녁도 조금 먹은데다 종일토록 굶주리면서 다시 살아난 끝이었는데, 호서(湖西: 충청도)의 영리(營吏) 동료들이 곧바로 소주를 구하여 보내주니 매우 감사하고 감사하였다.

서자(書者: 書吏) 덕부(德夫)가 문서를 죄다 버리고 다만 내 옷 2벌만 가져 와서 주니, 이것도 또한 다행인가. 사상(使相: 김수)은 옷과 갓, 허다한 행장(行藏), 금관자(金貫子)·금대(金帶)·교유서(敎諭書)·절월(節鉞: 符節과 斧鉞)을 모두 적진 속에 버렸고, 삼도(三道: 경상도·전라도·충청도)의 군량미 9천여 석과 군기(軍器) 300여 짐바리도 또한 흉적에게 주고 말았으니, 더욱 통분이 더하였다. 사상(使相: 김수)은 정산 현감(定山縣監: 김장생)의 구겨진 옷이라도 구하여 입었지만, 충청 사상(忠淸使相: 윤국형)은 바로 자기의 도(道)임에도 모시 속옷 1벌도 얻어 입지 못하고 묵으니 한탄스럽다.

나와 같은 고향 사람인 봉사(奉事) 박태고(朴太古)가 또한 이곳에 뒤따라 이르렀으니, 매우 경하해 마지않았다.

初六日。

使相同入湖南陣中, 聞李白兩將戰死, 終夜耿耿, 苦待天明。兩湖兵馬, 盡送賊中, 本道將士, 亦送助戰, 上下將士, 食未及半, 自賊中許多軍馬, 滿山奔還, 未知其故。俄而, 兇賊先鋒, 着廣大[238], 持白旗, 突立於越邊山上, 十餘步許, 忠淸大陣, 瓦解自潰, 瞥眼間, 處處列陣, 亂散幾盡。我卽捲旗, 授咸陽使令, 推封 世子敎書, 身自佩持。湖南使相, 已先騎馬, 獨我使相, 堅坐不動。我突進, 疾聲力催曰: "事已急矣, 何不速騎馬?" 騎馬立督火急, 則使相大有鎭定之計, 凝然獨坐。我更告曰: "將士已散, 獨存遇害, 則非但賊勢乘勝, 辱國莫大, 不如退保圖報[239]."云。須臾賊鋒, 已逼眼前, 蒼黃騎馬, 馳入亂軍中。我與子弟金進士[240]。裨將前郡守金敬老, 幽谷察訪金忠敏, 陪行金就英, 亦從之。由水畓馳馬, 衝泥出沒, 行及數里, 顧見, 則後軍太少, 賊鋒逼近。金郡守馬, 沒泥顚仆, 棄馬而走, 馬徒仇龍, 脫棄衣裙之際, 亦未及來。只有召村牽馬, 陪驛子仇, 加於金, 金亦沒泥顚仆。使相獨馳而行, 再落水中, 全身沒沈, 我卽下馬, 急護而騎, 幾爲賊鋒所害, 而賴天保命, 幸得兩全。行及三十里許, 中房金愛孫馳及, 營吏李湖, 亦持印信及來, 無牽馬, 無黑笠, 滿身塗土, 難分貴賤。爲亂軍推擠, 莫能前進, 十生九死, 艱到四十餘里許, 人極馬倦, 暫入山谷, 少歇息。進進士主所佩米食, 與吾橐中餘在全鰒一介後, 還入亂軍中, 得見咸陽刀

238 廣大(광대): 얼굴에 물감을 칠하던 일.

239 圖報(도보): 보답하기를 꾀함.

240 子弟金進士(자제김진사): 金睟의 첫째아들 金敬立(1562~?)을 가리킴. 본관은 安東, 자는 汝一. 1590년 증광시에 급제하여 진사가 되었다.

尺[241], 始陪牽馬。亂軍中有一官員, 牽馬而來, 下人持黑笠, 問之, 則乃庇仁[242]縣監金基命[243]云。我卽鞠躬, 馬上哀乞曰: "是陣, 嶺南右兵營, 巡察使無黑笠, 故爲亂軍推擠, 未速前進。伏乞, 進賜黑笠, 姑借數日, 則□當謹封還之."云, 則聽若不聞。亂軍中有一人, 見我曰: "營察營察。得生, 深賀深賀."云。初不知某人, 更問何人也, 則答曰: "吾乃左兵營許貞內弓人[244]也。營察再生, 心亂不知我, 可惜?"云。"前行此員, 乃吾道巡察使, 無黑笠, 可悶."云, 則許貞卽給其好笠。入納卽着, 自此以後, 可分巡察使, 呵禁亂軍。艱到振威地葛院近處山上, 使相只着苧單衣, 我自澣濯而着。同僚鄭終涵·貢生鄭德涵, 及諸下卒, 皆及乎此。遂聞忠淸使相, 來入葛院, 卽往同坐。艱得軍粮米, 炊飯而進, 使相退饋我。忠淸使相曰: "贊劃得生, 多幸多幸." 兩相偕行, 同宿平澤縣[245]。昨夕少食, 終日飢渴, 再生之餘, 湖西營僚, 卽覓饋燒酒, 多謝多謝。書者德夫, 盡棄文書, 只持給吾衣兩襲, 是亦多幸。使相衣笠, 許多行藏, 金貫子[246]·金帶·敎諭書·節鉞[247], 並棄賊中, 三道軍粮九千餘

---

241 刀尺(도척): 조선시대 지방 관아에서 음식을 조리하던 사람.

242 庇仁(비인): 충청남도 서천군 북서부에 있는 고을.

243 金基命(김기명, 1561~1620): 본관은 江陵, 자는 季秀. 1591년 무과에 급제하였다. 남해부사·摠制副元帥를 지내고, 1600년 좌찬성 겸 義禁府事를 지냈다. 1618년 전라좌수사로 있을 때에 파면되어 영종도에 유배되었으나 1620년 유배지에서 죽은 후 1624년에 복관되었다.

244 內弓人(내궁인): 內弓房에서 활을 만드는 사람.

245 平澤縣(평택현): 경기도 남서부에 있는 고을. 동쪽은 안성시, 서쪽은 해안가에 면하고 남쪽은 아산시·천안시, 북쪽은 오산시·용인시·화성시와 접한다.

246 金貫子(금관자): 망건에 달아 당줄을 꿰어 거는 관자를 금으로 만든 것.

石, 軍器三百餘馱, 亦給兇賊, 尤增痛憤。覓着定山縣監袻衣, 忠淸使相, 乃是本道, 而未及得着苧衣一襲而宿, 可嘆。同鄕朴奉事太古, 亦追及于此, 深賀不已。

6월 7일。

관서(關西) 지방 천리 길인데 수로나 육로 두 길이 모두 막히고 끊겨 근왕(勤王)하러 갈 길이 없는지라, 형세상 부득이 본도(本道: 경상도)로 가는 길의 선문(先文: 도착 예정을 통지하는 공문)을 발송하고 충청 사상(忠淸使相: 윤국형)과 같이 가다가 아산현(牙山縣)에 이르렀다.

이 도(道)의 영리(營吏) 동료인 방무숙(房武叔) 등이 우리들을 매우 도탑게 위로해 주니, 참으로 감사하고 감사하였다.

初七日。

關西千里, 水陸兩路阻絶, 無路勤王, 勢不得已, 本道指路, 出先文, 與忠淸使相同行, 到牙山縣。此道營僚房武叔輩, 慰我等深厚, 多謝多謝。

6월 8일。

아산(牙山)에 머물렀다. 동료 정희개(鄭希凱)가 뒤따라 이곳에 이르렀으니, 그 기쁨을 이길 수 있겠는가. 예방 비장(禮房裨將)인 군수

---

247 節鉞(절월): 임금이 장수를 떠나보낼 때 권위의 상징으로 내리는 符節과 斧鉞. 장군의 진영에 꽂는 깃대와 도끼로 專任權을 상징한다.

안세희(安世熙)가 또한 살아서 돌아왔다.

주부(主簿) 배설(裵楔)을 수원(水原)에서 경성(京城)으로 보내어 적세를 탐문하도록 했는데, 그가 지금에서야 비로소 돌아와서 말하기를, "적도(賊徒)가 한강(漢江)에서 천현(穿峴)에 이르기까지 군막을 지어 진을 쳤는데 그 수를 알 수 없을 정도로 내려가고 있습니다."라고 하였으며, 또 이르기를, "적의 대군이 서쪽을 향하여 이미 개성부(開城府)를 함락시켰습니다."라고 하였다.

곤히 잠들어 꿈속에서 본향(本鄕: 貫鄕 곧 경주) 사람인 이양건(李陽健)을 만나 본데다 또 집에서 보낸 편지 몇 통을 받으니 모두 붉은 종이에 쓴 것이었다. 그 가운데 한 통에서 '부주전상백시(父主前上白是: 아버님께 사뢰어 올림)'를 막 대하자마자 정란(庭蘭: 이탁영의 장남)의 편지인지라, 기뻐서 개봉하기도 전에 먼저 어머님과 처자식의 생사를 물으니 모두 아무 탈 없이 살아 있다고 하여 기쁨에 겨워 배를 타고서 장차 봉투를 뜯으려다가 잠이 깨어 버렸다. 어버이를 생각하고 아이들을 그리워하여 마음 답답해 운들 어찌하겠는가?

밤에 영리(營吏) 동료 방호신(房虎臣) 등이 술과 과일을 가져와서 우리들을 위로하였다.

初八日。

留牙山。同僚鄭希凱, 追及于此, 其喜可勝? 禮房裨將安郡守世熙, 亦生還。裵主簿楔[248], 自水原, 送于京城, 賊勢體探, 今始來還

---

248 裵主簿楔(배주부설): 主簿 裵楔(1551~1599). 본관은 星州, 자는 仲閑. 아버지는 裵德文이다. 1583년 별시 무과에 급제해 典牲署主簿를 지냈다. 1592년 임진왜란이 일어나자 경상우도 방어사 趙儆의 군관으로 南征하다가, 조경이 황간·

曰: "賊徒, 自漢江至穿峴[249], 造幕結陣, 不知其數, 下去." 又云: "大衆西向, 已陷開城府."云。困睡夢裏, 得見本鄕人李陽健, 且承家書數封, 皆書紅紙。一書始面父主前上白是, 乃庭蘭書, 喜得未開封, 先問母妻子存亡, 則皆無㢓生存云, 喜倒乘舟, 將行開緘, 忽然夢覺。思親憶兒, 悶泣奈何? 夜來, 營僚房虎臣輩, 酒果慰吾等。

6월 9일。

본도(本道: 충청도) 군관(軍官) 이자해(李自海)가 계본(啓本: 上奏書)을 가지고 호남의 뱃길을 따라 상경해 오다가 태안(泰安) 지경에 이르러 배가 부서진데다 또 강화(江華) 지경의 해상에서 왜적을 만나는 바람에 이곳으로 되돌아 왔는데 그대로 가지고 가게 하여 다시 보냈다.

추풍에서 패하자 향병을 규합, 왜적과 대항하였다. 경상 감사 金睟의 군관으로 수원을 거쳐 경성의 적을 살펴보았고, 합천군수가 되었을 때 의병장 金沔이 扶桑峴에 복병을 배치해 開寧에서 북상하는 왜적의 응원군을 차단할 것을 요청했으나, 이를 무시해 아군이 크게 불리하였다. 그럼에도 진주목사·부산첨사·조방장·경상우수사·밀양부사를 거쳐 선산부사가 되어 金烏山城을 쌓았다. 1597년 다시 경상우수사가 되었다. 같은 해 7월 8일 부산에 정박 중이던 왜적선 600여 척이 웅천을 거쳐 가덕도로 향하려 하자, 통제사 元均이 한산도 본영에서 배설에게 수백 척의 전함을 거느리고 공격하게 하였다. 곧 漆川海戰에서 웅천을 급습해 잘 싸웠으나, 많은 병사가 전사하자 전세가 불리함을 짐작하고 비밀리에 퇴각할 것을 모의했다. 한산도로 물러난 뒤 군사 시설 및 양곡·군기와 군용 자재를 불태우고 남아 있던 백성들을 피난시켰다. 李舜臣이 다시 수군통제사가 된 뒤 한때 그의 지휘를 받았으나, 1597년 신병을 치료하겠다고 허가를 받은 뒤 도망하였다. 이에 조정에서 전국에 체포 명령을 내렸으나 종적을 찾지 못하다가, 1599년 선산에서 權慄에게 붙잡혀 서울에서 참형되고 아버지와 아들 裵尙忠 등은 모두 방면되었다.

249 穿峴(천현): 경기도 광주시에 있는 고개.

아산(牙山)에서 느지막하게 아침밥을 먹고 출발했는데, 충청 사상(忠淸使相: 윤국형)에게 하직 인사를 하니 나를 가까이 부르고서 목메어 흐느끼며 이르기를, "자네는 고향으로 되돌아가 노모의 생사를 들을 수 있겠으나, 나는 노모의 소식을 들을 길이 없으니 마음 답답해 운들 어찌하겠는가? 자네는 모름지기 듣고 알게 되거든 오가는 사람 편에 나에게 알려 주게."라고 하면서 술을 보내주었다. 마침내 여러 영리(營吏) 동료들과 작별하고서 이어 신창현(新昌縣)에 이르니, 그래도 평택현(平澤縣)보다 나아서 먼저 죽을 주고 다음에 밥을 주는데 지극히 정결하였으며, 마분수(馬糞水: 말똥물)를 얻어 약용으로 마시니 조금이나마 생기가 돌았다.

함안 군수(咸安郡守) 류숭인(柳崇仁)의 내실(內室: 부인)이 본군(本郡: 함안군)에서 피란하여 경성(京城)의 집으로 가다가 적이 이미 경성에 들이닥쳤다는 것을 알고서 도중에 낭패를 당하여 돌아갈 곳이 없게 되자 단지 사내종과 계집종 각 1명씩만 거느린 채로 길가에 울고 있었는데, 사상(使相: 김수)이 특별히 불러들이도록 하고 아산현(牙山縣)에서 양식을 지급 받아 보내주었다. 오늘 또 사상을 따라 나와서 길가에 통곡하고 있으니, 또한 사상이 행차(行次)를 따르게 하여 경상도로 되돌아가서 산에 들어보내도록 하라고 하였다. 이번은 비록 이와 같이 할지라도 이 뒤로는 화를 면할 수 있을런가? 공경사대부(公卿士大夫)의 가솔들로 포로가 된 자들이 얼마나 되는지 알 수 없다. 최 이상(崔二相: 우찬성 崔滉인 듯)·송 동지(宋同知: 宋應鸞인 듯)의 일가 또한 피살되었다고 하니, 참담하여 차마 들을 수가 없었다.

오는 길에 말 위에서 박 봉사(朴奉事: 박태고)와 부모를 뵙기로 모의

했는데, 봉사가 말하기를, "사상(使相: 김수)이 충청 감사(忠淸監司: 윤국형)에게 이르기를, '이 아무개의 정신과 뛰어난 기상이 요사이 모두 상실하여 죽지나 않을지 애석하기만 하오.'라고 하였는데, 이로 보건대 고향에 돌아가겠다고 한다면 반드시 보내줄 것이니 자네만 믿네 자네만 믿네."라고 하였다.

어둑어둑해질 무렵 예산현(禮山縣)에 찾아가니 본도(本道: 경상도)의 소식을 들을 수 있었는데, 좌도(左道: 경상 좌도)의 승패도 길이 막혀 알지 못하고 어머니와 처자식의 생사도 얻어 들을 수가 없다고 하였다. 게다가 흉적이 김산(金山: 金泉) 일대의 곳곳에서 군막을 치고 깃발을 세워 놓은 뒤 길을 가득히 메우며 올라갔다고 하였다. 김해(金海)를 점령한 왜적 900여 명이 전라도 감사(監司)·어사(禦使: 방어사)·도사(都事)·찰방(察訪)이라 일컬으며 김해에서 운봉(雲峯)을 거쳐 전주(全州)로 향하려는 길을 미리 알리는 통지문을 발송했다고 하였다. 창원(昌原)의 늙은 이방(吏房) 황중명(黃仲明)이 자기의 부사(府使: 창원부사)에게 이를 급히 고하였기 때문에 낱낱이 열거하여 전계(轉啓: 다른 사람을 임금에게 아룀)하였다. 고성(固城)을 점령한 왜적 100여 명이 또 사천성(泗川城)을 함락시켰다고 하니, 고향으로 돌아갈 길이 막혀 부모를 뵙지 못하게 되어서 더욱 목메어 울 뿐이었다.

初九日。

本道軍官李自海[250]，持啓本，從湖南船路上京，行到泰安地敗

250 李自海(이자해, 생몰년 미상): 본관은 廣州. 李元慶의 서자. 1592년 龍灣 별시 문과에서 급제하였다.

舡, 又逢倭賊於江華地海上, 還來于此, 仍授更送。自牙山, 晩食而發, 下直于忠淸使相前, 則召前嗚咽而敎之曰: "君則還向家山, 而老母存亡, 可以得聞, 吾則老母消息, 無路得聞, 悶泣奈何? 汝須從聞見, 因往來人, 通我."云, 仍饋酒。遂辭諸營僚, 因到新昌縣[251], 則猶勝於平澤, 先粥後飯, 極其精潔, 得飮馬糞水, 稍有生氣。咸安郡守柳崇仁[252]內室, 自本郡避亂, 向京家, 賊已入京, 中路狼狽, 無所於歸, 只率奴婢各一名, 號泣于道左, 使相特令入來, 牙山縣給粮而饋。今日, 又從使相而出來, 痛哭于道左, 又令隨行次, 還向慶尙道, 入山可也云。此則雖如此, 從此可以免禍? 公卿士大夫家屬, 被擄者, 不知幾[253]。其崔二相[254]·宋同知[255]一家, 亦被殺云, 慘不忍聞。來路馬上, 與朴奉事, 謀議歸寧, 則奉事曰: "使相謂忠淸監司曰: '李某之精神·英氣, 自近日都喪, 無乃死耶? 可惜.'云, 以此觀之, 願還則必送, 專恃專恃."云。薄暮, 來投禮山縣[256], 得見本道消息, 左道成敗, 仍塞不通, 母妻子存亡, 無路得聞

---

251 新昌縣(신창현): 충청남도 아산시 신창면 지역.

252 柳崇仁(류숭인, ?~1592): 본관은 文化. 함안군수로 있을 때 임진왜란이 일어나 성이 포위되자 군민과 합세하여 성을 지켰다. 6월 郭再祐의 의병에게 진로를 차단당한 왜군을 추격하여 47명을 참획하는 전과를 올렸다. 진해에서 李舜臣 휘하의 함대와 합세하여 적을 크게 무찔렀다. 7월 금강을 거슬러 공격해 오는 왜군을 직산현감 朴誼와 합동으로 대적하여 전공을 세웠다. 경상우도 병마절도사에 특진, 10월 창원에서 진주성을 지원하러 갔다가 전사했다.

253 不知幾(부지기): 상상을 초월함.

254 二相(이상): 의정부의 贊成을 달리 이르는 말. 우찬성 崔滉(1529~1603)을 가리키는 듯. 본관은 海州, 자는 彦明, 호는 月潭.

255 宋同知(송동지): 宋應 鸞(1549~1632)을 가리키는 듯. 본관은 恩津,

256 禮山縣(예산현): 충청남도 중부에 있는 고을. 동쪽은 공주시, 서쪽은 서산시,

云。且兇賊金山一路, 處處設幕建旗, 滿路上去。金海雄據, 賊九百餘名, 全羅道監司·禦使·都事·察訪稱號, 自金海, 由雲峯, 全州指路, 出先文云。昌原老吏黃仲明, 馳告于其府使處, 故枚擧轉啓[257]。固城雄據, 賊百餘名, 又陷泗川城云, 歸路仍塞, 末由歸寧, 尤增痛泣。

6월 10일。 맑음。

예산(禮山)에서 대흥(大興)에 이르러 점심을 먹고 길을 떠나 10리쯤 갔을 때, 사상(使相: 김수)의 친족이 청하여 송정리(松亭里)에 들어가서 한참 동안 술잔을 기울이며 이야기를 나누었다. 어둑어둑해질 무렵 청양현(青陽縣)에 들어갔는데, 굶주림과 고단함이 자못 심하였다. 어버이를 생각하고 아이들이 그리워 오장이 타는 듯했다.

이윽고 충청 감사(忠淸監司: 윤국형)의 계본(啓本: 上奏書)을 가지고 갔던 사람이 관서(關西)에서 돌아와 말하기를, "왜적은 개성부(開城府)를 분탕질하고서 또 한 부대가 강원도 지경으로 침입하여 김화(金化)·금성(金城)에까지 깊이 들어갔는데, 경성(京城)의 명문대가(名門大家) 가솔들부터 모두가 김화 지경인 오산(吾山: 阿吾山)의 큰 사찰로 피신해 들어갔지만 왜적들이 뜻밖에 갑자기 들이닥치니, 부녀자들과 처자들이 어떤 산 꼭대기에 모여 있다가 한 칼에 죄다 베었고 또한 대부분 포로가 되었습니다."라고 하였다. 구 참판(具參判: 구사맹인

남쪽은 홍성군·청양군, 북쪽은 당진시·아산시와 접한다.
257 轉啓(전계): 다른 사람을 거쳐서 임금에게 아뢰는 일.

듯)의 가솔들 또한 사로잡혀 갔다고 하였다.

본도(本道: 경상도) 대구(大丘: 大邱) 지경의 전 현감(前縣監) 박충후(朴忠後)는 영남 일도(一道)의 거부로서 처첩과 가솔들이 허다하였는데, 판자로 굴을 만들고 판자 위에 흙으로 덮어 갖가지 씨를 뿌려서 심지어 싹이 돋아 무성하였으니, 만들어진 굴에 한쪽 끝으로 드나드는 것을 적이 알아차릴 수 없도록 하였다. 그러나 박충후는 평소 재물만 믿고 스스로 방자하여 사람들의 원망을 샀기 때문에 그를 싫어하던 사람이 그의 굴을 가리켜 주어 한 사람도 남김없이 참살되었고 젊은 첩 또한 사로잡혀 갔다고 하였다.

중원(中原: 명나라)에 청하였던 구원병으로 요동(遼東)의 정예병 3만 명이 선발되어 온다고 하나 군량미가 없어서 걱정스럽다. 그리하여 관서(關西)에서 쌀 2석을 바치는 자는 면천(免賤: 천민 신분에 벗어남)하고, 4석을 바치는 자는 6품직에 서용(敍用: 파면된 사람을 다시 등용)한다고 하였다.

성주(星州)에 머물러 있던 적이 경성(京城)에서 온 봉한 편지를 보고서 목 놓아 통곡했다고 하였다. 또한 왜장 평의지(平義智)가 남산(南山)의 소나무를 모조리 베고 또 국사당(國祀堂: 國師堂)의 고목을 베었기 때문에 병을 얻어 죽음에 이르렀다고 하였으니, 만일 이 말이 사실이라면 외롭게 남은 노약자들이 아마도 다시 하늘의 밝은 해를 보는 즐거움이 있겠으나 참말인지 거짓말인지 알기가 어려워 몹시 답답할 뿐이다.

조보(朝報)를 얻어 보건대, 용궁 현감(龍宮縣監) 우복룡(禹伏龍)이 홀로 자기의 고을을 지켜 그 뜻이 가상하다고 하며 지금 통정대부(通

政大夫: 정3품 상계의 품계명)로 가자(加資)했다고 하니, 이것으로 보면 좌도(左道: 경상 좌도)의 35개 고을 수령들이 모두 도망한 것이 분명하였다.

일행의 상하가 모두 행장(行裝)을 잃어버렸지만, 오직 비장(裨將) 안세희(安世熙)만이 활을 당겨 적을 겨누며 행장들을 모두 실어서 떠났기 때문에 그의 쇄마(刷馬) 적시(赤始)가 오늘 돌아왔다. 사상(使相: 김수)이 또 납배지개(衲背之介)의 단의(短衣: 짧은 옷)를 몰래 나에게 주어 매우 감사하였다.

어젯밤 꿈에 분명하게 어머니의 얼굴을 보았고 또 달성(達城) 아이를 보았다.

初十日。晴。

自禮山, 到大興[258]晝餉, 行及十里許, 使相族親, 請入松亭[259], 良久杯話。薄暮, 來入青陽縣[260], 飢困頗甚。思親憶兒, 五內如焚。因忠淸監司, 啓本持去人, 自關西來言曰: “倭賊焚蕩開城府, 又一運, 入江原境, 深入金化[261]·金城[262], 自京城大族家屬, 皆入金化地, 吾山[263]大刹, 倭賊不意突至, 婦女·處子, 屯聚一山頂, 一劒盡

258 大興(대흥): 大興縣. 충청남도 예산군 일부 지역의 조선시대 행정구역. 대흥면 상중리에 백제부흥운동의 본거지가 된 임존성의 터가 남아 있다.

259 松亭(송정): 조선시대 木川郡 修身面의 송정리. 지금은 충청남도 천안시 동남구 병천면 송정리이다.

260 青陽縣(청양현): 충청남도 중부에 있는 고을. 동쪽은 공주시, 서쪽은 보령시, 남쪽은 부여군, 북쪽은 홍성군·예산군과 접한다.

261 金化(김화): 강원도 북부에 있는 고을. 동쪽은 양구군, 서쪽은 철원군·평강군, 북쪽은 회양군, 서남단의 극소부는 경기도 포천시와 접한다.

262 金城(금성): 강원도 김화군, 창도군, 철원군에 있었던 행정구역.

刈, 亦多被擄."云。具參判[264]家屬, 亦擄去云。本道大丘境, 前縣監朴忠後[265], 一道巨富, 許多妻妾家屬, 以板作窟, 板上積土種稼, 至於立苗茂盛, 一端成穴出入, 使賊不得知之。朴也平日, 恃富自恣, 結怨人心, 故嫌人指其穴, 無遺被斬, 少妾亦擄去云。中原請兵, 遼東精兵三萬抄來, 而無軍粮可悶。關西, 納米二石者免賤, 四石者六品敍用云。星州留賊, 得見自京封書, 失聲痛哭云。且倭將平義智, 盡伐南山松, 又伐國祀堂[266]古木之, 故得病致死云, 此言若實, 則孑遺老弱, 庶有復見天日之樂, 虛實難知悶悶。得見朝

---

263 吾山(오산): 阿吾山. 강원도 김화군 북쪽 4리에 있는 산.

264 具參判(구참판): 具思孟(1531~1604)을 가리키는 듯. 본관은 綾城, 자는 景時, 호는 八谷. 仁祖의 어머니인 仁獻王后의 아버지이다. 형 具思顔은 중종의 셋째딸 효순 공주와 혼인했고, 부인 평산신씨는 申砬 장군의 누나이기도 하다. 1558년 식년문과에 급제, 注書를 거쳐, 正言·兵書佐郎·司諫·校理 등을 역임하였고, 1563년 書狀官에 임명되어 명나라에 다녀왔다. 吏曹正郎·舍人·司宰監正 등을 거쳐 1569년 황해도관찰사가 되었다. 1576년 冬至使로 명나라에 다녀오고 1592년 吏曹參判이 되었다. 임진왜란이 일어나자 왕자를 호종하여 義州에 갔고, 1594년 왕비를 海州로 侍從하였으며, 이듬해 조정에 들어와 공조판서가 되었다. 1597년 정유재란 때 왕자·후궁을 시종하여 成川에 피난하였으며, 左參贊·우참찬·이조판서 등을 역임하고, 1601년 左贊成에 이어 中樞府判事·知經筵事를 지낸 후, 1603년 기로소에 들어갔다.

265 朴忠後(박충후, 1552~1611): 본관은 順天, 자는 景述. 사육신 박팽년의 현손. 대구도호부 河濱縣 묘골 출신. 1578년 음보로써 繕工監 監役이 되었고, 咸昌縣監에 임명되었다. 1594년 무과에 급제하였고, 전란이 끝난 후, 태안군수를 거쳐, 1605년 함안군수로 부임하였다. 《선조실록》 1603년 4월 21일 1번째 기사에는 상당히 부정적인 인물평이 있다.

266 國祀堂(국사당): 國師堂. 조선시대 태조 이성계가 한양에 도읍을 정하고 한양의 수호신사로 북악신사와 함께 남산 꼭대기에 두었던 목면신사의 사당. 경성의 국사당은 남산 팔각정 자리에 있었던 것을 1925년 일제가 조선신궁을 건립하면서 인왕산 중턱으로 이전하였다.

報, 龍宮縣監禹伏龍[267], 獨守其邑, 其志可嘉, 今加通政云, 以此觀之, 則左道三十五官守令, 盡逃明矣。一行上下, 盡失行裝, 唯裨將安世熙, 彎弓向賊, 盡輸行裝而出, 故其斜馬赤始, 今日入着[268]。使相又衲背之介短衣, 潛給我, 深謝深謝。昨夢分明, 得見慈顔, 且見達城兒。

6월 11일。

청양(青陽)에서 척후 비장(斥候裨將)이 다른 길로 잘못 들어가 30여 리에 이르러서 다시 험준한 고개를 넘어서야 부여(扶餘) 지경인 은산역(恩山驛)에 도착하자, 사상(使相: 김수)이 크게 노하였다.

부여는 풍속이 도타운 곳으로 지난번에 이 역참을 지난 적이 있었다. 호남 사상(湖南使相: 이광)과 동시에 도착했던 날이었는데도 극히 풍부하게 갖추어 보내더니만 이번에 또 이처럼 대접해 주니 참으로 감사하였다. 사상은 한참이나 지나도록 편안히 쉬었고, 우리들 또한 곤하게 잠들었다. 꿈속에서 외사촌 김성필(金成弼)·김금수(金錦壽) 형제를 만나 먼저 노모의 소식을 묻다가 꿈을 깨었으니 슬피 운들 어찌하겠는가?

어둑어둑해질 무렵 홍산현(鴻山縣)에 들어가니, 관대한 어른인 수

---

267 禹伏龍(우복룡, 1541~1613): 본관은 丹陽, 자는 현길(見吉), 호는 懼庵·東溪. 1573년 司馬試에 합격하여 성균관 유생이 되었다. 임진왜란 때 龍宮縣監으로 용궁을 끝까지 방어, 그 공으로 安東府使에 올랐다. 1599년 洪州牧使가 되어 선정을 베풀고, 羅州牧使·忠州牧使를 거쳐 1612년 成川府使에 이르렀다.

268 入着(입착): 다른 곳에서 들어와서 도착함.

호장(首戶長)이 먼저 술을 내리고 다음에 밥을 주며 극히 후하게 대접하고 맞아주어 매우 감사하고 감사하였다.

밤에 꿈속에서 정 서방(鄭書房)의 아지(阿只)를 만나보다가 꿈을 깨서 오장이 찢어지는 듯했다. 여러 가지로 이리저리 생각해 보아도 허다한 처자식들은 흉적의 칼날이 아니라도 반드시 굶주려 죽었을 것이라 생각하니 더욱 통곡할 일이었다.

지금 듣건대 고인이 된 재상(宰相) 김수문(金秀文)은 곧 명장으로 그의 가솔들이 산속으로 피란하였다가 남김없이 포로가 되었지만, 절색(絶色)인 두 여종을 흉적에게 주고서 부인이 돌아올 수 있었다고 하니 다행이고 다행이었다.

十一日。

自青陽, 斥候裨將, 誤入他路, 行及三十餘里, 還踰峻嶺, 到扶餘地恩山驛, 使相大怒。扶餘乃風厚之地, 曾過此驛。與湖南使相, 並到之日, 極其豐備而饋, 今又如是, 多謝多謝。使相良久安歇, 吾輩亦困睡, 夢裏得見外從弟金成弼·金錦壽兄弟, 先問老母消息, 覺來悲泣奈何? 薄暮, 來入鴻山縣[269], 則寬大長者, 乃首戶長[270], 先酒後飯, 極厚接遇, 多謝多謝。夜夢, 得見鄭書房阿只, 覺來, 五內若烈。百爾思之, 許多妻子, 除兇賊鋒, 想必餓死, 尤增痛

269 鴻山縣(홍산현): 충청남도 부여군 서부에 있는 고을.

270 首戶長(수호장): 邑司를 구성하여 독자적인 印信을 가지고 공무를 집행하였고, 부정행위가 있을 때는 戶長印을 받을 수가 없었음. 호장인신은 해당 고을에 명령을 발하는 권한을 말하며, 지방관이 없는 지역에서는 중앙정부의 官印을 대신하는 권한을 가졌다.

哭。今聞, 卒宰相金秀文[271], 此乃名將, 其家屬避亂山間, 無遺被擄, 而以絶色二婢子, 乞給兇賊, 夫人得還云, 多幸多幸。

6월 12일。

홍산(鴻山)의 수존(首尊: 首戶長) 강림(姜琳, 字는 粹夫)이 또 술을 가지고 와서 위로하였는데, 술 취하는 것을 싫어하는 줄 모르지는 않았지만 그 은혜에 감격하여 억지로 마셨다.

한낮이 되어서야 한산군(韓山郡)에 들어갔는데, 사상(使相: 김수)의 노비가 살고 있는 곳으로 풍속이 심히 야박하여 맨땅에서 밤을 지샜다. 밤에 꿈속에서 김형을 보았으나 꿈을 깨서 비통해 한들 어찌하겠는가?

애초에 중원(中原: 명나라)의 3만 명 군대가 구원하러 온다는 기별을 듣고 기쁨을 금치 못하였는데, 비록 온다고 해도 단지 평양(平壤)에만 군사를 주둔시킬 뿐 영남(嶺南)에는 구원하러 오지 않는다고 하니 한탄스럽다. 요동 자사(遼東刺史) 이성량(李成樑: 李成梁의 오기)은 늘 자위병(自衛兵) 10만 명을 거느리고 있다고 하니 그 장관을

---

271 金秀文(김수문, 1506~1568): 본관은 高靈, 자는 成章, 호는 陽村. 金沔의 숙부이고, 金滋의 양부이다. 무과에 급제하였고, 永建萬戶가 되어 함경도에 근무하였다. 1535년 여진족들이 함경도 鍾城에 침입하여 사람들을 납치해 가자, 여진족과 싸워 잡혀간 사람들을 데려왔다. 1546년 동래부사, 1549년 김해부사, 1551년 경흥부사가 되었으며, 1555년 을묘왜변 때 제주목사로서 제주도를 쳐들어온 왜구를 대파하고 품계가 승격되었다. 1565년 한성부 판윤에 특진하고, 3차례 역임하였다. 평안도병마절도사가 되어 여러 번 胡人의 침략을 격퇴하여 공을 세웠다.

알 만하였다.

일행의 상하 모든 사람들이 이[虱]를 견딜 수가 없어서 잡느라 밤새도록 스스로 옷가지를 빨아 젖은 채로 입고 말리니 보기에 안타까웠다. 어젯밤에 다행히도 관비(官婢)의 빗을 구하여 일행이 모두 비로소 머리를 빗게 되었으니 참으로 감사하였다.

경성(京城)에 사는 별파진(別破陣) 박운수(朴雲壽)가 병을 얻었다가 오늘 아침에 죽었다고 하니 아깝다. 내 한 몸도 큰 병을 겪고 난 이후로부터 걸핏하면 병이 생겨 아침 저녁 사이도 보전하기 어려웠으나, 요행스럽게 지금 나라가 위급한 때에 바람이 사나워 불 때며 노숙했고 항상 축축한 땅에 있어서 음식을 제때에 먹지 못했어도 현재 병이 없으니 참으로 다행이다. 노모와 처자식들이 비록 산속에서 주리고 있을지라도 적을 만나 욕보지 않았다면 그 다행스러움을 말할 수 있으랴. 만일 실낱 같은 목숨을 보전하여 다시 만에 하나 만나기라도 한다면 그 천행을 또한 말할 수 있으랴. 밤낮으로 하늘에 빌기를, "바라옵건대 살아서 다시 노모와 처자식들을 볼 수 있게 하소서."라고 하였다.

十二日。

鴻山首尊, 姜琳粹夫, 又持酒來慰, 非不知惡醉, 感其恩而强飮。當午, 來入韓山郡[272], 使相奴婢所居之地, 土風甚薄, 土處而經夜。夜夢, 得見金兄, 覺來, 悲痛奈何? 初聞中原三萬兵來援之

272 韓山郡(한산군): 충청남도 서천군 동부에 있었던 고을 이름. 조선시대에는 이곳이 금강의 하류에 있어 강변에는 朽浦·瓦浦·芽浦 등의 포구와 海倉이 있었고 홍산·林川·서천·咸悅·臨陂 등지와 연결되는 도로망이 발달하였다.

奇, 喜不自勝, 雖來, 只駐兵于平壤, 不救于嶺南云, 可嘆。遼東刺史李成樑[273], 常率自衛兵十萬云, 其壯可知。一行上下人, 不勝捫虱, 冒夜自澣衣裙, 濕着待乾, 所見可惜。昨夜, 幸借官婢梳, 一行盡始梳頭, 多謝多謝。京居別破陣[274]朴雲壽得病, 今朝身死, 可惜。吾之一身, 自經大病後, 動輒生病, 莫保朝夕, 幸今急難, 露宿風爨, 常處濕土之間, 食不及時, 而時無疾病, 多幸多幸。一家老母妻子, 雖餓山中, 不遇賊見辱, 則其幸可言? 若保如線之命, 更遇萬一, 則其千幸亦可言? 日夜祝天曰: "願生願生, 復見老母妻子也."

---

273 李成樑(이성량): 李成梁(1526~1615)의 오기. 명나라 말의 將帥. 자는 汝契, 호는 引城. 遼寧省 鐵岭 출신이다. 조선인 李英의 후예로 遼東의 鐵嶺衛指揮僉事의 직위를 세습해 왔다. 1570년~1591년 연간과 1601년~1608년 연간 두 차례에 걸쳐 30년 동안 遼東總兵의 직위에 있었다. 이 기간에 그는 軍備를 확충하고, 建州女眞 5部, 海西女眞 4部, 野人女眞 4部 등으로 나뉘어 있는 여진의 부족 갈등을 이용하면서 遼東지역의 방위와 안정에 크게 기여하였다. 1573년 寬甸(遼寧省 丹東) 등에 六堡를 쌓았으며, 1574년 女眞 建州右衛의 수장인 王杲가 遼陽과 瀋陽을 침공해오자 이들의 근거지인 古勒寨를 공격해 물리쳤다. 그리고 建州左衛 女眞을 통제하기 위해 首長인 塔克世의 아들인 누르하치[努爾哈赤, 청 태조, 1559~1626]를 곁에 억류해 두었다. 1580년 이성량의 공적을 치하하는 牌樓가 皇命으로 廣寧城(遼寧省 錦州)에 세워질 정도로 그는 明의 遼東 방위에 큰 공을 세웠다. 1582년 王杲의 아들인 阿台가 다시 군사를 일으키자 古勒寨를 공격해 1583년 함락시켰다. 하지만 이 전투에서 이미 明나라에 歸附했던 누르하치의 아버지와 할아버지인 塔克世와 覺昌安도 阿台를 설득하기 위해 古勒寨에 들어갔다가 明軍에게 살해되었다. 이 사건은 누르하치의 불만을 샀고, 1618년 그가 明과의 전쟁을 선포하며 발표한 이른바 '七大恨'의 첫 번째 항목으로 꼽혔다.

274 別破陣(별파진): 조선시대에 軍器寺의 한 벼슬.

6월 13일。

느지막하게 한산(韓山)을 떠났는데, 사상(使相: 김수)이 떠나는 길에 참판 신담(申湛) 댁에 들렀다. 이곳으로 곧 사상의 처가(妻家) 집안 사환(使喚: 심부름꾼)과 계집종들이 경성(京城)에서 흩어져 달아나 와 있다가 말 머리에 찾아와서 사상을 뵈었다. 4월 그믐 전에는 경성의 사대문(四大門)을 굳게 닫아걸고 출입하지 못하도록 하다가 그믐날 뜻밖에 난여(鑾輿: 大駕)가 도성을 떠나 서쪽으로 향한 이후로는 성문을 활짝 열어놓자, 도성 안의 사대부가의 부녀자들이 맨발로 놀라서 흩어져 혹시라도 남보다 뒤질까 두려웠다고 하였다. 사상이 먼저 대부인(大夫人: 모친)이 가신 곳을 물으니, 부인과 허다한 가솔들이 한곳에 모여 강원도 지경으로 깊이 들어갔다고 하였다. 사상은 변란이 일어난 후로 처음 집안의 기별을 들었으나 살았는지 죽었는지 또한 상세히 알지 못하는데, 하물며 우리네 한 가정의 일이야 말해 무엇하겠는가.

판옥선(板屋船)으로 나시포(羅是浦: 羅浦)의 대강(大江: 錦江)을 건너니 곧 호남의 임파(臨坡: 臨陂의 오기) 지경이었다. 강 머리에 장막(帳幕)을 설치하고 우리들을 매우 후하게 대접하였다. 임피에 들어가니, 호남 순찰사(湖南巡察使: 이광)가 이곳에 주둔해 있다가 한 자리에 같이 앉았다. 영방(營房: 營吏)들이 또 점심을 먹게 하는데 지극히 풍성하여 되레 매우 미안할 지경이었다. 밤에 호남의 영방들이 풍성한 술상을 가지고 와서 위로하여 술에 취해 곤하게 묵었다. 게다가 행찬(行饌: 도중에서 먹을 반찬)으로 석수어(石首魚: 조기) 15속(束: 두름)과 짚신 등을 선물하였다. 무안(務安)의 박사화(朴士和)가 나에게 족건(足巾: 버선)을 주었으니 그의 도타운 마음에 깊이 감사하였다.

十三日。

晩發韓山, 使相歷入申參判湛[275]宅。此地, 卽使相妻鄕宅內[276]使喚·婢子, 自京奔潰, 來現于馬首。四月晦日前, 京城四大門牢閉, 使不得出入, 晦日不意, 鑾輿西遷, 以後洞開城門, 都中士婦, 徒步驚散, 猶恐居後云。使相先問大夫人去處, 夫人及許多家屬, 一處聚會, 深入江原境云。使相變生後, 始聞家寄, 而存亡亦未詳知, 而況吾輩之一家事乎? 以板屋舡[277], 涉羅是浦[278]大江, 卽湖南臨坡[279]地。江頭設帳幕, 饋吾輩甚厚。來入臨坡, 則湖南巡察使, 駐此同坐。營房又食點心, 極其豊盛, 還甚未安。夜來, 湖南營房, 盛箱來慰, 醉困而宿。且贐行饌, 石首魚十五束, 繩鞋等物。務安[280]朴士和, 給我足巾, 深謝其厚意也。

---

275 申參判湛(신참판담): 申湛(1519~1595). 본관은 高靈, 자는 沖卿, 호는 漁城. 1540년 사마시를 거쳐 1552년 식년 문과에 급제하였다. 승문원정자·성균관전적 등을 거쳐 1563년 정언·지평을 역임한 뒤 1565년 장령이 되었다. 1568년 홍문관 부수찬을 거쳐 이듬해 장령이 되고, 1577년 충청도관찰사가 되었다가 이듬해 파직되었다. 1582년 경주부윤으로 기용되었으며, 1591년 홍문관부제학에서 예조참판으로 승진하였다. 1592년 임진왜란 때 전주부윤으로 의병 2,000여 명을 모집하여 왜적의 진격을 막았다.

276 妻鄕宅內(처향댁내): 이곳은 韓山인바, 金睟의 장인은 成好問으로 驪州가 주거지이니, 그 진위를 가릴 수가 없다.

277 板屋舡(판옥강): 조선 시대 수군이 사용했던 전투선. 배의 바닥이 평평하고 윗부분에 판옥(옥상)을 만든 것이 특징이다.

278 羅是浦(나시포): 전라북도 군산시 북부에 있는 고을의 포구. 나포면은 조선시대 임피현에 속하였다가 하북면과 북삼면을 통합하여 전라북도 옥구군 나포면이 신설되었다. 군산시와 옥구군이 통합됨에 /다라 전라북도 군산시 나포면이 되었다.

279 臨坡(임파): 臨陂의 오기. 전라북도 군산시 동부에 있는 고을.

6월 14일。

호남 사상(湖南使相: 이광)이 먼저 출발하고 사상(使相: 김수)이 뒤따라 출발하여 김제(金堤)의 만경평야(萬頃平野)를 지나는데, 한 번 바라보아도 끝이 없으니 평생에 이와 같은 평야를 처음 보았다. 도중에서 점심을 먹었는데, 함열(咸悅) 관아에서 별도로 정한 지대(支待: 음식물)로 지극히 후하게 우리를 대접하였다.

바람도 없는 혹독한 더위를 무릅쓰고 간신히 전주(全州)에 도착하니 성문을 닫아놓아 들어갈 수가 없자, 사상(使相: 김수)이 대노하다가 남정(南亭)으로 달려가서 묵었는데, 수문장(守門將) 등을 벌을 주었다. 이곳의 풍속이 야박하기가 호남 일도(一道)에서 가장 심하였다.

이곳 전라도의 의병장인 전 동래부사(前東萊府使) 고경명(高敬命)이 의병 3천여 명을 이끌고 이미 도성으로 올라갔다. 본도(本道: 경상도) 의병장 정인홍(鄭仁弘) 등도 의병 3천 명으로 방금 적을 토벌했다고 하였다.

어젯밤에 꿈속에서 분명하게 막소이(莫召史)를 보았지만 꿈을 깨서 슬피 운들 어찌하겠는가? 일행의 허다한 장수와 군사들이 모두 분탕질을 당한 데다 또한 부모와 처자식들이 살았는지 죽었는지 알지 못하거늘 나만 홀로 고기를 먹지 않고자 하는 것은 사람들이 보고 듣기에 미안한 일이었지만, 또 내 한 몸에만 관계된 것이므로 비록 생선 살을 먹을지라도 아침과 저녁을 먹을 때마다 어버이를 생각하고

280 務安(무안): 전라남도 서부 중앙에 있는 고을. 동쪽은 영산강을 건너 나주시, 서쪽은 신안군의 많은 도서에 면하고, 남쪽은 목포시, 서북쪽으로는 깊게 만입된 함평만을 사이에 두고 영광군·함평군과 접한다.

아이들이 그리워 천지가 아득하였다.

十四日。

湖南使相先行, 使相尾發, 過金堤萬頃坪[281], 一望無際, 平生始見如此廣野也。到中路晝點, 以咸悅[282]別定支待[283], 極厚待吾輩。無風極熱, 艱到全州, 則閉城門不入, 使相大怒, 馳到南亭而宿, 治罪守門將等。此地風薄, 一道爲最。此道義兵將, 前東萊府使高敬命[284], 率義兵三千餘名, 已上洛。本道義兵將鄭仁弘[285]輩, 義兵三

---

281 萬頃坪(만경평): 만경평야. 전라북도 북서부 만경강 유역에 발달한 평야.

282 咸悅(함열): 전라북도 익산시 북부에 있었던 고을.

283 支待(지대): 公事로 말미암아 시골로 나가는 관원에게 필요한 음식물과 일용품 등을 지방 관아에서 공급하는 일.

284 高敬命(고경명, 1533~1592): 본관은 長興, 자는 而順, 호는 苔軒·霽峯. 아버지는 대사간 高孟英이며, 어머니는 진사 徐傑의 딸이다. 1552년 진사가 되었고, 1558년 식년문과에 장원으로 급제해 成均館 典籍에 임명되고, 이어서 공조 좌랑이 되었다. 그 뒤 홍문관의 부수찬·부교리·교리가 되었을 때 仁順王后의 외숙인 이조판서 李樑의 전횡을 논하는 데 참여하고, 그 경위를 이량에게 몰래 알려준 사실이 드러나 울산군수로 좌천된 뒤 파직되었다. 1581년 영암군수로 다시 기용되었으며, 이어서 宗系辨誣奏請使 金繼輝와 함께 書狀官으로 명나라에 다녀왔다. 이듬해 서산군수로 전임되었는데, 明使遠接使 李珥의 천거로 從事官이 되었으며, 이어서 종부시첨정에 임명되었다. 1590년 承文院判校로 다시 등용되었으며, 이듬해 동래부사가 되었으나 서인이 실각하자 곧 파직되어 고향으로 돌아왔다. 1592년 임진왜란이 일어나 서울이 함락되고 왕이 의주로 파천했다는 소식을 전해 들은 그는 각처에서 도망쳐 온 官軍을 모았다. 두 아들 高從厚와 高因厚로 하여금 이들을 인솔, 수원에서 왜적과 항전하고 있던 廣州牧使 丁允佑에게 인계하도록 했다. 전라좌도 의병대장에 추대된 그는 종사관에 柳彭老·安瑛·楊大樸, 募糧有司에 崔尙重·楊士衡·楊希迪을 각각 임명했다. 그러나 錦山전투에서 패하였는데, 후퇴하여 다시 전세를 가다듬어 후일을 기약하자는 주위의 종용을 뿌리치고 "패전장으로 죽음이 있을 뿐이다."고 하며 물밀듯이 밀려오는 왜적과 대항해 싸우다가 아들 인후와 류팽로·안영 등과 더불어 순절했다.

千, 今方討賊云。昨夢分明見莫召史, 覺來, 悲泣奈何? 一行許多將士, 皆被焚蕩, 亦不知父母妻子存亡, 我獨不食肉, 人之見聞未安, 且關一身, 故雖食魚肉, 每當朝夕, 思親憶兒, 天地茫茫。

6월 15일。

호남 사상(湖南使相: 이광)이 전주성에서 나오자 사상(使相: 김수)이 서로 만난 뒤, 더위를 무릅쓰고 느즈막하게 출발하여 간신히 임실(任實) 지경인 오원역(烏元驛: 烏院驛의 오기)에 이르러 한참 동안 더위를 피하였다. 해가 중천에 떠서 마치 불타는 화로 속에 있는 듯했다.

어둑어둑해질 무렵 임실에 들어가자, 전문중(全文仲)이 우리를 보고서 다시 살아 돌아왔음을 먼저 축하하고 술로 즉시 위로하며 평소

---

285 鄭仁弘(정인홍, 1535~1623): 본관은 瑞山, 자는 德遠, 호는 萊菴. 南冥 曺植의 문인으로, 崔永慶, 吳建, 金宇顒, 郭再祐 등과 함께 경상우도의 南冥學派를 대표하였는데, 1581년 掌令이 되어 鄭澈·尹斗壽를 탄핵하다가 해직되었다. 1589년 鄭汝立 獄事를 계기로 동인이 남북으로 분립될 때 北人에 가담하여 領首가 된 인물이다. 1592년 임진왜란 때 濟用監正으로 陜川에서 의병을 모아, 星州에서 왜병을 격퇴하여 영남의병장의 호를 받았다. 이듬해 의병 3,000명을 모아 성주·합천·함안 등을 방어했고, 1602년 대사헌에 승진, 중추부동지사·공조참판을 역임하였으며 柳成龍을 임진왜란 때 화의를 주장하였다는 죄목으로 탄핵하여 사직하게 하고, 洪汝諄과 南以恭 등 北人과 함께 정권을 잡았다. 1608년 柳永慶이 선조가 광해군에게 양위하는 것을 반대하자 이를 탄핵하다가, 이듬해 寧邊에 유배되었다. 하지만 선조가 급서하고 광해군이 즉위하자 대사헌이 되어 大北政權을 세웠다. 자신의 스승인 남명 조식의 학문을 기반으로 경상우도 사림세력을 형성하였다. 더구나 임진왜란 당시의 의병장으로서 활약한 경력과 남명의 학통을 이어받은 수장으로써 영남사람의 강력한 영향력과 지지기반을 확보하였다. 1623년 인조반정 뒤 참형되고 가산은 적몰되었으며, 이후 대북은 정계에서 거세되어 몰락하였다.

처럼 반겼다. 밤에 술을 가지고 거듭 와서 위로하였다.

十五日。

湖南使相, 出來相會, 冒熱晩發, 艱到任實地烏元驛[286], 良久避暑。日輪當午, 如在洪爐。薄暮, 來入任實, 則全文仲見吾輩, 先賀再生, 以酒卽慰, 懽若平生。夜來, 持酒重來慰。

6월 16일。

동틀 무렵에 떠나서 오수역(獒樹驛)에 이르러 한참 동안 편안히 쉬었다. 어둑어둑해질 무렵 남원(南原)의 광한루(廣寒樓)에 들어가자, 나와 같은 관아의 아전인 문자심(文自深)이 이곳에 문안하러 왔다. 부백(府伯: 남원 부사) 윤안성(尹安性)은 곧 일찍이 본도(本道: 경상도) 도사(都事)를 지냈었는데, 술과 고기를 보내주어 술에 취하여 묵었다.

十六日。

黎明而發, 到獒樹驛[287], 良久安歇。薄暮, 來入南原廣寒樓[288], 同官文自深, 問安來此。府伯尹安性[289], 卽曾經本道都事, 送酒肉

---

286 烏元驛(오원역): 烏院驛의 오기. 임실현 북쪽으로 20리에 있었던 역참. 烏原驛이라고도 하였는데, 전라북도 임실군 관촌면에 있었던 듯하다.

287 獒樹驛(오수역): 조선시대 전라도의 도로망인 오수도에 속한 역. 전라남도 임실군 오수면에 있었다.

288 廣寒樓(광한루): 전라북도 남원시 천거동에 있는 조선 중기의 목조건물. 조선초에 黃喜가 세웠고 본디 광통루였으나 세종 때 중건되면서 鄭麟趾에 의해 광한루로 바뀌었고, 임진왜란 때 불타버려 인조 때 다시 지었다.

289 尹安性(윤안성, 1542~1615): 본관은 坡平, 자는 季初, 호는 冥觀. 1572년 별시 문과에 급제하고, 1583년 伏兵將으로 여진족의 침입을 격퇴하는 공을 세웠다.

醉宿。

6월 17일。

아침에는 나와 같은 관아의 아전인 문자심(文自深)이 가져온 술을 마시고서 길을 떠나 비전리(碑殿里)가 있는 운봉(雲峯)에 이르러 점심을 먹고 나니, 이 고을에 나와 기다리고 있던 나와 같은 향리(鄕吏)가 술을 가지고 와서 위로하였다.

더위를 무릅쓰고 팔량원(八良院)에 이르러 더위를 피했는데, 나의 동료 강경의(姜敬毅)가 이곳까지 문안하러 왔다. 날이 저물기를 기다려서 함양군(咸陽郡)에 들어가니, 좌병사(左兵使) 박진(朴晉)이 어제 무계진(茂溪津)을 거쳐 좌도(左道: 경상 좌도)로 건너 들어갔다고 하는데 조금이나마 믿음직하였다.

十七日。

朝飮文同官酒, 行到碑殿雲峯晝點, 出待此邑, 同風持酒來慰。

1586년 경상도 도사를 지냈다. 1589년 尹卓然의 천거로 요직에 등용되었다. 1592년 임진왜란이 일어나면서 안동판관이었던 그가 왜적이 몰려오자 성을 버리고 서산으로 물러났다. 이후 남원부사에 임명된 그는 亂民이 官倉을 부수고 약탈과 살육을 자행하자, 남원을 사수할 계책을 세웠다. 그러나 巡檢使 金命元의 從事官이 되어 가게 되었고, 밤중에 순검사 등이 도망하자 밤낮 말을 달려 숙천에 돌아와 전심전력으로 흩어진 군졸을 모아 왜적과 싸웠다. 1593년 전주부사 때 錦山에서 왜적을 막지 못하고, 전주의 官庫가 불탄 죄로 파직되었다. 충주목사로 등용된 뒤, 온성·회령의 부사 때는 선정을 베풀어, 1597년 表裏를 하사받고 加資되었다. 1599년 聖節使로 명나라에 다녀온 뒤 동부승지가 되었다. 1601년 우부승지에 이어 해주목사 등을 거쳐, 1610년 형조참판이 되었다. 1612년 양양부사 때 金直哉의 誣獄에 관련, 파직되었다. 1615년 陵昌君 佺 추대사건에 연루되어 처형되었다.

冒熱, 到八良院[290]避暑, 同僚姜敬毅, 問安來此。待暮, 來入咸陽郡, 左兵使朴晉, 昨日由茂溪津[291], 越入左道云, 稍有所恃。

6월 18일。

함양(咸陽)에 그대로 머물렀다. 아사(亞使: 都事 金穎男)가 진주(晉州)에서 이곳으로 왔다. 하 이부(河吏部)가 포군(布裙: 무명 바지)을 보냈고, 사근(沙斤)의 도언원(都彦元) 또한 저천개(苧天蓋: 모시 덮을 것)를 주었는지라, 오늘을 이를 잡지 않아도 되니 조금이나마 생기가 돌았다.

비록 본도(本道: 경상도)로 돌아왔을지라도 좌도(左道: 경상 좌도)의 승패를 들을 길이 없었다. 한번 변란이 일어난 후로 지금까지 이미 석 달이 되도록 노모와 처자식들의 생사를 한번도 들을 수가 없었으니, 죽으려고 해도 그렇게 할 수가 없다.

의병장 전 좌랑(前佐郎) 김면(金沔)이 무계진(茂溪津)에서 왜적의 온전한 배 2척을 나포하고 배에 가득 실린 물건들을 노획하니, 모두 내탕고(內帑庫)에 보관되었던 보화들이었다고 하였다.

十八日。

留咸陽。亞使[292]自晉州來此。河吏部送布裙, 沙斤都彦元, 亦贈

---

290 八良院(팔량원): 남원부 동쪽의 인월역에서 경상나도 함양군의 이안현에 있는 사근역으로 넘어가는 중간에 있었던 숙박시설.

291 茂溪津(무계진): 경상남도 함안군 대산면 부목리 부촌동의 낙동강변에 있던 나루. 상주에서는 月坡亭津, 선산에서는 茂溪津, 현풍에서는 蔚於津이라 하는데, 草溪를 경유하여 郡界에 와서 鼎岩津과 더불어 합류하니 岐江이라 하였다.

292 亞使(아사): 조선시대 각 도의 관찰사를 보좌하면서 행정업무를 총괄한 經歷(종

苧天蓋, 今日不捫虱, 稍有生氣。雖還本道, 左道成敗, 無路得聞。一自變生, 今旣三朔, 母妻子存亡, 一未得聞, 欲死未決。義兵將前佐郞金沔[293], 茂溪津全船二隻捕, 捷滿載之物, 皆帑藏[294]寶貨。

6월 19일。

흉적이 또 지례(知禮)에 쳐들어와서 지금 분탕질을 하려 한다고 한 까닭에 거창(居昌)으로 향하지 않고 다시 이 고을에 머물렀다.

신녕(新寧) 출신으로 나와 같은 관아의 아전인 이호(李湖)가 자원하여 좌도(左道: 경상 좌도)로 가는 편에 집으로 보내는 편지를 울며 부쳤으나 한탄스럽게도 전해질지 여부를 알 수가 없었다. 사상(使相: 김수)이 응접하는 관청에 쌀·콩·소금·간장을 구하여 나의 노모에게

4품)과 都事(종5품)를 가리키는 말. 여기서는 도사 金穎男(1547~1617)을 가리킨다. 본관은 光州, 자는 仲悟, 호는 掃雪. 서울의 華族으로 1572년 별시에서 급제하였다. 1589년 익산군수를 지내고, 1592년 경상도 都事로서 임진왜란을 맞았다. 1596년 수원부사로 재직 중 벼슬이 높은 문관으로서 부정하게 私情을 따르고 백성의 고통을 돌보지 않는다는 사헌부의 탄핵을 받아 파직되었다. 이듬해 判決事를 거쳐 1598년 여주목사가 되었다. 1603년 千秋使로 부경하였을 때 모리배를 軍官으로 데리고 가서 물건을 암매한 사실이 드러났다. 1604년 竹山府使가 되었으나 물의가 흡족하게 여기지 않아 체차되고 판결사·형조참의·황해감사·경주부윤이 되었으나 누차 무거운 논박을 받았다. 영녕전 이안청을 영건할 때 당상으로 감독하였다.

293 金沔(김면, 1541~1593): 본관은 高靈, 자는 志海, 호는 松菴. 1592년 임진왜란 때 분연 궐기하여 의병을 규합하여 開寧 지역에 있는 적병 10만과 대치하여 牛旨에 진을 치고, 金時敏과 함께 知禮를 역습하여 대승했다. 1593년 경상우도 병마절도사가 되어 의병과 함께 진을 치고 善山의 적을 치려할 때 병에 걸리자 죽음을 알리지 말라는 유언을 남기고 죽었다.

294 帑藏(탕장): 화폐나 진귀한 보물을 넣어 두는 창고.

지급하라는 관문(關文: 공문)을 작성하여 부쳐 보내니 감격해 우러를 길이 없는데다, 늙은 노비에서 면제시켜 잘 보살피라는 글까지 써서 주었다.

나의 마부(馬夫) 평을걸(坪乙傑: 들걸)이 유천(楡川)에 살고 있는 사람이라서 울며 작별하고 돌아갔는데, 수원(水原)에서 적을 피하여 달아나던 날에 만약 이 사람의 말이 아니었다면 살 수가 없었지만 보답할 길이 없으니 부질없이 슬프게 탄식할 뿐이었다.

十九日。

兇賊又入知禮, 今方焚蕩云, 故不向居昌, 又留此郡。新寧[295]同官李湖, 自募往左道, 泣寄家書, 恨未知傳否也。使相令所接官, 米太鹽醬, 覓給于老母, 成關付送, 仰感無地, 且成給[296]老除[297]完護文字。吾馬扶坪乙傑, 居在楡川[298]人, 泣別而歸, 水原避走之日, 若非此人之馬, 末由得生, 報恩無路, 徒增悵嘆。

6월 20일。

또 함양(咸陽)에 머물렀다. 지례(知禮)의 적은 패하여 도망쳐서 돌아갔지만, 고성(固城)에 남아 있던 적 1천여 명은 진주(晉州)를 침범하려고 선봉대를 보내어 촉석루(矗石樓) 앞 강물을 탐색하러 왔으나

---

295 新寧(신녕): 경상북도 영천시에 있는 고을. 동쪽은 노고산을 경계로 화산면, 서쪽은 팔공산의 연봉을 사이에 두고 군위군, 남쪽은 팔공산의 연봉을 사이에 두고 청통면·대구광역시, 북쪽은 화산 등을 경계로 군위군에 접한다.

296 成給(성급): 관아에서 문권을 만들어 내어 줌.

297 老除(노제): 늙은 노비를 일에서 면제시킴.

298 楡川(유천): 경상북도 청도군 청도읍 내호리 자연부락.

판관(判官: 진주 판관 김시민)이 쫓아 버렸다고 하였다.

달성(達城: 대구부)의 관인(官人: 벼슬아치) 배개수(裵介壽) 등 두 사람이 부사(府使)가 치보(馳報)하는 장계(狀啓)를 가지고 이곳에 왔는데, 변란이 일어난 이후 석 달이 되어서야 처음으로 좌도의 사람을 보니 죽었던 사람을 보는 듯하였다.

중생(重生)의 어미·할미·동생들 모두 죽지 않지 않았다는 소식을 듣고 기쁜데다, 달성(達城)의 관인이 안동(安東)에 갔다가 돌아오면서 위로하러 우리 집을 들렀을 때 약탈되지 않았고 노비들도 보리와 밀을 타작하다가 피난소로 갔다고 하였다. 거짓이건 사실이건 간에 듣고서 그 기쁨을 견딜 수가 없었으니, 썩어문드러질 몸이지만 소생하는 듯 살고자 하는 생각이 조금이라도 있게 되었다.

안집사(安集使) 김륵(金玏)이 바야흐로 안동(安東)에 있고 좌병사(左兵使) 박진(朴晉) 또한 좌도(左道)로 건너갔는데, 흩어졌던 군졸들이 다시 모여든 데다 의병들이 떨치고 일어나 자못 적을 잡으려는 기세가 있으니 기쁘고 기뻤다.

念日。

又留咸陽。知禮賊見敗遁還，固城留賊千餘名，欲犯晉州，送其先鋒，探審矗石[299]江水，判官[300]追逐云。達城官人裵介壽等，二人

---

299 矗石(촉석): 矗石樓. 경상남도 진주시 본성동에 있는 누각.

300 判官(판관): 진주 판관 金時敏(1554~1592)을 가리킴. 본관은 安東, 자는 勉吾. 1578년 무과에 급제했다. 1591년 晋州 判官이 되었고, 이듬해 임진왜란이 일어나자 죽은 牧使 李璥을 대신하여 城池를 수축하고 무기를 갖추어 진주성을 지켰다. 이후 곽재우 등 의병장들과 합세하여 여러 차례 적의 공격을 막아내고 고성과 창원 등지의 성을 회복하는 등의 공로로 8월 진주목사에 임명되었다. 9월에

持府使馳報狀來此, 變生三朔, 始見左道之人, 如見死人。喜聞重生母·祖母·同生輩, 皆不死, 且達城官人, 往還安東[301], 慰見吾家時, 未焚蕩, 奴婢輩, 兩麥打作, 往避亂所云。虛實間, 聞來喜不自勝, 朽骨欲蘇, 稍有欲生之念。安集使金玏[302], 方在安東, 左兵使朴晉, 亦越左道, 散卒還集, 義旅興起, 頗有捕賊之勢, 可喜可喜。

6월 21일。

안음현(安陰縣)을 지나서 어둑어둑해질 무렵에야 거창(居昌)에 이르니, 초유사(招諭使) 김성일(金誠一)이 이곳에 군사들을 주둔시키고 있었다. 관군(官軍)·의려(義旅: 의병)가 요사이 적을 벤 수가 300여 명이었다.

는 적장 平小太를 사로잡는 전공을 세웠으며, 10월에는 왜군이 대대적으로 진주성을 공격하였다. 당시 진주성을 지키고 있던 그는 3,800여 명의 군대를 이끌고 적장 長谷川秀一가 이끄는 2만의 군대를 맞아 승리를 거두었다. 진주성 안에서의 전체적인 지휘를 그가 이끌었으며, 곽재우, 최경회 등 의병장들이 적군의 배후를 위협하는 도움을 받아 전투가 진행되었다. 10월 5일부터 11일까지 실시된 이 전투에서 마지막 날 적의 대대적인 총공세를 맞아 동문을 지키던 김시민 장군이 적의 탄환을 맞아 쓰러지자 곤양 군수 이광악이 대신 작전을 지휘해 승리를 거두었다. 이 전투를 임진왜란 3대 대첩의 하나로 꼽기도 한다.

301 安東(안동): 경상북도 북부 중앙에 있는 고을. 동쪽은 영양군·청송군, 서쪽은 예천군, 남쪽은 의성군, 북쪽은 영주시·봉화군과 접한다.

302 金玏(김륵, 1540~1616): 본관은 禮安, 자는 希玉, 호는 柏巖. 생부는 金士明이고, 백부 金士文에게 입양되었다. 1576년 식년문과에 급제하여 1584년 영월군수를 지냈다. 형조참의를 거쳐 1592년 임진왜란 때는 安集使로 영남 지방의 민심을 수습하고 9월에 안동부사가 되었다가, 1595년 대사헌이 되어 時務十六條를 상소하였다. 1599년 명나라 장수를 접반하고 예조참판에서 충청도관찰사로 나갔다.

念一日。

過安陰縣，薄暮到居昌，招諭使金誠一，駐兵于此。官軍·義旅，近日斬得之數，三百有餘。

6월 22일。

계본(啓本: 上奏書)를 봉해 놓고 더위가 물러나기를 기다렸는데, 사상(使相: 김수)이 침류정(枕流亭)을 바라보고 갔다가 초유사(招諭使)와 서로 만나고는 어둑어둑해질 무렵에 길을 떠났다. 밤 이경(二更: 밤 10시 전후)에야 사근역(沙斤驛)에 이르러 묵었다.

念二日。

封啓本，待暑退，使相往望枕流亭[303]，與招諭使相會，薄暮啓行[304]。夜二更，來宿沙斤驛。

6월 23일。

산음현(山陰縣)에 이르니, 성주(星州)의 적 700여 명이 양장(羊場: 陽亭)에 진(陣)을 치고서 가야산(伽倻山)을 정탐하려 한다고 하고, 또 한 부대는 그 수를 알지 못하지만 전라도 무주(茂朱) 지경을 침범하러 가다가 순양역(順陽驛) 근처에서 여염집을 분탕질한다고 하고, 고성(固城)에 남아 주둔해 있던 적이 무려 1천여 명으로 곳곳에 진을 치고

---

303 枕流亭(침류정): 경상남도 거창군 거창읍 상림리에 있는 정자. 1552년 曺忠彦이 세웠으나 임진왜란 때 훼손된 것을 1602년 李輔가 중수하였다.

304 啓行(계행): 여정에 오름.

있다고 한 까닭에 사상(使相: 김수)은 세 곳의 중앙인 이 산음현에 군사들을 주둔시켜 형편에 따라 처리하려 하였다.

念三日。

到山陰縣[305], 則星州賊七百餘名, 結陣於羊場[306], 欲探伽倻山[307]云, 又一運, 不知其數, 往犯全羅道茂朱[308]境, 順陽驛[309]近處, 閭家焚蕩云, 固城留屯之賊, 無慮千餘名, 處處結陣云, 故使相三處中央此縣, 駐兵策應。

6월 24일。

산음(山陰)에 머물렀다.

군관(軍官) 전 군수(前郡守) 안세희(安世熙)가 자원해서 관서(關西)로 보내고자 종일 계본(啓本: 上奏書)의 초안을 지었다. 나와 같은 직임의 하 이부(河吏部)가 하번(下番: 순번이 바뀌어 교대 근무를 마친 사람)이 되어 집으로 돌아가나, 나는 돌아갈 계획조차 없으니 어버이

---

305 山陰縣(산음현): 경상남도 서북부에 있는 고을. 지금 경상남도 산청군의 일부 지역이다.

306 羊場(양장): 경상북도 성주군 수륜면 신정동의 자연마을 陽亭. 양정은 박달산 동쪽 大加川 중류에 위치한 마을인데, 고려 때는 식량 창고가 있어서 倉坪이라 했고, 조선 때는 양을 기르는 목장이 있어서 羊場으로 불린 곳이다.

307 伽倻山(가야산): 경상남도 합천군과 경상북도 성주군 경계에 있는 산.

308 茂朱(무주): 전라북도 북동부의 소백산맥 서쪽 사면에 있는 고을. 동쪽은 경상북도 김천시·경상남도 거창군, 서쪽은 진안군, 남쪽은 장수군, 북쪽은 충청남도 금산군·충청북도 영동군과 접한다.

309 順陽驛(순양역): 조선시대 栗峯道에 속했는데, 오늘날의 충청북도 영동군 陽山面에 있었던 역참.

를 생각하고 눈물을 머금지만 천지가 아득하고 아득하였다.

念四日。

留山陰。軍官前郡守安世熙, 自募送關西, 終日啓本出草。同任河吏部, 下番而歸, 吾則未由歸計, 思親飮泣, 天地茫茫。

6월 25일。

산음(山陰)에 머물렀다.

김해(金海)에 남아 있던 적 2천여 명이 그저께 몇 개의 부대로 만들어 사시(巳時: 오전 10시 전후)에서 초미시(初未時: 오후 1시경)까지 길에 가득하도록 고성(固城)에 옮겨갔는데, 왜장이 옥교(屋轎: 지붕과 둘레가 있는 가마)를 탔지만 그의 거동하는 것이 지난날 함안(咸安)에 들어와 감사(監司)라고 칭하던 적과 같았다고 하니 안타깝고 절박한 심정을 금할 수 없었다. 만약 진양(晉陽: 진주)이 불행해진다면 발 붙일 곳이 없게 되어 더욱 절박해 마지않았다.

함안(咸安) 여인인 매춘(梅春)이 4월에 포로로 잡혀 이제까지 김해에 남아 있다가 지금에서야 비로소 도망쳐 돌아왔는데, 김해에 있는 양반과 상인(常人)의 여자 중 절반 넘게 사로잡혀 성안에 굳게 갇혀 있으면서 밤낮으로 간음하는 짓을 당하니 견디지 못하여 죽은 자가 자못 많다고 하였다.

동래(東萊)에 새로 부임한 부사(府使) 손인갑(孫仁甲)은 의병대장으로써 낙동강을 따라 오던 왜적선 11척을 붙잡아 승리하자 흥에 겨워 말을 타고 내달리다가 말이 모래언덕에 걸려 넘어지는 바람에 몸이 굴러 깊은 웅덩이로 들어가 빠져 죽었다고 하니 통분을 견딜 수 있겠는가?

적도(賊徒)의 한 부대는 임진강(臨津江)을 건너 개성(開城)을 불 지르고서 곧바로 관서(關西)를 공격하고자 청석동(青石洞)에 이르렀다가 패하였고, 왜장은 화살에 맞아서 경성(京城)으로 실려 돌아와 앓아 누워 있다고 하였다.

念五日。

留山陰。金海留賊二千餘名, 昨昨作運[310], 自巳時初未時, 至彌滿道路, 移入固城, 倭將乘屋轎, 其爲擧動, 如前日入咸安監司稱號之賊云, 不勝悶迫。若不幸晉陽, 則無處容足, 尤悶不已。咸安女梅春, 四月被擄, 至今留在金海, 今始逃還, 金海兩班常人女, 半餘被捉, 堅守城中, 日夜作奸, 不勝而死者, 頗多云。東萊新府使孫仁甲[311], 以義兵大將, 洛江流來賊十一隻捕捷, 乘輿馳馬, 馬跪沙岸, 轉入深淵渰死, 可勝痛哉? 賊徒一運, 越臨津, 焚開城, 直衝關西, 及到青石洞[312]見敗。倭將逢箭, 載還京城, 臥痛云。

---

310 運(운): 군사를 대오로 편성할 때 묶는 단위를 말함. '부대'라 한다.

311 孫仁甲(손인갑, ?~1592): 본관은 密陽. 일찍이 무과에 급제하여 벼슬이 훈련원 첨정에 이르렀다. 1592년 임진왜란이 일어나자 합천에서 의병을 일으켜 전 장령 鄭仁弘의 의병부대에 합류, 中衛將이 되었다. 합천군수 전현룡(田見龍)이 적을 두고 달아나자 그를 대신하여 한때 陜川假將을 맡기도 하였다. 1592년 6월 초순에 벌어진 茂溪戰鬪 때 정인홍군의 선봉장이 되어 적병 100여 명을 사살하는 큰 전과를 거두었다. 그 해 6월말에 있었던 草溪의 馬津戰鬪에서도 특출한 전술을 구사, 낙동강을 항해 중이던 倭船團을 급습하여 격파하였다. 그 뒤 잔류 적선을 섬멸하기 위하여 말을 채찍질하며 물 가운데로 추격하던 중 하상의 묽은 모래와 진흙 속에 그대로 빠져 애마와 함께 최후를 마쳤다.

312 青石洞(청석동): 조선시대 개성부 塔峴에 있었던 동네.

6월 26일。

산음(山陰)에 머물렀다.

성주(星州) 지경인 양장(羊場: 陽亭)에 진(陣)을 친 700명의 적들이 다시 성주성(星州城)으로 돌아왔고, 무주(茂朱) 경내를 분탕질한 적들이 다시 충청도 옥천(沃川) 지역으로 향하였고, 또 왜선 16척이 거제(巨濟) 지경인 하청리(河青里)에 상륙하여 거제에 남아 있던 적들과 합류하였는데, 적의 형세가 이와 같아서 좌도(左道)로 가는 길이 늦어질지 빨라질지 아득하여 기약하기가 어려웠다. 노모의 생신이 가까운데도 돌아갈 계획조차 없으니 하늘을 부르고 땅을 치며 통곡한들 어찌하겠는가?

왜서(倭書)를 볼 수 있었는데 진양(晉陽: 진주)의 이름깨나 알려진 여색(女色)들이 모두 지리산(智異山)에 들어간 것을 아는지 모르는지라고 하였으니, 고성(固城)에 있는 천 명의 적들이 반드시 진양을 범하고는 지리산을 찾아갈 것이었다.

念六日。

留山陰。星州地羊場, 結陣七百之賊, 還入星州城, 茂朱境焚蕩之賊, 還向忠清道沃川地, 又倭舡十六隻, 下陸于巨濟境河青里[313], 同入巨濟留賊之中, 賊勢如此, 開路遲速, 渺莫難期。老母生辰日近, 末由歸計, 號天叩地, 痛哭奈何? 得見倭書, 晉陽名女, 皆入智異山, 知不知云, 則固城千名之賊, 必犯晉陽, 轉探智異山矣。

313 河青里(하청리): 경상남도 거제시 하청면 하청리.

6월 27일。

산음(山陰)에 머물렀다.

밤에 비가 몹시 내렸으니, 지금 만약 물이 불었으면 낙동강(洛東江)의 적들은 비록 잡을 수가 없을지라도 촉석강(矗石江: 남강)이 불었을 것이므로 고성(固城)의 적이 진양(晉陽)을 범하기는 어려울 것이라서 그 다행함을 말할 수 있으랴.

이슥고 좌병사(左兵使)의 노복(奴僕)이 말한 것을 듣건대 경성(京城)의 적들은 이미 모두 내려왔으며, 또 아병(牙兵) 김단(金湍)의 말을 듣건대 왜적이 성주(星州)에서 현풍(玄風)에 이르기까지 머리와 꼬리를 서로 잇대어 길에 가득하도록 내려가고 있다 하였다. 고성(固城)의 적들이 내지에서 병력의 기세를 떨쳐 과시하여 아군으로 하여금 적이 도망쳐 되돌아가는 때에 협공하지 못하도록 하려는 것이 아니겠는가. 성주성(星州城)의 적들이 또 나와서 양장(羊場: 陽亭) 가에 진(陣)을 친다고 하니 또한 그들의 계교를 알 수가 없었다.

밤에 꿈속에서 정란(庭蘭: 이탁영의 장남)의 소식을 들었는데 오늘이 바로 노모의 생신이니 나를 그리워한 까닭이리라. 나의 동료 이여경(李汝慶)의 꿈속에서도 또한 정란을 보았다고 하니, 좋은 징조인지 흉한 징조인지 알기가 어려워 더욱 통탄만 더할 뿐이었다.

지금 김해(金海)에서 포로가 되었다가 살아 돌아온 사람을 통해 듣건대 동료인 배덕민(裵德民)의 온 가족이 한 사람도 남김없이 피살되었다고 하니 몹시 애통하고 애통하였다. 배덕민은 온순하고 공손하며 신의가 있는 사람으로서 효성이 천부적으로 타고난 사람이다. 또 벗 배지상(裵智祥)과 배자상(裵子祥) 또한 피살되었다고 하니 더욱 통탄함을 더할 뿐이었다.

게다가 배송서(裵宋瑞)의 딸과 손녀 또한 적에게 사로잡혀 갔다고 하였는데, 곧 허 생원(許生員)의 아내와 딸이다. 이와 같이 사로잡혀 간 여자들은 관백(關伯: 關白의 오기) 평수길(平秀吉: 豐臣秀吉)이 엄하게 금하여 도로 내어 우리나라로 되돌려 보냈으나, 수사(水使: 경상우수사 元均)가 왜적선을 들이받아 부수던 날에 가득히 실려 있던 아녀자들이 모두 우리나라 사람이라고 부르짖었으나 듣고도 못 들은 척하며 모두 목을 베었다고 하니, 배송서의 딸과 손녀가 우리나라 사람들의 손에 베인 것이 아니겠는가. 나의 동료 하여정(河汝淨)이 지금에야 나타났다.

또 경성(京城)에서 내려온 사람의 말을 듣건대 충청도 청안(靑安) 경내에 진(陣)을 치고 있는 적의 수가 지난날 양호(兩湖: 충청도와 전라도)의 군사 6만 명보다 조금 많았다고 하였다. 이로써 보건대 경성을 점령했던 대규모의 적이 필시 이미 내려온 모양이었다.

念七日。

留山陰。夜雨大作, 今若水漲, 則洛江之賊, 雖不得捕, 矗石江[314]漲之, 故固城之賊, 難犯晉陽, 其幸可言? 因聞左兵使奴子之言, 京城之賊, 已盡下來, 又聞牙兵金湍之言, 倭賊自星州至玄風, 首尾相接, 瀰滿道路下去云。無乃固城之賊, 示威耀兵於內地, 使我軍不得挾擊於遁還時也? 星州之賊, 又出結陣於羊場上云, 亦未知其謀也。夜夢, 得見庭蘭消息, 今日乃老母生辰, 而憶我之故

314 矗石江(촉석강): 경상남도 진주시의 중앙을 서에서 동쪽으로 흐르는 남강의 이칭.

也。同僚李汝慶夢，亦見庭蘭云，吉凶難知，尤增痛嘆。今因金海被擄生還人，得聞同僚裵德民一家，無遺被戮云，痛甚痛甚。右德民也，溫恭信義，誠孝出天之人。乃裵智祥之子祥也，亦被斬云，尤增慟嘆。且裵宋瑞女子與女孫處女，亦擄去云，卽許生員之妻與女也。如是擄去之女，日本國關伯[315]平秀吉[316]痛禁，還出送，而水使[317]撞破賊舡之日，滿載兒女，皆號我國人也，聽而不聞，皆斬

---

315 關伯(관백): 關白의 오기. 일본에서 왕을 내세워 실질적인 정권을 잡았던 막부의 우두머리.

316 平秀吉(평수길): 豊臣秀吉(도요토미 히데요시, 1536~1598). 일본 전국시대 최후의 최고 권력자. 밑바닥에서 시작해서 오다 노부나가에게 중용되어 그의 사후 전국시대의 일본을 통일시키고 關白과 天下人의 지위에 올랐다. 전국시대를 평정한 그는 조선을 침공해 임진왜란을 일으켰으나 실패하였다.

317 水使(수사): 경상 우수사 元均(1540~1597)을 가리킴. 본관은 原州, 자는 平仲. 1592년 경상우도 수군절도사에 임명되어 부임한 지 3개월 뒤에 임진왜란이 일어났다. 왜군이 침입하자 경상좌수영의 수사 朴泓이 달아나버려 저항도 못해보고 궤멸하고 말았다. 원균도 중과부적으로 맞서 싸우지 못하고 있다가 퇴각했으며 전라좌도 수군절도사 李舜臣에게 원군을 요청하였다. 이순신은 자신의 경계영역을 함부로 넘을 수 없음을 이유로 원군요청에 즉시 응하지 않다가 5월 2일 20일 만에 조정의 출전명령을 받고 지원에 나섰다. 5월 7일 玉浦해전에서 이순신과 합세하여 적선 26척을 격침시켰다. 이후 합포해전·적진포해전·사천포해전·당포해전·당항포해전·율포해전·한산도대첩·안골포해전·부산포해전 등에 참전하여 이순신과 함께 일본 수군을 무찔렀다. 1593년 이순신이 삼도수군통제사가 되자 그의 휘하에서 지휘를 받게 되었다. 이순신 보다 경력이 높았기 때문에 서로 불편한 관계가 되었으며 두 장수 사이에 불화가 생기게 되었다. 이에 원균은 해군을 떠나 육군인 충청절도사로 자리를 옮겨 상당산성을 개축하였고 이후에는 전라 좌병사로 옮겼다. 1597년 정유재란 때 가토 기요마사가 쳐들어오자 수군이 앞장서 막아야 한다는 건의가 있었지만 이순신이 이를 반대하여 출병을 거부하자 수군통제사를 파직당하고 투옥되었다. 원균은 이순신의 후임으로 수군통제사가 되었다. 7월 칠천량해전에서 일본군의 교란작전에 말려 참패하고 전라우도 수군절도사 李億祺 등과 함께 전사하였다.

云, 無乃宋瑞女與孫, 被斬於我國人乎? 同僚河汝淨, 始來現。又聞自京來人言, 忠淸道靑安[318]境結陣數, 與前日兩湖軍六萬數, 稍多云。以此觀之, 則據京城大賊, 必已下矣。

6월 28일。

큰비가 밤새도록 쏟아붓듯 내려 환아정(換鵝亭) 앞의 강물이 크게 불어났으니, 앞으로 촉석강(矗石江)의 물이 필시 불어날 것이다. 그래서 고성(固城)에 있는 1천 명의 적들이 진양(晉陽)을 침범하기가 어려울 것이니, 이는 다행이었다. 그러나 낙동강의 적들은 반드시 제멋대로 물 따라 내려올 것이지만, 비록 통분스러울지라도 되도록 빨리 난리가 평정되는 것이 낫다. 그런데 무주(茂朱)를 분탕질한 적들이 이미 금산(錦山)을 함락했다고 하니, 흉적들의 계교를 헤아릴 수가 없어 너무나 답답해도 어찌하겠는가?

사상(使相: 김수)의 노복(奴僕)이 경성(京城)에서 내려왔는데, 사상의 서얼 동생인 김성(金省)이 대부인(大夫人) 이하 가솔들을 모시고 용진강(龍津江)에서 거의 10여 일을 머물다가 왜적을 만나서, 김성 삼촌과 조카 정자(正字) 김성립(金成立: 金誠立의 오기, 허난설헌의 남편)·박교리(朴校理: 朴篪, 金睟의 사위)의 부인, 나이 17세로서 지난날 세자비(世子妃)로 간택되었던 처녀 및 서얼 동생의 차남 김 생원(金生員: 김성의 아들), 서모(庶母)와 일가의 노비들 모두 죽임을 당했다고 하니, 하늘과 땅 사이에 어찌 이와 같은 변고가 있겠는가? 비밀로 하고

---

318 靑安(청안): 충청북도 괴산군 서부에 있는 고을.

말하지 않았으니, 사상은 이때 알지 못했다.

이 말을 듣고 나니, 갑자기 노모와 자녀들이 그리워서 오장이 타는 듯하여 술에 취한 듯 바보가 된 듯했다. 찰방(察訪) 김충민(金忠敏)·봉사(奉事) 박태고(朴太古)와 세 사람이 서로 마주하고 한참 동안 울음을 삼켰다. 집으로 돌아갈 기약이 막막하니 천지가 아득하고 아득하였다.

念八日。

大雨終夜注下，換鵝亭[319]前水大漲，從此矗石江水必漲。固城千名之賊，難犯晉陽，此則多幸。洛江之賊，必放意流下，雖痛憤，莫若從速[320]事定。而茂朱焚蕩之賊，已陷錦山云，兇謀叵測[321]，悶極奈何? 使相奴子，自京下來，使主孽弟金省，陪大夫人以下家屬，留龍津江[322]，幾十餘日，遇倭賊，右金省三寸族下正字金成立[323]·朴校理[324]夫人，年十七，前日世子妃抄選處女，及弟二子金生員，

---

319 換鵝亭(환아정): 경상남도 산청군 산청리에 있었던 정자. 1395년 산청현감 沈潾이 산음현(현 산청읍 옛지명)의 객사 서쪽에 건립하였다. 정자의 이름은 權攀이 중국 왕희지의 고사를 인용하여 작명하였고, 글씨는 당대 최고의 명필가 韓石峯이 썼다. 1597년 정유재란 때 왜군에 의해 소실되기도 하였으나 새로 중건되었다. 주변의 경호강과 함께 산수가 아름다워 유명했다.

320 從速(종속): 되도록 빨리. 시급히 처리함.

321 叵測(파측): 헤아릴 수 없음. 추측할 수 없음.

322 龍津江(용진강): 경기도 광주 소재의 한강 지류.

323 金成立(김성립): 金誠立(1562~1592)의 오기. 본관은 安東, 자는 汝見·汝賢, 호는 西堂. 시인 許蘭雪軒의 남편이다. 할아버지는 金弘度이고, 아버지는 金瞻이다. 김첨은 김홍도와 平昌李氏 사이의 소생으로 장남이고, 金睟는 김홍도와 韓山李氏 사이의 소생으로 차남이니, 김수의 조카이다. 외할아버지가 宋麒壽이고, 외삼촌이 宋應漑이며, 申欽이 이종사촌이다. 1589년 증광문과에 급제하여 홍문관 著作을 지냈으며, 1592년 임진왜란 때 죽었다.

庶母[325]與一家奴婢, 盡爲被戮云, 天地之間, 安有如此之變乎? 秘不發言, 使相時未知。聞來, 忽憶老母子女, 五內如焚, 如醉如癡。與金察訪忠敏·朴奉事太古, 三人相對, 良久飮泣。歸期漠漠, 天地茫茫。

6월 29일。맑음。

산음(山陰)에 머물렀다.

꿈속에서 달성인(達城人)을 보고는 어머니를 생각하고 누이동생이 그리웠는데, 한밤중에 마음이 아프도록 몹시 슬퍼한들 장차 어찌하겠는가?

친구의 아들인 이동수(李東秀)가 지례(知禮)에서 감영(監營)으로 왔는데, 경성(京城)에서 내려와 개령(開寧)·인동(仁同)에 둔치고 판자(板子)를 모아 산더미처럼 쌓았다고 하니, 적의 계략이 무엇인지 알 수 없었다.

성현역(省峴驛)의 정사량(鄭士良) 무리들을 눈물로 보냈는데, 처음부터 동행하여 경성까지 갔다가 돌아온 자들이다. 지금에서야 비로소 집으로 돌아가겠다고 하자, 사상(使相: 김수)이 보내면서 자못 감격스러운 훈계가 있으니 몹시 부러워 견딜 수 없었다.

---

324 朴校理(박교리): 朴篪(1567~1592)를 가리킴. 본관은 密陽, 자는 大建. 金睟의 사위이다. 1584년 문과에 장원급제하고, 수찬·교리가 되었으며, 1592년 임진왜란 때 순변사 李鎰의 종사관으로 상주에서 전사하였다.

325 庶母(서모): 許穆의《記言》별집 22권 〈丘墓文·金典翰碣〉에 의하면, 金睟의 아버지 金弘度는 셋째부인 平山申氏가 있었으나 아들이 없어 의절했다고 되어 있는바, 평산신씨를 가리키는 것인지 불분명함.

이미 금산(錦山)을 침범한 적이 군수(郡守)와 접전하였는데, 군수 권종(權悰)과 그의 자제(子弟: 權晙)이 전사했다고 하였다. 권씨(權氏: 권종)는 바로 우리 고을의 현령(縣令)을 지낸 적이 있는 분인데, 슬프고 애석한 마음을 이길 수 없었다.

밤새도록 안석에 기대어 날이 밝기를 기다렸는데, 낙동강 물이 불어난 까닭에 고향 소식을 더욱 듣기가 어려워지니 죽고 싶어도 죽을 곳이 없었다.

고성(固城)의 적들이 밤을 틈타 산을 뒤져서 피란한 노약자를 무려 400여 명이나 죽였다고 하였다. 성현 찰방(省峴察訪: 洪堯佐)이 호남에서 보고한 고목(告目: 문서)에 의하면, 도체찰사(都體察使) 좌상(左相) 윤두수(尹斗壽)가 왜적 1,007명이나 죽였으며, 신립(申砬)이 죽지 않고 달아나 함경도로 들어가 군사 500여 명을 소집하여 왜적의 군복으로 변장해 입힌 뒤 머리도 깎고 수염도 자르고서 경성(京城)에 들어가 왜적을 400여 명이나 죽였다고 하였다.

거창(居昌)의 산척(山尺: 사냥꾼) 7천여 명이 떼를 지어서 수풀 속에 매복해 결사적으로 왜적을 사살하고 용맹을 떨치며 날뛰었는데, 자칭 청학장군(青鶴將軍)·백학장군(白鶴將軍)이라 하고 또 자신들의 지모를 큰소리쳐 말하기를, "대군이라도 들어오지 못하도록 우리들이 섬멸할 것이다."라고 하자, 적이 그 소리를 듣고 또한 감당하기 어려워 군대를 물러나도록 하여 통곡하면서 달아났다고 하니 가상해 마지않았다.

念九日。晴。

留山陰。夢見達城人，思親憶妹，中夜悲痛，其將奈何？友人子李東秀, 自知禮來營, 自京來屯于開寧[326]·仁同之賊, 聚板子, 積如丘山, 未知賊謀如何也。泣送省峴[327]鄭士良輩, 自初同行, 往還京城者也。今始告退云, 使相臨送, 頗有感激之令, 不勝健羨[328]焉。已犯錦山之賊, 與郡守接戰, 郡守權悰[329]與其子弟戰亡云。權氏乃吾邑曾經縣令之員, 不勝慟惜。夜來, 几坐待明, 洛江水漲之, 故家鄉消息, 尤難得聞, 欲死無地。固城之賊, 乘夜探山, 避亂老弱, 無慮四百餘名, 被戮云。省峴察訪[330], 自湖南告目[331]內, 都體察使左相尹斗壽, 斬倭一千七級, 申砬不死, 逃入咸鏡, 召兵五百餘, 變着倭服, 削髮斷鬚, 入京城, 斬倭四百餘級云。居昌山

---

326 開寧(개령): 경상북도 金泉市 북동부에 있는 고을.

327 省峴(성현): 省峴驛. 경상북도 청도군 화양읍 省峴山 밑에 있었던 역참. 省峴道의 중심이 되는 역이었다.

328 健羨(건선): 매우 부러워함.

329 權悰(권종, ?~1592): 본관은 安東, 자는 希顔. 도원수 權慄의 사촌 동생이다. 1592년 임진왜란이 일어나던 해에 금산군수로 부임하여 광주목사로 있던 도원수 권율과 서로 연락하여 국난에 대처할 것을 기약하였다. 먼저 군사를 이끌고 전주에 도착하였으나, 관찰사가 나이가 많음을 이유로 거느리고 있던 군사를 빼앗아 防禦·助防 兩陣에 이속시키고 군량 관리의 임무를 맡게 하였다. 6월 20일 왜적이 금산군에 이르자 그곳으로 돌아가 2백 명도 못 되는 병졸을 거느리고, 약간의 역졸을 거느리고 있던 濟源察訪 李克綱과 합세하여 적을 기다렸다. 한편, 의병장 高敬命·趙憲에게도 격문을 보내어 협력하여 방어할 것을 제의하였다. 22일 왜적이 대거 내습하자 하루 내내 대전하였으며, 다음날 격전 끝에 아들 權晙과 함께 전사하였다.

330 省峴察訪(성현찰방): 洪堯佐(1556~?)를 가리킴. 본관은 南陽, 자는 汝元. 1579년 식년시에 급제하였다. 1590년 10월부터 1593년 5월까지 성현찰방이었고, 1595년 옥과현감을 지냈다.

331 告目(고목): 조선 시대에 各司의 서리 및 지방 관아의 향리가 상관에게 공적인 일을 알리는 간단한 양식의 문서.

尺[332]輩, 七十餘名, 群聚埋伏草莽間, 決死射倭, 示勇踴躍, 自稱曰青鶴將軍·白鶴將軍, 又高聲智謀曰: "大軍莫入, 吾等可殲."云, 賊聞其聲, 又難堪當退兵, 痛哭遁去云, 不勝可嘉。

7월 1일。

고성(固城)을 침입해 차지한 적은 진주(晉州)를 침범하려 하고, 호남을 이미 침범한 적은 그 수를 알 수가 없으나 함양(咸陽)을 돌격해 올까 염려스럽고, 성주(星州)를 침입해 차지한 적은 양장(羊場: 陽亭)에서 병력의 기세를 떨쳐 과시하니, 3면에서 적군을 맞아야 하는 상황으로 마치 우리 안에 있는 듯해 형세상 부득이 함양으로 내달렸다. 현풍(玄風)·창녕(昌寧)을 침입해 차지한 적들이 대나무를 베어 집을 짓는다고 하니 흉적들의 계교를 알 수가 없고, 낙동강(洛東江)의 적들은 60여 척이 내려갔다고 하였다.

七月 初一日。

雄據固城之賊, 欲犯晉州, 已犯湖南之賊, 其麗不億, 恐慮衝突咸陽, 雄據星州之賊, 結陣羊場, 示威耀兵, 三面受敵, 如在籠中, 勢不得已, 馳到咸陽。玄風·昌寧雄據之賊, 伐竹作屋, 未知兇謀, 洛江之賊, 六十餘隻, 下去云。

---

332 山尺(산척): 산 속에 살면서 사냥질이나 약초를 캐는 것을 업으로 삼고 사는 사람. 임진왜란 이후 조총이 보급되면서 그들 대부분은 활을 버리고 총을 들었기 때문에, 山行砲手라 불렀고 이후로 사냥꾼이라고 하면 으레 산행포수를 지칭했다.

7월 2일。

어젯밤 꿈속에서 분명히 정란(庭蘭: 이탁영의 장남)을 보았지만 어떻게 지내는지 알지 못해 애통하게 운들 어찌하겠는가?

청주(清州)의 적은 도로 진안(鎭安)으로 향하고, 성주(星州)의 적은 5일에 맞붙어 싸우자는 말을 보내왔다고 하였다.

상주(尙州)에서 지내던 전 사부(前師傅) 하락(河洛)은 바로 영남의 저명한 인사였는데, 흉적이 기세를 올리며 쳐들어 올 때를 당하여 사부(師傅) 부자(父子: 하락과 하경휘)가 대부인(大夫人: 趙協의 딸 豐壤趙氏)을 모시고 처(妻: 鄭忠輯의 딸 東萊鄭氏)와 자부(子婦: 李昌의 딸 星州李氏)를 거느리고서 피란을 나갔다가 5리도 못 되어 적을 만났다고 하였다. 적이 먼저 대부인을 붙잡고서 항복하라며 우선 부자(父子)를 죽이고는 자부를 보리밭으로 끌고 들어갔는데, 10여 명의 적들이 번갈아 가며 욕을 보이고서야 마침내 집으로 돌려보냈으나 스스로 목을 매어 죽었다고 하니, 이 무슨 시운(時運)이란 말인가?

初二日。

昨夢, 分明見庭蘭, 未知如何, 痛泣奈何? 清州之賊, 還向鎭安[333], 星州之賊, 初五日接戰事, 言送云。尙州居前師傅河洛[334], 乃

---

333 鎭安(진안): 전라북도 북동부에 있는 고을. 남동쪽은 장수군, 북동쪽은 무주군, 서쪽은 완주군, 남서쪽은 임실군, 북쪽은 충청남도 금산군과 접한다.

334 河洛(하락, 1530~1592): 본관은 晋州, 자는 道源, 호는 喚醒齋. 외할아버지가 검간의 종고조부인 趙協이다. 南溟의 문하에서 수학하였으며, 1568년 진사시에 장원급제하였다. 이후 王子師傅가 되어 임해군과 광해군을 가르쳤다. 1583년 李珥, 成渾 등이 무고로 어려움에 처하자 상소를 올려 구제하였다. 1592년 임진왜란이 일어났을 때 산으로 피신하였으나 상주목사 金澥의 요청으로 아들 河鏡

嶺南名士, 當其兇賊衝斥之日, 師傅父子[335], 陪大夫人, 率妻與子婦, 出避遇賊于五里之內。賊先執夫人乞降。則先斬父子, 曳入子婦於麥田, 十餘賊, 互相侵犯, 終乃放還, 自縊而死, 是何時運也?

7월 3일。

함양(咸陽)에 머물렀다.

의령(宜寧)에 사는 곽재우(郭再佑: 郭再祐의 오기)가 자칭 의병장(義兵將)이라며 격서(檄書)를 지어 사상(使相: 김수)에게 보내왔으나, 격서 안의 내용이 자못 화합하는 도리를 잃은 까닭에 사상은 이곳에서 주둔하며 방비하기로 하였다.

전라도로 들어간 적은 이미 무주(茂朱)·금산(錦山)을 공략하고서 내지(內地)로 깊숙이 향했다고 하였다. 고성(固城)의 적이 무려 1천여 명으로 이미 사천(泗川)을 침범하고서 진주(晉州)로 돌격하려는 기세로 금방 들이닥칠 것 같은데, 또 이 고을을 잃으면 발 디딜 곳이 없었다.

또 왜적선 200척이 의령 지역으로 와서 배를 대고 상륙하였으며, 현풍(玄風)의 적은 다시 낙동강을 건넜다고 하였다. 거제도(巨濟島)에 남아 있던 적은 그들의 배가 수사(水使: 경상 우수사 원균과 전라 좌수사

輝 등과 함께 상주성으로 가던 길에 적을 만나 순절하였다.

335 父子(부자): 河洛과 河鏡輝(1562~1592). 하경휘의 본관은 晉州, 자는 公廓. 1589년 증광시에 급제하였다. 1592년 임진왜란이 일어나자 아버지를 모시고 상주에 갔다가 도중에 왜적을 만났다. 왜적이 아버지를 베려 하자, 하경휘는 소리를 지르며 자기 몸으로 칼을 막았으나 무도한 왜적은 부자를 모두 무참히 살해하였다.

이순신)에 의해 옆구리를 들이받혀 부숴진 까닭에 자기 나라로 돌아갈 계책이 없게 되자, 어리석은 백성들을 유인하여서 성 안에 가득하도록 베어 죽이니 시체가 산더미처럼 쌓였다고 하였다. 흉악한 소문만 날마다 이르고 난리가 평정될 기약이 없었다.

고향의 소식을 들을 길이 없으니 차라리 속히 죽는 것이 더 낫겠다. 꿈속에서 정생(情生)의 어미가 보이니 이 무슨 까닭이란 말인가? 생각이 거기까지 미치지 못하자 꿈에 나타난 것이리니, 이는 필시 많이 낳은 자녀가 지금 이미 굶주려서 나를 원망하는 조짐일 것이다.

아사(亞使: 都事 金穎男)가 진주에서 변고를 듣고 달려왔다.

初三日。

留咸陽。宜寧居郭再佑[336], 自稱義兵將, 作送檄書于使相, 而書中辭意, 頗失和協, 故使相駐此防備矣。全羅之賊, 旣焚茂朱·錦山, 深向內地云。固城之賊, 無慮千餘名, 已犯泗川, 衝突晉州之勢, 迫在朝夕, 又失此州, 無處容足。又賊舡二百隻, 來泊宜寧地下陸, 玄風之賊, 還越洛江。巨濟島[337]留賊, 以其舡爲水使撞破之, 故末由歸計, 誘致愚民, 滿城斫殺, 積屍如山云。惡聲日至, 事定無期。家鄕消息, 無路得聞, 莫若速死之爲愈也。夢見情生母, 是何故也? 念不及此而現夢, 此必多産子女, 今已飢餓, 怨我之兆

---

336 郭再佑(곽재우): 郭再祐(1552~1617)의 오기. 본관은 玄風, 자는 季綏, 호는 忘憂堂. 1585년 정시문과에 급제했지만 왕의 뜻에 거슬린 구절 때문에 罷榜되었다. 임진왜란 때 의병을 일으켜 天降紅衣將軍이라 불리며 거듭 왜적을 무찔렀다. 정유재란 때 慶尙左道防禦使로 火旺山城을 지켰다.

337 巨濟島(거제도): 경상남도 거제시의 본도.

也。亞使，自晉州聞變馳來。

7월 4일。

함양(咸陽)에 머물렀다.

고성(固城)의 적이 사천(泗川) 지경에 와서 둔쳤는데, 밤 사이에 간곳을 알지 못하자 혹은 고성으로 되돌아들었다고 하였다. 낙동강(洛東江)의 왜적선이 강가에 가득히 올라와서 이미 전라도로 향한 적들은 금산(錦山)을 침입해 차지하고 혹 신감사(新監司)·신도사(新都事)·신군수(新郡守)라 칭하는 자들이 관아와 개인의 창고를 열지 못하도록 직접 서명하였으며, 포로로 잡힌 여자도 전혀 간음하지 않고 넉넉하게 환자(還子)를 지급하였으며, 왜장이 관청을 점거하고서 호령하는 것이 매우 엄숙하였다고 하니 이 적은 필시 지난날 창원(昌原)에서 전라 감사(全羅監司)라 칭하며 선문(先文: 도착 예정 통지서)을 보내고 다니던 적인 것 같다.

어젯밤 꿈속에서 분명히 어머니의 얼굴을 보았지만 꿈을 깨서 슬퍼하고 마음 아파한들 어찌하겠는가? 날마다 흉악한 소문만 들려 집으로 돌아가 어머니를 뵐 길이 없으니 더욱 애통하게 울음만 더할 뿐이었다.

곽재우(郭再佑: 郭再祐의 오기)의 일 때문에 사유를 갖추어 장계(狀啓)를 올리고자 군관(軍官) 전 군수 김경로(金敬老)를 올려 보냈다.

初四日。

留咸陽。固城之賊，來屯泗川境。夜來不知去處，或還入固城云。洛東江舡隻，滿江上來，已向全羅之賊，雄據錦山，或稱新監司·新都事·新郡守, 公私庫自爲封署, 被擄女人, 全不奸犯, 優給還上[338], 倭將入據官府, 號令甚肅云, 此賊必前日, 自昌原至羅監司稱號, 行先文之賊也。昨夢, 分明得見慈顔, 覺來悲痛奈何? 日聞惡聲, 末由歸覲, 徒增痛泣。以郭再佑事, 具由馳啓, 軍官前郡守金敬老上送。

7월 5일。

함양(咸陽)에 머물렀다.

어젯밤 꿈속에서 분명히 대매(大梅: 큰딸)·소매(小梅: 작은딸)·두 아들을 보았으니 죽은 것이 아닌가? 홀로 한밤중에 앉아 슬피 운들 어찌하겠는가?

김산(金山)의 정병(正兵) 박용장(朴用長), 창원(昌原)의 기관(記官) 현희준(玄希俊)·수군(水軍) 이록상(李祿祥), 현풍(玄風)의 기관(記官) 곽무(郭茂)·문영(文榮) 등이 모두 왜적에게 붙어서 한 나라의 모든 일에 대해 향도(向導: 앞잡이)가 되어 숨김없이 알려주니 통분해 마지않았다. 지례 현감(知禮縣監) 김호(金浩)가 젊은 서생으로서 재상(宰相) 안용(安容)의 사위인데, 박용장과 그의 가솔들을 유인하여 남김없이 사살했다. 때문에 박용장의 잔당이 왜적들을 꾀어서 현감이 자제를 거느리고 초유사(招諭使)의 군관과 누각 위에 같이 앉아 있을 때 불의에 습격하여 사로잡아 가도록 했다고 하니, 더욱더 원통함이

---

338 還上(환상): 還子. 조선시대 각 고을의 社倉에서 백성들에게 꾸어 주었던 곡식을 가을에 이자를 붙이어 받아들이는 일.

심하였다. 현희준과 이록상 무리는 전라 감사(全羅監司)라 칭하는 왜적을 따라 다니는데, 지금은 금산(錦山)에 있지만 곧장 전주(全州)로 향할 계획이라 하였다. 김천(金泉) 임연해(林連海)가 와서 말하기를, "김산 군수(金山郡守: 김천 군수 朱夢龍)는 산골짜기에 숨어 있고 계집종이 경성(京城)을 향하였는데 왜적들이 남김없이 섬멸하였으니, 독포사(督捕使)의 행차가 멀지 않아 내려올 것이다."라고 하였는데, 조금이나마 믿음직하여 자못 생기가 돌았다.

고령현(高靈縣)에서 보고한 것에 의하면, "왜적선 88척이 쌍산(雙山)에서 올라왔고, 또 왜적 2천여 명은 정승(政丞)이라 불리는 자의 안국사(安國寺: 安國使의 오기) 행차인데 4일에 가야산(伽倻山) 등지로 향했다."라고 하였다.

初五日。

留咸陽。昨夢, 分明見大小梅[339]·兩男, 無乃死耶? 獨坐中宵[340], 悲泣奈何? 金山正兵朴用長·昌原記官玄希俊·水軍李祿祥·玄風記官郭茂·文榮輩, 皆入倭賊, 一國凡事, 向導無隱, 不勝痛憤。知禮縣監金浩[341], 以年少書生, 宰相安容[342]壻也, 誘致朴用長與家

---

339 大小梅(대소매): 큰딸과 작은딸을 일컫는 듯. 小梅는 초라니를 일컫는데, 기괴한 모양의 여자 탈을 쓰고 위에는 붉은 옷을 입고 아래에는 누른 옷을 입고 긴 깃발을 들었다.

340 中宵(중소): 한밤중.

341 金浩(김호, 생몰년 미상): 《宣祖實錄》 1592년 8월 16일 7번째 기사에 의하면, 지례현감 김호를 兼繕工監判官으로 삼은 기사가 있으나, 구체적인 인적 정보가 없음. 1594년 양근군수, 1596년 삭녕군수, 1601년 형조정랑 등을 지낸 것으로 확인된다.

342 安容(안용, 1522~1586): 본관은 廣州, 자는 士默, 호는 松坡. 1552년 진사시에

屬, 無遺射殺之。故用長餘倘, 教誘倭賊, 縣監率子弟, 與招諭使軍官, 同坐樓上, 不意突入擄去云, 尤增痛甚。希俊·祿祥輩, 全羅監司稱號, 倭賊隨行, 今在錦山, 直向全州之計。金泉林連海, 來言曰: "金山郡守[343]在山谷, 婢子向京城, 倭賊殲滅無餘, 督捕使[344]行次, 近當下來."云, 少有所恃, 頗有生氣。高靈縣所報內, "倭舡八十八隻, 自雙山[345]上來, 又倭二千餘人, 號稱政丞, 安國寺[346]行次, 初四日伽倻山等處指向."云。

7월 6일。

함양(咸陽)에 머물렀다.

합격하고, 1558년 식년문과에 급제하여, 1566년 예문관대교가 되었다. 그 뒤 형조좌랑·持平을 거쳐, 1571년 영광군수, 1575년 掌令·사간원사간을 역임한 뒤, 1581년 황해도감사가 되었다.

343 金山郡守(김산군수): 朱夢龍(생몰년 미상)을 가리킴. 본관은 綾城, 자는 雲仲, 호는 龍巖. 무과에 급제한 뒤 선전관을 거쳐 1592년 金山郡守 재임 때 임진왜란이 일어나자, 전열을 정비하여 홍의장군 郭再祐와 姜德龍·鄭起龍 등과 함께 居昌 牛旨峴戰鬪에서 승리한 후 경상도 지역에서 여러 번 전공을 세워 강덕룡·정기룡과 함께 三龍將軍이라 불렸다. 이어 의병장 곽재우를 도와 창녕에서 적군을 물리치고 거제에서도 큰 전과를 올렸다. 1596년 충청도 洪山에서 일어난 李夢鶴의 난 때, 반군들이 聲勢를 올리기 위하여 유명한 인물을 들어 동조자로 선전하였는데, 그의 이름이 끼어 있어 한때 연루자로 투옥되기도 하였으나 사실이 아님이 밝혀져 석방되었다.

344 督捕使(독포사): 죄인 잡는 일을 독촉하기 위하여 지방에 파견하는 임시 벼슬.

345 雙山(쌍산): 雙山驛. 조선시대 경상도 현풍에 있던 역. 쌍산은 경상북도 달성군 논공읍 남리와 달성군 현품읍 성하리 경계를 이루고 있는 산이다.

346 安國寺(안국사): 본 일기의 1592년 7월 7일 기사에 의하면 安國使로 표기되어 있고, 鄭慶雲의 〈孤臺日錄〉 1592년 7월 11일 기사에도 政丞安國使로 표기되어 있어, 安國使의 오기인 듯.

곽섭(郭燮)이 어제 저녁에 찾아뵙자 호남 순찰사(湖南巡察使)가 전한 말을 하 이부(河吏部)가 들은 것에 의하면, 황해도에서 차례차례 전달하였으니, "왜적 1만여 명이 평양부(平壤府)를 향하여 돌진해 오자 평양부 안의 장수와 군사들이 약속한 대로 대동강(大同江) 중류까지 왜적선이 반쯤 건넜을 때에 비로소 만 개나 되는 쇠뇌를 일제히 쏘아서 일시에 침몰시켰고, 단지 나머지 1척만이 상륙하였으나 화살과 돌을 비오듯 퍼붓자 겨우 달아난 자가 4,50명뿐이었다."라고 하였는데, 행재소(行在所)를 몰아쳐 범하려던 적을 이와 같이 크게 이겼으니 그 기쁜 마음을 말로 할 수 있겠는가? 북쪽으로 향한 적은 철령(鐵嶺)에 이르러 패전하였고, 경성(京城)을 회복할 날을 손꼽아 기달릴 수 있다고 하였다.

상주(尙州) 사람의 말을 듣건대 적도(賊徒)가 2개의 상여를 메고서 내려오다가 길가의 임시 가옥에 들러 묵고 제수를 차린 듯하나 적도들이 지나간 뒤에 그 임시 가옥을 불태웠다고 하니, 왜장인 평의지(平義智)가 죽었다는 말이 사실이 아니란 것인가?

난여(鑾輿: 大駕)가 도성을 떠나 관서로 떠나던 날에 궁궐이 불탈 때부터 덕빈궁(德嬪宮: 순회세자의 빈)의 시신이 든 관도 함께 불탔다고 하였다.

왜적이 으레 술일(戌日)·인일(寅日)에는 접전하는데, 으레 구름과 안개가 덮였을 때는 민간의 재물과 보화를 비록 깊숙이 지하에 감추고 그 위에 씨를 뿌려 심었을지라도 모두 찾아내며, 죽은 사람의 새 무덤 또한 모두 파내어 반드시 시체를 보고 나서야 그만둔다고 하니, 훗날 피란할 때는 민가 근처에 감추어 두는 것을 삼가는 것이 매우 다행일 것이다.

좌도(左道: 경상 좌도)의 경산(慶山)·하양(河陽)·언양(彦陽) 세 고을의 치보(馳報)를 보니, 잘 아는 이호(李湖)는 이미 좌도로 갔고, 좌병사(左兵使: 박진)는 하양에서 안동 등지로 갔다고 하니, 조금 믿음직스러웠다. 게다가 도(道)의 군관인 판관(判官) 조붕(趙鵬)이 변란이 일어나기 전에 좌도의 봉수(烽燧: 봉화)를 조사하러 갔었는데, 전쟁으로 인하여 길이 막히고 끊겨 이제야 비로소 산에 올랐다가 밤길에 와서 사상(使相: 김수)에게 보고하여 말하기를, "안집사(安集使: 김륵)가 안동에 머무르며 형편에 따라 처리하고 있는데, 뜻밖에도 우리나라 사람들이 왜적을 유인하여 곧바로 충의위(忠義衛) 이복원(李復元)의 집에 쳐들어가고 마침내 안동부의 성을 함락시키고 불태운 이후로부터 끝까지 수색하여 찾아내고 있습니다."라고 하였다.

또한 듣건대 본현(本縣: 의성현) 관원(官員)이 관아로 되돌아와서 관청의 창고에 있던 물품을 찾으려 드니, 자신들의 흔적을 없애고자 토적 떼들이 종이 가면을 쓰고서 관원을 죽이려 한 까닭에 관원이 도망쳤다고 하니, 더욱 답답하기가 그지없었다.

初六日。

留咸陽。河吏部聞郭燮, 昨暮來謁, 湖南巡察使傳通[347]內, 黃海道次次傳通, "倭賊萬餘兵, 平壤府突進, 府中將士約束, 大同江中, 賊船半渡, 萬弩俱發, 一時敗沒, 只餘一隻下陸, 矢石如雨, 遁走者, 只四五十名."云, 行在所逼犯之賊, 如是大捷, 其賀可言? 向

347 傳通(전통): 傳通文. 상급기관에서 하급기관에 공적인 일을 긴급히 알리는 글.

北之賊, 至鐵嶺[348]敗沒, 恢復京城, 指日可待云。聞尙州人言, 賊徒中二喪轝下來, 假家[349]歷宿, 如致奠[350]焉, 過後焚其假家云, 無乃倭將平義智身死之言實耶? 鑾輿西遷之日, 自焚宮闕時, 德嬪宮[351]屍柩並燒云。倭賊例於戊日·寅日接戰, 例蔽雲霧, 人家財寶, 雖深藏於地下, 至於種稼其上, 皆探拔出, 死人之新塚, 亦皆拔出, 必見屍乃已, 他日避亂時, 則愼勿藏人家近處幸甚。得見左道慶山·河陽[352]·彦陽, 三官馳報, 好諳李湖, 已往左道, 左兵使, 自河陽已往安東等處云, 稍有所恃。且因道軍官趙判官鵬[353], 變生前往左道烽燧摘奸[354], 因干戈阻絶, 今始登山, 夜行來報使相, 曰: "安集使駐安東策應, 不意我國人, 誘引倭賊, 直入李復元[355]忠義

---

348 鐵嶺(철령): 강원도 淮陽郡과 함경남도 高山郡의 경계에 있는 큰 재. 鐵嶺亭(鐵關亭)은 함경도 安邊都護府 高山驛에 딸린 13개 屬驛 가운데 하나이다.

349 假家(가가): 露店. 가게의 하나. 그 규모가 방보다는 작고 在家보다는 크다.

350 致奠(치전): 제물과 제문을 가지고 조문하는 것.

351 德嬪宮(덕빈궁): 조선시대 명종과 인순왕후의 아들인 順懷世子의 아내 恭懷嬪尹氏(1553~1592)를 가리킴. 아버지는 尹玉, 어머니는 尹奉宗의 딸 파평윤씨이다. 1561년 순회세자와 가례를 올리고 세자빈이 되었으나, 1563년 순회세자가 요절하자 11세의 어린 나이에 과부가 되었고 德嬪에 봉해졌다. 1592년 창경궁 통명전에서 사망하였다. 상례 절차를 진행하던 중 임진왜란 발발하였다. 대가가 파천한 뒤, 궁궐에 불이 나자 관리들도 모두 흩어지는 바람에 시신의 향방은 알 수 없게 되었다.

352 河陽(하양): 경상북도 경산시 하양읍과 와촌면, 대구광역시 동구 일대에 있었던 지방 행정 구역.

353 趙判官鵬(조판관붕): 趙鵬(1534~1598). 본관은 咸安, 자는 大翼. 무과에 급제하였고, 1591년 전주 판관을 거쳐 1598년 정유재란 때 訓練副正으로 왜적과 싸우다 순절하였다.

354 摘奸(적간): 난잡한 것이 있나 없나를 알아내려고 살피어 조사함.

355 李復元(이복원, 생몰년 미상): 본관은 鐵城, 자는 貞而. 소고 朴承任의 사위이

家, 遂陷同府城, 自爇以後, 窮搜極探."云。又聞本縣, 官員還官, 推尋[356]官庫之物, 則欲滅其迹, 陸賊[357]之輩, 着紙假面, 欲殺官員, 故官員逃走云, 尤悶罔極。

7월 7일。

함양(咸陽)에 머물렀다.

어젯밤에 소나기가 몹시 쏟아졌다. 꿈속에서 분명히 우리 고을에 갔다가 돌아왔으니 이 무슨 조짐이란 말인가? 홀로 밤중에 앉아 있노라니 오장이 불타는 듯하였다.

이미 호남에 가서 감사(監司)라 칭했던 적들이 지금 무주(茂朱)에 둔을 치고, 청화묵(青花墨)으로 방문(榜文)을 써서 내걸고 백성들을 유인하자, "두려워하지 말고 자기 집으로 되돌아 가면 창고의 곡식을 정리하여 민간에 나누어 줄 것이다."라고 하였다.

게다가 낙안 군수(樂安郡守) 김종례(金宗禮)는 곧 지난날 역적(逆賊)들을 조치하여 체포하고 당상관으로 승진한 분인데, 적의 소굴로 돌진해 들어가서 그의 처자식 및 노비들과 연락을 주고받고 모두 지금 깊이 헤아려 죽지 말라는 긴 표기(標記)를 써서 주었다고 하였다. 정승(政丞) 안국사(安國使)라 불리는 적이 지금 조방장(助防將) 장의현(張義賢)을 부른다고 하니 그 까닭을 알 수 없다.

다. 忠義衛를 지냈다.

356 推尋(추심): 찾아내서 가져옴.

357 陸賊(육적): 土賊. 지방에서 일어나는 도둑 떼.

고성(固城)의 적이 진해(鎭海)로 향해 되돌아가고, 김산(金山: 金泉)의 적이 지례(知禮)의 지경에 많이 모여서 우지현(牛旨峴)을 넘으려 하였다. 낙동강(洛東江)으로 올라온 적들이 하나같이 아군인 듯 망건(網巾)·별양자(別涼子)를 빌려 입고 긴 표기(標記)를 덧붙여 창녕(昌寧)에 진(陣)을 친 곳으로 향해 오니, 아군이 구원하러 오는 것으로 여겼으나 불시에 돌진해 쳐들어와 아군을 포위하고 모조리 죽였다고 하였다. 동서사방(東西四方)에서 나쁜 소문이 날마다 이르는 데다 고향 소식을 들을 길이 없으니, 차라리 일찍이 자결을 결단하는 것이 낫겠다.

흉적들의 소행을 보면 소를 잡아먹는 맛을 알지 못하고 다만 개·돼지·닭 등만을 잡아 먹으며, 대접할 때도 쌀을 씻지 않고 밥을 지어 항상 먹으며, 한 여자를 붙잡으면 아버지와 아들 및 형제를 가리지 않고 비록 3,40명 적일지라도 서로 번갈아 간음하여 끝내 다치거나 죽게 하였으며, 서책을 찢어서 더러운 것을 닦으며, 장독에 똥을 누고서 사람들에게 그것을 먹게 하였으니, 그들의 소행을 말할 수도 있겠지만 말하면 추해진다. 그러나 하늘이 벌을 내리지 않아 다만 하늘만을 원망해야 하니 부질없이 더욱 통곡할 일이었다.

初七日。

留咸陽。昨夜, 驟雨大作。夢中分明往還本邑, 是何兆也? 獨坐中宵, 五內如焚。已往湖南稱監司之賊, 方屯茂朱, 書以靑花墨掛榜, 誘民曰: "勿恐還入其家, 又倉穀反庫[358], 分給民間." 且樂安郡

358 反庫(번고): 창고에 있는 물건을 조사하고 정리하는 것.

守金宗禮, 卽前日逆賊措捕, 陞堂上之員, 突入賊藪, 交通其妻子·奴婢, 皆今垂恤勿殺, 長標書給云。稱政丞安國使之賊, 方召助防將張義賢[359]云, 未知其故也。固城之賊, 還向鎭海[360], 金山之賊, 多聚知禮境, 欲越牛旨峴[361]。洛江上來之賊, 一如我軍, 假着網巾·別涼子, 付長標, 向來昌寧結陣處, 意以爲我軍來援, 不意突入, 圍抱盡殺我軍云。東西四方, 惡聲日至, 家鄕消息, 無路得聞, 莫若早決自處也。兇賊之所爲, 不食大牢[362]之滋味, 只殺狗彘大鳥之屬, 交以不洗米, 爲作飯常食, 得一女, 則不分父子兄弟, 雖三四十賊, 互相侵犯, 終至傷死, 烈書冊, 拭淫穢, 放矢[363]醬瓮, 使人食之, 其爲所行, 所可道也, 言之辱也[364]。而天不降罰, 只怨老天[365], 徒增痛哭。

---

359 張義賢(장의현, 생몰년 미상): 본관은 求禮, 이명은 應賢, 호는 五柳亭. 아버지는 경상좌도병마절도사 張弼武이다. 1573년 비변사에 의하여 무장으로 천거되어 1577년 해남현감을 지내고, 1583년 부령부사로 尼湯介의 침입을 막아냈으나, 1591년 장흥부사가 된 뒤 임진왜란 때는 전라도방어사 李時言의 조방장으로 거제도 공략 등에 참여하는 등 활약하였다.

360 鎭海(진해): 경상남도 남해안에 있는 고을. 창원시에 통합되었다. 동쪽은 부산광역시, 서쪽은 마산시, 남쪽은 진해만을 사이에 두고 거제시, 북쪽은 창원시·김해시와 접한다.

361 牛旨峴(우지현): 牛脊峴. 경상남도 거창군 웅양면과 경상북도 김천시 지례면 경계에 있는 고개. 임진왜란 중에는 일본군이 전라도로 진격하는 要路 중 하나였다. 牛旨嶺, 牛旨峙로도 불린다.

362 大牢(대뢰): 나라 제사에 소를 통째로 제물로 바치던 일. 처음에는 소·양·돼지를 아울러 바치는 것을 대뢰하고 하였으나, 뒤에는 소만 바치게 되었다.

363 放矢(방시): 똥을 눔. 그 예로 "똥 누러 갈 적의 마음과 올 적의 마음이 다르다.(放矢者, 去時心, 來時心, 判異.)"가 있다.

364 所可道也, 言之辱也(소가도야, 언지욕야): 《詩經》〈鄘風·墻有茨〉의 "말할 수도 있겠지만 말하면 추해진다네.(所可道也, 言之醜也.)"에서 나오는 말.

7월 8일。

함양(咸陽)에 머물렀다.

지례현(知禮縣) 지경에 와서 모인 적들이 온 지경에 충만하여 그 수를 알 수 없는데, 은색 가마를 탄 왜장이 뒤를 거느리고 삼룡(三龍)이 그려진 큰 깃발을 세워 진(陣)을 쳐서 장차 거창(居昌)을 범하려 하니, 충돌해 오는 환난이 금방 들이닥칠 것 같아서 너무나 답답해도 어찌하겠는가?

달성부(達城府)의 치보(馳報)를 보건대, 본현(本縣: 의성현)의 왜적이 방금 전에 난입했다고 하니 죽고 싶어도 죽을 수가 없다. 중생(重生)의 할미가 족건(足巾: 버선) 2켤레를 보내는 일로 공산(公山: 팔공산)에 피란하며 어떻게 찾아서 이르렀는지 가련하고 가련하였다.

初八日。

留咸陽。知禮縣境, 來聚之賊, 充滿一境, 不知其數, 乘銀輦倭將擁後, 建三龍大旗結陣, 將犯居昌, 衝突之患, 迫在朝夕, 悶極奈何? 得見達城馳報, 本縣倭賊, 方今爛入[366]云, 欲死未決。重生祖母, 送來足巾二事, 避亂公山, 何以覔造, 可憐可憐。

7월 9일。

함양(咸陽)에 머물렀다.

지례(知禮)에 가득한 적들이 거창(居昌)으로 떠났다는 소식이 종일

---

365 老天(노천): 하늘.

366 爛入(난입): 闌入의 오기. 허가 없이 함부로 뛰어듦.

토록 보고되지 않으니, 아마도 호남으로 쳐들어간 것을 계속해서 지원하려는 적인 것 같았다. 웅천(熊川)에서 온 치보(馳報)에 의하면, 김해(金海)의 적이 느티나무 판자로써 한창 선박들을 수리하여 호남으로 향해 가서 아군과 접전하려 한다고 하였다.

밤에 꿈속에서 흰 병과 흰 단지 등에 술을 담고 생밤 같은 과일을 눈 앞에 많이 준비하여 계집종 덕금(德今)을 불러 나의 집으로 들여보냈는데, 이때 광선(光先)의 조모가 아이를 거느리고 지나가서 주려고 하였으나 그렇게 하지 못하였으니, 이 무슨 징조인지 알지 못하였다. 집으로 돌아갈 기약이 아득하였지만 어머니를 생각하고 누이동생이 그리워 센 귀밑머리가 하얘서 실과 같았다.

初九日。

留咸陽。充滿知禮之賊, 去向消息, 終日不報, 疑是湖南繼援之賊也。熊川馳報內, 金海之賊, 以槐木椮板, 方修舡隻, 欲向湖南接戰云。夜夢, 以白甁白罇之類盛酒, 如生栗等物, 多置眼前, 喚婢子德今, 入送吾家, 是時光先祖母, 率兒過去, 欲給而未果, 未知是何兆也。歸期杳然, 思親憶妹, 鬢髮白如絲。

7월 10일。

함양(咸陽)에 머물렀다.

고향 소식을 오늘 또 들을 수가 없으니, 어머니를 생각하고 아이들을 그리워하여 오장이 불타는 듯하였다.

현풍(玄風)·개령(開寧)·선산(善山)·성주(星州)의 적이 도로 김산(金山: 金泉)으로 향했고, 가덕도(加德島)에서 70척의 왜적선이 거제도(巨濟島)의 견내량(見乃梁)으로 향해 돌이켰다고 하니, 그 적의 형세를 보건대 영남(嶺南) 한 도를 남김없이 모조리 도륙하여 다시는 어찌할 바가 없었기 때문에 합세하는 데만 오로지 뜻을 두고 모두 호남으로 향하는 것이 틀림없었다. 또 호남마저 잃으면 우리나라 8도(道) 안은 오직 함경도(咸鏡道)만 제외하고 모두 깨끗한 곳이 없게 되니, 천지가 생긴 이래로 어느 시대인들 대적(對敵)하는 나라가 없었으랴만 천지(天地)를 다하고 만고(萬古)를 통하여서도 없던 큰 변고이다. 경기도는 강화(江華)·부평(富平) 2개의 고을을 제외하고 모두 이미 분탕질 당했다고 하였다. 어찌 나라의 운수가 불행하여 한결같이 이토록 극도에 달했단 말인가?

初十日。

留咸陽。家鄕消息, 今日又未得聞, 思親憶兒輩, 五內如焚。玄風·開寧·善山·星州之賊, 還向金山, 自加德島[367], 七十隻賊舡, 回向巨濟島見乃梁[368]云, 觀其賊勢, 嶺南一道, 屠盡無餘, 更無所爲, 故合勢專意, 皆向湖南, 必矣。又失湖南, 則我國八道內, 唯咸鏡道外, 皆無乾淨之地, 自有天地以來, 何代無敵國, 窮天地通萬古, 所未有之大變。京畿江華·富平[369]兩邑外, 皆已焚蕩云。何國運之不幸, 一至於此極?

---

367 加德島(가덕도): 부산광역시 강서구 가덕도동에 있는 섬.

368 見乃梁(견내량): 경상남도 통영시 용남면 장평리와 거제시 사등면 오량리 사이에 있는 해협.

369 富平(부평): 인천광역시 북동부에 있는 고을.

7월 11일。

함양(咸陽)에 머물렀다.

꿈에서 다정한 벗 황담여(黃淡如)를 보았으나 향교 안에서 다만 멀리서 볼 뿐이고 서로 마주하지 못한 데다 또한 달성(達城)의 배일(裵日)을 보았으나 또한 멀리서 볼 뿐이고 서로 가까이하지 않는지라, 집의 기별을 물으려고 해도 대답하기가 어려운 상황이 있는 듯하더니 만 배일이 남을 대신하게 해 편지를 보냈는데, 편지 속의 몇 줄을 보건대 우리집에 여역(癘疫: 돌림병)을 12명이나 앓아누워 신음하고 있다 하니, 꿈을 깨도 더욱 답답하였다. 꿈속에서의 흉한 일은 반드시 기쁜 일이 있을 것이라 하니, 이 말로써 마음을 놓았다.

고령(高靈)에 와서 둔치고 있는 적이 우리나라 여자로 하여금 부쳐 보낸 편지에 이르기를, "수로와 육로로 오가는 사람을 어떻게 살상한단 말인가? 만약 그렇다면 정예병 수만 명을 거느리고 너희 나라 사람을 죄다 죽이겠다."라고 운운하였는데, 허황되게 과장하여 공갈하는 말이기는 하나 단지 수만(數萬)이라고만 하였으니 고령의 적은 필시 많지 않을 것이다.

현풍(玄風)로부터 성주(星州)를 지나 지례(知禮)에 와서 충원한 적은 모두 호남으로 향하였고, 김해(金海)에서 왜적선이 또한 많이 호남으로 향하였다고 하니, 이로써 보자면 오로지 호남을 치려는 뜻을 가진 것이 틀림없었다. 그러나 전라 수사(全羅水使)가 또 빈 왜적선 70여 척의 측면을 들이받아 부쉈다고 하니 통분스러웠다. 이 일은 가득 실은 배를 충파(衝破)했다면 실로 좋은 일이겠으나, 단지 빈 배를 충파한 후에 공훈을 바라는 계책에만 필요하여 헛되게 꾸민

문서가 위로는 조정에 알려지고 아래로는 군민(軍民)에게 알려졌는데도 조정에서부터 백성에 이르기까지 그 이해타산을 전혀 알지 못하니 더욱 통분함을 더할 뿐이었다. 빈 배를 충파 당했기 때문에 상륙한 적이 오래도록 궁지에 몰린 도적 떼가 되었다가 도망쳐 돌아갈 생각마저 할 수 없게 되면 더욱 분노하여 살육과 약탈을 할 것이니 통분을 견딜 수 있겠는가?

고성(固城)에 남아 둔치고 있는 적에 대해 오랫 동안 정탐하고 단지 복병(伏兵)만 두다가, 적을 보면 모두 무너지고 보지 않으면 그대로 복병만 하며 적을 몰아내 쫓을 생각은 아예 않으니 군졸은 이미 지치고 양식과 화살은 모두 떨어졌으나, 적은 파죽지세를 이루어 난리를 평정할 기약이 어려우니 항상 통분하게 여길 뿐이었다.

나는 비록 장수나 군사가 아니지만 이 급하고 어려운 때를 당하여 꼴꾼이나 나뭇꾼의 말이라도 반드시 취할 시기라서 차마 조용히 침묵만 할 수 없었는지라 순찰사(巡察使: 김수)·도사(都事: 김영남)가 자리를 같이한 때에 방책을 올렸으니, "고성을 침입해 차지하고 있는 적에게 사생결단으로 돌진하는 일은 실로 군사들의 마음이 어려워하는 바이니, 온갖 계책을 내어서 적을 몰아 쫓아내는 데에 기약하면 매우 다행일 것입니다. 미욱하고 변변하지 못한 사람의 생각으로는 소나무 뿌리를 찢어서 어유(魚油: 생선 기름)를 발라 볕에 말린 뒤 용감한 군사들에게 짊어지고 밤을 틈타 적진으로 들어가도록 하되, 만약 적장이 가마를 들게하여 자고 있으면 대나무로 사다리를 만들어 해자(垓子: 성곽의 둘레를 감싼 도랑)에 가로질러 놓고서 그 사다리를 타고 넘어 들어가 몰래 성문 아래에 쌓아두게 합니다. 3개의 성문에서 일시에 불을 놓되, 나머지 1개의 성문은 불놓지 않고서 단지 마름쇠를 흩뿌려 두고 그 성문 밖에 궁노(弓弩)만 설치한 뒤 활을 잘 쏘는 군사들을 좌우에 매복하는 것입니다. 작은 배로 그날 초저녁에 천자총통(天字銃筒)·지자총통(地字銃筒)·승자총통(勝字銃筒)·진천뢰(震天雷) 등을 몰래 실어다 놓고 읍내에서 서로 보는 곳이 매우 가까운 작은 봉우리 위에 기계를 설치한 뒤, 3개의 성문에서 불길이 하늘로 치솟는 때를 기다리는 것입니다. 먼저 천자총통·지자총통을 쏘아 들여보내어 적들의 마음을 놀라게 하고 다음에 비진천뢰(飛震天雷: 진천뢰)를 쏘아 들여보내면, 적은 반드시 모여들어 그 형세를 보려는 즈음 그 진천뢰가 저절로 터져 철편이 새처럼 어지러이 흩어져서 치명상을 입은 자가 반드시 많을 것입니다. 근처에서 앞을 내다볼 수 있는 여러 봉우리의 곳곳에 밤을 틈타 흰 빛깔의 차일(遮日)을 설치하고 모두 용이 그려진 큰 깃발을 세워 놓은 뒤, 날이 밝기를 기다려 군대의 위세를 과시하며 싸우지도 않고 동요도 하지 않으면 적은 필시 겁을 집어먹고서 도망하여 돌아갈 것입니다. 도망하여 돌아가는 길에는 활을 잘 쏘는 군사를 뽑아 모두 대오(隊伍)를 편성하여 적들이 오는 길의 좌우편에 2,3명씩 복병으로 둔 뒤에 망보는 군사 1명에게 높은 산에 올라가서 적도(賊徒)가 복병해 있는 곳을 다 지나가기를 기다리게 하는 것입니다. 그런 뒤에 망보던 군사가 '적도들이 다 통과했다.'라고 크게 소리치도록 하면, 복병해 있던 모든 군사들이 그 소리를 듣고서 처음부터 끝까지 차례로 활을 쏠 것이니 비록 크게 승리하지는 못할지라도 반드시 몰아내어 쫓으며 활을 쏘고 칼로 베어 죽인 자 또한 많을 것입니다. 이후로부터 창원(昌

原) 지역인 월영대(月影臺) 근처에 복병을 설치하면, 곤양(昆陽)·하동(河東)·사천(泗川)·고성(固城)·진해(鎭海) 등 고을은 회복을 바라볼 수 있을 것입니다."라고 하였다. 사상(使相: 김수)은 듣고서 과연 나의 방책을 신뢰하였으며, 아사(亞使: 도사 김영남)는 더욱 기뻐하며 즐겁게 들었다. 아사는 오늘 진주(晉州)를 향해 달려갔는데, 종국에 어떻게 잘 처리하였는지 여부를 알지 못해 한스럽다.

호남 순찰사(湖南巡察使: 이광)의 급한 통지(通知)에 의하면, "금산(錦山)의 적이 무주(茂朱)·용담(龍潭)·진안(鎭安) 등 고을을 이미 함락하고서 병력을 나누어 일부는 진산(珍山) 지경에 나타났고, 다른 일부는 진안 지역을 침범하였는데, 신 부윤(申府尹: 申湛)의 집을 분탕질한 대세(大勢)의 적이 7월 7일에는 곧장 전주(全州) 지경을 침범하자 아군이 혈전을 벌여 거의 5,6백 명을 사살했지만, 아군도 탄환에 맞거나 칼에 찔려서 죽거나 다친 자가 또한 많았네. 김제 군수(金堤郡守: 鄭湛), 방어사(防禦使)의 종사관(從事官) 이봉(李奉: 李葑의 오기), 도군관(道軍官) 2명, 아병 무사(牙兵武士) 7,8명 또한 간곳을 알지 못하니, 흙이 무너지고 기와가 깨지는 형세와 다를 것이 없네. 귀도(貴道: 경상도)의 순찰사가 목숨을 버려서 성을 지키려고 해도 성지(城池: 적의 접근 방지 연못)가 고르지 못한데다 사람들의 마음이 흩어져서는 왜적에게서 반드시 지킬 것이라고 보장하기가 어려울 것이네. 왜적들이 한편으로는 관찰사(觀察使)라 칭하고 또 한편으로는 안무사(安撫使)라 칭하며 전적으로 백성들을 소집하는 것을 일삼은 까닭에 우리나라 백성의 수가 많이 금산(錦山)에 몰려들었으며, 용담(龍潭)의 사람들은 더욱 심하여 심지어 시임향소(時任鄕所)를 하고 있는 자까지 또한 몰려들었네."라고 운운하였으니, 통분을 견딜 수 있겠는가?

본도(本道: 경상도)의 창원(昌原) 기생과 우병영(右兵營) 주탕배(酒湯輩: 기생들)가 포로가 되어 대마도(對馬島)에 이르니, 그 섬에 있던 왜장이란 자가 죄 없는 여인을 끌고 왔다면서 그 왜적의 목을 베어 효시(梟示)하였고, 포로 여인들은 다시 우리나라로 돌려보냈다. 그 여인들이 말하기를, "대마도에 있는 여인들이 들판에서 떼를 지어 맞이하더니 그곳에서 왜로 돌아갈 때는 울기도 하고 기뻐하기도 하는데, 그 울음소리가 개 짖는 소리와 같았다."라고 하였다. 벽동 군수(碧潼郡守) 이명하(李明河)의 아내는 문 정자(文正字)의 누이동생으로 또한 풀려나서 돌아오는 부류에 있었다고 하니 더욱더 원통함이 심하였다.

구 참판(具參判: 구사맹인 듯)의 계집종이 경성(京城)에서 도망쳐 와 호남 순찰사(湖南巡察使) 앞에서 말하기를, "참판의 따님을 우리나라 시전인(市前人: 市廛人, 저자 상인) 박인수(朴獜壽)라 불리는 자가 직접 잡아다 적진에 넘긴 뒤 적과 모의해서 바야흐로 적을 이끌고 관서(關西)로 향하려 하고 있습니다."라고 했다니, 통분해 마지 않았다. 어찌 나라의 운수가 불행하여 이토록 극도에 달했단 말인가?

十一日。

留咸陽。夢見多情友黃淡如，鄕校中只遠見不相面，且見達城裵日，亦遠見不相親，欲言家寄，似有難說之狀，裵日以代人送書，書中數行，書吾家有有癘疫十二人臥痛然，覺來尤悶。夢中凶事，必有喜事， 以此寬懷[370]。高靈來屯之賊， 使我國女人付送書曰:

---

370 寬懷(관회): 마음을 놓음. 마음을 편안히 함.

"水陸路, 去來之人, 何以殺傷乎? 若然, 則率精兵數萬衆, 盡殺汝國之人."云云, 虛張恐動之言, 只曰數萬, 則高靈之賊, 必不多矣。自玄風過星州, 來充知禮之賊, 皆向湖南, 自金海倭舡, 亦多向湖南, 以此觀之, 則專意湖南必矣。而全羅水使。又撞破空舡七十餘隻, 痛憤哉! 此事也, 滿載船撞破, 則實是嘉事, 而只空船撞破之後, 要功設計, 虛飾文字, 上聞朝廷, 下聽軍民, 自朝廷至黎庶[371], 專不知利害, 尤增痛憤也。撞破空船之, 故下陸之賊, 永爲窮寇, 無意遁還, 益憤殺掠, 可勝痛哉? 固城留屯之賊, 長候望[372], 只伏兵, 見賊則皆潰, 不見則仍伏無意驅逐, 軍卒已困, 粮矢俱盡, 勢在破竹, 事定難期, 常懷痛憤。我雖非將士, 當此急難, 蒭蕘[373]之言, 必取之日, 不忍容默, 巡察使·都事, 同坐時獻策曰: "固城雄據之賊, 決死生突進事, 實軍情之所難, 而百出謀策, 期於驅逐, 幸甚。迷劣之意, 裂松根, 漑魚油, 曝乾, 使勇士輩, 乘夜負入賊, 若擧轎而宿, 則以竹作梯, 橫置垓子上, 緣梯越入, 潛積城門下。三門一時衝火, 一門則不衝火, 只鋪菱鐵[374], 只設弓弩於門外, 使射士埋伏左右。以小舟, 其日初昏, 潛載天地字勝字銃筒[375]·震天雷[376]等

---

371 黎庶(여서): 黎民. 백성. 서민.

372 候望(후망): 적을 살핌.

373 蒭蕘(추요):《詩經》〈生民之什〉의 "옛 어른들 말씀에도 꼴꾼이나 나뭇꾼에게도 물으라 하셨네.(先民有言, 詢于蒭蕘.)"에서 나온 말.

374 菱鐵(능철): 마름쇠. 끝이 송곳처럼 뾰족한 네 개의 발을 가진 쇠못.

375 天地字勝字銃筒(천지자승자총통): 天字銃筒·地字銃筒·勝字銃筒. 천자총통은 1555년 주조된 것으로 포구에 장전한 포탄에 火繩으로 인화하여 발사하는 방식으로, 童車라는 砲架에 장착하여 사용하였다. 지자총통은 천자총통 다음으로 그 體形이 중후하며 불씨를 손으로 점화하고 발사하는 유통식 화포이다. 승

物, 邑居相望至近小峯上, 設機械, 待其三門火焰漲天時。先入送天地字銃筒, 以驚賊心, 又入送飛震天雷, 則賊必聚見其形之際, 其雷卵自烈, 如鳥亂散, 觸傷必多。近處通望[377], 諸峯處處, 乘夜設白遮日, 皆建龍大旗, 待天明, 以示兵威, 不戰不搖動, 則賊必畏怯遁還。遁還之路, 擇射士皆作隧[378], 二三名列, 伏賊路左右邊, 使望軍一人, 登高山, 待賊徒畢過伏兵處。然後望軍高聲曰: '賊徒畢過.'云, 伏兵諸軍聞其聲, 自初至終, 次第發射, 則雖不得大捷, 必驅逐射斬亦多。自此以後, 設伏於昌原地月影臺[379]近處, 則昆陽[380]·河東[381]·泗川·固城·鎭海等邑, 可望恢復矣." 使相聞來, 果信吾策, 亞使尤喜樂聞之, 以此欲爲之。亞使, 今日馳向晉州, 恨未知其終善處如何也。湖南巡察使馳通曰: "錦山之賊, 旣陷茂朱·龍潭[382]·鎭安等官, 分兵一現於珍山[383]境, 一犯於鎭安地, 申府尹家

자총통은 1579년 제작된 총통인데, 불씨를 손으로 점화하고 발사하는 소형 총통으로 개인이 휴대할 수 있다.

376 震天雷(진천뢰): 조선시대 선조 때 火砲工 李長孫이 발명한 폭탄. 碗口에서 발사된 화기로, 임진왜란 때 널리 쓰여 위력을 떨쳤다. 飛震天雷라고도 하는데, 하늘에서 벼락과 우레가 내려치듯이 포탄이 날아가 적을 공격한다고 하여 붙여진 이름인데, 대형 화기를 이용하여 발사하는 곡사 포탄으로 제2차 폭발이 철편을 퍼트려 적을 손상케 하는 이중적 기능의 화기였다.

377 通望(통망): 전체를 통하여 바라다 봄.

378 作隧(작수): 作隊의 오기인 듯.

379 月影臺(월영대): 경상남도 창원시에 있는 최치원이 제자를 가르치던 곳. 최치원이 자연석에 친필로 새겨 놓았기 때문에 붙여진 이름이다.

380 昆陽(곤양): 경상남도 사천시 북서부에 있는 고을.

381 河東(하동): 경상남도 남서부에 있는 고을. 동쪽은 진주시·사천시, 서쪽은 전라남도 광양시·구례군, 남쪽은 남해군, 북쪽은 산청군·함양군 및 전라북도 남원시와 접한다.

焚蕩, 大勢之賊, 七月初七日, 直犯直全州境, 我軍血戰, 射殺幾五六百, 我軍逢丸逢劍, 死傷亦多。金堤郡守[384], 防禦使從事官李菶[385], 道軍官二人, 牙兵武士七八人, 亦不知去處, 土崩瓦解之勢, 無異。貴道巡察使, 拚死[386]守城, 而城池[387]齟齬[388], 人心渙散, 難保其必守倭賊。一稱觀察使, 一稱安撫使, 全以招集爲事, 故我國之民, 數多投入錦山, 龍潭之人尤甚, 至有時任鄕所者, 亦爲投入."云云, 可勝痛哉? 本道昌原妓, 右兵營酒湯[389]輩, 被擄到對馬島[390], 則在其島倭將者, 無辜女人率來云, 斬其倭梟示, 女人則還出送。其女等曰: "對馬島女人, 群聚迎于野, 自此入歸之倭, 或哭或喜, 其哭聲如犬吠聲."云。碧潼郡守李明河[391]妻氏, 乃文正字妹

---

382 龍潭(용담): 전라북도 진안군의 북부에 있는 고을.

383 珍山(진산): 충청남도 금산군 중서부에 있는 고을.

384 金堤郡守(김제군수): 鄭湛(?~1592)을 가리킴. 본관은 盈德, 자는 彦潔. 무과에 급제한 뒤 여러 보직을 거쳐 1592년 김제군수로 나갔다. 임진왜란이 일어나자 의병을 모집하여 나주판관 李福男, 의병장 黃樸 등과 함께 錦山을 거쳐 全州를 공략하려는 왜군을 熊峙에서 육탄전으로 방어하다가 모두 전사하였다.

385 李菶(이봉): 《선조수정실록》 1592년 7월 1일 2번째 기사에 의하면, 李葑(?~1592)의 오기인 듯.

386 拚死(변사): 목숨을 버림.

387 城池(성지): 적의 접근을 막기 위하여 성의 둘레에 깊게 파 놓은 연못.

388 齟齬(저어): 틀어져서 어긋남.

389 酒湯(주탕): 자색이 뛰어난 官婢나 妓生을 이르는 말.

390 對馬島(대마도): 쓰시마섬. 일본 나가사키현에 딸린 섬이다.

391 李明河(이명하, 1553~?): 본관은 全義, 자는 淸叔. 아버지는 李玉成이다. 1576년 별시 무과에 급제하였다. 벽동군수, 강계부사를 지냈다. 생질이 金命胤(1565~1609)이다. 전의이씨 족보에는 그의 생졸년과 配에 대해서 기재되어 있지 않은 것은 저간의 사정이 작용한 듯하지만, 그의 아내가 누구인지 알 수 없다. 다만 이 문헌에서 文正字의 누이라고 밝혀져 있어 그나마 문 씨인 것을 확인할 수

氏，亦在還出來之類云，尤增痛甚。具參判婢子，自京逃來，于湖南巡察使前言曰：“參判之女，爲我國市前人，朴獜壽稱名者，自占投入賊中，與賊謀議，方欲率賊，向關西.”云，不勝痛憤。何國運之不幸，至於此極？

7월 12일。

함양(咸陽)에 머물렀다.

어젯밤 꿈속에서 분명히 안일반(安逸班: 퇴임 아전 조직체)의 여러 원로들을 보았지만, 고향의 소식은 또 들을 수가 없었으니 망극함이 어떠하겠는가?

거창(居昌)의 산척(山尺: 사냥꾼)으로 지난날 자칭 청학장군(青鶴將軍)·백학장군(白鶴將軍)이라 하던 자들이 또 가마를 타고 다니던 왜장에게 활을 쏘고 목을 베었으니 퍽이나 축하할 일이었다. 왜장이 늘 우리나라 사람들에게 일러 말하기를, “너희 나라 운수가 원래 이러한 것이지 우리들의 잘못이 아님은 감씨를 보면 전란이 매우 급박함을 알 것이다.”라고 하였는데, 감씨를 따서 보니 모두 거꾸로 자라고 있는지라 해괴해 마지않았다.

十二日。

留咸陽。昨夢，分明見安逸班[392]諸元老，家鄉消息，又未得聞，

있으나, 철저히 지워져 나머지는 여전히 확인할 수가 없다.

392 安逸班(안일반): 安逸房. 아전으로 근무하다 70세 이상이 되어 퇴직한 사람들의 조직체.

罔極奈何? 居昌山尺, 前日自稱青白鶴將軍者, 又射斬乘轎倭將, 多賀。倭將常謂我國人, 曰: "汝國運固如是, 非我等之過也, 見柿種, 則可知兵火之孔棘[393]." 摘見柿種, 則皆倒生, 不勝駭怪。

7월 13일。

함양(咸陽)에 머물렀다.

고향 소식을 들을 수가 없어서 오장이 타는 듯하였다.

함창(咸昌) 사람이 한번 변란이 일어난 후로 적도(賊徒)가 거창으로 떠났다는 기별을 이제야 비로소 와서 알렸고, 친구 인규(印糾)의 편지를 받아 보니 마치 죽은 사람을 보는 것 같았다.

다만 사상(使相: 김수)의 사위인 홍문관 수찬(弘文館修撰) 박지(朴篪)가 순변사(巡邊使: 李鎰)의 종사관이 되어 상주(尙州)에 와서 접전하다가 불리해진 뒤로 생사를 알 수가 없자 달아나 강원도 지경으로 숨어 들어갔다고 잘못된 소식이 들렸다. 수찬(修撰)은 지난 4월 25일 궤멸된 것을 본 후에 피신하여 상주 지역의 산골짜기로 들어갔다가 함창 사람 이언룡(李彦龍)을 만나게 되자, 그에게 말하기를, "나는 순변사의 종사관으로 곧 순찰사(巡察使: 김수)의 사위이오. 18세 때 문과(文科)에 장원급제하고 지금의 나이가 26세인데, 어명을 받든 날에 하사주(下賜酒)를 마시고 임금의 은혜가 망극하였소이다. 그런데 지금 전투에서 승리를 거두지 못하였으니, 장차 무슨 면목으로 다시 임금의 존안(尊顔: 얼굴)을 뵙겠소이까? 차라리 스스로 목숨을 끊는 것이

---

393 孔棘(공극): 매우 급함.

낫소이다."라고 말하고는 다시 이언룡에게 말하기를, "그대를 보니 필시 양반인 것 같소이다. 내가 죽은 뒤에 도자(刀子: 창칼)는 부디 나의 족인(族人: 일가붙이) 인 습독(印習讀)에게 주어서 우리집에 전송(傳送)되어 내가 죽은 것을 알게 하고, 적삼(赤衫)은 내가 자결한 곳에 그대가 부디 덮어 주시오."라고 하고는 마침내 스스로 목을 찔러 죽자, 이언룡은 새 적삼으로 그 시신을 가려놓았으나 잠시 뒤에 왜적이 산골짜기를 뒤져서 시신을 버려둔 채로 도주했다고 하니, 놀라움을 견딜 수 없었다.

만약 사상(使相: 김수)에게 고하여 반드시 많은 심려를 하도록 하는 것은 나라의 대사(大事)를 맡은 사람에게 실로 작은 일이 아닌 까닭에 입을 다물고 고하지 않은 채 사상의 뜻이라며 비밀리 함창 현감(咸昌縣監: 李國弼)에게 알렸으니, 이언룡(李彦龍)·인규(印糾) 등을 잘 타일러 관아에서 관(棺)을 주고 뼈를 거두어 가매장하도록 한 뒤 난리가 평정되기를 기다리라는 사연의 사적인 편지를 써서 보내었다. 사상이 만약 집의 기별과 이 기별을 들으면 참혹한 고통을 어찌 다 말로 할 수가 있으랴.

호남 도순찰사(湖南都巡察使: 이광)가 전한 통지(通知)에 의하면, "방금 병사(兵使)에게 도착한 첩정(牒呈: 공문서)에서 경기 순찰사(京畿巡察使: 權徵)의 관문(關文: 공문서)에 지금 도착한 유지(有旨)를 보니, '요동(遼東)에서 대규모 정예병 5만 명을 동원해 강변에 머물러 주둔하며 성원하게 하고, 광녕(廣寧) 양 총병(楊摠兵: 楊元)이 친히 향의(向義: 귀순)한 달자(㺚子) 5천 명을 거느리고 앞으로 나와 요격할 태세를 갖추고 있으며, 조 총병(祖摠兵: 祖承訓)과 곽 유격(郭遊擊)·왕 유격(王

遊擊: 王守官) 세 장수가 각기 수천의 병마(兵馬)를 거느리고서 이미 압록강(鴨綠江)을 건넜고, 사 유격(史遊擊: 史儒)은 정예병 1,500명을 거느리고 선봉이 되었다. 그날 저녁에 의주 목사(義州牧使: 黃璡)가 등서(謄書)하여 보낸 관전보(寬奠堡) 표첩(票帖: 신표로서 통행 허가증) 내에 중국에서 산동도(山東道) 수군 10만으로 하여금 수로(水路)를 경유하여 곧장 왜놈의 소굴을 짓이겨라 했으니, 경(卿)은 아무쪼록 연해(沿海)의 각 관료와 장수를 시켜 이러한 뜻을 모두에게 들어서 알게 하라.'는 유지(有旨)였다. 중국의 구원병이 이미 압록강을 건너와서 군대의 형세가 크게 떨쳤으니 흉적을 무찔러 없애고 신주(神州: 도성)를 회복할 날을 손꼽아 기약한다."라고 하였으니, 기쁨을 금치 못하였다.

마침내 무안 현감(務安縣監) 김경눌(金景訥)과 함께 9개의 절구시를 읊었다.

왜구가 침범해 방자히 하늘을 울부짖어	海寇憑凌恣响天
병화가 잇달아 일어나서 해를 넘기니,	兵連禍結勢經年
남쪽 고을의 군마 속에 몸은 늙어가고	南州戎馬身將老
꿈속에서 궁궐의 신선 외람스레 모시네.	夢裏叨陪紫府仙

마음은 북극성 향하여 서천을 바라보며	心懸北極望西天
몸이 남쪽 고을에 매어 이미 두 해 동안,	身滯南州已二年
천리 밖 외로운 신하가 꿈결에도 그리고	千里孤臣勞夢想
오색구름 짙은 곳의 진선에 절을 드리네.	五雲深處拜眞仙

영토 탈취하려는 전쟁 사해에 가득하니	蠻觸干戈四海天
명나라 만력 신종 황제의 임진년이구나,	皇明萬曆壬辰年
만번 죽을 제 한 몸의 머리가 희끗희끗	萬死一身頭欲白
봉래산 영주산 어디에서 신선들 뫼올꼬.	蓬瀛何處伴群仙
신하가 되어 무슨 맘으로 같은 하늘 이겠나	臣子何心戴一天
왜구가 고을에서 기세 떨치며 해 넘기니,	豺狼在邑勢經年
황소에게 보낸 격문이 내 평소 계획이니	檄走黃巢吾素計
최치원만 신선 같은 선비라 불러야 하랴.	孤雲不獨號儒仙
익히 전쟁을 겪고도 하늘 원망치 않으니	慣見兵戈不怨天
중간에 지체되도 필히 태평년 있을 것이라,	中滯必有太平年
오호의 찬 달빛 안개 자욱한 넓은 물결로	五湖寒月烟波濶
피하여 끝내 세상 밖의 신선이 되겠는가.	辟教終爲世外仙
치란 흥망 실로 하늘의 운수에 관계되어	治亂興亡實係天
몸이 궁궐에서 노니기를 이삼 년만에,	身遊青鎖二三年
난리 통의 오늘날에 임금과 신하 막히자	亂離今日君臣隔
꿈속에서 궁궐의 신선 뒤를 따르고 있네.	夢裏相隨紫府仙
육룡이 발해 동쪽 하늘에서 날아오르고	六龍飛出海東天
책력으로 이제 이백 년이 지나가는데,	玉曆今過二百年
멧돼지 뱀 같은 왜구 한창 침략하였거늘	封豕長蛇方亂略

화친을 꾀하니 누가 여중선과 어울리랴.　　和謀誰佩女中仙

대가가 도성 떠나 관서지방으로 향하고　　鑾輿播越蜀中天
영무에서 서둘러 선위한 지 이미 일 년,　　靈武亟禪已一年
양경의 회복도 머지않아 알게 될 터이니　　恢復兩京知不久
청평사 지어 올린 당나라 이백 있으리라.　　淸平立進有詩仙

평소 간사한 계책 헤아리며 하늘 받들고　　平生狂計擬擎天
범연히 세파를 따라 팔구 년 보내었지만,　　泛泛隨波八九年
사방이 전쟁으로 잠시 쉬지 못하더라도　　四海干戈肩未息
화친 논의한 여중선이 되레 부끄러워라.　　和議還愧女中仙

위의 시는 군관인 전 무안 현감 김경눌이 지은 것이다.

十三日。

留咸陽。家鄕消息, 又未得聞, 五內如焚。咸昌[394]人, 一自變生後, 賊徒去向聲息, 今始來報, 得見友人印糾書, 如見死人。唯使相壻弘文修撰朴篪, 爲巡邊使從事官, 來尙州接戰, 不利之後, 存沒莫知, 誤聞走入江原境矣。修撰, 去四月二十五日, 見潰之後, 避入尙州地山谷, 得見咸昌人李彦龍, 曰: "我是巡邊使從事官, 乃巡察使之壻也。十八歲登文科壯元, 年今二十六, 受命之日, 至飮

394 咸昌(함창): 경상북도 상주시 북동부에 있는 고을. 북동쪽은 문경시, 남쪽은 沙伐國面, 서쪽은 이안면·공검면과 접한다.

賜酒, 天恩罔極。戰不得勝, 將何面目, 更見天顔乎? 莫若自盡.” 更言彦龍, 曰: “見汝, 則必是兩班人也。吾死之後, 刀子則須給吾族人印習讀[395], 傳送吾家, 俾知吾死, 赤衫, 則汝須裹吾自刎處.” 云, 遂自刎而死, 彦龍以新衫掩其身, 須臾倭賊探山, 棄而逃走云, 不勝驚愕。若語使相前, 必用心慮, 當國大事, 實非細事, 故秘不發告, 而以使相之意, 密通于咸昌縣監[396]之前, 敦諭李彦龍·印糾輩, 官給內棺[397], 使之收骨假葬, 以待事定事, 私通書送。使相, 若聞家奇與此奇, 則其爲慘酷之痛, 可言可言? 湖南都巡察使傳通內, “節到付[398]兵使, 牒呈[399]內, 京畿巡察使[400]關內, 今到有旨內,

---

395 習讀(습독): 조선시대에 훈련원의 종9품 무관직.

396 咸昌縣監(함창현감): 李國弼(1540~?)을 가리킴. 본관은 禮安, 자는 棐彦, 호는 漳淮. 퇴계 이황의 문인이다. 예안이씨 족보에 따르면, 증조부 李魯→1남 李瑛→1남 李夢夔→1남 李國弼, 2남 李國衡, 3남 李國成, 사위 吳世蘭인데, 이국형은 李魯→3남 李璪→2남 李夢近에게 立後되었다. 따라서 이국필은 李國衡(1551~1633)의 친형이다.

397 內棺(내관): 棺을 槨에 대하여 이르는 말.

398 到付(도부): 공문 등이 와 닿음.

399 牒呈(첩정): 하급 관아에서 상급 관아로 올리는 공문서.

400 京畿巡察使(경기순찰사): 權徵(1538~1598)을 가리킴. 본관은 安東, 자는 而遠, 호는 松菴. 1586년 형조참판이 되고 전후해서 충청·함경도 관찰사를 거쳐, 1589년 병조판서로 승진하였다. 그러나 서인 鄭澈이 실각할 때 그 黨與로 몰려 평안도 관찰사로 좌천되었다. 1592년 임진왜란이 일어나자 경기도 지방의 중요성을 감안해 경기도 관찰사에 특별히 임명되어 임진강을 방어해 왜병의 서쪽 지방 침략을 막으려고 최선을 다하였다. 그러나 패배하고 삭녕에 들어가 흩어진 군사를 모아 군량미 조달에 힘썼으며, 權慄 등과 함께 경기·충청·전라도의 의병을 규합해 왜병과 싸웠다. 1593년 서울 탈환 작전에 참여했으며, 명나라 제독 李如松이 추진하는 화의에 반대, 끝까지 왜병을 토벌할 것을 주장하였다. 그 뒤 공조판서가 되어 전년 9월 왜병에 의해 파헤쳐진 宣陵(성종릉)과 靖陵(중종릉)의 보수를 주관하였다.

‘遼東大發精兵五萬, 留駐江邊, 以爲聲援, 廣寧[401]楊摠兵[402], 親率向義㺚子五千, 前來邀擊, 祖摠兵[403], 郭·王遊擊[404]三將, 各率數千兵馬, 已渡鴨綠江, 史游擊[405], 率精銳一千五百名, 爲之先鋒。 卽夕, 義州牧使[406], 謄書送寬奠堡[407]票帖內, 中朝令山東道, 舟師

---

401 廣寧(광녕): 명나라 遼東都指揮使司에 속하였던 군사적 요충지의 명칭.

402 楊摠兵(양총병): 楊元을 가리킴. 1592년 임진왜란 당시 명나라 군의 副摠兵. 평양성 전투에 참전해 평양 회복에 주도적인 역할을 했다. 하지만 1597년 南原城 전투에서 크게 패배해 인솔하고 있던 병력 대부분과 여러 장수를 잃었다. 패전의 책임 때문에 탄핵되어 관직을 잃고 본국으로 소환되었고, 이후 사형에 처해졌다.

403 祖摠兵(조총병): 祖承訓을 가리킴. 1592년 임진왜란 때 명에서 파견된 장군. 파병 당시 직위는 總兵. 1592년 7월에 기마병 3천을 거느리고 평양을 공격하게 하였으나 이기지 못한 채 퇴각하여 요동으로 되돌아갔다. 그 뒤 12월에 다시 부총병 직위로 이여송 군대와 함께 다시 와서 평양성을 수복한다.

404 郭·王遊擊: 郭夢徵과 王守官을 가리킴. 곽몽징은 마병 500을 이끌고 조승훈을 따라 나왔다가 7월에 돌아갔다. 왕수관은 명나라 신종 때의 무신으로 임진왜란이 일어나서 遼東廣寧鎭守總兵官 楊應勳 소속의 구원병으로 참전하였다.

405 史游擊(사유격): 史儒(?~1592)를 가리킴. 명나라의 요동성 유격대장. 문무를 겸비한 무장이었다. 일찍부터 비적들을 물리치는 등 전공을 세웠다. 임진왜란이 발발하자 조선을 원조하러 왔다가 평양성에서 전사했다.

406 義州牧使(의주목사): 黃璡(1542~1606)을 가리킴. 본관은 昌原, 자는 景美, 호는 西潭. 진사로서 1574년 별시 문과에 급제해 주서·공조정랑 등을 역임하였다. 1592년 임진왜란 당시 의주목사로 재직하면서, 의주로 몽진해 온 선조를 잘 모셔 그 해 8월에 嘉善大夫로 승진하였다. 이듬해 의주목사로서 명나라 원병을 접대하는 소임과 兵糧을 輸運하는 일을 잘하지 못했다는 대간의 질책을 받았으나 왕의 비호로 무사하였다. 그 해 7월 공조참판에 역임 중 奏請)로서 명나라에 가서 進兵·撤兵 등을 요청하였다. 그리고 11월에는 謝恩使로서 다시 명나라에 가서 奏請하는 임무를 맡았다. 그러나 국경에서 배회하다가 鳳凰城에 이르러 임의로 사행길을 바꾸어 龍川에서 머물렀다. 그러던 중 조정의 독촉을 받고 經略地에 도착함으로써, 명나라 원병이 늦게 파병되는 실책을 범하기도 하였다. 1595년 의주부윤이 되고, 정유재란 때에는 명나라 원병의 接伴官이 되었다.

407 寬奠堡(관전보): 여진족의 침입을 방비하기 위하여 1573년 변장 李成梁에 의해

十萬, 經由水路, 直擣倭奴巢穴, 卿其令沿海各官將, 此意咸使聞知事, 有旨。中朝援兵, 已渡鴨綠江, 兵勢大振, 勦滅兇賊, 恢復神州[408], 刻日可期, 喜不自勝。遂與金務安景訥[409], 聯吟九絶:

海寇憑凌恣响天。兵連禍結勢經年。
南州戎馬身將老。夢裏叨陪紫府仙。
又
心懸北極[410]望西天。身滯南州已二年。
千里孤臣勞夢想。五雲深處[411]拜眞仙。
又
蠻觸干戈[412]四海天。皇明萬曆壬辰年。
萬死一身頭欲白。蓬瀛何處件群仙。
又

축조된 군사시설. 중국 遼寧省 丹東市 寬甸에 있었다.

408 神州(신주): 都城을 달리 이르는 말.

409 金務安景訥(김무안경눌): 金景訥(1546~?). 본관은 商山, 자는 而敏. 1583년 별시 무과에 급제하였다. 무안현감을 지냈다.

410 北極(북극): 北極星. 임금이 있는 곳. 《論語》〈爲政〉의 "북극성이 자리를 잡고 있음에 뭇별들이 그에게로 향한다.(北辰居其所, 而衆星共之.)"에서 나오는 말이다.

411 五雲深處(오운심처): 오색 구름이 짙은 곳을 말한 것으로, 본디 신선이 머무는 곳을 의미하나 여기서는 임금의 처소를 선경에 비유하여 이른 말.

412 蠻觸干戈(만촉간과): 干戈蠻觸. 작은 일을 가지고 아옹다옹 다투는 것을 말함. 만촉은 달팽이의 양쪽 뿔에 있다고 하는 나라이다. 《莊子》〈則陽〉의 "달팽이의 왼쪽 뿔 위에 있는 나라를 觸氏라 하고, 달팽이의 오른쪽 뿔 위에 있는 나라를 蠻氏라 하는데, 서로 영토를 다투어서 전쟁을 한다."라고 한데서 나오는 말이다.

臣子何心戴一天。豺狼在邑勢經年。

檄走黃巢吾素計。孤雲[413]不獨號儒仙。

又

慣見兵戈不怨天。中滯必有太平年。

五湖寒月[414]烟波濶。辟敎終爲世外仙。

又

治亂興亡實係天。身遊靑鎖[415]二三年。

亂離今日君臣隔。夢裏相隨紫府仙。

又

六龍飛出海東天。玉曆[416]今過二百年。

封豕長蛇[417]方亂略[418]。和謀誰佩女中仙。

又

鑾輿播越蜀中[419]天。靈武[420]亟禪已一年。

---

413 孤雲(고운): 신라시대의 학자 崔致遠(857~?)의 호.

414 五湖寒月(오호한월): 五湖煙月. 춘추시대 越나라 대부 范蠡가 일찍이 越王 句踐을 보좌하여 吳나라를 멸망시키고 나서는 곧바로 거룻배를 五湖에 띄워 타고 떠났다는 고사에서 온 말. 전하여 은퇴하여 사는 삶을 가리킨다.

415 靑鎖(청쇄): 靑瑣. 궁궐의 창문을 꾸미는 청색의 연결된 꽃무늬. 전하여 궁궐문의 범칭으로 쓰이게 되었다.

416 玉曆(옥력): 冊曆의 별칭.

417 封豕長蛇(봉시장사): 엄청나게 큰 멧돼지와 뱀처럼 포학하고 탐욕스러운 무리를 가리키는 말. 왜적을 가리키는 말이다.

418 亂略(난략): 《書經》〈武成〉의 "上帝를 공경히 받들어서 어지러운 꾀를 막으니, 華夏와 蠻貊이 모두 따르지 않는 자가 없습니다.(敢祗承上帝, 以遏亂略, 華夏蠻貊, 罔不率俾.)"에서 나오는 말.

419 蜀中(촉중): 중국 사천성 매우 험준한 지역. 선조가 의주로 파천한 관서를 가리

恢復兩京知不久。淸平立進[421]有詩仙[422]。

又

平生狂計擬擎天。泛泛隨波八九年。

四海干戈肩未息。和議還愧女中仙。

右軍官前務安金景訥。

7월 14일。

함양(咸陽)에 머물렀다.

꿈속에서 원근에 사는 친척을 보았지만 무슨 징조인지 알지 못하여 홀로 한밤중에 앉았으니 천지가 아득하였다.

창녕(昌寧)·청도(淸道)의 적은 자칭 절도사(節度使)라 하고 창원(昌原)·밀양(密陽)의 적은 자칭 국왕(國王)이라 하며 모두 올라오면서 도로를 고치느라 왜인들이 도중에 줄지어 서 있다고 하니, 이는 필시 호남을 계속 지원하려는 적인 것 같았다.

중조(中朝: 명나라)에서 수군을 동원하여 곧바로 왜놈의 소굴을 무

키는 의미이다. 당나라 明皇(헌종)이 안록산으로 난을 피하여 그곳의 劍閣山 서쪽으로 파천했다가 수복한 뒤에 돌아왔다.

420 靈武(영무): 安祿山이 漁陽에서 20만 대군으로 반란을 일으켜 12월에 수도 潼關을 함락하자, 현종은 蜀으로 몽진하고 皇太子 즉 肅宗이 즉위한 곳. 곧 分朝를 차린 곳이다.

421 淸平立進(청평입진): 立進淸平. 당나라 玄宗이 沈香亭에서 楊貴妃와 함게 모란꽃을 보다가, "이 좋은 꽃을 보는데는 재래의 樂章을 연주할 것이 아니라 새 가사를 지어 불러야겠다."라고 하고, 李白을 불렀다. 이백은 술집에서 취하여 들어와서 淸平詞 3수를 지어 바쳤다.

422 詩仙(시선): 李白의 별칭.

찌르러 온다고 하는데, 사상(使相: 김수)이 말하기를, "산동(山東) 지방은 곧 북경(北京)의 동쪽에 있어서 우리나라를 방어하는 곳으로 삼을 만하다. 산동에서 연(燕)나라와 제(齊)나라의 옛 땅을 거쳐 곧바로 평안도(平安道) 지경을 침범하여 다시 경성(京城)의 서강(西江) 밖으로 향하여서는 제주도(濟州道)와 동해(東海)로 들어갔다가 귀국하였었다."라고 하였고, "세조조(世祖朝)에 왜놈들이 상국(上國: 명나라)을 침범했을 때 그 빈틈을 타고 가서 토벌하였으니, 이야말로 그 사례라 할 것이다."라고 하였다,

十四日。

留咸陽。夢見遠近親戚, 不知是何兆也, 獨坐中宵, 天地茫茫。昌寧·淸道之賊, 自稱節度使, 昌原·密陽之賊, 自稱國王, 皆爲上來, 道路修治, 倭人列立一路云, 此必湖南繼援之賊也。中朝發舟師, 直擣倭奴巢穴云, 使相曰: "山東道, 乃北京之東, 爲我邦防禦之地。自山東, 由燕齊故國, 直犯平安境, 轉向京城西江之外, 入歸于濟州東海."云, "世祖朝, 倭奴侵犯上國, 乘虛往討之, 此其前規也."云。

7월 15일。

함양(咸陽)에 머물렀다.

청송(靑松)에서 온 사람을 만나니 고향 사람을 본 것 같았다. 듣건대 적도가 본현(本縣: 의성현)을 침입해 차지하니, 좌병사(左兵使: 박진)가 군사들을 청송 지역에 모아서 의성(義城)의 적을 토벌하려 한다고 하나, 잡기만 한다면 다행이지만 잡지 못하여 사람들이 상할까

두려워서 하늘에 답답하기 그지없었다. 또 듣건대 본현(本縣: 의성현)의 성동(城洞: 성골) 관사(官司: 官衙)에 남아 주둔하고 있는 적을 산척(山尺: 사냥꾼)에게 잡아 죽이도록 했다고 하는데, 또한 적이 노하여 산을 뒤질까 두려워서 더욱 답답하기가 그지없었다.

함안(咸安)의 여인이 사로잡혀 대마도(對馬島)에 갔는데, 그 섬에 있던 왜장(倭將)이 다시 돌아오는 왜적에게 일러 말하기를, "너희들은 터무니없게 죽이고 약탈하는 것을 일삼아서 왜장이 죽는 지경에 이르렀으니, 속히 조선으로 돌아가 왜장을 모시고 돌아오라." 하며 돌려보내도록 독촉하였기 때문에 왜인들이 목놓아 통곡했다고 하였다. 이로 헤아리건대, 왜장 평의지(平義智)가 죽었다는 말이 사실이 아니겠는가?

이미 전주(全州)를 침범한 적이 금산(錦山)에 이르러 접전하였을 때, 의병장 고경명(高敬命) 부자(父子) 및 종사관(從事官: 柳彭老)이 규율이 무너진 군사들에게 짓밟혀 죽었다고 하며, 전사한 양산 군수(梁山郡守) 조영규(趙英珪: 趙英圭의 오기)의 80세 노모는 계집종이 업고 아내는 직접 걸어서 좌도(左道)로부터 거창(居昌) 지경에 들어가 굶주림으로 누워 있다고 하니, 참담하여 차마 들을 수가 없었다.

이 소문으로 인하여 노모와 처자식들이 생각났으나 더욱 통곡할 뿐이니 정말 어찌하겠는가?

十五日。

留咸陽。得見青松人，如見家鄉人。聞賊徒雄據本縣，左兵使聚軍青松地，欲討義城賊云，能捕則多幸，恐不能捕，致傷人物也，悶極于天。且聞本縣城洞官司留駐，使山尺捕殺云，亦恐生怒探山，尤悶不已。咸安女人, 擄去對馬島, 在其島倭將者, 謂還歸賊倭, 曰: “汝等法外[423]殺掠爲事, 致殺將倭, 速還朝鮮, 得倭將還來.”云, 督令還出送, 故倭人等, 失聲痛哭。以此料之, 則倭將平義智, 身死之言, 無乃實耶? 已犯全州之賊, 到錦山接戰時, 義兵將高敬命父子及從事官[424], 爲亂軍踏死云, 戰亡梁山倅趙英珪[425], 八十老母, 奴子負持, 妻氏則徒步, 自左道, 越入居昌境, 飢臥云, 慘不忍聞。以此想老母妻子, 尤增痛哭, 奈何奈何?

7월 16일。

함양(咸陽)에 머물렀다.

나와 같은 관아의 아전인 정희개(鄭希凱)가 그의 고향 초계(草溪)로

---

423 法外(법외): 터무니없음. 과도함.

424 從事官(종사관): 柳彭老(1554~1592)를 가리킴. 본관은 文化, 자는 亨叔·君壽, 호는 月坡. 1579년 진사시에 합격하고, 1588년 식년문과에 급제하였으나 벼슬에 뜻을 두지 않고 옥과현에서 살았다. 1592년 임진왜란이 일어나자 梁大樸·安瑛 등과 함께 궐기하였으며, 피난민 500명과 家僮 100여명을 이끌고 담양에서 高敬命의 군사와 합세하였다. 여기에서 고경명이 의병대장으로 추대되었는데, 유팽로는 고경명 휘하의 從事가 되었다. 호남의병들은 처음에 勤王을 목적으로 북상하려 하였으나, 일본군이 全州를 침입하려 하자 錦山에서 적을 맞아 싸우게 되었다. 중과부적으로 탈출하였지만, 고경명이 아직도 적진 속에 있다는 말을 듣고 다시 적진에 뛰어들어 구출하고는 끝내 자신은 전사하고 말았다.

425 趙英珪(조영규): 趙英圭(?~1592)의 오기. 본관은 稷山, 자는 玉瞻. 전남 장성 출신. 무과를 거쳐 환로에 나아가 용천부사를 역임하고 양산군수가 되었다. 양산군수로 재임 중이던 1592년 임진왜란이 일어나 왜군의 선봉이 부산·동래성을 공격하자 경상우병사 李珏은 군사를 버리고 도망쳤으나, 조영규는 오히려 말을 달려 동래부사 宋象賢을 찾아가 생사를 같이하였다. 당시 조영규의 노모가 임소인 양산에 있었으므로 다시 양산으로 돌아와 노모와 작별하고 동래성으로 갔던 것이다.

부터 와서 말하기를, "창녕(昌寧) 지경에 석굴(石窟)이 있는데 사족(士族)의 가솔들이 모두 그 굴에 숨어 있었다네. 두 계집종이 물을 길어서 들어가는 것을 흉적들이 알아차리고 그 굴을 파고는 다 베어 죽였다네."라고 하였다.

포로가 되었다가 살아 돌아온 사람이 말하기를, "김해(金海)의 사람이 늘 뱀을 잡아서 왜인들이 거두는 세금으로 대신 충당하며 살고 있는데, 왜인이 천성으로 뱀 먹기를 좋아했으니 뱀을 얻기만 하면 뱀의 머리만을 잘라 내고 간장물에 넣어 탕으로 끓여 먹는다."라고 하였다.

밀양(密陽)의 사람이 사로잡혀 경성(京城)으로 갔다가 이달 7월 2일에 경성에서 내려왔으니, 적들이 천병(天兵: 명나라 군대)가 대거 왔다는 소식을 듣고서 목놓아 통곡하며 밤낮으로 가리지 않고 내려오게 된 것인데, 부상현(扶桑峴)에 이르렀을 때 도망쳐 이곳으로 돌아와 말하기를, "동래(東萊)·부산(釜山)의 사람으로 당초 적에게 포로로 잡혀간 사람이 이미 왜인에게 귀화하여 사람을 죽이거나 가축을 약탈하는 것이 흉적보다 오히려 심하다."라고 하였다.

진주(晉州)에 사는 친구 정언숙(鄭彦淑)이 내가 행장을 죄다 잃어버렸다는 것을 듣고 옷가지를 지어 보냈으니 참으로 감사하고 감사하였다. 어젯밤 꿈속에서 분명히 달성인(達城人)을 먼저 보았고 또 여러 가솔들을 보았지만, 길한 꿈인지 흉한 꿈인지 알 수가 없으니 통탄스럽고 답답함이 망극하였다.

十六日。

留咸陽。同官鄭希凱, 自其鄕草溪, 來曰: "昌寧境有石窟, 士族家屬, 皆隱其窟。有二婢子, 汲水而入, 兇賊知之, 鑿窟盡斬."云。被擄生還人曰: "金海之人, 常以捕蛇, 給倭捧稅[426]而食, 倭性喜喫蛇, 得蛇則只斬去其頭, 和湯醬水而食."云。密陽之人, 擄去京城, 今七月初二日, 自京城下來, 賊聞天兵大至, 失聲痛哭, 罔晝夜下來, 行到扶桑[427], 逃還來此, 曰: "東萊·釜山之人, 當初擄去人, 已化倭人, 殺掠人畜, 猶勝兇賊."云。晉州友人鄭彦淑, 聞我蕩失行裝, 布裙製送, 深謝深謝。昨夢, 分明先見達城人, 又見諸家屬, 未知吉凶, 痛悶罔極

7월 17일。

함양(咸陽)에 머물렀다.

곤양 군수(昆陽郡守) 이광악(李光岳)이 내가 극히 군색한 것을 알고서 문서로 쌀 1섬을 주도록 하였으니 참으로 감사하였고 감사하였다.

오늘 문서를 가져갈 사람이 천돌이(千乭伊)인데, 호남 순찰사(湖南巡察使: 이광)가 급히 보낸 통지문을 그에게 받아오록 한 것에 의하면, "본도(本道: 전라도)에 있는 적의 형세가 날이 갈수록 더욱 강성해져서 장수들이 여러 차례 힘껏 싸웠으나 대패하여 장수와 군사들이 죽은 자가 그 수를 알 수 없는 데다, 이미 승승장구한 기세이니 지극히 안타깝고 절박하외다."라고 하였다.

군관(軍官)들을 급히 우지현(牛旨峴)에 보내어 지례(知禮)의 적을

---

426 捧稅(봉세): 세금을 바치거나 받아들임.
427 扶桑(부상): 扶桑峴. 경상북도 김천시 농소면에 있는 고개. 星州와 경계에 있다.

약속대로 잡아오라고 했는데, 오늘 돌아와서 보고하기를, "처음 듣기로는 적도(賊徒)의 수가 적어서 기회가 왔을 때 잡으려는 계획이었으나, 나중에 듣기로는 적도의 수가 많고 아군이 적어서 접전하기 어려운 형세라 돌아왔습니다."라고 하였다.

정여립(鄭汝立)에 연좌되어 곤양(昆陽)으로 정배(定配) 왔던 수찬(修撰) 신식(申湜)이 풀려나서 지난번 근왕(勤王)하러 경성(京城)으로 올라갈 때 같이 갔는데, 수원(水原)에 이르러 아군이 무너져 흩어졌을 때 그가 간곳을 알지 못하였다. 오늘 그 댁의 사내종이 이달 2일에 경성에서 이곳으로 왔다가 말하기를, "수찬(修撰: 신식)은 경기도에서 순변사(巡邊使: 이일)의 종사관이 되었고, 경성을 침입해 차지했던 적은 그 세력이 더욱 치성했는데, 청계산(青鷄山: 青溪山)과 관압산(觀押山: 冠岳山) 두 산으로 경성 사대부의 부녀자들이 온 산 가득히 피란하자, 왜적들이 밤을 틈타 두 산을 포위하고 날이 밝기를 기다려서 샅샅이 뒤져 죄다 죽였으니 그 수가 몇 천 명인지 몇 백 명인지 알지 못합니다."라고 하였다.

광주(廣州)는 처음부터 지금까지 방어가 배로 엄했기 때문에 적들이 성을 침범하지 못하였다. 도성의 적이 합세하여 곧장 쳐들어와서 남김없이 죄다 죽였다고 하는데, 사상(使相: 김수)의 가솔 50여 명이 광주에서 적에게 쫓기어 사방으로 흩어졌다고 하니 통분을 견딜 수 있겠는가?

천병(天兵: 명나라 군대)이 지난 6월 25일 이미 철산(鐵山)의 거련관(車鍊館: 車輦館의 오기)에 도착했었으니 아마 이미 경성(京城)에 이르렀을 것이나 승리와 실패는 미리 예측할 수 없어서 하늘에 답답하기 그지없었다. 나쁜 소문이 날마다 이르러 난리의 평정은 예측하기가 어려운 데다, 고향 소식을 들을 길이 없으니 차라리 속히 죽는 것이 더 낫겠다.

왜적의 대규모 무리가 관서(關西) 지역을 침공하니 승여(乘輿: 大駕)가 곧장 영변(寧邊)으로 건너갔지만, 영변은 이미 텅 빈 성이어서 마침내 정주(定州)로 들어갔다고 하였다.

평양성(平壤城) 안에는 활을 잘 쏘는 군사들을 모두 매복해두고서 인적이 없는 듯이 성문을 활짝 열어둔 채로 노약자만 거짓으로 싸우는 척하고 허다한 선박들을 대동강의 건너편에 대어놓았다. 왜적들이 노약자들을 보고 묻기를, "국왕은 어디에 있느냐?"라고 하니, 답하기를, "백관(百官)을 거느리고 이미 중원(中原: 명나라)으로 가셨지만, 우리들은 모두 노약자이라서 따라갈 수가 없었다."라고 하였다. 적이 그 말을 듣고 먼저 배 2척을 보내어 왜적의 선봉대로 삼아 성에 뛰어들게 하였는데, 성문 안에는 성지(城池: 적의 접근 방지 연못)와 함정(陷穽)을 파 두었고 마름쇠를 흩뿌려 둔데다 화살과 돌을 비오듯 퍼부어서 적들을 전부 멸하였다. 아군은 즉시 왜적들의 옷을 벗기어 갈아 입고 성머리에 줄지어 서서 저들의 말인 듯 서로 소리치니, 건너편의 많은 왜적들은 멀리서 보고 기꺼이 앞다투어 건너서 제멋대로 성에 들어가려는 찰나에 남김없이 죄다 죽였다. 미처 강을 건너지 못한 나머지 적들은 흰 모래 물가에 진(陣)을 치고 유숙(留宿)하였다.

이때 교동 공생(喬桐貢生) 고언백(高彦伯)이 아병(牙兵) 300명을 이끌고 돌진하여 야간전투를 벌이며 화살과 돌을 비오듯 퍼붓자 왜적들은 자기 칼로 목을 찌른 자가 다수를 차지하였는데, 날이 밝기를 기다려 가서 보니 적들의 시체가 온 들판에 널브러져 있었으며, 나머지 적 200여 명은 북도(北道: 함경도)로 돌아들어갔다. 고언백은 특별히 양주 목사(楊州牧使) 겸 조방장(助防將)에 제수되었다고 하였다.

하원군(河源君: 李鋥)은 곧 전하의 형님으로 산골짜기로 피란하였다가 굶주려 죽었다고 하니, 그 밖에 수많은 백성들이 굶주려 죽은 것이야 어찌 말로 다 하리오.

十七日。

留咸陽。昆陽李侯光岳[428], 知我極窘, 題給米石, 深謝深謝。今日送書者千乭伊, 使之受來湖南巡察使馳通內, "本道賊勢, 日漸鴟張, 諸將累度力戰, 大敗將士死者, 不知其數, 已成長驅之勢, 極爲悶迫."云。軍官輩馳送牛旨峴, 知禮賊約捕云, 而今日還報曰: "初聞賊徒數少, 乘時欲捕之計, 追聞彼衆我寡, 勢難接戰, 還來." 云。以鄭汝立緣坐, 來配昆陽, 申修撰湜蒙放[429], 前日勤王, 上京時同行, 行到水原潰散時, 不知去處矣。今日同宅奴子, 今月初二日, 自京城來此, 曰: "修撰爲京畿巡邊使從事官, 雄據京城之賊,

---

428 李侯光岳(이후광악): 李光岳(1557~1608). 본관은 廣州, 자는 鎭之. 1584년 무과에 급제하여 선전관을 거쳐 1592년 昆陽郡守가 되었는데, 때마침 임진왜란으로 왜병이 영남일대에 쳐들어오자 선봉으로 장병을 격려하여 대비하였다. 그리고 招諭使 金誠一의 명령으로 좌익장이 되어 성안에 들어가 김시민과 합세하여 성을 사수하였다. 1594년 의병대장 郭再祐의 부장으로 함께 동래에 갔으나 적이 나오지 않으므로 돌아왔다. 1598년 전라도병마절도사로서 명나라 군대와 합세하여 금산·함양 등지에서 왜군을 무찌르고 포로가 된 본국인 100여명과 우마 60여필을 탈환하였다. 그 뒤 훈련원도정을 거쳐 1604년 경기방어사, 1607년 함경남도병마절도사를 지냈다.

429 蒙放(몽방): 죄인을 사면하여 석방함.

其勢益熾, 青鷄觀押[430]兩山, 京城士婦, 滿山避亂, 倭賊乘夜, 圍抱兩山, 待明窮搜盡斬, 不知其幾千百."云。廣州, 則自初至今, 防禦倍嚴, 故賊不犯城矣。都城之賊, 合勢直衝, 屠盡無餘云, 使相家屬五十餘衆, 自廣州被逐四散云, 可勝痛哉? 天兵, 去六月二十五日, 已到鐵山[431]車鍊館[432], 想已到京城, 勝敗難期, 悶極于天。惡聲日至, 事定難期, 家鄕消息, 無路得聞, 莫若速死之爲愈也。倭賊大衆, 衝斥關西, 乘輿直越寧邊[433], 則寧邊已爲空城, 遂入定州[434]云。平壤城中, 令射士, 皆令埋伏, 似無人蹤, 洞開城門, 只令老弱佯戰, 許多船隻, 越泊江邊。倭賊見老弱, 問曰: "國王何處在?" 答曰: "率百官, 已往中原, 吾等皆以老弱, 不能隨往."云。賊聞其言, 先送二船, 倭爲先鋒, 踊躍入城, 城門之內, 鑿池陷, 鋪菱鐵, 矢石如雨, 盡滅之。我軍, 卽脫倭服變着, 列立城頭, 如彼語叫號, 則越邊衆賊, 望見, 樂而爭越, 放意入城之際, 盡斬無遺。未越江餘賊, 結陣白沙汀, 留宿。時喬桐貢生高彦伯[435], 率牙兵三百, 突進夜戰,

---

430 青鷄觀押(청계관압): 青溪山과 冠岳山의 오기인 듯. 청계산은 북쪽으로 서울특별시, 서쪽으로 과천시와 의왕시, 동쪽으로 성남시에 접해 있는 산이며, 관악산은 서울특별시 관악구 및 경기도 안양시와 과천시에 속해 있는 산이다.

431 鐵山(철산): 평안북도 북서부 해안에 있는 고을.

432 車鍊館(거련관): 車輦館의 오기. 평안북도 철산군에 있던 역관.

433 寧邊(영변): 평안북도 영변군과 안주군의 일부 지역에 있는 지명.

434 定州(정주): 평안북도 남서 해안에 있던 고을. 동쪽은 박천군·태천군, 서쪽은 선천군, 남쪽은 황해, 북쪽은 구성군과 접한다.

435 高彦伯(고언백, ?~1608): 본관은 濟州, 자는 國弼, 호는 海藏. 1592년 임진왜란이 일어나자 助防將이라는 칭호를 받았고, 7월 24일 楊州牧使에 제수되어 장사를 모집하여 산속 험준한 곳에 진을 치고 복병하였다가 왜병을 공격하여 전과를 크게 올렸다. 태릉이 한때 왜군의 침범을 받았으나 고언백의 수비로 여러

射矢如雨, 倭賊自劒刎者居多, 待明見之, 則賊屍狼藉遍野, 餘賊二百餘名, 轉入北道。高彦伯, 特拜楊州牧使兼助防將云。河源君[436], 乃殿下兄氏, 避亂山間, 餓死云, 其他百萬蒼生之餓死, 可言?

7월 18일。

함양(咸陽)에 머물렀다.

오늘 또 듣건대 청도 형방(淸道刑房)으로 나와 같은 관아의 아전인 김언상(金彦祥)이 참수되었다고 하니 오장이 불타는 듯하였으며, 그의 노모가 80여 세로 지금 살아 계신다고 하니 더욱 애통함과 가련함을 더할 뿐이었다.

김해(金海)에서 왜적선 500척이 제포(薺浦) 앞바다로 이동하여 정박하고 있다 하니, 이는 필시 호남으로 향하는 배인 것 같았다.

창녕(昌寧)·영산(靈山)의 왜적은 낙동강 좌안(左岸)의 지포(地浦)에 진(陣)을 치고서 창녕 군수(昌寧郡守)라 하기도 하고 초계 군수(草溪郡守)라 하기도 하니, 장차 두 고을로 건너려는 것이라고 하였다.

고향 소식을 또 들을 길이 없어서 밤새도록 안석(案席)에 기대어

능이 잘 보호될 수 있었다. 이에 왕이 공을 칭찬하고 관급을 더 올려 경기도방어사가 되었다. 또, 내원한 명나라 군사를 도와 서울 탈환에 공을 세우고 경상좌도병마절도사로 승진하였으며, 정유재란 때는 경기도방어사가 되어 전공을 크게 세웠고, 난이 수습된 뒤 濟興君에 봉하여졌다. 1608년 광해군이 왕위에 올라 臨海君을 제거할 때, 임해군의 심복이라 하여 살해되었다.

436 河源君(하원군): 李鋥(1545~1597). 본관은 全州. 덕흥대원군의 장남이자, 宣祖의 형이다. 본래 술과 여자를 좋아하는 등 방탕을 일삼았으나 임진왜란이 일어난 후에는 정신을 차리고 국가보위에 힘썼다.

운들 어찌하겠는가?

十八日。

留咸陽。今日, 又聞淸道刑房, 同官金彦祥被斬, 五內如焚, 有老母八十餘歲, 此則生存云, 尤增痛憐。自金海賊舡五百艘, 移泊薺浦前洋云, 此必指向湖南舡也。昌寧·靈山之倭, 結陣于江左地浦[437], 或稱宜寧倅, 或稱草溪倅, 將越兩邑云。家鄕消息, 又未得聞, 達夜几坐, 飮泣奈何?

7월 19일。

함양(咸陽)에 머물렀다.

군위(軍威)의 윤응정(尹應禎) 편지를 보니, 노모와 가솔들이 성동(城洞: 성골) 관사(官司: 官衙)로 피란했고, 활 잘 쏘는 군사들을 이끌고서 또한 성동으로 들어가 방어한다고 했지만, 방어하는 곳은 흉적이 반드시 복수한다고 하니 노모와 가솔들이 필시 이미 죽었으리라 생각되었다. 애통하게 운들 어찌하겠는가?

봉사(奉事) 박태고(朴太古)와 함께 죽음을 각오하고 물리칠 계획을 사상(使相: 김수)에게 울며 고하였지만, 하지 못하게 말리고 보내주지 않아서 천지가 아득하였다.

의흥 현감(義興縣監) 남이공(南以恭) 3형제는 바로 재상(宰相) 남응운(南應雲: 南琥의 오기)의 아들인데, 삼형제는 같은 해에 과거급제해

---

437 地浦(지포): 《輿圖備志》 권10 〈慶尙道·固城縣〉에 의하면, 경상남도 固城郡 서쪽으로 40리쯤 떨어진 곳에 있던 포구.

한 시대의 명사(名士)로 참수되었다고 하였다. 문사(文士) 이대해(李大海) 또한 죽임을 당했다고 하였다. 전라도(全羅道)의 적은 전주(全州)로 들어가지 않고 퇴각하여 진안(鎭安)으로 되돌아갔다고 하였다.

十九日。

留咸陽。得見軍威[438]尹應禎書, 老母·家屬, 避亂城洞官司, 率射士, 亦入城洞防禦云, 防禦之處, 兇賊必報讐云, 老母·家屬, 想必已死矣。痛泣奈何? 與朴奉事, 決死退去之計, 泣告使相, 則禁而不送, 天地茫茫。義興縣監南以恭[439]三兄弟, 乃宰相南應雲[440]

---

438 軍威(군위): 경상북도 중앙부에 있는 고을. 동쪽은 영천시, 서쪽은 구미시, 남쪽은 대구광역시와 칠곡군, 북쪽은 의성군과 접한다.

439 南以恭(남이공, 1565~1640): 본관은 宜寧, 초명은 南以敬, 자는 子安, 호는 雪蓑. 할아버지는 이조참판 南應雲, 아버지는 南琥. 1590년 증광 문과에 장원급제한 뒤 1593년 세자시강원사서가 되고, 이듬해 평안도 암행어사를 거쳐 사헌부지평·사간원정언·홍문관교리 등을 역임했다. 1597년 정유재란 때 체찰사 李元翼의 종사관이 되었으며, 이어서 이조좌랑·정랑을 거쳤다. 1609년 형조 참의·대사간·이조 참의·예조 참의를 거쳐 이듬해 홍문관 부제학, 1613년 호조참판·도승지·예조참판이 되었고, 이듬해에는 병조참판이 되었다. 1627년 椵島에 주둔한 明將 毛文龍의 접반사가 되었다. 1637년 절친한 사이인 좌의정 崔鳴吉의 천거로 이조판서에 올랐고, 이듬해 同知經筵事를 겸했다.

440 南應雲(남응운, 1509~1587): 본관은 宜寧, 자는 致遠, 호는 菊窓·蘭齋·灌園. 1535년 별시 문과에 급제해, 1537년 교서관검열, 이듬해 승정원주서가 되었다. 1549년 길주목사, 1551년 다시 내직으로 돌아와 장례원판결사·좌부승지·우부승지·참찬관 등을 차례로 역임하고, 1554년 황해도관찰사를 지냈다. 1557년 형조와 병조의 참의, 1559년 우승지·함경도병마절도사, 1561년 동지중추부사, 1564년 경기도관찰사, 1565년 경상도관찰사 등을 두루 역임했다. 1584년 공조참판에 이르렀다. 원문의 남이공과는 아들 관계가 아니고 조부 관계이다. 따라서 南琥(1536~1585)이라야 한다. 그의 장남 남이인(생몰 미상), 차남 병조참판 南以信(1562~1608), 삼남 이조판서 남이공, 사남 南以順이고, 예조참의 유대진과 진사 이후기가 그의 사위이다.

之子，三兄弟同年，一世名士，皆以被斬云。文士李大海，亦死云。全羅之賊，不入全州，退還鎭安云。

7월 20일。

함양(咸陽)에 머물렀다.

아침에 밥을 먹기도 전, 청송(青松) 화목역(和目驛) 사람인 귀연(貴連)이 곧 내가 평소 사환(使喚)으로 부리던 사람이었으나 좌병사(左兵使: 박진)의 치보(馳報) 장계(狀啓)를 가지고 홀연히 이곳에 찾아왔으니, 마치 죽은 사람을 보는 것 같았다.

엎어지고 자빠지며 집에서 온 편지를 보니 노모와 처자식들이 하나같이 모두 살아계신다고 했는지라 기뻐서 눈물이 샘처럼 솟았다. 4월 보름 이후로부터 노모의 소식을 지금에야 비로소 들을 수 있어서 조금이나마 생기가 돌았다. 게다가 좌병사가 청송부(青松府)에 환상미(還上米) 7석을 주라는 문서를 발급하였다고 하니, 바야흐로 이것으로 열흘을 살 수 있을 것이라서 우러러 감사하기가 그지없었다.

신지효(申之孝) 생원이 참수되었고, 별감(別監) 박무선(朴茂善)·별감 서호성(徐昊成) 두 집의 처자들이 포로로 잡혀갔다고 하니, 몹시 놀라 탄식해 마지않았다. 우리 고을의 지경에 사망한 자가 무려 500여 명이었고, 피장(皮長)에 사는 한수(漢守)·산운(山雲) 김순학(金順鶴)·읍내(邑內) 안철수(安鐵壽) 또한 죽었다고 하니, 다시 또 무슨 말을 더하겠는가? 게다가 빙군(氷君: 장인)이 사셨는지 돌아가셨는지 보이지 않아서 참으로 안타깝고 안타까웠다. 더욱이 축문(祝文)을 더하여 말하기를, “살아 계시기를 바라나이다, 살아 계시기를 바라나이다."라고 하였다. 또한 달성인(達城人)이 전한 김진명(金振鳴)의 편지를 보니, 읍내(邑內)의 민가가 이미 죄다 분탕질 되었고 우리 부자(父子)의 집은 이때까지 불타지 않았다고 하였다.

호남으로 이미 들어간 적들이 전주(全州)를 침공하였다. 전주의 사람들이 많은 추인(芻人: 짚의 허수아비)을 만들었고 게다가 산대(山臺: 산 모양의 무대구조물)를 설치하여 성 머리에 버티고 서서 사람들에게 노닐도록 해 거짓으로 들락날락하는 모양을 보였다가, 적이 추인을 보고서 탄환을 비오듯 쏘아대자 죄다 쏘기를 기다려 성문을 활짝 열어 젖혔다. 적도(賊徒)들이 다투어 서로 달려들자, 활 잘 쏘는 군사가 성문 안에 줄지어 서서 화살과 대포를 비오듯 쏘아대니 적도 가운데 죽임을 당한 자가 거의 3분의 1이나 되었다.

은색 가마를 탄 왜장과 2명의 왜적 또한 죽으니 적군은 통곡하며 병사를 물렸고, 용담(龍潭)·진안(鎭安)의 적들은 퇴각하여 무주(茂朱)·금산(錦山)으로 달아났으며, 또 400여 명의 왜적이 이미 지례(知禮)를 지나자 의병장 김 좌랑(金佐郎: 김면)이 어제 접전했다고 하였다.

김해(金海)의 사람들은 모두 적진 속으로 들어갔고, 서원(書員: 행정실무 담당 아전) 1명을 대마도(對馬島)에 보냈는데, 일본 국왕이 대마도에 와서 머물러 있어서 그의 명령에 따라 전세(田稅)를 마련한다고 하니 가소로웠다. 조도(早稻: 올벼)는 베지 못하도록 금하고서 2분(分)을 지주에게 주고 1분을 전세로 받아들인다고 하니 더욱 가소로웠다.

念日。

留咸陽。朝未及飯, 青松和睦[441]人貴連, 乃吾平日使喚之人, 持左兵使馳報狀, 忽然來到, 如見死人。顚倒見家書, 則老母妻子, 一皆生存, 喜淚如泉。自四月望後, 老母消息, 今始得聞, 稍有生氣。且左兵使, 青松府還上米[442]七石題給, 方以此可活一旬, 仰謝無地。唯申之孝[443]生員被斬, 朴別監茂善·徐別監昊成, 兩家處子, 擄去云, 不勝驚嘆。我境死亡, 無慮五百餘人, 皮長[444]居漢守·山雲[445]金順鶴·邑內安鐵壽, 亦死云, 夫復何言? 且氷君存沒, 不示之之, 可悶可悶。更加祝天曰: "願生願生." 又見達城人傳金振鳴書, 邑內人家, 已盡焚蕩, 吾父子家, 時未焚蕩云。已入湖南之賊, 衝斥全州。全州之人, 多作蒭人[446], 又設山臺[447], 列立城頭, 使人弄之, 佯示出沒之狀, 賊見蒭人, 放丸如雨, 竢其盡放, 洞開城門。賊徒爭相走入, 射士列立門內, 矢炮如雨, 賊徒被死者, 幾三分之一。倭將乘銀轎者二賊, 亦死, 痛哭退兵, 龍潭·鎭安之賊, 退遁茂

---

441 和睦(화목): 和睦驛. 경상북도 청송군 현서면 화목리에 있었던 역참.

442 還上米(환상미): 還米. 각 고을의 社倉에서 백성들에게 꾸어주었던 쌀을 가을에 받아들이는 쌀.

443 申之孝(신지효, 1561~1592): 본관은 鵝洲, 자는 達夫, 호는 鷹巖. 임진왜란이 일어난 1592년 5월 왜병을 피해 어머니 高敞 吳氏(아버지 신몽득의 후처)를 모시고 鷹洞(현 경상북도 의성군 봉양면 길천리) 巖穴에 피신하였다. 그러나 쫓아온 왜병에게 발각되어 왼쪽 어깨를 칼로 베이고 말았다. 피를 흘리며 죽기 직전 신지효는 칡을 입으로 씹어 붓을 만들었다. 이어 禮安 縣監을 지내고 있던 仲弟 申之悌에게 주기 위한 혈서를 쓰고 난 뒤 죽음을 맞이하였다.

444 皮長(피장): 경상북도 의성군 사곡면에 있는 마을. 청송군 화목과의 경계가 되는 고개가 있는 곳이다.

445 山雲(산운): 경상북도 의성군 금성면 산운리.

446 蒭人(추인): 짚을 묶어서 사람의 형태로 만든 허수아비.

447 山臺(산대): 산 모양의 무대구조물.

朱·錦山, 又四百餘賊, 已過知禮, 義兵將金佐郞, 昨日接戰云。金海之人, 盡入賊中, 書員一人, 起送[448]于對馬島, 日本國王來駐島中, 聽令田稅磨鍊云, 可笑。早稻禁不得刈取, 二分給主, 一分納稅云, 尤可笑也。

7월 21일。

함양(咸陽)에 머물렀다.

하루 내내 비가 내리니, 어머니를 생각하고 누이동생을 그리워함에 비오는 날은 더욱 답답하다. 허다한 가솔들이 산골짜기에서 이(蝨)처럼 숨어 다니며 어떻게 지낸단 말인가? 밤새도록 안석(案席)에 기대어 운들 어찌하겠는가?

念一日。

留咸陽。終日下雨, 思親憶妹, 雨日尤悶。許多眷屬, 蝨伏山間, 何以經過? 達夜几坐, 飮泣奈何?

7월 22일。

함양(咸陽)에 머물렀다.

또 영덕(盈德) 사람 김광보(金光寶)를 만났는데, 지난날 안음(安陰)에 왔던 자로 죽은 사람을 만난 것 같았다. 사상(使相: 김수)께 고하여 면역관자(免役關子: 부역 면제 공문서)를 만들어 주고 집으로 보내는 편지를 그에게 부쳤다.

---

448 起送(기송): 사람을 보냄.

고성(固城)의 적 2천여 명이 진해(鎭海)를 향해 되돌아가고, 창원(昌原)의 적이 또 퇴각하려 한다고 하니, 조금이나마 생기가 돌았다.

하루 내내 계본(啓本: 上奏書)의 초안을 작성하였다. 한밤중 안석에 기대어 앉아 달을 보며 비통해 하니 천지가 아득하였다.

念二日。

留咸陽。又見盈德人金光寶, 前日來安陰者, 如見死人。告使主免役關子[449]成給, 又寄家書。固城之賊, 二千餘名, 還向鎭海, 昌原之賊, 又欲退去云, 頗有生氣也。終日, 啓本出草。中夜几坐, 見月悲痛, 天地茫茫。

7월 23일。

함양(咸陽)에 머물렀다.

봉화(奉化) 사람을 볼 수가 있었는데, 좌도(左道: 경상좌도)에 있는 적의 형세가 더욱 치성하여 멸할 수가 없을 것이라고 하니, 전란을 평정하기가 예측할 수 없어 비통하다고 운들 어찌하겠는가?

정승(政丞) 류전(柳琠)의 부인(夫人: 안동김씨) 일가가 남김없이 포로로 잡혔고, 자제(子弟) 류 사인(柳舍人: 柳裕緖)은 자결하였으며, 정랑(正郞) 류영순(柳永洵: 柳永詢의 오기) 삼 형제(三兄弟: 柳永謙·柳永謹) 및 첨지(僉知) 권종(權悰) 부자(父子: 權晙)가 모두 참수되었다고 하였는데, 참혹한 말을 하루에 세 번이나 들었으니 오장이 불타는 듯하였다.

---

449 免役關子(면역관자): 부역 따위를 면제하는 공문서.

念三日。

留咸陽。得見奉化人，左道賊勢，益熾無減云，事定難期，痛泣奈何? 柳政丞堧[450]，夫人[451]一家，無遺被擄，子弟柳舍人[452]自盡，柳正郎永洵[453]三兄弟·權僉知悰[454]父子，皆被斬云，慘酷之言，日三得聞，五內如焚。

7월 24일。

함양(咸陽)에 머물렀다.

어젯밤 꿈속에서 맏누나의 부부를 보았지만, 꿈을 깨니 슬프고

---

450 柳政丞堧(류정승전): 柳堧(1531~1589). 본관은 文化, 자는 克厚, 호는 愚伏. 漢陰 李德馨의 외숙이다. 1552년 식년시에 급제하여 진사가 되고, 1553년 별시에 급제하였다. 명종 때 정자·저작·수찬·정언·병조좌랑·교리와 병조·형조의 정랑, 사인 등을 역임하고, 1583년 한성부판윤, 1585년 우의정에 올랐다. 1588년 사은사로 명나라에 다녀온 뒤 좌의정이 되고, 이듬해 영의정에 올랐다.

451 夫人(부인): 金方慶의 11대손인 金業의 딸 安東金氏.

452 柳舍人(류사인): 柳裕緖(1564~1592)인 듯. 柳堧의 둘째아들로, 류전의 8촌 형인 柳敬先(1519~1575)의 系子가 되었다.

453 柳正郎永洵(류정랑영순): 柳永詢(1552~1630)의 오기. 본관은 全州, 자는 詢之, 호는 拙菴. 아버지는 柳埏이다. 승정원 승지·주서, 호조 참판, 예문관 검열, 황해도관찰사, 강릉부사, 경상도관찰사를 역임하였다. 그의 형이 柳永謙(1549~?)과 柳永謹(1550~?)이다. 류영겸의 자는 謙之, 1582년 식년시에 급제하였으며, 류영근의 자는 謹之, 1582년 식년시에 급제하였다.

454 權僉知悰(권첨지종): 權悰(?~1592). 본관은 安東, 자는 希顔. 도원수 權慄의 사촌 동생이다. 1592년 임진왜란이 일어나던 해에 금산군수로 부임하여 광주목사로 있던 도원수 권율과 서로 연락하여 국난에 대처할 것을 기약하였다. 먼저 군사를 이끌고 전주에 도착하였으나, 관찰사가 나이가 많음을 이유로 거느리고 있던 군사를 빼앗아 防禦助防兩陣에 이속시키고 군량관리의 임무를 맡게 하였다. 의병장 高敬命·趙憲에게도 격문을 보내어 협력하여 방어할 것을 제의하였다. 금산전투에서 격전 끝에 아들 權晙과 함께 순국하였다.

마음이 아팠다. 동틀 무렵에 나와 같은 관아의 아전인 이호(李湖)가 되돌아왔다는 소식을 듣고서야 형의 편지와 정란(庭蘭: 이탁영의 장남)의 편지를 받아 볼 수 있었는데, 노모와 처자식 및 동생이 청송(靑松) 지경에 같이 숨어 있다는 것을 또 알게 되었으니 그때까지 죽지 않았다는 기별인지라 그리움에 눈물이 샘솟듯 하였다. 또 경주(慶州) 사람을 만나서야 원개(元愷)의 편지를 받아 볼 수 있었는데, 우리 집안의 여러 집들이 이미 죄다 불타 버렸다고 하였다.

念四日。

留咸陽。昨夢, 得見長妹主夫妻, 覺來悲痛。黎明, 聞同官李湖還來, 得見兄書與庭蘭書, 又知老母·妻子·同生, 同隱于靑松境, 時不死之奇, 戀淚如泉。又見慶州人, 得見元愷書, 吾門諸家, 已盡焚蕩云。

7월 25일。

함양(咸陽)에 머물렀다.

나와 같은 고향 사람인 박 봉사(朴奉事: 박태고)가 성초(省草)의 복병했던 곳으로부터 되돌아와서 말하기를, “대악산(戴岳山)에 올라 멀리 바라보니 호남의 지경인 무주(茂朱)·금산(錦山)·진안(鎭安)·용담(龍潭), 호서(湖西)의 지경인 영동(永同)·황간(黃澗), 본도(本道: 경상도)의 지경인 김산(金山)·개령(開寧)·선산(善山)·인동(仁同)·상주(尙州) 등의 관사(官舍: 관청의 청사)가 어제 하나같이 모두 불태워져 연기와 불길이 하늘을 뒤덮었다.”라고 하였다.

또 창원(昌原) 수령이 보낸 치보(馳報)에 의하면, “경성(京城)에서 내려온 왜적이 귀에 대고 은밀히 말한 뒤에 적도(賊徒)가 목놓아 통곡하며 밤을 틈타서 달아나 돌아갔는데 간곳을 알지 못한다."라고 하니, 흉적이 퇴각하여 달아나 되돌아간 것이 아니겠는가?

남원 부사(南原府使)가 함양(咸陽) 수령에게 보낸 편지에 의하면, "당선(唐船: 명나라 전함)이 이미 호남의 좌수영(左水營) 근처에 도착했다."라고 하였으니, 우수사(右水使)에 통문(通文)을 성화 같이 전하여 그 소문이 사실인지 거짓인지 알려고 하였다.

念五日。

留咸陽。同鄕朴奉事, 自省草[455]伏兵處, 還來曰: "登戴岳山, 望見, 則湖南境茂朱·錦山·鎭安·龍潭, 湖西境永同[456]·黃澗[457], 本道境金山·開寧·善山·仁同·尙州等, 官舍昨日, 一皆焚蕩, 烟焰漲天云。又見昌原倅馳報, "自京來倭, 附耳密語之後, 賊徒失聲痛哭, 乘夜遁還, 不知去處."云, 無乃兇賊退遁還歸耶? 南原府使通書于咸陽倅, "唐船已到湖南左水營近處."云, 星火傳通于右水使, 欲聞虛實。

7월 26일。

함양(咸陽)에 머물렀다.

---

455 省草(생초): 省草驛. 경상남도 거창군 고제면 봉산리 용초마을. 이 일대를 생초驛里라고 부르기도 하였다고 한다.

456 永同(영동): 충청북도 최남단에 있는 고을. 동쪽은 경상북도 김천시·상주시, 서쪽은 충청남도 금산군, 남쪽은 전라북도 무주군, 북쪽은 옥천군과 접한다.

457 黃澗(황간): 충청북도 영동군 북부에 있는 고을.

영일(迎日)에서 온 사람을 볼 수 있었는데, 좌도(左道)에 있는 적의 형세가 줄어들지 않고 산까지 뒤지며 죽이거나 약탈하는 것이 우도(右道)보다 배나 더했다고 하였고, 우리에게 광어(廣魚)를 주었으니 그 성의가 가상했을 뿐만 아니라, 좌도(左道)에서 가을에 광어를 맛보는 것은 참으로 귀한 것이었다.

念六日。

留咸陽。得見迎日[458]人, 左道賊勢無減, 探山殺掠, 倍於右道云, 贈我廣魚, 非但其誠之可嘉, 左道秋廣魚得見之, 可貴可貴。

7월 27일。

사상(使相: 김수)의 행차가 함양(咸陽)을 출발하여 안음(安陰)에 이르러 점심을 먹고, 영승촌(迎勝村)에 와서 김 칠원(金漆原)의 계정(溪亭)에 묵었다.

합천(陜川)의 나와 같은 향리인 이찬종(李纘宗)은 곧 나와 같은 고을의 벼슬아치인 이붕수(李鵬壽)의 매부(妹夫)로 순변사(巡邊使: 이일)를 모시는 아전이 되어 상주(尙州)에 갔다가 패배하여 흩어진 뒤로 간곳을 알지 못하여 그의 온 집안이 다 상복(喪服)을 입었었다. 그런데 지금 듣건대 이찬종은 상주에서 적에게 사로잡혀 경성(京城)에 갔다가 돌아왔는데, 지금 무계(茂溪)의 적진에 이르렀지만 처음부터 지금까지 흉적의 쇄마색(刷馬色: 말을 교체하는 일을 맡은 구실아치)이 되었는지라 달아나고자 하여도 달아날 수가 없었다고 하니 애석한

---

458 迎日(영일): 경상북도 동부 동해에 면하여 있었던 열일군 지역.

일이었다.

안성(安城) 사인(士人) 이선(李善)이 적의 상황을 살피러 왔다가 나와 같이 묵고 돌아갔다.

念七日。

使相之行, 發咸陽, 到安陰晝餉, 來宿迎勝村[459]金漆原溪亭。陜川同風李纘宗, 乃同官李鵬壽之妹夫, 爲巡邊使陪吏, 往尙州, 敗散後, 不知去處, 其一家皆服喪[460]矣。今聞李也, 自尙州被擄, 往還京城, 今到茂溪[461]賊陣, 自初至今, 爲兇賊之刷馬色, 欲逃而未逃云, 可惜。安城[462]士人李善, 探賊來, 同宿而歸。

7월 28일。 비 갬。

꿈속에서 중생(重生) 어미를 보았지만 죽었는지 살았는지 알지 못하였다.

어제 합천(陜川)에서 온 사람의 말을 듣건대 포로로 잡혀갔던 여인이 되돌아와서 말하기를, "흉적은 뱀을 진수성찬으로 여겨 밥을 지을

---

459 迎勝村(영승촌): 경상남도 거창군 마리면 영승리. 1543년 이황이 장인 權碩의 회갑잔치에 왔다가 이곳에 머물 때 迎送村이 고상하지 못하다 여겨 고친 이름이라 한다.

460 服喪(복상): 喪을 당하여 상복을 입음.

461 茂溪(무계): 경상북도 고령군 성주면 무계리. 이곳에 있었던 茂溪驛은 한양으로부터 성주를 거쳐 남쪽의 현풍·창녕 방면이나 동쪽의 대구 방면으로 연결되는 길목이었다.

462 安城(안성): 경기도 남쪽 끝에 있는 고을. 동쪽은 이천시·충청북도 음성군, 서쪽은 용인시·평택시, 남쪽은 충청남도 천안시·충청북도 진천군, 북쪽은 용인시와 접한다.

때에 함께 푹 익도록 하여 먹으면서 우리나라의 포로 여인들이 먹지 않으면 베어 죽이려 하며 기어이 먹였다."라고 하니, 더욱 분통스럽고 안타까울 뿐이었다.

사상(使相: 김수)이 생초(省草)에 가 복병하고 있는 곳을 살핀 뒤에 그대로 험한 고개를 넘어 곧장 의병장 김 좌랑(金佐郞: 김면)의 군대가 주둔하고 있는 곳에 이르러 서로 의논하여 약속한 후, 한밤중에도 산길을 거쳐 힘겹게 산을 넘고 강을 건너 거창(居昌) 지경인 신창(新倉)에 와서 묵었다.

듣건대 초유사(招諭使) 김성일(金誠一)이 좌도 감사(左道監司)가 되었다고 하나, 지금 정상적인 기별인지 알지 못하였다.

고향 소식을 다시 들을 수가 없었으니 운들 어찌하겠는가?

念八日。雨霽。

夢見重生母, 未知死生也。昨聞陜川人言, 被擄女人還來曰: "兇賊, 以蛇爲珍羞, 炊飯時, 同蒸食之, 我國被擄婦人, 不食, 則欲斬期於食之,"云, 尤增痛惋。使相往審省草伏兵處, 轉越峻嶺, 直到義兵金佐郞駐兵處, 相議約束後, 冒夜由山路, 艱關跋涉, 來宿居昌境新倉[463]。得聞招諭使金誠一爲左道監司云, 時未知正奇。家鄕消息, 更未得聞, 飮泣奈何?

463 新倉(신창): 경상남도 거창군 웅양면 노현리 일대. 조선시대 거창현의 창고가 있었던 곳이며, 熊陽倉이라고도 불렸다.

7월 29일。

사상(使相: 김수)이 신창(新倉)에서 거창(居昌)에 이르러 초유사(招諭使: 김성일)를 서로 만났다.

영산(靈山)에 사는 목사(牧使) 신일(辛馹)은 곧 영남의 거부로 다만 아들 하나만 있었는데, 그 아들이 적에게 포로로 잡혀서 오래도록 복물(卜物: 짐바리)을 짊어져야 한데다 구박만 받아 몹시 고통스러워하다가 끝내 목숨이 끊어지는 지경에 이르렀으며, 그의 부인(夫人: 安順民의 딸) 또한 포로가 되어 적이 장차 범하려 하자 우물에 빠져 죽었으며, 목사의 후실(後室: 첩)은 재빨리 초계(草溪)로 도망쳐 변대온(卞大藴)의 첩집에 와서 빌붙어 밥을 얻어먹으며 구차히 산다고 하였다. 소문을 듣고서 미루어 나의 가솔들을 생각하니 오장이 불타는 것 같았다.

지금 성주(星州)의 치보(馳報)를 보니, 손바닥을 관통하도록 단단히 봉한 것을 가진 왜적 2명이 아래에서 올라왔는데 무슨 일에 대한 명령을 적진에 전했는지는 알지 못하지만, 적들은 그것을 듣고 정신을 잃어버리고서 모두 도망쳐 되돌아가려 했다고 하였다.

또 천병(天兵: 명나라 군사)이 이미 송경(松京: 개성)에 도착했는데, 판서(判書) 박충간(朴忠侃) 또한 남양(南陽)에 이르러 오로지 천병(天兵)에게 접대할 물자를 마련하고 있다 하니, 조금이나마 생기가 돌았다.

念九日。

使相, 自新倉到居昌, 招諭使相會。靈山居辛牧使馹[464], 乃嶺南巨富, 只有一子, 子則爲賊被擄, 長負卜物, 驅迫殘傷, 終至殞命,其妻氏[465], 亦被擄, 將侵犯, 落井而死, 牧使後室, 挺身逃來于草溪卞大蘊妾家, 寄食苟存云。聞來推想吾家屬, 五內如焚。今見星州馳報, 貫手掌堅封, 倭二名, 自下上來, 不知某事傳令賊中, 衆賊聞之失心, 皆欲遁還云。又兵已到松京[466], 朴判書忠侃[467], 亦到南陽, 專治天兵供億[468]之資云, 稍有生氣也。

7월 30일。

거창(居昌)에 머물렀다.

판서(判書) 이증(李增)이 경성에 있다가 포로가 되어 짐바리를 지도

---

464 辛牧使馹(신목사일): 辛馹(1508~?). 본관은 靈山, 자는 致遠, 호는 三一堂. 1538년 別試 급제한 뒤 벼슬은 거창현감·대구부사·선산부사가 되고, 繕工監正·濟用監正을 거쳐 判事에 이르렀다. 1574년 선산부사로 있을 때는 사욕을 탐했다는 이유로 간원의 탄핵을 받아 파직되었다. 또한 1578년에는 선공감정으로서 國葬都監郎廳이 되었으면서도 발인할 때에 병을 핑계하고 나가지 않아 憲府의 탄핵으로 파직당하였다.

465 妻氏(처씨): 安順民의 딸.

466 松京(송경): 조선시대 이후 고려시대의 도읍지인 開城을 松嶽山 밑에 있던 서울이란 뜻으로 일컫는 말.

467 朴判書忠侃(박판서충간): 朴忠侃(?~1601). 본관은 尙州, 자는 叔精. 음보로 관직에 올라 1584년 호조정랑이 되었다. 1589년 재령군수로 재직 중 韓準·李軸 등과 함께 鄭汝立의 모반을 고변하여, 그 공으로 형조참판으로 승진하고 평난공신 1등과 商山君에 봉해졌다. 1592년 임진왜란 때 巡檢使로 국내 여러 성의 수축을 담당하여 서울로 진군하는 왜적에 대비하였다. 그러나 왜병과 싸우다 도망한 죄로 파면되었다가 뒤에 영남·호남지방에 파견되어 군량미 조달을 담당하였다. 1594년에는 진휼사로 백성의 구제에 힘썼으며, 순검사·선공감제조 등을 역임하였다. 1600년 南以恭 등의 파당행위를 상소하였다가 집권층의 미움을 사 여러 차례 탄핵을 받기도 하였다.

468 供億(공억): 음식물을 준비하여 접대하는 것.

록 핍박받다가 끝내 도망쳐 돌아왔으며, 동지(同知) 송찬(宋贊)은 본도(本道: 경상도) 감사(監司)를 2번이나 지낸 분으로 왜적의 침략을 받았을 때 나이가 80세 넘어 능히 걷지를 못해 농립(農笠: 농부의 작업용 모자)을 얻어 쓰고 논 가운데 묻혀 있어서 끝내 참수되는 것을 면했다고 하니, 참으로 다행하고 다행스러웠다.

인동(仁同)에서 양온역(良溫驛)의 박연(朴連)이 돌아왔는데, 집에서 온 편지를 보건대 노모와 처자식들이 비록 적을 만나지 않았을지라도 굶어 죽는 우환이 금방 들이닥칠 것 같았고 그 중에서도 달성인(達城人)은 식량이 떨어진 지 이미 오래되었다고 하니, 가련하나 어찌하겠는가?

위는 7월의 일인데, 도순찰사(都巡察使: 김수)가 오래도록 함양(咸陽)에 있어서 어머니를 생각하고 누이동생을 그리워하며 울면서 날을 보냈으나, 나라가 온통 전란에 휩싸여 난리를 평정하기가 예측할 수 없으니 고향 산천을 바라보고 통곡하며 죽으려 해도 죽을 수가 없는지라 천지가 아득하였다.

晦日。

留居昌。李判書增, 在京被擄, 逼迫負卜, 終乃逃還, 宋同知贊[469], 再按本道監司之員, 當賊衝斥之日, 年過八十, 未能行步, 得

---

469 宋同知贊(송동지찬): 宋贊(1510~1601). 본관은 鎭川, 자는 治叔, 호는 西郊. 1537년 생원시에 합격하고, 1540년 식년 문과에 급제하였다. 1543년 예문관검열·홍문관정자를 거쳐 1545년 홍문관수찬, 다음해 시독관·교리·헌납 등을 지내고, 1551년 全羅道救荒御史 등을 역임하였다. 다음해 전한·직제학·승지를

着農笠，埋沒畓中，終免其斬云，多幸多幸。仁同良溫驛朴連之還，得見家書，老母妻子，雖不遇賊，餓死之患，迫在朝夕，其中達城人，絶糧已久云，可憐奈何?

右秋七月，都巡察使，長在咸陽，思親憶妹，飮泣度日，滿國干戈，事定難期，哭望家山，欲死未決，天地茫茫。

임진년 8월 일록

8월 1일。

거창(居昌)에 머물렀다.

사상(使相: 김수)의 자제(子弟) 김 진사(金進士: 金敬立)가 본도(本道: 경상도)에서 경성(京城)의 집으로 향했는데, 길을 떠나 한산(韓山)에 이르러 관서 순찰사(關西巡察使)의 군관(軍官)을 만나 보니, 천병(天兵: 명나라 군대)이 이미 장단(長湍)의 동파역(東坡驛)에 도착해 한창 부교(浮橋: 뗏목을 묶은 임시교량)를 만들고 있자, 경성에 남아 있던 왜적이 소문만 듣고도 먼저 겁을 집어먹고 성안에 오가는 사람들을 모조리 죽이고서 벌써 한강(漢江)을 건넜다고 하였다. 그 기한을 헤아려 보면 천병은 이미 경성에 도착하였을 것이고 가까운 시일 내에 내려올 것인데, 음식과 물자 등을 제공하는 모든 일에 있어서 본도(本

지낸 뒤 1557년 대사간이 되었다. 1561년 필선을 거쳐, 우승지·한성부우윤·도승지·형조참판 등을 역임하고, 1567년 陳慰使로 명나라에 다녀왔다. 1570년 경상감사가 되었다. 1573년 영흥부사를 지냈고, 같은 해 進賀使로 또 명나라에 다녀왔다. 1594년 첨지중추부사·우참찬을 거쳐, 판돈녕부사·판중추부사 등의 직에 올랐다.

道: 경상도)가 비록 영남이라는 이름은 남아 있으나 이미 참혹하게 폐허가 되고 말았으니 결코 할 수 있는 일이 없어서 다만 조정의 지휘만 기다릴 뿐이었다. 대개 이러한 내용의 서신은 군관(軍官)인 판관(判官) 임기수(任淇壽)와 나와 같은 고을의 벼슬아치인 정종함(鄭終涵) 등이 보낸 것이다.

충청도(忠淸道)·지례(知禮)에 남아 둔치고 있던 적을 김해 부사(金海府使) 서예원(徐禮元)이 장수가 되어 날이 밝기 전에는 포위하고서 날이 밝기를 기다려 불태워 거의 남김없이 죽였다고 하니 매우 고맙고 고마웠다.

김산(金山: 김천)·개령(開寧)·선산(善山)·상주(尙州)·인동(仁同)·효령(孝令)·군위(軍威) 7곳의 적이 모두 성주(星州)에 모였다고 하니 흉적의 계책을 헤아리기가 어렵지만, 의성(義城)의 적은 지난달 26일 퇴각하여 군위로 향했다고 하니 퇴각하여 성주로 오지 않겠는가? 어젯밤 꿈속에서 분명히 정생(情生)의 어미를 보았으니, 필시 자녀들이 굶주려 나를 원망하는 조짐이라 생각되나 후회한들 어찌하겠는가?

壬辰八月日錄。初一日。

留居昌。使相子弟金進士, 自本道向京家, 行到韓山, 得見關西巡察使軍官, 天兵已到長湍[470]東坡驛[471], 方造浮橋, 留京之賊, 望

470 長湍(장단): 경기도 서북부에 있는 고을. 동쪽은 연천군, 서쪽은 개풍군, 남쪽은 파주군, 북쪽은 황해도 금천군과 접한다.

471 東坡驛(동파역): 경기도 파주시 진동면 민통선 지역에 있었던 驛站. 조선시대의 동파역은 碧蹄驛·馬山驛과 함께 使行路로 이용되었는데, 그로 인해 사신 일행을 접대하는 등 잡역의 부담이 다른 驛보다 심하였다.

風先怯。盡殺交通城中人, 已越漢江云。計其日限, 則天兵已到京城, 近必下來, 支待諸事, 本道則雖存嶺南之名, 已成丘墟之慘, 決無所爲, 只待朝廷指揮。大槪通問[472]事, 軍官任判官猉壽, 同官鄭終涵等爲送。忠淸道·知禮, 留屯之賊, 金海府使徐禮元[473]爲將, 未明圍抱, 待明焚蕩, 幾滅無餘云, 多賀多賀。金山·開寧·善山·尙州·仁同·孝令[474]·軍威, 七處之賊, 皆會星州云, 兇謀叵測, 義城之賊, 去念六, 退向軍威云, 無乃退來于星州乎? 昨夢, 分明見情生母, 想必子女飢餓, 怨我之兆也, 追悔奈何?

8월 2일。

거창(居昌)에 머물렀다.

김산(金山)이란 고을은 지역이 협소하고 작은 쇠잔한 마을인데도 흉적이 지금 둔치고 있으면서 죽이고 약탈하는 것이 날마다 심하였는데, 동군(同郡: 김산군)에 보고한 바에 의하면 이제까지 사망한 자의 수가 2,200여 명이라고 하였다. 그 밖의 큰 고을의 사망자의 수야 알 만하니 참혹함과 비통함을 어찌하겠는가?

지례(知禮)를 침입해 차지하고 있던 적은 의병대장(義兵大將) 김면

---

472 通問(통문): 서신 왕래를 함.

473 徐禮元(서예원, ?~1593): 1573년 무과에 급제하여 선전관이 되었다. 1591년 김해 부사로 부임하였으며, 임진왜란이 일어나 왜군과 공방전을 벌이다가 패주하였다. 이 일로 삭탈관직당했으나 의병장 金沔과 함께 왜적과 싸웠으며, 제1차 진주성 싸움에서 목사 金時敏을 도와 왜적과 항전하였다. 1593년 진주목사가 되었으며 제2차 진주성 싸움에서 순국하였다.

474 孝令(효령): 경상북도 군위군 중앙부에 있는 고을.

(金沔)이 어제 의병을 일으켜 거의 전부 불태우고 목을 베자, 도망쳐 돌아가고 남은 적은 주부(主簿) 배설(裵楔)이 성주군(星州軍)을 이끌고서 죄다 남김없이 목베었다고 하였다.

호남의 미녀들이 많이 적에게 사로잡혔다가 여기로 도망해온 여자들이 여러 가지 애걸했어도 모두 불태워서 죽였다고 하는데, 그 참혹함을 차마 들은대로 말할 수가 없었다.

군관(軍官)인 봉사(奉事) 강만남(姜晩男) 또한 탄환에 맞아 죽었지만, 왕년에 군공(軍功)으로 과거에 합격하고 용맹한 군사로 이름이 자자하여 별도로 아뢰어서 거느리고 데려간 사람으로 아군의 전사자가 무려 50여 명이라 하였다.

날씨가 이미 차가워지는데, 노모와 처자식들이 높고 험한 산속에서 굶주림과 추위에 견디지 못해 반드시 이미 죽었을 것으로 생각되어 마음 아파하고 운들 어찌하겠는가?

지금 충청도에서 전한 통문(通文)을 본 것에 의하면, 동궁(東宮: 광해군)이 이천(伊川)에 가까이 이르렀다고 하니, 바로 강원도 지경인데 관서(關西)에서 필시 함경도로 향하려고 다시 강원도를 경유하는 길로 떠나 온 듯하였다.

初二日。

留居昌。金山爲郡, 壤地偏少, 十室[475]殘郡, 兇賊方屯, 殺掠日

---

475 十室(십실): 十室之邑. 열 가구쯤이 사는 작은 마을. 《論語》〈公冶長〉의 "십실지읍에도 나처럼 충신한 사람은 반드시 있겠지만, 나처럼 학문을 좋아하는 사람은 아마 없을 것이다.(十室之邑, 必有忠信如丘者焉, 不如丘之好學也.)"에서 나오는 공자의 말이다.

甚, 同郡所報, 從前死亡之數, 二千二百餘名云。其他巨邑, 死亡可知, 慘痛奈何? 知禮雄據之賊, 義兵大將金沔, 昨日擧事, 焚滅殆盡, 遁還餘賊, 裵主簿楔, 率星州軍, 盡斬無餘云。湖南美女, 多數被擄, 來此者, 多般哀乞, 而並燒死云, 慘不忍聞道。軍官奉事姜晩男, 亦逢丸致死, 往年以軍功及第, 以勇士藉名, 別啓帶率之人, 我軍戰死者, 無慮五十餘名云。天氣已寒, 老母妻子, 高險山中, 不堪飢寒, 想必已死, 痛泣奈何? 今見忠淸道傳通, 東宮近臨伊川[476], 乃江原境, 自關西, 必向咸鏡, 還由江原路, 出來也。

8월 3일。

거창(居昌)에 머물렀다.

어머니를 생각하고 아이들을 그리는 개인적인 정이 망극하여 물러나기를 간절히 고하였으니, 배천상(裵天祥)을 기다려서 병무(兵務: 군사에 관한 사무)의 여러 일들을 교대한 후에 물러가겠다고 하였지만 하늘에 답답하기가 그지없었다.

나의 동료 이호(李湖)는 병으로 인하여 집으로 돌아가겠다고 고하였는데, 나만 유독 무슨 죄로 이러한 급하고 어려운 때를 당해 비록 나라의 녹(祿)을 먹는 사대부라도 하나같이 도피하여 난여(鑾輿: 大駕)가 도성을 떠나는 날에 따르지 않았거늘, 장차 죽을 노모를 버려두고 궁벽한 산에 외롭게 지내면서 질병을 앓는지 굶주리는지 자세히

---

476 伊川(이천): 강원도 서북부에 있는 고을. 동쪽은 평강군, 동남쪽은 철원군, 서쪽은 황해도 신계군·곡산군, 서남쪽은 황해도 금천군, 서북쪽은 곡산군, 북쪽은 함경남도 문천군과 접한다.

듣지 못했고, 지금 이미 7월인데도 또 찾아 뵙고 문안하지 못하니 차라리 속히 죽는 것이 더 낫겠다.

밤이 되자, 묵고 있는 곳의 주인이 이 고을의 현감으로 영천(永川)에 사는 정삼섭(鄭三燮)인데 술과 고기를 보내와 매우 감사하고 감사하였다.

初三日。

留居昌。思親憶兒，私情罔極，懇懇告退，則待褒天祥，兵務諸事，交代後退去云，悶極于天。同僚李湖，以病告還，吾獨是何罪，而當此急難，雖食祿士大夫，一皆逃避，不隨鑾輿之日，遞棄將死之母，孤棲窮山，疾病飢寒，未詳得聞，今旣七朔，又未得歸寧，莫若速死之爲愈也。夜來，主人縣監主，卽永川居鄭三燮[477]，送酒肉，深謝深謝。

8월 4일。

거창(居昌)에 머물렀다.

도 군관(道軍官) 이자해(李自海)는 바로 서자(庶子)의 자손이니 곧 곤양 군수(昆陽郡守) 이광악(李光岳)의 서족(庶族)이다. 지난 5월 초승 계본(啓本: 上奏書)을 가지고 관서(關西)로 가다가 태안(泰安) 지역에 이르러 배가 부서지자, 다시 회환선(回還船)을 얻어 타고 강화(江華) 지경에 이르렀으나 왜적을 만나 아산현(牙山縣)으로 되돌아왔다. 사

477 鄭三燮(정삼섭, ?~1593): 鄭慶雲의 《孤臺日錄》1593년 7월 5일 내용에 의하면, 그는 이날 관아에서 죽었고, 李魯가 대신 임시 수령이 되었다고 하였다. 정삼섭은 전란이 일어난 도중에도 가렴주구를 행했던 것으로 전해진다.

상(使相: 김수)이 용인(龍仁)에 이르러 적에게 패하여 돌아올 때 서로 만났었지만, 외해(外海)를 거쳐 또 관서로 향하였었다. 그가 살았는지 죽었는지 알거나 듣지를 전혀 못했는데, 지금 충청 사상(忠淸使相: 윤국형)이 전한 서간에 의하면, 이자해는 행재소(行在所)에 도착하여 문과 별시(文科別試)에서 부장원(副壯元)에 합격했다고 하니, 하고자 하는 뜻이 있는 사람은 무슨 일이든지 이룰 수 있다고 한 것이야말로 딱 이 사람을 두고 이른 말이리라. 충청도에서 계본(啓本)을 가지고 간 사람 또한 무과(武科)에 급제했다고 하였다.

初四日。

留居昌。道軍官李自海, 乃庶派人也, 卽昆陽郡守李光岳之孼屬。去五月初生, 持啓本行, 到泰安地, 敗舡, 還得回還船, 行到江華地, 逢倭賊, 還來于牙山縣。使相, 到龍仁, 見敗還來, 時相逢, 由外海, 又向關西。其爲存沒, 了莫聞知, 今因忠淸使相通簡, 李自海得到行在所, 中文科別試副壯元云, 有志者事竟成, 正謂此人也。忠淸道, 啓本陪去人, 亦中武科云。

8월 5일。

거창(居昌)에 머물렀다.

흉적의 서슬이 더욱 기승을 부려 어머니를 찾아 뵙고 문안할 수가 없으니, 어머니를 생각하고 아이들이 그리워 오장이 불타는 듯했다. 비록 조만간 돌아간다 하여도 우리 부자(父子) 두 집 및 사내종과 계집종들의 집이 하나같이 모두 불타버려서 사내종과 계집종들이 뒤도 돌아보지 않을 것이고, 소와 말 또한 빼앗긴 데다 옷가지와 두건 및 가보(家寶)들이 죄다 남김없이 썩어서 알몸이라도 의지할 곳이 없어 이미 거지가 되고 말았다. 어찌 사람의 일이 이토록 극도에 달했단 말인가?

初五日。

留居昌。兇鋒益熾, 末由歸寧, 思親憶兒, 五內如焚。雖早晩還, 以父子兩大家·奴婢幕, 一皆焚蕩, 奴婢望然[478], 牛馬亦被奪, 衣巾家寶, 腐盡無餘, 赤身無依, 已作丐乞之人。何人事之至於此極?

8월 6일。

거창(居昌)에 있었다.

꿈에서 노모의 얼굴을 보았지만, 꿈을 깨니 슬프고 마음이 아파한들 어찌하겠는가? 박 봉사(朴奉事: 박태고)를 만났는데, 망극하기가 이를 데 없는 뜻을 가지고 사상(使相: 김수)에게 간절히 고하기를, "어머니를 그리느라 길이 울어서 장차 큰병이 들 듯하니 제 바라는대로 면직해 보내어도 〈찬획자(贊畫者)〉가 없다는 명목으로 초유사(招諭使)가 비록 좌감사(左監司) 될지라도 찾아서 데려올 리는 없을 듯합니다."라고 하자, 사상이 대답하기를, "이탁영(李擢英)이 심사(心思)가 어지럽고 뒤숭숭하여 미처 깨닫지 못한 소치이네. 나는 이미 물러나 가라고 명했으니, 거취(去就)를 마음대로 해도 좋네. 그러나 태평한 평소에 있어서도 두 감사(監司)를 두지 않을 것인데, 하물며 적을 거의 다 소탕한 뒤에야 말해 무엇하겠는가? 단지 좌도(左道)와 우도

478 望然(망연): 望望然. 뒤도 돌아보지 않음.

(右道)의 길이 막혀 통하지 않은 것으로 인하여 호령이 서로 통하기가 어려웠기 때문에 길이 열려 통할 때까지 임시로 좌감사와 우감사를 설치해 둔 것이네. 그런데 만약 좌감사에게 난리가 평정된 뒤에 좌우도를 겸하도록 한다면 장차 몸을 어디에 둘 것인지 다시 진퇴를 헤아려야 할 것이네." 했다고 하였다. 때문에 형세가 부득이하였지만 김취영(金就英)을 데리고 울면서 하직(下直)을 고하니, 사상(使相: 김수)이 앞으로 불러 말씀하기를, "비록 저 좌도로 가더라도 반드시 말미를 줄 것이니, 말미를 주거든 다시 나를 보러 오게. 소금을 받아서 가게나."라고 하였고, 드디어 작별하였다.

여러 동료들에게 가서 인사하고, 김천 찰방(金泉察訪)에게 가니 간곡한 말로 헤어지는 것이 힘들어 어려워하면서 술을 보내고 포육(脯肉)을 주었다. 또 거창 현감에게 인사하니 〈정삼섭(鄭三燮)〉이 술을 보내주며 은근한 정을 많이 보였다. 다리 언저리에 오자, 맨 먼저 규칙에 따라 고을을 지킨 태화(太和)가 술을 가지고 와서 술자리를 벌여 작별하였고, 사근 병방(沙斤兵房) 조언림(曺彦琳) 또한 술을 가지고 와서 술자리를 벌여 작별하였으니, 술에 취한 채로 무촌역(茂村驛)에 이르러 찬 마루에서 외로이 묵었다.

初六日。

在居昌。夢見慈顔, 覺來, 悲痛奈何? 得見朴奉事, 將莫罔極之意, 懇告使相, 曰: "思親長泣, 將成大病, 依願除下, 名無□□□[479], 則招諭使雖爲左監司, 似無推尋之理."云, 則使相答曰: "李某心思

479 □□□: 贊畫者인 듯. 이탁영이 종종 찬획했던 일이 있어서이다.

荒亂, 未能覺悟所致也。吾則已令退去, 任意去就可也。然其在昇平之日, 不設兩監司, 況蕩破殆盡之後乎? 只緣左右道路不通, 號令難通, 故開路有權設事也。而若左監司, 事定後, 仍兼左右道, 則將置身何處乎? 更加思量進退."云。故勢不得已, 率金就英, 泣告下直, 則召前示教曰: "雖往彼, 必給由[480], 給由則還來見我。受鹽退去."云, 遂別。諸僚往辭, 金泉察訪之, 則懇辭難別, 饋酒給脯。又辭居昌縣監之前, □□□[481]饋酒, 多示慇懃。來及橋頭, 首尊章[482], 守以邑太和, 持酒來餞, 沙斤[483]兵房曺彦琳, 亦持酒來餞, 醉到茂村驛[484], 孤宿冷廳。

8월 7일。

역참(驛站)의 사람들을 전연 돌아보지 않고 닭이 우는 소리를 들으며 떠나서 사근(沙斤)의 도가진(都可珍) 집에 들어가니, 마치 큰 손님을 대접하듯 먼저 술을 대접한 뒤에 밥을 지어 지극정성으로 후히 대접하였다. 배불리 먹고서 취한 채로 작별하고 곧장 산음(山陰)을 지나 정곡역(正谷驛)에 들어서니, 사람들은 모두 피란하여 초막만 텅 빈 채로 남았는지라 처량한 행색으로 시름만 도리어 깊어졌다.

밤에 비가 쏟아붓듯 내려서 집이 삼대를 드리운 듯 줄줄 새어 한기

480 給由(급유): 말미를 줌.
481 □□□: 鄭三燮의 누락인 듯.
482 尊章(존장): 遵章의 오기. 규칙을 따름.
483 沙斤(사근): 沙斤驛. 경상남도 함양군 수동면에 있던 역참.
484 茂村驛(무촌역): 경상남도 거창군에 있던 역참.

(寒氣)가 몸을 찔렀다. 안석에 기대어 앉아서 밤새도록 어머니를 생각하고 아이를 그리느라 눈물을 훔치며 날이 밝기를 기다렸다. 산음의 공형(公兄: 三公兄)들이 우리 일행이 지나간다는 소식을 듣고 양식과 포육(脯肉)을 보내왔다.

初七日。

郵人[485], 專不顧見, 聞鷄而發, 來入沙斤都可珍家, 則如待大賓, 先酒後飯, 極誠厚接。醉飽而別, 直過山陰, 來投正谷驛[486], 則人皆避亂, 草幕空存, 凄凉行色, 愁思轉苦。夜雨注下, 屋漏如麻, 寒氣砭身。几坐過夜, 思親憶兒, 掩淚待明。山陰公兄[487]輩, 聞吾行過去, 送來糧脯。

8월 8일。

큰비가 억수로 퍼붓자, 일행의 하인들이 모두 이곳에서 아침밥 먹기를 원하였다. 때문에 식량을 꺼내어 밥을 지어 먹고는 비를 무릅쓰며 늦게 출발하여 단성(丹城)에는 들어가지 않고 곧장 진주(晉州)에 이르니 날이 이미 저물었다.

배송서(裵宋瑞, 字는 情侍)를 만났는데, 서로 헤어진 지 오래여서 죽었다가 다시 살아나 재회한 듯이 손잡고 통곡하였다. 하리부(河吏

---

485 郵人(우인): 찰방 아래의 여러 하급 관리.

486 正谷驛(정곡역): 경상남도 산청군 산청읍 정곡리에 있던 역참. 북쪽의 함양 사근역, 남쪽의 단성 新安驛, 동쪽의 단성 碧溪驛 등과 연결되었다.

487 公兄(공형): 三公兄. 조선시대에 각 고을의 戶長·吏房·首刑吏의 세 관속을 이르는 말.

部) 또한 이곳에 오니 공형(公兄: 三公兄)의 무리가 모두 모인 데다 분성(盆城: 김해)의 배언충(裵彦忠) 형제까지 이곳에 피란하고 있어서 술을 마시며 서로 이야기를 나누었다. 잠시 뒤에 하리부에게 청하여 첩의 집에 가서 그릇에 가득 담은 저녁을 먹고 곤히 묵었다. 집 주인 이외의 우태중(于泰仲)이 우리 일행의 소식을 듣고 만나기 위해 찾아왔다.

새벽닭이 우는 소리를 듣고 일어나 배송서와 정담을 나누었으나, 내가 데려온 사람이 많아서 찾아 먹일 길이 없었다. 어제 공형(公兄)의 무리를 보았는데 평소 정이 깊은 벗이자 오래오래 사귀어 온 친구들이 아닌 자가 없었으나, 자못 후하게 대하지 않으려는 기색이 있어 말도 나누지 않고서 각기 흩어졌으니, 세상에서 벌어지는 일이란 어처구니없었다.

初八日。

大雨滂沱，一行下人，皆願在此朝飯。故出粮朝食，冒雨晩發，不入丹城，直到晋州，則日已暮矣。得見裵宋瑞情侍，相別已久，再生重逢，握手痛哭。河吏部亦來此，公兄輩諸會，盆城[488]裵彦忠兄弟，避亂來此，飮酒相話。須臾，請往河吏部妾家，盛箱夕食，困宿。主人外于泰仲，聞吾行來訪。聞鷄而起，與宋瑞情話，所率人多，無路覓食。昨見公兄輩，無非平日深朋故舊，而頗有不厚之色，不言歸而各散，人事可笑。

---

488 盆城(분성): 경상남도 낙동강 서쪽에 고을 金海의 옛 지명.

8월 9일。

일찍 출발하기로 마음먹고 길을 떠나 10리 밖에 이르러 촌막(村幕)을 보고 밥을 지었으나 간장이 없었으니, 그 꼴이 불쌍하였다.

곧장 의령(宜寧)에 이르니, 신임 사상(新使相) 김성일(金誠一)이 전장에서부터 오 목사(吳牧使: 吳澐)의 계정(溪亭)에 찾아왔다. 의령의 관사(官舍)가 거의 죄다 불타 없어진 까닭에 사사(私舍: 사갓집)에 묵으러 왔는데, 주탕배(酒湯輩: 官妓)들이 우리가 굶주려 고달픈 것을 보고 먼저 죽을 준 다음에 술을 주었다. 사상을 찾아뵈었는데, 좌도(左道)로 건너가는 일을 알고서 좌도(左道)의 각 관아에 관문(關文)을 보내주어 조금이라도 생기가 돌았다.

밤 사이에 비가 내려 시골집에 투숙하였다.

初九日。

決意早發, 行到十里外, 得見村幕, 炊食而無醬, 可悶。直到宜寧, 則新使相金誠一[489], 自戰所, 來入吳牧使[490]溪亭。宜寧官舍,

---

489 新使相金誠一(신사상김성일): 《선조실록》 1592년 8월 7일 6번째 기사에 의하면, 경상좌도 관찰사에 김성일을, 경상우도 관찰사에 韓孝純을, 金睟를 漢城府判尹에 제수하였다. 1592년 임진왜란이 일어나자, 8월 7일에 경상도를 좌우도로 나누었다가 1593년 10월 하나로 하였고, 1595년 2월에 다시 나누었다가 1596년 또다시 하나로 합하였다.

490 吳牧使(오목사): 吳澐(1540~1617)인 듯. 본관은 高敞, 자는 太源, 호는 竹牖·竹溪. 의령현감 吳碩福의 증손. 1561년 생원시에 합격하고 1566년 별시 문과에 급제, 성균관의 學諭·直講 등을 역임하였다. 1583년 北道助戰將으로 나가 공을 세웠다. 그 뒤 충주목사를 거쳐, 1589년 光州牧使로 나갔다가 해직되었다. 1592년 임진왜란이 일어나자, 의령에서 의병을 일으켜 郭再祐의 휘하에서 召募官·收兵將 등으로 활약하였다. 의령 부근의 전투와 현풍 전투에 군공이 뛰어났다. 1593년 상주목사가 되고, 이듬해 합천군수를 지냈다. 1597년 정유재란 때 다시 합천

焚蕩殆盡, 故來寓私舍, 酒湯[491]輩見吾飢困, 先粥後酒。謁使相, 則越去左道之事, 通關于左道各官, 稍有生氣也。夜來雨下, 投宿村舍。

8월 10일。

계정(溪亭)에 머무르며 종일 곤히 잤으니, 이 또한 다행한 일이었다.

호장(戶長) 여후재(余厚才)가 족건(足巾: 버선)과 모부(毛浮: 모포)를 주면서 자못 두터운 은혜를 베풀어 보였다. 허의남(許義男)은 곧 도산(陶山) 이관사얼(李官司孼: 퇴계 이황의 서자 李寂)의 4촌으로 술을 가지고 와서 위로하였고 또 족건을 주었다.

初十日。

留溪亭, 終日困睡, 是亦幸事。戶長余厚才, 給足巾毛浮, 頗示恩厚。許義男[492], 卽陶山李官司孼四寸, 持酒來慰, 且給足巾。

부근의 왜적을 쳐서 공을 세워, 도원수 權慄의 추천으로 명나라 장수 陳璘 제독의 접반사로 활약하였다. 1599년 첨지중추부사를 거쳐 장례원판결사에 승진했으나 병으로 사직하였다.

491 酒湯(주탕): 관가의 계집종으로 얼굴이 고운 여자를 이르던 말.

492 許義男(허의남, 생몰년 미상): 퇴계 李滉은 영천의 진사 許瓚의 딸 金海許氏를 첫째부인으로 맞았는데, 처남으로 許士廉과 許允廉이 있었고, 허윤렴의 아들이 許仁男·許義男·許忠男·許信男이 있었다. 첫째 부인이 죽은 직후 첩실을 들였는데, 둘째부인 權礩의 딸 安東權氏가 장애가 있어서 실질적으로 퇴계 집안의 안살림을 보살폈다. 그래서 퇴계는 첩실이 사망한 후 서자인 李寂(1531~1608)을 호적에 올렸고, 족보에는 적서의 구별을 두지 못하게 하였다. 허의남과 이적은 서로 내외종 4촌이다.

8월 11일。

□□。사상(使相: 김성일)이 삼가(三嘉)의 관아에 들어왔다. 비록 불타 없어졌더라도 강산과 인물이 어렴풋하나마 예전과 같았다. 공형(公兄: 三公兄)의 무리들이 이전보다 배나 매우 후해졌다.

또 집에서 온 편지를 보니 노모·동생·처자식들 모두 살아 남아서 그대로 지금 깊은 산에 살고 있다고 하나, 굶주림과 추위에 얼마나 절박한지 묻지도 못하여 눈물이 절로 흘렀다. 밤이 되자, 자(字)는 영백(盈伯)이라 하는 서원(書員) 변수장(卞壽長)이 새 술을 가지고 와서 위로하였는데, 집 소식을 들었는지라 기뻐서 많이 마시고 취한 채로 묵었다.

十一日。

□□。使相來入三嘉[493]官舍。雖焚蕩, 江山人物, 依俙[494]如昔。□兄[495]輩, 倍前深厚。又見家書, 老母·同生·妻子, 皆生存, 至今仍栖深山云, 飢寒切迫, 不問可泣。夜來, 書員卞壽長, 字曰盈伯, 持新酒來慰, 喜聞家奇, 多飮醉宿。

8월 12일。

삼가(三嘉)에 머물렀다.

평소부터 알고 지냈던 관노(官奴) 막련(莫連)·수노(首奴) 열이(列

493 三嘉(삼가): 경상남도 합천군 삼가면 지역.

494 依俙(의희): 依稀. 희미함. 어렴풋함.

495 □兄: 公兄인 듯.

伊)가 술과 떡을 가지고 와서 위로하니 후한 마음에 매우 감사하였다.

경상 감영(慶尙監營) 소속의 67개 고을 사람들이 매우 오래된 친구가 아님이 없었으나, 좌도(左道)와 우도(右道)로 나뉜 뒤로부터 사람들이 모두 박대하였다. 평상시에 사람들이 모두 말하기를, “이곳의 박대(薄待)가 온 도(道)에서 가장 심하다.”라고 하였지만, 오늘에 이르러 보니 나와 같은 향리들의 후대(厚待)가 진양(晉陽: 진주)보다 배나 더하니, 삼가 어디는 후하고 어디는 박하다고 이를 것도 아니었으며, 또한 누구는 귀하고 누구는 천하다고 이를 것도 아니었다. 화합하고 사이좋게 지내도록 힘쓸 것이니, 부디 업신여기지 말고 부디 나무라지 말면서 사람들을 만날 때 반드시 공손하고 사람들을 대할 때 온화하면 자기에게도 이익이 있고 의리에도 해가 되지 않는다.

소촌도(召村道)의 서자(書者) 강만택(姜萬澤)은 지난날 도순찰사(都巡察使: 김수)가 근왕(勤王)하러 상경했을 때 마도(馬徒: 마부)로서 근왕병을 좇아 올라가다가 온양(溫陽)에 이르러 갑자기 별도로 부채와 종이를 진상(進上)하기로 결정되어 올려보내졌는데, 당초에 살아 돌아오리라 기필하기 어렵다고 여겼다. 대가(大駕)가 의주(義州)로 옮겨 갔지만 무사히 진상하고 면역(免役) 행이(行移: 공문서)를 받았는데, 이제야 돌아온 것을 보고서 마치 죽은 사람을 본 것 같았으니 깊이 축하하고 깊이 치하하였다.

十二日。

留三嘉。素知官奴莫連·首奴列伊，持酒餠來慰，深謝厚意也。屬營州載六十七州之人，莫非深用故舊，而自分左道右後，人共薄待。平日，人皆曰：“此地之薄，一道爲最.” 及見今日，同風之厚,倍於晉陽, 愼莫謂何處厚, 何處薄, 亦莫謂何人貴, 何人賤。務得和好, 愼勿輕愼莫罵, 見人必恭, 待人必和, 則在己有利, 於義無害。召村道[496]書者姜萬澤, 前日都巡察使, 勤王上京時, 以馬徒勤率上去, 行到溫陽, 據定別進上扇紙, 使上送, 初以爲生還難必。大駕移遷義州, 無事進呈, 受免役行移, 今見還來, 如見死人, 多賀多賀。

8월 13일。

삼가(三嘉)에 머물렀다.

어젯밤 꿈속에서 분명히 외조모(外祖母)를 뵈었으니, 아마도 필시 혼령이 떠나지 못하고 여러 자손들이 전란에 휩쓸려 가업(家業)을 잃어버린 것을 참담하게 보고서 사랑하고 그리워하는 조짐일러라. 꿈을 깨니 슬퍼하고 마음 아파한들 어찌하겠는가?

十三日。

留三嘉。昨夢, 分明得見外祖母, 想必精靈未灰, 慘見諸子孫蕩失家業, 戀慕之兆也。覺來, 悲痛奈何?

8월 14일。

삼가(三嘉)에 머물렀다.

수노(首奴) 이열(李烈)이 하루에 3번이나 술을 보내왔으며, 서원(書

---

496 召村道(소촌도): 조선시대 경상도의 진주목에 속한 역도. 관할 범위는 진주를 중심으로 곤양-남해, 진해, 사천-고성-거제 등지로 이어지는 역로이다.

員) 변수장(卞壽長)이 또 술과 과일을 가지고 와서 위로하였으며, 자(字)는 인중(仁仲)이라 하는 염천국(廉千國) 또한 술을 가지고 와서 위로하였으니 곧 염삼성(廉三省)의 아들이다. 염천국은 지난 십여 년 전의 허 감사(許監司: 許曄) 때 소송에서 이긴 사람인데, 내가 그때의 일을 기록해 〈별도로 판부(判付: 왕의 처결 문서)를 내려〉 색리(色吏)에게 승소 판결을 내려주었다고 해서 옛 은혜를 보답하려고 왔는지라 술에 취하여 따뜻한 방에서 묵었다.

밤이 되자 비가 쏟아붓듯 퍼부니, 노모와 손자들이 어느 산골짜기에서 지내며 굶주리어 헐벗고 있을까?

안석에 기대어 앉아서 슬퍼하고 마음 아파하니 오장 불타는 것 같았다.

十四日。

留三嘉。首奴李烈[497]，日三饋酒，書員卞壽長。又持酒果來慰，廉千國字曰仁仲，亦持酒來慰，卽廉三省子也。廉也，往在十餘年間，許監司時[498]，得訟之人，我識其時，□□□□[499]以色吏決給[500]

---

497 李烈(이열): 앞서 8월 12일에는 首奴列伊로 표기되었음.

498 許監司時(허감사시): 《宣祖修正實錄》 1579년 5월 1일 1번째 기사에 의하면, 이날 경상감사에 제수된 이가 許曄(1517~1580)임. 본관은 陽川, 자는 太輝, 호는 草堂. 岳麓 許筬, 荷谷 許篈, 蛟山 許筠 세 아들이 있고, 蘭雪軒 許楚姬가 딸이다. 1546년 식년문과에 급제, 1551년 부교리가 되고, 1568년 進賀副使로 명나라에 다녀왔고, 副提學을 거쳐 경상도관찰사가 되었으나 병으로 사퇴, 중추부동지사가 되어 尙州 客館에서 죽었다.

499 □□□□: 別降判付의 누락인 듯. 판부는 상주한 안을 임금이 허가하던 일.

500 決給(결급): 결정을 내려 준다는 뜻. 소송에 대해 승소 판결을 내려 주는 것을 말한다.

云, 來謝舊恩, 醉宿溫房。夜雨注下, 老母·群孫, 棲何山而飢寒乎? 几坐悲痛, 五內如焚。

8월 15일。

삼가(三嘉)에 머물렀다.

동갑인 박안(朴鴈)이 술을 가지고 와서 위로하였으며, 이열(李烈)이 술을 보내왔고, 관아에서도 떡을 보내와 먹었다.

오늘이 무슨 날이던가? 허다한 생령(生靈: 살아 있는 백성)들 중에 누가 제사를 지낼 수 있겠는가? 노모와 손자들에게 그 누구가 음식을 보내주겠는가? 내일 기제사(忌祭祀) 또한 반드시 직접 참여하지 못할 것이라서 부질없이 더욱 비통하고 통분스러울 뿐이었다.

十五日。

留三嘉。一甲人朴鴈, 持酒來慰, 李烈又饋酒, 官饋餠食。今日是何日? 許多生靈, 誰能祭之? 老母·群孫, 伊誰饋之? 明日忌祭, 亦必闕焉, 徒增悲痛。

8월 16일。

삼가(三嘉)에 머물렀다.

온 고을의 여러 동료들이 다투어 술을 가지고 와서 위로해 주니, 두터운 정에 깊이 감사하였다. 동갑인 박안(朴鴈)·김덕련(金德連)이 찾아와서 쌀 1말을 주니 참으로 매우 감사하고 감사하였다.

달성(達城)에서 온 사람을 만났는데, 중생(重生)의 조모가 납군(衲裙: 승복)을 지어 보냈는지라 감격하여 울지 않을 수 없었다.

十六日。

留三嘉。一縣諸僚，爭持酒來慰，深謝厚意。一甲朴鴈·金德連輩，來贈米升，深謝深謝。得見達城人，重生祖母，造送衲裙，不勝感泣。

8월 17일。

합천(陜川)에 이르자, 벗 이난수(李蘭壽)가 술을 가지고 와서 위로하니 참으로 매우 감사하고 감사하였다.

十七日。

來陜川，友人李蘭壽，持酒來慰，深謝深謝。

8월 18일。

합천(陜川)에 머물렀다.

사상 행차의 군량(軍糧)을 우리들이 머물러 있는 시기에만 보내주었는데, 나 같은 늙은이는 산속에서 지내고 있는 처자식들을 미루어 생각하면 이것도 족하였다. 나이 어린 무리들은 그 굶주림을 견디지 못하였는데, 밤이 되자 고을 사람인 김계봉(金季奉)·정팔개(丁八凱)가 공사(公事: 공문서)를 가지고 이곳에 왔다.

형이 보낸 편지를 보았는데, 어머님과 처자식들이 아직 살아 있다고 하니 기쁨과 번민이 교차하였다.

十八日。

留陜川。以行次軍粮，饋吾輩只留時，如我老者，推思棲山妻子，是亦足也。年少輩，不堪其飢，夜來邑人金季奉·丁八凱，持公事來此。得見兄書，母主妻子，尙不死云，喜悶交集。

8월 19일。

우도 감사(右道監司: 한효순)와 권빈역(勸賓驛)에서 만나기로 약속하고 길을 떠나려는 즈음, 현풍(玄風)의 적이 합세하여 장차 초계(草溪)로 건너오려 한다는 소식을 들었으므로 전투를 독려하려고 뜻하지 않았지만 달려서 초계에 이르니, 강산은 예전 그대로이고 인물은 아직 여전하였다. 문득 듣건대 적선이 강물 따라 내려온다고 하여 사상(使相: 김성일)은 전쟁터로 가지 않고 그대로 머물렀다.

벗 정우경(鄭雨卿)이 술을 가지고 와서 만난 데다, 변대온(卞大蘊) 또한 찾아왔다. 밤이 되자 국헌(國獻) 선생이 술을 가지고 와서 위로하였다.

十九日。

與右道監司[501]，期會于勸賓驛[502]，臨行，聞玄風賊合勢，將越草

---

501 右道監司(우도감사): 韓孝純(1543~1621)을 가리킴. 본관은 淸州, 자는 勉叔, 호는 月灘. 1576년 식년문과 급제, 검열·수찬을 거쳐 1584년 寧海府使에 임명되었다. 1592년 임진왜란이 일어나자 8월 영해에서 왜군을 격파하고 경상우도 관찰사에 승진, 순찰사를 겸임해 동해안 지역을 방비하며 군량 조달에 공을 세웠다. 1594년 병조참판, 1596년 경상도·전라도·충청도의 體察副使가 되었다. 그해 閑山島武科에 試官으로 참여하고, 통제사 李舜臣과 함께 수군강화에 힘썼다. 그 뒤 지중추부사가 되었다가 남해 지역의 도순찰사로 해상군비 강화에 계속 노력하였다. 1598년 전라도 관찰사로서 병마수군절도사를 겸하였다. 이듬해 전라 좌수사 이순신 막하의 戰船監造軍官으로 있으면서 거북선 건조에 공이 많았던 羅大用의 건의를 받아들여 거북선 모양의 소형 무장선인 鎗船 25척을 건조하도록 하였다. 1604년 이조판서에 이르렀다. 다음해 평안도 관찰사·판중추부사 등을 거쳐, 1606년 우찬성·판돈녕부사 등을 역임하였다. 1610년 다시 이조판서

溪云, 故督戰事, 不意馳到草溪, 江山依舊, 人物猶存。旋聞賊舡流下, 使相不往戰所, 仍留。友人鄭雨卿, 持酒來見, 卞大蘊亦來訪。夜來, 國獻先生, 持酒來慰。

8월 20일。

사상(使相: 김성일)은 강물을 따라 적선이 내려온다는 소식을 듣고는 전투를 독려하여 토벌하려고 말을 달려 신반현(新反縣)에 이르렀으나, 적선이 이미 마수원(馬首院)으로 내려갔기 때문에 도중에서 되돌아왔다. 도순찰사(都巡察使: 김수) 대감의 행차가 합천(陜川)으로부터 이곳에 와서 두 분의 상공(相公)이 회담하였다.

상공(相公)들을 알현하러 가는 길에 배송서(裵宋瑞)와 여러 동료들을 만났는데, 변대온(卞大蘊)·정순거(鄭舜擧)가 술을 가지고 와서 위로하였다. 변대온이 아침에는 소주를 가지고 와서 나를 위로하였고, 저녁에는 백주(白酒)를 가지고 와서 위로하였는데, 배송서는 그 까닭을 미처 알지 못하였다.

순찰사(巡察使) 김수(金睟)가 행차에 있던 소금 몇 말을 가져다 주라고 했다 하니, 다시 볼 수 있을지도 알 수 없는지라 더욱 감격해 마지않아서 울음을 삼키며 사례하고 고하기를, "어찌 오늘 문득 작별할 줄 아시고, 사상(使相: 김수)께서 어찌하여 갑자기 이렇듯 이 지경에까지 오셨단 말입니까?"라고 하니, 답하여 말하기를, "세상에서

를 역임한 뒤, 1616년 우의정을 거쳐 좌의정에 올랐다.

502 勸賓驛(권빈역): 경상남도 합천군 봉산면 권빈리에 있던 역참.

사람의 일이란 원래 이런 것이니, 길이 열리기를 기다리면 서로 만날 수 있을 것이네. 부디 잘 가게."라고 하였다. 자못 작별하기 어려워하는 모습으로 서운해 마지않았다.

밤이 되자, 변우시(卞遇時, 字는 獻仲)가 술을 가지고 와서 위로하였는데 지나치게 많이 마시고서 곯아 떨어졌다.

念日。

使相聞賊舡流下， 督戰爲討， 馳到新反縣[503]， 賊舡已下馬首院[504], 故半途而還。都巡察大鑑之行, 自陜川來此, 兩相相會。謁相公, 行見宋瑞諸僚, 卞大蘊·鄭舜擧, 持酒來慰。大蘊, 朝則持燒酒慰我, 昏則持白酒慰, 宋瑞未知其故也。 巡察使睟, 行佩持鹽斗給爾云, 見否, 不勝感激, 飮泣而謝, 告曰: "那知今日奄別, 使相何倏忽一至於此極乎?" 答曰: "人間人事, 因如是, 待開路, 則可以相見。好去好去."云。頗有難別之狀, 不勝缺然。夜來, 卞遇時獻仲, 持酒來慰, 劇飮倒落。

8월 21일。

국헌(國獻) 선생이 또 술을 가지고 와서 위로하였다.

사상(使相: 김성일)이 내가 물러나 있으면서도 공무(公務)에 공손하지 못하다고 하며 뜰에서 꾸짖어 묻던 것을 그만두었지만, 답답한 여한이 어찌 다할 수 있겠는가?

---

503 新反縣(신반현): 경상남도 의령군 부림면 신반리.

504 馬首院(마수원): 경상남도 창녕군 유어면 미구리에 있었던 원.

念一日。

國獻先生, 又持酒來慰。使相, 以我退在, 不恭公事云, 退庭推問, 悶恨何極?

8월 22일。

초계(草溪)에 머물렀다.

벗 조응청(曺應淸)이 술을 가지고 와서 위로하였다. 집에서 온 편지를 볼 수 있었다. 변대온(卞大蘊)·정시(情侍: 裵宋瑞)와 하루 내내 이야기를 나누었다.

念二日。

留草溪。友人曺應淸, 持酒來慰。得見家書。大蘊情侍, 終日來話。

8월 23일。

초계(草溪)에 머물렀다.

군헌(君獻) 선생의 집에서 점심을 성대하게 차려준 데다 또 술까지 가지고 와서 위로하니 미안해 마지않았다. 정천억(鄭千億)이 또 술과 안주를 성대하게 장만하여 위로하러 왔는지라, 변대온(卞大蘊)과 배불리 먹고 술에 취하였다.

이곳에 온 이후로 날마다 늘 취해 있어도 평소보다는 나으니 감격스러운 은혜에 무어라 말할 수가 없었다.

念三日。

留草溪。君獻先生家, 盛辦點心, 又持酒來慰, 不勝未安。鄭千億, 又盛辦酒肉來慰, 與大蘊醉飽。到此之後, 日日常醉, 猶勝平日, 感恩罔謝。

8월 24일。

초계(草溪)에 머물렀다.

군헌(君獻) 선생이 생선회를 성대히 장만하고 술을 가지고 와서 위로하였으나, 사례할 바를 몰랐다. 변대온(卞大蘊)과 하루 내내 이야기를 나누었다.

念四日。

留草溪。君獻氏盛辦魚膾, 持酒來慰, 罔知攸謝。大蘊, 終日來話。

8월 25일。

초계(草溪)에 머물렀다.

변헌중(卞獻仲)이 술과 고기를 성대하게 마련하여 와서 위로하였다.

밤이 되자 비가 쏟아붓듯 퍼부었는데, 어머니를 생각하는 마음만은 비오는 날이면 더욱 민망하여 안석(案席)에 기대어 한밤중에 슬피 운들 어찌하겠는가?

대구부사(大丘府使: 尹晛)는 접전하였지만 전황이 불리하였고, 좌병사(左兵使: 박진)도 경주부(慶州府)에서 성을 포위하였으나 또한 전황 불리하여, 아군이 많이 죽었다고 하였다. 고 서방(高書房)은 업무(業武)로서 병사(兵使)를 따라 다녔으니, 혹시라도 해를 입었을까 염려하여 가슴이 답답한들 어찌하겠는가?

念五日。

留草溪。卞獻仲盛辦酒肉來慰。夜來, 雨下如注, 思親一念, 雨日尤悶, 几坐中夜, 悲泣奈何? 大丘府使[505], 接戰不利, 左兵使, 慶州府圍城, 亦不利, 我軍多死云。高書房以業武[506], 隨兵使而行, 恐慮被害, 悶悶奈何。

8월 26일。

초계(草溪)에 머물렀다.

변대온(卞大蘊)·정우경(鄭雨卿)과 하루 내내 이야기를 나누었는데, 색리(色吏)라 하는 김서(金瑞)가 술을 가지고 와서 위로하였다.

비가 퍼부어 쏟아붓듯 하니 허다한 손자들이 어디에서 지내고 있는지? 밤에 꿈속에서 어머니의 얼굴을 뵈었지만, 꿈을 깨니 슬퍼하고 마음 아파한들 어찌하겠는가?

念六日。

留草溪。大蘊·雨卿, 終日來話, 稱色金瑞, 持酒來慰。雨下如

---

505 大丘府使(대구부사): 尹晛(1536~1597)을 가리키는 듯. 본관은 海平, 자는 伯升, 호는 松巒·弘齋. 尹斗壽·尹根壽의 조카. 1567년 식년 문과에 급제하였다. 1576년 이조낭관에 이어 1578년 이조좌랑이 되었다. 동인인 鶴峯 金誠一과 함께 전랑이 되었으나 서로 반목하였다. 1581년 안악군수를 거쳐 승문원 판교에 이르렀다. 鄭慶雲의《孤臺日錄》1593년 4월 21일 내용에 의하면, "대구부사 윤헌의 처가 왜적에게 포로로 잡혔다."는 기록이 있어 1590년부터 1593년까지 재임한 것으로 보인다. 또 군율을 어겨 군대를 잃었기 때문에 金誠一이 곤장을 치려다 훈계만 하고 그만둔 일도 있다. 1592년 임진왜란이 일어나 왜적이 대구에 다다르자, 관민을 데리고 공산성으로 퇴각하고 말았다.

506 業武(업무): 武班의 庶子.

注, 許多群孫, 處何地而經過乎? 夜夢, 得見慈顔, 覺來悲痛, 奈何奈何?

8월 27일。

초계(草溪)에 머물렀다.

좌도(左道)에 간 사람이 오늘 또 오지 않으니, 하루를 넘기기가 1년 같았는지라 민망하기가 한이 없었으나 어찌하겠는가?

국헌(國獻) 선생이 또 술을 가져와서 위로하였으며 정우경(鄭雨卿) 또한 술을 가져왔지만, 온몸이 옴짝달싹 못하고 기운이 몹시 불평하여 굳이 사양하며 마시지 않았더니, 밤이 되자 그간 나던 땀이 비로소 멈추었다. 도순찰사(都巡察使: 김수)의 심약(審藥: 약재 관리 관원)이 서장(書狀)을 가지고 이곳에 왔는데 사상(使相: 김수)을 본 듯하였다. □□□를 서로 찾아볼 수 있었다.

念七日。

留草溪。左道往人, 今日又不來, 度日如年, 悶極奈何? 國獻先生, 又持酒來慰, 鄭雨卿亦持酒來, 而滿身句束, 氣甚不平, 强辭不飮, 夜來出汗始歇。都巡察使審藥[507], 持書狀來此, 如見使相。□□□得相訪也。

8월 28일。

초계(草溪)에 머물렀다.

---

507 審藥(심약): 조선시대 궁중에 진상할 약재를 심사하고 감독하는 종9품 관원.

정우경(鄭雨卿)이 술을 가지고 와서 위로하였지만, 감기를 호되게 앓아 기운이 몹시 불평하여 답답하기가 한이 없었으나 어찌하겠는가? 꿈에서 창고 뒤에 처녀 아지(阿只: 아기)를 보았으니 반드시 나를 생각하는 조짐이리라. 꿈을 깨니 슬퍼하여 운들 어찌하겠는가?

念八日。

留草溪。雨卿持酒來慰，重傷風寒，氣甚不平，悶極奈何？夢□[508]倉後處女阿只，必念我之兆也。覺來，悲泣奈何？

8월 29일。

사상(使相: 김성일)이 합천(陜川)으로 향하려 하자 변대온(卞大蘊)이 소식을 듣고서 술을 가지고 곧바로 왔다. 초계 가수(草溪假守: 곽율)가 머물러주기를 청한 것으로 인하여 계속 머무르며 떠나지 않았는데, 몸이 몹시 불편해서 물러나 누워서 조리하고자 고하였다. 초저녁에 열이 나고 기운이 심히 위태로워 거의 구하기가 어려운 지경에 이르렀는데, 벗 변군헌(卞君獻) 형제와 경초(景初) 등이 지극정성으로 분주히 보살펴주었다. 한참 뒤에야 열이 내려가고 기운도 안정되었으니 참으로 다행이었다.

위의 8월은 온 나라에 병화(兵火)라서 날마다 참혹한 변고만이 들렸으니, 어머니를 깊은 산속에 버려둔 채로 찾아가 뵐 길이 없어서 밤낮으로 울음을 삼키며 나날을 보내나 요행히 죽지 않은 것도 또한

---

508 □: 見인 듯.

다행한 일이었다.

念九日。

使相, 欲向陜川, 大蘊聞奇, 持酒卽來。因假守[509]請留, 仍留不發, 氣甚句束, 告退臥調。初昏發熱, 氣甚危苦, 幾至難救, 友人下君獻兄弟·景初輩, 極誠奔救。良久, 退熱氣定, 多幸多幸。

右八月, 則兵火滿國, 日聞慘酷之變, 棄母窮山, 無路往覲, 日夜飮泣度日, 僥倖不死, 是亦幸也。

임진년 9월 일록

9월 1일。

초계(草溪)에 머물렀다.

좌도(左道)로 적의 형세를 알아보도록 보낸 군관(軍官)이 진양(晉陽)의 정경호(鄭景浩)와 함께 오늘 되돌아와 보고하기를, "병사(兵使: 박진)가 전날 경주성(慶州城)을 웅거했던 적을 포위하였다가 전황이 불리해져서 아군의 사망자가 200여 명이었고, 대구 부사(大丘副使: 尹晛) 또한 경솔히 적을 쫓으려다가 도리어 포위되어 죽음을 당한 자가 그 수를 알 수 없습니다."라고 하면서, "이 적의 기세가 승승장구

---

509 假守(가수): 郭赳(1531~1593)을 가리킴. 본관은 玄風, 자는 泰靜, 호는 禮谷. 1558년 생원시에 합격하였으나 이후로 대과에 뜻을 두지 않았다. 1572년 성균관의 천거로 造紙署 별제가 되었고, 金泉道 찰방을 거쳐 1580년 內贍寺 直長, 1585년 松羅道 찰방, 1586년 鴻山 현감으로 재직하였으며, 예천군수로 승진하였다. 1592년 임진왜란이 일어나자 안음현으로 피신하였는데, 초유사 김성일에 의해 草溪 假郡守로 임명되었고, 곧이어 정식으로 초계군수가 되어 왜적과 맞서 싸웠다. 1593년 초계 관사에서 병사하였다.

한 데다 위쪽에서 내려오는 왜적들로 길거리에 가득차서 가기가 어렵습니다."라고 하니, 답답함이 한없어 하늘에 넘실대었다.

우수영(右水營) 군관(軍官) 성수경(成守慶)이 계본(啓本: 上奏書)을 가지고 상경했다가 진주 판관(晉州判官)에 제수되었고, 7월 29일 의주(義州)로부터 와서 말하기를, "당(唐: 明)나라 명장(名將) 사 유격(史遊擊: 史儒)이 7월 17일 평양(平壤)에서 왜적과 교전할 때 경솔히 진격하다가 피살되었는데, 이 때문에 다시 정예군 3만 명을 청하자 이미 명나라에서 나왔으니 아마도 벌써 송경(松京: 개성)에 도착했을 것입니다."라고 하면서, 경성(京城)을 점거한 많은 적들은 용인(龍仁)·과천(果川)·수원(水原) 등지로 진을 치러 나아가 산야에 비어 있는 땅이 없으며, 관동(關東)의 적들은 영월(寧越) 지경의 아홉 곳에 진(陣)을 치고 풍기(豐基)와 영천(榮川: 榮州)으로 깊숙이 쳐들어올 기세가 눈앞에 박두했다고 하였다.

노모를 찾아 뵙고 문안할 기약은 막막하니 차라리 속히 죽는 것이 더 낫겠다. 이른 아침에 국헌(國獻)·군헌(君獻) 두 선생과 경초(景初) 세 친구가 각기 술과 고기를 가지고 와서 위로하였으며, 국상(國祥)이 또 술을 가지고 와서 만나보았다.

壬辰九月日錄。初一日。

留草溪。左道賊勢, 探審事, 爲送軍官, 與晉陽鄭景浩, 今日還報曰: "兵使前日, 慶州據城之賊, 圍抱不利, 我軍死亡二百餘名, 大丘府使, 亦輕逐, 還被圍被死者, 不知其數."云, "以此賊勢乘勝, 自上下來之賊, 瀰滿道路, 難去."云, 悶極滔天[510]。右水營軍官成守慶[511], 陪啓本上京, 得除晉判, 七月二十九日, 自義州來言曰:

"唐之名將, 史遊擊, 七月十七日, 平壤接戰, 輕進被斬, 以此更請精銳三萬, 已出來, 想已到松京間."云, 據京城衆賊, 出陣于龍仁·果川[512]·水原等地, 山野無餘地, 關東之賊, 寧越[513]境九處結陣, 越入豐榮之勢, 迫在呼吸矣。老母歸寧, 杳莫難期, 莫若速死之爲愈也。早朝, 國君獻兩先生, 景初三友, 各持酒肉來慰, 國祥又持酒來見。

9월 2일。

꿈에 세 누이동생을 보았지만, 꿈을 깨니 슬퍼하고 운들 어찌하겠는가? 새벽에 비가 또 내려 시름만 도리어 깊어졌다. 오늘 또 머물게 되었는데, 정우경(鄭雨卿)·변대온(卞大藴)이 또 술을 가지고 와서 위로하였다.

달성(達城)에서 온 배응종(裵應宗)을 볼 수 있었고, 또 정란(庭蘭: 이탁영의 장남)의 편지를 보니 김형(金兄)이 아직 오지 않았다고 하여 참으로 자꾸만 생각나고 생각났다.

---

510 滔天(도천): 온 하늘에 가득함.

511 成守慶(성수경, ?~1592): 본관은 昌寧. 成忻의 아들. 蔭補로 晋州判官이 되고 1592년 임진왜란이 일어나자 招諭使 金誠一에 의하여 軍務를 위임받고 성벽을 개수하며 무기를 수선하는 등 戰備를 갖추자 피난갔던 백성들이 돌아와 얼마간 군세가 떨치기도 했다. 이해 11월 晋州城 싸움에서 적군을 맞아 분전하던 중에, 의병장 高敬命·金千鎰과 같이 전사했다.

512 果川(과천): 경기도 중서부에 있는 고을. 동쪽은 서울특별시·성남시, 서쪽은 안양시, 남쪽은 의왕시·시흥시, 북쪽은 서울특별시와 접한다.

513 寧越(영월): 강원도 남부에 있는 고을. 동쪽은 태백시, 서쪽은 원주시, 남쪽은 충청북도 제천시·단양군 및 경상북도 영주시, 북쪽은 평창군·정선군 등과 접한다.

팔진역(八陣驛: 八鎭驛의 오기)의 손맹호(孫孟虎)가 성대하게 점심을 차려서 찾아왔다. 손맹호는 곧 나의 어머니와 동갑으로 무인생(戊寅生: 1518)인데, 덕이 큰 원로(元老)로서 온 도에 이름을 떨친 분이거늘 난리 중에 이와 같이 오셔서 위로하니 옛 사람의 풍도를 숭상할 만하였다.

初二日。

夢見三妹, 覺來, 悲泣奈何? 晨雨又下, 愁思轉苦。今日又留, 鄭雨卿·卞大蘊, 又持酒來慰。得見達城裵應宗, 又見庭蘭書, 金兄尙不來云, 良憶良憶。八陣[514]孫孟虎, 盛辦點心來見。孫卽吾慈氏一甲, 戊寅生也, 元老碩德, 鳴於一道之人, 亂離之中, 如是來慰, 可尙古人風也。

9월 3일。

초계(草溪)에 머물렀다.

밤에 비가 쏟아붓듯 내렸다. 꿈에 □□□□ 가련하고 가련하였다. 변대온(卞大蘊) 무리들이 술을 가지고 와서 위로하였다.

初三日。

留草溪。夜雨注下。夢□□□□可隣可隣也。卞大蘊輩, 持酒來慰。

514 八陣(팔진): 八鎭驛의 오기. 경상남도 합천군 초계면에 있었던 역참.

9월 4일。

초계(草溪)에 머물렀다.

우도(右道)의 의병들이 사상(使相: 김성일)의 계획을 만류하려고 갖가지 공갈로 속이며 말하기를, “흉적이 앞길에서 횡행하고 있으니 결코 좌도(左道)로 건너가서는 안 됩니다.”라고 하자, 사상이 머뭇거리며 결정짓지 못하니 오랫동안 이 고을에 머물러 있는 것도 온당치 않아 합천(陜川)으로 가서 머물렀다가 형편을 보아가며 강을 건너려는 계획을 세웠다.

初四日。

留草溪。右道義兵輩, 挽留使相之計, 多般恐動, 曰: “兇賊衝斥前路, 決不可越入左道.”云, 使相猶豫未決, 久留此郡未安, 欲往留陜川, 觀勢渡江作計。

9월 5일。

사상(使相: 김성일)이 나와 함께 강을 건너기로 결심하자, 여러 의병장들이 초계(草溪)의 가수(假守: 임시 수령)들과 함께 나를 헐뜯어 말하기를, “이탁영은 집을 떠난 지 이미 오래되어서 어머니를 생각하는 마음이 간절하여 늘 강을 건너자고 청하였습니다. 만약 이 아전의 말을 듣는다면 반드시 큰일이 생길 것입니다.”라고 하니, 사상이 노하고 아무런 대답을 하지 않았다.

오후에 처음에는 합천(陜川)으로 향한다고 말했다가 말을 탄 이후에는 곧바로 감물창(甘勿滄) 나루로 향하였다. 어둑어둑해질 무렵 낙동(洛東) 강가에 도착하자, 우도(右道)의 여러 의병장들이 놀라서 얼굴빛이 변해 모두 위험하다고 하였다. 밤을 무릅쓰고 강을 건너 말에 재갈을 물려 밤길을 행군해 적의 소굴을 지나 풍각(豐角) 지경에 이르니 날이 밝아왔다. 잠시 용천사(湧泉寺)에서 쉬었다.

初五日。

使相與我, 決意渡江, 義兵將諸員。與草溪假守輩。毁我曰: "李某, 離家已久, 思親念切, 每請渡江。若聽此吏之言, 則必生大事." 云, 使相怒而不答。午後, 初言向陜川, 騎馬後旋, 向甘勿滄[515]。薄暮, 馳到洛江濱, 右道諸員失色, 皆危之。冒夜渡江, 含枚[516]夜行, 經過賊窟, 到豐角[517]境, 則東方啓矣。暫息湧泉寺[518]。

9월 6일。

비슬산(琵瑟山)에서 초경산(初更山: 最頂山) 비탈을 거쳐 오동원(梧桐院)의 적로(賊路)를 지났다. 한낮이 되어서야 경산현(慶山縣) 앞에 이르렀는데, 고을 안의 인가는 거의 다 불타 없어졌고 현령(縣令)은 공산(公山: 팔공산)으로 피란한 데다 온 들판에서 추수하던 노약자들은 멀리서 감사(監司)의 행차를 보고 왜적으로 의심해 엎어지고 자빠지며 달아나 버리니 참담하여 차마 볼 수가 없었다. 사람도 힘이 다하고 말도 지치게 되었는지라, 일행의 장수와 군사들이 다투어 증미(蒸米: 찐쌀)를 먹었다.

---

515 甘勿滄(감물창): 甘勿滄津. 경상남도 합천 남강에 있었던 나루.
516 含枚(함매): 銜枚. 행군할 때 떠들지 못하도록 가는 막대기를 입에 물리는 것.
517 豐角(풍각): 경상북도 청도군 풍각면 지역.
518 湧泉寺(용천사): 경상북도 청도군 각북면 오산리 비슬산에 있는 사찰.

어둑어둑해질 무렵 하양현(河陽縣)의 객사(客舍)에 이르니, 공해(公廨: 관아의 건물)가 모두 이미 불타 없어졌고 불탄 나머지 몇 칸에 사상(使相: 김성일)은 기숙하였으며, 그 이하는 노숙하였다. 이곳만이라도 농사는 어느 정도 여물었으니 자못 기쁘고 기뻤다.

初六日。

自琵瑟山[519], 由初更山[520]危, 過梧桐院[521]賊路。當午, 馳到慶山縣[522]前, 邑內人家, 焚蕩殆盡, 縣令避亂公山, 滿野收穗老弱, 望見監司之行, 疑以爲倭賊, 顚倒走避, 慘不忍見。人極馬倦, 一行將士, 爭啗蒸米。薄暮, 馳到河陽縣客舍, 公廨[523]皆已焚蕩, 燼餘數間, 使相接宿, 其以下露宿。唯此地, 農事稍稔, 可喜可喜。

9월 7일。

하양(河陽)에 머물렀다.

난리를 겪는 가운데 좌도(左道)와 우도(右道)에 감사(監司)를 나누어 설치했는데, 좌도에는 원래 영리(營吏: 감영의 아전)로 임명할 만한 사람이 없어서 김형(金兄)을 이방으로 삼고 정란(庭蘭: 이탁영의 장남)

---

519 琵瑟山(비슬산): 경상북도 청도군 각북면과 대구광역시 달성군 가창면·옥포면·유가면에 걸쳐 있는 산. 苞山·所瑟山이라고도 한다.

520 初更山(초경산): 最頂山의 표기인 듯. 대구광역시 달성군 가창면에 있는 산.

521 梧桐院(오동원): 대구광역시 달성군 가창면 대일리의 자연부락. 梧院洞·梧院이라고도 한다.

522 慶山縣(경산현): 경상북도 남부에 있는 고을. 북동쪽은 영천시 금호읍, 남동쪽은 청도군 금천면, 서쪽은 대구광역시 동구 및 수성구와 접한다.

523 公廨(공해): 관아의 건물.

을 호방으로 삼는 등 전 영리(前營吏)들로 구차히 채워 정원을 갖추었으나 우도(右道) 사람들의 비웃음을 면치 못하였지만 어찌하고 어찌하겠는가?

부자(父子)가 서로 헤어진 지 이미 8달이나 지나서야 아들 정란을 만나서 어머니의 소식을 상세히 들으니, 기쁨과 슬픔에 눈물이 샘솟듯 하였다.

밤이 되자마자 듣건대 사상(使相) 김성일(金誠一)이 우도 감사가 되었고, 영해 부사(寧海府使) 한효순(韓孝純)이 좌도 감사가 되었다는 기별이었다. □~□. 도순찰사(都巡察使) 김수(金睟)는 인심을 잃은 까닭에 교체되어 한성 판윤(漢城判尹)으로 제수되었다고 하였다.

初七日。

留河陽。亂離之中，分設左右監司，左道則本無營吏，可差之人，以金兄爲吏，庭蘭爲戶，前營吏輩，苟充備員，未免右道人笑，奈何奈何？相離第八朔，得見庭蘭，詳聞北堂[524]消息，喜悲淚如泉。

夜來旋聞，金使相誠一爲右道監司，以寧海府使韓孝純爲左道監司之奇。□~□。都巡察使金睟，以失人心之故，遞拜漢城判尹云。

9월 8일。

김 사상(金使相: 김성일)이 나에게 말하기를, "변란 초기부터 처자식들이 경성(京城)의 집에서 난리통에 서로 잃어버린 데다 부모의 신주(神主)를 땅에 묻은 지도 이미 오래되었으니, 나랏일이 아무리

---

524 北堂(북당): 어머니의 처소를 지칭함. 전하여 어머니를 의미한다.

급하고 위태로울지라도 좌도(左道)에 이르면 정리(情理)로 보아 차마 고향 마을을 가보고 돌아오지 않을 수 없다."라고 하였는데, 곧바로 신녕(新寧)을 지났다. 신녕에는 단지 폐허만이 있어 의흥(義興)에 와서 묵었다.

初八日。

金使相言我, 曰: "自變初, 妻子自京家, 亂離相失, 父母神主, 埋地已久, 王事雖急危, 到左道, 情不忍往還故里."云, 直過新寧。新寧, 只有丘墟[525], 來宿義興。

9월 9일。

청로(靑路)에 와 보니 강산은 예전 그대로이나 인물은 태반이나 없어졌으며, 말을 달려 고을 안으로 들어갔더니 즐비했던 여염집들은 죄다 폐허가 되어버렸지만 오직 관가(官家)만은 불타지 않았으니 그나마 다행이고 다행이었다.

노모와 처자식들은 궁벽한 산속으로 피란하였고 부자(父子)의 큰 집은 다만 폐허만 남아 있었으니, 돌아갈 곳이 없어 현사(縣司: 고을 관아)에서 외로이 묵었다.

初九日。

來投靑路[526], 江山依舊, 人物太半亡, 馳入邑內, 則櫛比閭閻, 盡

525 丘墟(구허): 예전에는 번화하던 곳이 뒤에 쓸쓸하게 변한 곳.
526 靑路(청로): 靑路里. 경상북도 의성군 금성면 청로리. 靑路驛이 있었던 곳이기도 하다.

成丘墟, 唯官家免焚, 多幸多幸。老母妻子, 避亂窮山, 父子大家, 只有丘墟, 無所於歸, 孤宿縣司。

9월 10일。

사상(使相: 김성일)은 안동(安東)으로 향하였다. 나는 하직 인사를 고하고 말을 달려 허오리(許於里)의 망동(罔洞: 망골) 가솔들 피란처에 이르니, 노모와 처자식들이 내가 살아 돌아온 소식을 듣고 울음소리가 하늘에 닿았으며, 흐트러진 머리에다 귀신 같은 얼굴로 누더기 옷에다 맨발인 형상은 참담하여 차마 볼 수 없었다. 울음을 그치고 서로 치하하며 말하기를, "온 나라에 병화(兵火)라 위로는 공경(公卿)에서 아래로는 백성에 이르기까지 집집마다 부녀자들이 적들의 음탕한 짓으로 욕보고 거의 모두 죽는 때에 우리집만은 비록 살아나갈 방도가 없을지라도 모두 자기 목숨을 보존하여 죽었다가 또다시 살아난 것처럼 다시 만났으니 천만다행이다."라고 하였다. 권양일(權良一)이 암소를 끌고와 주니 즉시 도축하여 나누어 보내며 말하기를, "자기 처자식 및 온 고을의 모든 사람들이 내가 이미 죽었을 것으로 생각한 까닭에 사내종과 계집종들도 다 배반하고 친척들도 구제하지 않았는데, 이로 말미암아 집에 가득히 보관해 두었던 것들도 죄다 도둑맞아 벌거벗은 몸으로 굶주렸던 일은 한갓 한바탕 웃음거리로 부칩시다."라고 하였다.

初十日。

使相向安東。吾則告退, 馳到許於里[527]罔洞[528]家屬避亂處, 則老母妻子, 聞吾生還, 哭聲徹天, 蓬頭鬼面, 蔽衣跣足之狀, 慘不忍見。止哭相賀, 曰: "滿國兵火, 上自公卿, 下至黎庶, 家家戶戶, 淫穢婦女·死亡殆盡之日, 只吾家門, 雖無生涯, 皆存其命, 再生重逢, 千一之幸也." 權良一, 牽給雌牛, 卽屠分饋, 曰: "其妻子·一鄕大小之人, 皆謂我已死之, 故奴婢盡叛, 親戚莫救, 以此滿家寶藏, 盡爲逢賊, 赤身飢餓, 徒付之一笑耳."

9월 11일。

피란소 옆에서 노모를 모셨다. 슬프게도 나의 딸들이 집안에서 도와 보호하려는 사람이 없어서 산속으로 달아나 숨느라 간난신고했다는 몹시 비통한 말은 차마 들을 수가 없어 차마 듣지 못하겠다.

十一日。

侍側避亂所。哀我女子輩, 門無救護之人, 登山奔竄, 艱苦慘惻之言, 不忍聞不忍聞。

9월 12일。

먼저 집터에 갔더니, 집들이 늘어섰던 고향 마을은 한 번 바라보니 죄다 폐허가 되어 있어서 참담하여 차마 볼 수가 없었다.

김 사상(金使相: 김성일)이 안동(安東)에서 돌아와 우리 고을에 도착

---

527 許於里(허오리): 경상북도 의성군의 동쪽에 있었던 자연부락. 《新增東國輿地勝覽》〈慶尙道·義城縣〉에 의하면 현의 동쪽 35리에 있었다고 한 데다, 《慶尙道續撰地理志》〈의성현〉에 의하면 "도기소가 있는데 의성현의 동쪽에 있는 許於里에 있으며 품질은 하품이다.(陶器所, 在縣東許於里, 品下.)"라고 하였으니, 거리상으로 볼 때 의성군 옥산면 전흥리 가마터와 관련이 있을 듯하다.

528 罔洞(망동): 경상북도 의성군 옥산면 망골.

하여 □□□에 묵었다.

十二日。

先到家基, 則撲地[529]故里, 一望盡丘墟, 慘不忍見。金使相, 自安東還到邑, □□□宿。

9월 13일。

의흥(義興)에 가서 묵었다.

十三日。

□往義興而宿。

9월 14일。

또 신녕(新寧)을 지나서 공산(公山: 팔공산)의 동화사(桐華寺)에 이르니, 좌병사(左兵使) 박진(朴晉) 영공(令公) 또한 이곳에 군사를 주둔시키고 있었다. 이 분은 곧 순찰사(巡察使: 김수)의 군관(軍官)이었는데, 근왕병을 이끌고 상경하였을 때 어려움과 즐거움을 함께한 분이라서 마치 친구를 다시 만난 듯해 기뻐하기를 평소에 알고 있었던 것 같았다.

대구 부사(大丘府使: 윤현)는 변란 초기부터 이곳으로 피란한 까닭에 온 대구부의 남녀노소가 모두 이 산에서 숨어 있었다.

중생(重生)의 어미와 가솔들 또한 이곳에 있다가 나를 보고서 슬피 울며 마치 죽은 사람을 다시 본 것처럼 하였다.

---

529 撲地(박지): 여기저기. 집들이 늘어선 것.

十四日。

又過新寧，到公山桐華寺[530]，左兵使朴晉令公，亦駐兵于此。此員乃巡察使軍官，勤王上京時，同甘苦之員，如見故人，歡若平生。大丘府使，自變初，避亂于此，故一府大小男女，皆隱此山。重生母家屬，亦在于此，見我悲泣，如見死人。

9월 15일。

동화사(桐華寺)에 머물렀다.

□병상(□兵相: 경상 우병사 柳崇仁인 듯)을 모시고 이야기를 나누었는데, 나에게 계문(啓聞: 狀啓)의 초안을 잡도록 하였다. 대소 여러 동료들이 술을 가지고 와서 위로해 주니 참으로 자꾸만 생각나고 생각났다.

우도(右道)의 영방(營房: 감영의 아전) 이중윤(李仲尹)·변대온(卞大蘊)이 김취형(金就衡)·강운택(姜雲澤)을 이끌고 위태로이 적의 소굴을 지나 비로소 와서 알현하였지만, 사상(使相: 김성일)은 더디게 왔다며 뜰에서 꾸짖어 묻다가 그만두었다.

十五日。

留桐華寺。□兵相[531]侍話，使我啓聞[532]出草。大小諸僚，持酒來慰，良憶良憶。右道營房，李仲尹·卞大蘊，率金就衡·姜雲澤，危

530 桐華寺(동화사): 대구광역시 동구 도학동 팔공산에 있는 사찰.

531 □兵相(□병상): 당시 경상 우병사 柳崇仁인 듯.

532 啓聞(계문): 조선시대 지방장관이 중앙에 상주하던 일. 글로 임금에게 아뢰는 것이다.

過賊窟, 始來現, 使相以遲緩, 退庭推問。

9월 16일。

아침이 되자 대구에 머물러 있던 적들이 환성사(桓成寺: 環城寺의 오기)를 불태웠는데, 하양(河陽) 수령의 피난소였다. 하양 현감(河陽縣監: 申胤申)은 겨우 몸만 빠져나왔으나 사람들은 많이 죽었다. 망군(望軍: 망보는 군사)이 앞으로 나와 고하기를, "하빈(河濱) 근처에는 적도(賊徒)가 없습니다."라고 하였다. 그래서 사상(使相: 김성일)이 뜻밖에도 떠나기로 했는데, 길을 떠나기에 앞서 자못 은근한 빛을 보이며 작별하기 어려워하는 모습이었다.

이중윤(李仲尹) 등과 울며 작별하고 나서 나는 권대중(權大中)·장취일(張就一)을 이끌고 걸어 큰 고개를 넘었다. 밤이 되어서야 수도사(修道寺)에 이르니, 본디 잘 알던 승려들이 연포(軟泡: 메밀묵)를 가져와서 위로하였다.

十六日。

朝, 大丘留賊, 焚蕩桓成寺[533], 河陽倅避亂所。縣監[534]僅以身免, 人多死亡。望軍[535]進告日: "河濱[536]近處, 無賊徒."云。故使相不意啓行, 臨行頗示慇懃, 以有難別之狀。泣別仲尹輩, 我則率權

533 桓成寺(환성사): 環城寺의 오기. 경상북도 경산시 하양읍 환성로 392-30에 있는 절.

534 縣監(현감): 河陽縣監 申胤申(생몰년 미상). 본관은 昌寧. 梅溪 申偉의 손자. 沈逢源의 사위.

535 望軍(망군): 높은 곳에서 적의 동정을 살피던 군사.

536 河濱(하빈): 대구광역시 달성군 하빈면 지역.

大中·張就一，步越大嶺。夜到修道寺[537]，素厚僧輩，軟泡而慰。

9월 17일。

말을 달려 우곡역(牛谷驛)에 이르니, 새 사상(新使相: 한효순)이 의흥(義興)에 들어왔다는 소식을 듣고 새 사상을 찾아가 뵈었다.

형과 정란(庭蘭: 이탁영의 장남)을 만나고, 어둑어둑해질 무렵 누이동생을 만나러 찾아갔다. 나의 사돈상(查頓喪)과 아울러 고 서방(高書房)의 양부(養父)인 김양필(金良弼) 씨가 왜적에게 참수되어 오늘 장사지낸다고 하여 일부러 왔다. 나는 청로역(靑路驛)에 와서 묵었다.

十七日。

馳到牛谷驛[538]，聞新使[539]入義興，來謁新相。得見兄與庭蘭，薄暮來訪妹主。兼予查頓喪，高書房養父，金良弼氏爲倭被斬，今日永葬[540]，故來。予來宿靑路驛。

9월 18일。

관사(官司: 관아)에 알리고 나서 집터가 있는 곳으로 들어와 온석(溫石) 집에 묵었지만, 살아나갈 방도가 아주 끊어졌으니 사람의 일이 한탄스러웠다.

十八日。

---

537 修道寺(수도사): 경상북도 영천시 신령면 치산리 팔공산에 있는 사찰.
538 牛谷驛(우곡역): 경상북도 군위군 우보면에 있었던 역참.
539 新使(신사): 신임 경상 좌감사 韓孝純을 가리킴.
540 永葬(영장): 편안하게 장사를 지냄.

謁官司，來入家基，宿溫石家，生涯頓絶，人事可嘆。

9월 19일。

사상(使相: 김성일)이 고을에 들렀다.

十九日。

使相入縣。

9월 20일。

사상(使相: 한효순)은 안동으로 향하였다.

관사(官司: 관아)에서 둔산(屯山: 九成山)의 소나무 5그루·판자(板子) 15엽(葉: 장)을 지급하도록 문서를 발급해주었는데, 중질(仲姪: 둘째조카)을 데리고 밤을 무릅쓰며 피란소에 이르러 노모를 뵐 수 있었다.

念日。

使相向安東。官司帖給[541]屯山[542]松五株·板子十五葉，率仲姪，乘夜到避亂所，得覲老母。

---

541 帖給(체급): 관아에서 공문서를 작성해 발급함.

542 屯山(둔산): 경상북도 의성군 의성읍에 있는 九成山. 金履坤(1712~1774)의 〈高麗金將軍殉節碑〉에 언급되어 있으며, 《新增東國輿地勝覽》〈義城邑誌〉에 屯德山이란 표현도 있다. 현재 의성읍의 상리리와 중리리를 남북으로 접하고 있는 산이다.

9월 21일。

돌아가지 않고 계속 머물며 노모를 곁에서 모셨는데, 동생과 처자식들이 다 함께 모여 위로하는 말을 나누니 실로 다행한 일이었다.

念一日。

留連[543]侍側，同生妻子，咸集慰話，實是幸事

9월 22일。

정란(庭蘭: 이탁영의 장남)의 처가 술과 두부를 가지고 만나러 왔다. 노모가 무릎이라도 간신히 넣을 만한 거처를 만들고자 했으나 지붕을 이을 이엉이 없어서 답답하였다.

마골(麻骨: 껍질 벗긴 삼대)을 구하는 일로 송제역(松蹄驛)에 달려왔는데, 병영(兵營)의 아전 권가중(權嘉仲) 또한 이곳에 와 있었다. 주인(主人) 권달수(權達壽)가 우리 일행을 위하여 큰 소를 잡아서 지극정성으로 후하게 대접하니 미안해 마지않았다.

念二日。

庭蘭妻，持酒泡來覲。欲造老母容膝[544]處，無蓋草[545]可悶。麻骨[546]覔得事，來投松蹄驛[547]，兵營房權嘉仲，亦來此。主人權達

543 留連(유련): 객지에 머물러 돌아가지 않음.

544 容膝(용슬): 무릎이나 간신히 넣는다는 뜻으로, 방이나 장소가 매우 비좁음을 일컫는 말.

545 蓋草(개초): 이엉으로 지붕을 이음.

546 麻骨(마골): 껍질을 벗긴 삼대.

547 松蹄驛(송제역): 경상북도 안동시 길안면 松仕里의 자연부락. 송제역말 또는 松堤로도 불렸다.

壽, 爲吾行堆大牛, 極誠厚接, 不勝未安。

9월 23일。

마골(麻骨) 다섯 짐바리를 구하였으니 참으로 다행이었다. 주인(主人: 권달수)이 또 두부를 만들어 보냈으니 참으로 매우 감사하였다.

먼저 화목(和目: 和睦)에 이르니, 박달귀(朴達貴)의 손자가 우리 일행을 보고 기뻐하여 위로하면서 죽었다가 또다시 살아난 것처럼 다시 만났으니 실로 다행한 일이라고 하며 송아지를 잡아 위로하였다.

밤이 되자 윤현걸(尹賢傑)이 이양춘(李陽春)을 데리고 술을 가져와서 위로하였으며, 또한 쌀 10말을 주었고 개초(蓋草: 지붕을 이을 이엉) 10짐바리를 넉넉하게 주었으니 참으로 매우 감사하였다. 화목(和目: 和睦) 사람들 또한 마골(麻骨) 5짐바리를 주었다.

念三日。

麻骨五馱覓得, 多幸多幸。主人, 又造泡而饋, 多謝多謝。先到和目[548], 則朴達貴孫, 見吾行喜慰, 再生重逢, 實是幸事云, 殺犢以慰。夜來, 尹賢傑率李陽春, 持酒來慰, 且給粮米十斗, 寬給蓋草十馱, 多謝多謝。和目人, 亦給麻骨五馱。

9월 24일。

오래된 폐허에 이르렀는데, 관사(官司: 관아)에서 나를 불러 읍(邑)

548 和目(화목): 和睦으로도 기록됨. 和睦驛. 경상북도 청송군 현서면 화목리에 있었던 역참.

에 가 □□□를 만났더니, 모든 공사(公事: 공문서)를 상의하고서 아침 저녁 식사를 하도록 보내주어 참으로 우러러 감사하였다.

念四日。

來到古墟, 則官司召我, 往邑謁□□□, 凡公事相議, 命饋朝夕, 仰感仰感。

9월 25일。

읍에 가서 모든 공사(公事: 공문서)의 초안을 잡았다.

계집종 덕금(德今)이 살아 있는 꿩을 가지고 와서 만났으며, 외사촌 김성필(金成弼) 또한 살아 있는 꿩을 선사하였다.

念五日。

往邑, 凡公事出草。婢子德今, 持生雉來現, 外四寸金成弼, 亦贈生雉。

9월 26일。

성현 찰방(省峴察訪: 孫起陽)은 내가 근왕병으로 상경했을 때 만리나 동행했던 분인데 우리 고을을 찾아와서 서로 만났다.

정란(庭蘭: 이탁영의 장남)이 천만 억울한 일로 한 차례의 형벌을 받았다가 면제되고 또다시 우리 고을의 수령에게 명하기를, "고된 신역을 맡겨야 한다."라고 했다니, 이 무슨 정사(政事)인가? 그것이 액운이었음을 알 만하였다. 관사(官司: 관아)에서 정란이가 죄 없음을 환히 알고 물러나 조리해 마지않도록 허락하였으니 참으로 매우 감사하였다.

목공석숭(木公石崇)이 비로소 와서 일하였고, 황일지(黃日志)도 찾아왔다.

念六日。

省峴察訪[549], 勤王上京時, 萬里同行之員, 來邑相見。庭蘭, 千萬曖昧事, 受刑一次除下[550], 又令本官曰: "知定苦役."云, 是何政事也? 其爲厄運可知。官司明知庭蘭之無罪, 許令退調不定。則多謝多謝。木公石崇始來役, 黃日志來訪。

9월 27일。

집터에 막사(幕舍) 짓는 것을 감독하였다.

자(字)는 덕보(德輔)인 이양춘(李陽春)이 또 살아 있는 꿩을 보냈다.

念七日。

在基, 監造幕。李陽春, 字曰德輔, 又送生雉。

---

549 省峴察訪(성현찰방): 孫起陽(1559~1617)을 가리킴. 본관은 密陽, 자는 景徵, 호는 聱漢·松磵. 아버지는 생원 孫兼濟, 어머니는 辛鷲의 딸이다. 1585년 사마시에 합격한 뒤 1588년 식년 문과에 급제하고, 1592년 省峴察訪이 되어 왜란을 당하였다. 의병을 일으켜 虎踞山 아래에 진을 쳐 병마절도사 朴晋과 함께 鵲院으로 통하는 길을 막았다. 1594년 臨瀛의 적이 雲門山에 출몰하자, 綿峴에서 매복했다가 적장을 사살하여 그 예봉을 꺾었다. 1597년 다시 침입해 온 왜적이 미친듯이 날뛰며 유린하자, 승려 惟政과 함께 대구광역시 동구 팔공산을 지키며 왜적을 물리쳐 적의 대군을 막았다. 1601년 경주 제독에 부임했다. 1603년 영천군수, 1610년 창원 부사에 부임하였다.

550 除下(제하): 면제시킴.

9월 28일。

집터에 막사(幕舍) 짓는 것을 감독하였다.

적의 세력이 날마다 성하여 전쟁은 아직도 그치지 않을 듯하니, 비록 막사를 짓기는 하나 보존하기가 어려울 것 같아 긴긴 밤 안석에 기대어 시름과 번민을 어찌 다할 수 있겠는가?

念八日。

在基, 監造幕。賊勢日熾, 干戈尙未息, 雖造幕, 保存難必, 永夜几坐, 愁悶何極?

9월 29일。

집터에 막사 짓는 것을 감독하였다.

중생(重生)의 어미가 병을 얻었다고 하니 애석하나, 관아에서 나를 부르는 명을 받았다.

念九日。

在基監造。重生母得病云, 可惜, 官命召我。

9월 30일。

관사(官司: 관아)가 피란소에서 현(縣)으로 들어와서, 읍내에 가서 관사에 알리고 모든 공사(公事: 공문서)에 관인(官印)을 찍도록 지휘하였다.

위의 임진년 9월은 날씨가 이미 차가워진 데다 전쟁은 아직도 종식되지 않아 노모와 처자식들이 그대로 궁벽한 산속에서 지내고 있는

데, 살아가는 데에 필요한 물자가 아주 끊어졌으니 어찌 세상에 사는 흥미가 있겠는가?

흉적은 그대로 평양(平壤) 및 경성(京城)의 각처를 웅거하여 아직도 후퇴하여 숨지도 않았다. 근래에 좌병사(左兵使: 박진)가 경주(慶州)의 적을 토멸하려다 전황이 불리해져서 아군의 사망자가 2천여 명에 이르도록 많았으며, 본현(本縣: 의성)의 사망자도 3백여 명이고, 우병영(右兵營)에서 적과 접전하다가 사망한 자 또한 1천4백여 명에 이르렀다고 하였다.

비록 노모가 무릎이라도 간신히 넣을 만한 거처를 만들고자 하였으나 끝마침을 반드시 기약하기가 어려워 한탄스러웠다.

지금 황제의 칙서를 보니, 8월 중에 문무 대신(文武大臣) 각 1명이 정예군 10만 명을 이끌고 와서 토벌한다고 하였으나, 천병(天兵: 명나라 군대)이 와서 주둔했다는 소식은 아득하여 알지도 듣지도 못하였으니 가슴 답답하다.

晦日。

官司, 自避亂所入縣, 往邑謁官司, 凡公事, 指揮成貼[551]。

右壬辰九月, 則天氣已寒, 干戈尙未息, 老母妻子, 仍棲窮山, 生利[552]頓絶, 豈有人間興味乎? 兇賊, 仍據平壤及京城各處, 尙不退遁。近日, 左兵使, 慶州賊討滅不利, 我軍死亡, 多至二千餘名, 本縣死者, 三百有餘, 右兵營接戰死亡, 亦至一千四百有餘云。雖構

551 成貼(성첩): 문서에 官印을 찍음.

552 生利(생리): 생활에 필요한 물자.

老母容膝之處, 難必其終, 可嘆。今見皇勅, 八月中, 文武大臣各一員, 率精銳十萬來討云, 而天兵來駐聲息, 邈莫聞知, 可悶。

임진년 10월 일록

10월 1일。

읍(邑)에 가서 관사(官司: 관아)에 알리고, 모든 공사(公事: 공문서)를 만들어 각 색리(色吏)에게 주었다.

壬辰十月日錄。初一日。

往邑, 謁官司, 凡公事成給[553]各色。

10월 2일。

감사(監司: 한효순)의 행차가 안동(安東)에서 우리 고을로 들어왔다. 좌도(左道)와 우도(右道)를 설치한 이래로 좌도의 영리(營吏)가 예로부터 본디 없었던 정원을 구차히 채워 갖추었지만, 현감과 아문(衙門)이 같이 있으니 어찌해야 할지 답답하였다.

初二日。

監司行次, 自安東入縣。自設左右道以來, 左道營吏, 自古本無, 苟充備位, 有同縣監衙門, 可悶奈何?

10월 3일。

사상(使相: 한효순)이 돌아가지 않고 계속 머물러서 하루 내내 읍

553 成給(성급).

(邑)에 가 있었다.

初三日。

使相留連, 終日往邑。

10월 4일。

사상(使相: 한효순)이 돌아가지 않고 계속 머물러서 읍내(邑內)에 가 있었다.

初四日。

使相留連, 往在邑中。

10월 5일。

사상(使相: 한효순)이 안동(安東)·청송(靑松)으로 갔는지라, 관사(官司: 관아)에서 피란소로 돌아왔다.

初五日。

使相往安東·靑松, 官司還避亂所。

10월 6일。

옛 집터에 막사(幕舍) 짓는 것을 감독하였다.

初六日。

在舊基, 監造幕。

10월 7일。

옛 집터에 막사(幕舍) 짓는 것을 감독하였다.

初七日。

在舊基，監造幕。

10월 8일。

집터에 막사(幕舍) 짓는 것을 감독하였다.

하양(河陽)의 호장(戶長) 현확(玄確)이 와서 공사(公事: 공문서)를 의논하고 돌아갔다. 같은 고을의 관사(官司: 관아)에서 백미(白米: 흰쌀) 1말과 감장(甘醬: 맛이 단 간장) 3되를 보내왔고, 성청(星廳: 향리 집무처) 또한 정조(正租: 방아를 찧지 않은 벼) 1말을 보내왔으니 참으로 깊이 감사하였다.

영덕(盈德)의 벗 방영수(房英秀)가 하인을 통해 먹을거리를 보내왔는데, 같은 고을에 사는 노비 원석(元石)이 어물(魚物)을 갖추어 가지고 바치려 와서 만나보자, 경성(京城)의 적 및 원주(原州)의 적이 합세하여 내려오며 진(陣)을 친 것이 28개의 진이나 된다고 하니 아마도 필시 퇴각하는 것 같았다.

初八日。

在基，監造幕。河陽戶長玄確，來議公事而還，同縣官司，白米一斛·甘醬三斗送來，星廳[554]亦送正租一斛，深謝深謝。盈德友人房英秀，走贈食物，同縣居奴元石，備持魚物，貢來現，京城賊及原州賊，合勢下來，作陣二十八陣云，想必遁矣。

---

554 星廳(성청): 향리의 집무처. 人事廳·吏廳·衙前廳·作廳이라고도 불렸다.

10월 9일。

집터에 막사(幕舍) 짓는 것을 감독하였다.

初九日。

在基, 監造幕。

10월 10일。

집터에 있었다.

初十日。

在基。

10월 11일。

관사(官司: 관아)에서 나를 불러 권양일(權良一)의 공사(公事: 공문서)를 의논하여 만들었으며, 고 서방(高書房)이 이곳에 왔다.

十一日。

官司召我, 議成權良一公事, 高書房來此。

10월 12일。

어젯밤 이웃에 사는 친척 이달영(李逢英)이 술을 가지고 찾아와서 성노(聖老) 아재를 청하여 함께 마셨다.

十二日。

昨夜, 隣族李逢英, 持酒來訪, 請聖老叔, 共破。

10월 13일。

관사(官司: 관아)가 피란소에서 돌아왔다. 관청에서 나를 불러 공사(公事: 공문서)를 의논하였는데, 저물녘이 되어서야 옛 집터로 돌아왔다.

十三日。

官司, 自避難所還。官召我, 議公事, 至昏, 乃還舊基。

10월 14일。

말을 타고 관청으로 오라는 명으로 아침 일찍 관아에 가서 모든 공사(公事: 공문서)의 초안을 잡았다.

수존(首尊: 首戶長) 김정남(金定男)이 꿩고기를 구운 것과 술을 보냈는데, 난리통에 굶주리고 지쳐 있는 중이라 참으로 매우 감사하였다. 영양(永陽: 永川) 이안민(李安民)이 먹을거리를 가지고 와서 만나 감영(監營)으로 향했는데, 천병(天兵: 명나라 군대) 37만 명이 이미 한성(漢城)에 이르렀고 적도(賊徒)가 지금 퇴각해 돌아오는 중이라고 하니, 난리가 평정되기를 바랄 수 있겠는가?

十四日。

乘官令, 早往官門, 成草凡公事。首尊金定男, 炙雉饋酒, 亂離飢困中, 多謝多謝。永陽[555]李安民, 持食物來見, 向營, 天兵三十七萬, 已到漢城, 賊徒今方遁還云, 可望事定?

---

555 永陽(영양): 경상북도 永川의 옛 이름.

10월 15일。

읍(邑)에 가서 공사(公事: 공문서)의 초안을 작성하고 돌아왔다. 하루 내내 집터에 막사(幕舍) 짓는 것을 감독하였다.

十五日。

往邑公事, 成草而還。終日, 在基, 監造幕。

10월 16일。

읍(邑)에 갔다가 돌아왔다.

안기역(安奇驛)의 여러 동료들이 나의 곤궁함을 알았는데, 조선현(趙善賢)·조의형(趙義亨)·조충보(趙忠輔) 등이 콩 10말과 무명 1필을 찾아 보내주었으니 매우 감사하였다.

十六日。

往邑而還。安奇[556]諸僚, 知我困窮, 趙善賢·趙義亨·趙忠輔輩, 覓送太十斗·木一匹。多謝。

10월 17일。

읍(邑)에 갔다가 돌아왔다.

안기역 찰방(安奇驛察訪)이 우리 고을에 들어와서, 찾아가 뵙고 오랫동안 이야기를 나누다가 둔산(屯山: 九成山)의 소나무 10그루를 청하여 받으니 참으로 깊이 감사하였다.

왜적이 회령(會寧)까지 깊숙이 쳐들어가 왕자 임해군(臨海君)·정

556 安奇(안기): 安奇驛. 경상북도 안동시 안기동에 있었던 역참.

원군(定遠君), 시신 정승(侍臣政丞) 김귀영(金貴榮), 판서(判書) 황정욱(黃廷彧), 승지(承旨) 황혁(黃赫)을 사로잡았다고 하니 놀랍고 걱정스러움을 견딜 수 없었다.

경성(京城)의 적이 원주(原州)를 거쳐 합세하여 이미 충주(忠州)에 이르러 28개의 진(陣)을 쳤다고 하였으나 천병(天兵: 명나라 군대) 80만 명이 이미 경성에 이르렀다고 하니, 조금이나마 생기가 돌았다.

十七日。

往邑而還。安奇察訪入縣, 往謁良久侍話, 請給屯山松木十株, 深謝深謝。倭賊深入會寧[557], 擒王子臨海君[558]·定遠君[559], 侍臣金政丞貴榮[560], 黃判書廷彧[561], 黃承旨赫[562]云, 不勝驚慮。京城之

---

557 會寧(회령): 함경북도 북부 중앙에 있던 고을. 동쪽은 종성군, 서쪽은 무산군, 남쪽은 부령군, 북쪽은 중국 만주 지방의 길림성과 접한다.

558 臨海君(임해군, 1574~1609): 宣祖의 맏아들 珒. 임진왜란 때 왜군의 포로가 되었다가 석방되었다. 광해군 즉위 후 유배되었다가 죽었다.

559 定遠君(정원군): 宣祖의 다섯째 아들 李琈(1580~1619). 어머니는 仁嬪金氏이다. 仁祖의 아버지이다. 좌찬성 具思孟의 딸을 맞아, 인조 및 綾原大君·綾昌大君을 두었다. 1587년 定遠君에 봉해지고, 1604년 임진왜란 중 왕을 호종하였던 공으로 扈聖功臣 2등에 봉하여졌다. 인조반정을 계기로 大院君이 되었다. 사후 1632년 元宗敬德仁憲靖穆章孝大王(약칭 원종)이라 묘호를 정하였다.

560 金政丞貴榮(김정승귀영): 金貴榮(1520~1593). 본관은 尙州, 자는 顯卿, 호는 東園. 1555년 을묘왜변이 일어나자 이조 좌랑으로 도순찰사 李浚慶의 종사관이 되어 光州에 파견되었다가 돌아와 이조정랑이 되었다. 1556년 議政府檢詳, 1558년 弘文館典翰 등을 거쳐, 그 뒤 漢城府右尹·춘천 부사를 지냈고, 대사간·대사헌·부제학 등을 번갈아 역임하였다. 선조 즉위 후 도승지·예조판서를 역임하고, 병조판서로서 지춘추관사를 겸하였으며, 1581년 우의정에 올랐고, 1583년 좌의정이 되었다가 곧 물러나 知中樞府事가 되었다. 1589년에 平難功臣에 녹훈되고 上洛府院君에 봉해진 뒤 耆老所에 들어갔으나, 趙憲의 탄핵으로 사직했다. 1592년 임진왜란이 일어나 천도 논의가 있자, 이에 반대하면서 서울을 지켜

賊, 由原州合勢, 已到忠州, 作二十八陣云, 天兵八十萬, 已到京城云, 稍有生氣。

10월 18일。

집터에 막사(幕舍) 짓는 것을 감독하였다.

十八日。

명나라의 원조를 기다리자고 주장하였다. 결국 천도가 결정되자 尹卓然과 함께 臨海君을 모시고 함경도로 피난했다가, 회령에서 鞠景仁의 반란으로 임해군·順和君과 함께 왜장 加藤淸正의 포로가 되었다. 이에 임해군을 보호하지 못한 책임으로 관직을 삭탈당했다. 이어 다시 加藤淸正의 강요에 의해 강화를 요구하는 글을 받기 위해 풀려나 行在所에 갔다가, 사헌부·사간원의 탄핵으로 推鞫당해 회천으로 유배 가던 중 중도에서 죽었다.

561 黃判書廷彧(황판서정욱): 黃廷彧(1532~1607). 본관은 長水, 자는 景文, 호는 芝川. 1592년 임진왜란이 일어나자 號召使가 되어 왕자 順和君을 陪從, 강원도에서 의병을 모으는 격문을 8도에 돌렸고, 왜군의 진격으로 會寧에 들어갔다가 모반자 鞠景仁에 의해 임해군·순화군 두 왕자와 함께 安邊 토굴에 감금되었다. 이때 왜장 加藤淸正으로부터 선조에게 항복 권유의 상소문을 쓰라고 강요받고 이를 거부하였으나, 왕자를 죽인다는 위협에 아들 赫이 대필하였다. 이에 그는 항복을 권유하는 내용이 거짓임을 밝히는 또 한 장의 글을 썼으나, 體察使의 농간으로 아들의 글만이 보내져 뜻을 이루지 못하고 이듬해 부산에서 풀려나온 뒤 앞서의 항복 권유문 때문에 東人들의 탄핵을 받고 吉州에 유배되고, 1597년 석방되었으나 復官되지 못한 채 죽었다.

562 黃承旨赫(황승지혁): 黃赫(1551~1612). 본관은 長水, 자는 晦之, 호는 獨石. 순화군의 장인이다. 임진왜란이 일어나자 護軍에 기용되어 부친 黃廷彧과 함께 사위인 順和君을 따라 강원도를 거쳐 會寧에 이르러, 모반자 鞠景仁에게 잡혀 왜군에게 인질로 넘겨졌다. 安邊의 토굴에 감금 중 적장 加藤淸正으로부터 선조에게 항복 권유문을 올리라는 강요에 못 이겨 부친을 대신하여 썼다. 이를 안 황정욱이 본의가 아니며 내용이 거짓임을 밝힌 별도의 글을 올렸으나 체찰사가 가로채 전달되지 않았다. 1593년 부산에서 왕자들과 함께 송환된 후 앞서의 항복 권유문으로 東人에 의해 탄핵, 理山에 유배되었다가 다시 信川에 이배되었다.

在基，監造幕。

10월 19일。

병상(兵相: 좌병사 박진)이 우리 고을에 와서 찾아가 뵙고 이야기를 나누었는데 술을 내려주어 취해 돌아왔다.

감사도(監司道: 좌감사 한효순)에게 부탁하여 정란(庭蘭: 이탁영의 장남)이 다시 영리(營吏: 감영의 아전)가 되었다.

十九日。

兵相入縣，往謁侍話，饋酒醉還。稱念[563]于監司道，庭蘭還屬營使。

10월 20일부터 30일까지

망동(罔洞: 망골)의 피란소에 가거나 집터에 막사(幕舍) 짓는 것을 감독하느라 일신이 지치고 몹시 고단하여 일일이 다 적을 수 없었다.

어제 피란소에서 집터로 돌아오니, 노모와 처자식들은 전도촌(錢道村)의 우한필(禹閑弼) 집으로 옮겨 지냈는데 망동(罔洞: 망골)의 옛 주인 치복(致福)이 병 기운이 있어 지낼 곳을 옮기어 지냈던 것이다. 중생(重生)의 어미 또한 □~□。

위의 임진년 겨울 10월은 막사(幕舍) 짓는 것을 감독하느라 고단하였고 적의 기세 또한 더욱 치성하였으니 어찌 세상에 사는 흥미가

---

563 稱念(칭념): 무엇에 대하여 말하면서 잊지 말고 잘 생각하여 달라고 부탁하는 것.

있겠는가? 인동(仁同)의 적은 뜻밖에 밤을 틈타서 쳐들어와 습격해 군위(軍威) 사람들이 많이 죽음을 당하였고 관사(官舍: 관청)도 모두 불탔다고 하니, 혹시라도 쳐들어올까 염려되어 밤낮으로 두려웠다.

自念日至晦日。

或往罔洞避亂所，或在基監造，一身困憊，未能一一盡記。昨日，自避亂所還基，母主妻子，移接錢道村禹閑弼家，罔洞舊主人致福病氣，故移接。重生母，亦□~□。

右壬辰冬十月，困於監造幕，賊且益熾，豈有人間興味哉? 仁同賊，不意乘夜來襲，軍威人多見戮，盡焚官舍云，恐慮來犯，日夜危懼。

임진년 11월 일록

11월 1일。

집터에 막사를 지어 벽에 모래와 흙 바르는 것을 감독하였다.

어제 같은 벼슬아치인 하맹룡(河孟龍)이 감영(監營)에서 찾아와 만났는데, 나에게 베와 무명 각 1필씩 선사하였다.

안변(安邊)의 왜적이 개성(開城)으로 와서 웅거하였고, 평양(平壤)의 적은 이미 소탕되었다고 하였다. 다시 생겨난 이래로부터 뜬소문이 날로 심하여 이 또한 믿기 어려우나, 비록 그러하지만 이미 파주(坡州)에 이르렀다 하니 참으로 매우 기쁘고 기뻤다.

어머니가 두 아들을 데리고 옛 집터로 돌아왔다.

壬辰至月日錄。初一日。

在基監沙壁[564]。昨日，同官河孟龍，自營門[565]來見，贈我木布各一匹。安邊[566]倭賊，來據開城，平壤賊，已爲掃蕩云。自還生以來，浮言[567]日甚，此亦難信，雖然，已到坡州云，多喜多喜。家母率兩男還基。

11월 2일。

집터에서 막사 짓는 것을 감독하였다.

관사(官司: 관아)에서 나를 불러 읍에 갔는데, 하루 내내 관아에 있었다.

初二日。

在基監造。官司召我往邑。終日在官。

11월 3일。

읍내(邑內)에 가서 하루 내내 공사(公事: 공문서)를 작성하였다.

初三日。

往邑，終日成公事。

11월 4일。

안기역(安奇驛) 찰방에게 둔산(屯山: 九成山)의 소나무 10그루를 청

564 沙壁(사벽): 모래와 흙을 섞어서 바른 벽.

565 營門(영문): 監司가 일을 보던 관아.

566 安邊(안변): 함경남도 최남단에 있는 고을. 동쪽은 강원도 통천군, 서쪽은 강원도 이천군, 남쪽은 강원도 평강군·회양군, 북쪽은 문천군·원산시·동해와 접한다.

567 浮言(부언): 뜬소문. 근거 없이 떠돌아다니는 말.

하자, 지급하라는 뜻으로 문서를 발급해 주어 나무를 베어 80토막을 만들게 되었으니 다행이고 다행이었다.

初四日。

安奇察訪主, 請屯山松木拾株, 帖給旨, 伐木八十吐, 多幸多幸。

11월 5일。

읍내에 가서 사직을 청하였다.

도순찰사(都巡察使)가 쌀 8석을 지급하라는 문서를 발급하였는데, 청송부(青松府)에서 환상미(還上米)를 바치려고 했지만 탕진된 지가 오래된 끝이라 마련하여 바칠 수가 없어서 그 연유를 올려 허락받고자 하였다.

황 동지(黃同志)와 서로 약속하였으니, 화목(和目: 和睦)을 거쳐 청송(青松)으로 가려는 계획이었는데 이선(李善)이 달려와서 함께 갔다.

初五日。

往邑告退。 都巡察使, 帖給米八石, 青松府以還上欲捧, 故蕩破之餘, 末由備納, 欲許其由。與黃同志相約, 由和目到青松計, 李善走來而共。

11월 6일。

첫닭 우는 소리를 듣고 말을 달려 진목곡(眞木谷)의 전방(廛房: 상점)에 있는 황 동지(黃同志)의 피난처에 이르니, 점주(店主) 서인원(徐仁元) 등이 지극히 후하게 영접하였고, 황 동지의 숙부 집에서 아침밥을 상에 가득히 차려주었는데 평소보다 훨씬 나았다. 잠시 뒤에 가노

(家奴) 두 사람이 급히 달려와서 고하기를, "감사(監司: 한효순)의 행차가 당일 고을에 들어오실 것입니다."라고 하니, 혹시라도 제때에 미치지 못할까 염려되어 채찍질해 급히 돌아왔는데, 용궁(龍宮)의 적들이 예천(醴泉)에서 횡행하여 감사의 행차가 우리 고을을 거치지 않고 깊숙이 예안(禮安)으로 갔다고 하였다.

初六日。

聞鷄, 馳到眞木谷[568]店, 黃同志避難處, 店主徐仁元輩, 極厚迎接, 黃叔家朝飯, 滿盤珍羞, 猶勝平時。須臾, 家奴二口, 馳告曰: "監司行次, 當日入縣."云, 故恐慮未及, 加鞭馳還, 則龍宮之賊, 衝斥醴泉[569], 監司行次, 不由本縣, 深入禮安[570]云。

11월 7일。

다시 고하고 물러나와 노모를 도로 피란소에 보내고 나서 나는 황 동지(黃同志)와 동행하여 곧장 화목(和目: 和睦)의 박달(朴達) 집에 이르니, 주인이 두부와 술을 내어서 위로하였고 따뜻한 방에 잘 묵었다.

初七日。

更告而退, 家母還送避亂所, 吾與黃同志同行, 直到和目朴達家, 主人卽出泡酒而慰, 好宿溫房。

---

568 眞木谷(진목곡): 경상북도 의성군 사곡면에 있는 골짜기.

569 醴泉(예천): 경상북도 북서부에 있는 고을. 동쪽은 안동시, 서쪽은 문경시, 남쪽은 상주시·의성군, 북쪽은 영주시·충청북도 단양군과 접한다.

570 禮安(예안): 경상북도 안동시의 북동쪽에 있는 고을.

11월 8일。

아침 일찍 출발하여 안덕현(安德縣)에 이르러 나와 동갑인 윤한문(尹汗文, 字: 文之)을 만나서 환상미(還上米)를 바칠 것인지의 여부를 상의하고, 이어서 청송(青松)으로 향하는 길에 박원지(朴元之)의 강정(江亭)을 지났다. 박원지는 나의 정이 깊은 친구로 나를 보자 손을 잡고 집안으로 들어가서 술을 적극 권하여 몹시 취해 서로 헤어졌다.

어둑어둑해질 무렵 청송에 들어갔지만 윤귀환(尹貴環) 형제를 찾아서 만나 곧장 소지(所志: 청원서)를 올리니, 부백(府伯: 府使)은 본디 심질(心疾: 정신병)이 있는 분으로 소지들 듣다가 갑자기 분노를 폭발하여 천만 마디 말이 모두 노기 어린 말들이어서 황공하기 그지없어 물러나왔다. 공형(公兄: 三公兄)들이 지극히 후하게 대접해 주고 속미(粟米: 좁쌀) 1석을 거두어 주었으며, 언패(彦佩) 또한 쌀 5되를 주었다. 술에 취한 채로 청운역(青雲驛)의 황언(黃彦) 집에 이르렀는데, □장(□長)들이 나의 가난과 옹색함을 듣고 쌀 8되를 거두었고, 황언 또한 쌀 8되를 주었다.

初八日。

早發, 到安德[571]縣, 得見尹汗文文之, 卽我同甲, 相議還上納上便否, 仍向青松路, 過朴元之江亭。元之, 卽吾深朋, 見我携入巢, 酒極勸, 大醉相分。薄暮, 來入青松, 求見尹貴環兄弟, 卽呈所志[572], 則府伯本以心疾之員, 聽所志, 輒生暴怒, 千言萬發, 皆是怒

---

571 安德(안덕): 경상북도 청송군 안덕면 지역.

572 所志(소지): 관부에 올리는 소장, 청원서, 진정서 등을 통틀어 일컫는 말.

言, 不勝惶恐而退。公兄輩, 極厚而待, 收給粟米一石, 彦佩亦給米五斗。醉到青雲驛[573]黃彦家, □長輩, 聞吾艱窘, 收米八斗。黃彦亦給米八斗。

11월 9일。

곧장 청운역(青雲驛)을 지나 저물녘이 되어서야 문거역(文莒驛: 文居驛)에 이르니, 잉질김(芿叱金)의 집주인이 지극히 후하게 대접해 주고 또 쌀 1말을 거두어 환상미(還上米)에 보태 주었다.

어제 청송(青松)에 있었을 때 한밤중에 윤군보(尹君寶)가 몰래 찾아와 만났는데, 전미(田米) 1말, 백미(白米) 5말, 콩 2석을 실어서 청운역에 보내와 참으로 매우 감사하고 감사하였다.

初九日。

直過青雲, 暮投文莒驛[574], 芿叱金家主人, 極厚而待, 又收米斗, 以助還上。昨在青松, 夜半, 尹君寶潛來見, 田米一斛, 白米五斗, 太二石, 載送青雲, 多謝多謝。

11월 10일。

동틀 무렵 안덕(安德)에 이르러 먼저 윤문지(尹文之: 尹汗文)를 만나보고 감관(監官) 봉사(奉事) 서우적(徐遇積)을 찾아뵈니 자못 은혜를 두터이 베풀어 주어, 비록 얼굴을 아는 정도의 친분도 없었을지언정

573 青雲驛(청운역): 경상북도 청송군 청송읍 청운리에 있었던 역참.
574 文莒驛(문거역): 경상북도 청송군 안덕면 문거리에 있었던 역참.

오랫동안 들렸던 명성을 알 수 있었다. 이런 난리 중에 도순찰사(都巡察使)가 환상미(還上米)를 빌려주도록 문서를 발급하고서 그 환상미를 다시 징수하는 것은 그 형편이 필시 군색해서 그랬을 터이나 정리상 안타깝다고 하였다.

청송(青松)에서 거두어 준 쌀 4석부터 윤문지가 백미(白米) 1석, 호장(戶長) 서억란(徐億蘭, 字는 彦平)이 전미(田米) 1석까지 합계 6석을 즉시 수납하였지만, 아직 수납하지 못한 2석은 감관이 윤한문(尹汗文)에게 은밀히 이르기를, "이미 받은 것처럼 꾸민 소식을 보내라." 라고 하였다. 몹시 힘들고 어려운 이때를 당하여 하루아침에 완납했다는 그 다행스러움을 형언할 수 있겠는가? 비록 평소라도 8석의 쌀을 완납하기가 매우 어렵거늘 하물며 이 난리 중임에랴? 이는 보기 드문 다행이었다.

어둑어둑해질 무렵 전도촌(錢道村)의 피란소에 돌아오니, 어머니의 얼굴은 예전 그대로이고 처자식은 그런대로 지내고 있었는데, 관사(官司)에서 관인(官人)을 보내어 급히 부르니 답답함이 한없고 한없었다.

初十日。

淩晨[575], 到安德, 先見尹文之, 求謁監官徐奉事遇積, 頗示恩厚, 雖無半面之分[576], 久聞聲價。當此亂離中, 都巡使帖給米, 以還上

575 淩晨(능신): 이른 새벽. 동틀 무렵. 새벽녘.

576 半面之分(반면지분): 一面之分도 못 되는 교분. 친분이 돈독하지 않은 사이를 이르는 말이다.

還徵, 其勢必窘, 情理可惜云。自青松收給米四石, 尹文之白米一石, 戶長徐億蘭彦平, 田米一石, 合六石卽納, 未納二石, 監官潛謂尹汗文曰: "已捧樣, 以消息入送."云。當此極艱之日, 一朝畢納, 其幸可言? 雖在平日, 八石米得納甚難, 況此亂離中乎? 此千一之幸也。薄暮, 來入錢道村避亂所, 慈顔依舊, 妻子粗保, 官司送官人, 急召之, 悶極悶極。

11월 11일。

피란소에 있었는데, 평소 잘 알고 있던 강내은이(姜內隱耳)가 술과 두부와 꿩을 가져온 두텁게 생각해 주는 마음을 깊이 감사하였다.

十一日。

在避亂所, 素厚人姜內隱耳, 來贈酒泡雉, 深謝厚意。

11월 12일。

정란(庭蘭: 이탁영의 장남)이 관사(官司: 관아)에서 급히 부르는 뜻을 알려주니, 형세상 부득이 노모에게 인사하고 처자식과 헤어져 옛 집터로 돌아왔다. 관사에 돌아왔음을 알리고 공사(公事: 공문서)를 상의한 뒤 서둘러 하직하자, 술을 권하고 보내주었다.

十二日。

庭蘭委通官司急召之意, 勢不得已, 辭北堂, 別妻子, 來入舊基。謁官司, 相議公事, 卽卽[577]下直, 饋酒而送。

---

577 卽卽(즉즉): 급히. 서둘러.

11월 13일。

좌도(左道)와 우도(右道)를 나누어 설치한 뒤로부터 나와 같은 관아의 새 벼슬아치 박응사(朴應獅)·사공방(司空邦)이 현사(縣司: 縣廳)에 와서 묵었다고 하였다. 철파(鐵破: 鐵坡)에 말이 없는 까닭에 소를 타고 바람을 무릅쓰며 간신히 운산역(雲山驛)에 이르러, 박응사·사공방과 한방에서 같이 묵었다. 주인 조억복(趙億福)은 내가 다시 살아온 것을 축하하고 왕골로 만든 긴 방석 1부(部)를 선물로 주며 위로하였다.

十三日。

自設左右道後, 新同官朴應獅·司空邦, 來宿縣司云。鐵破[578]無馬, 故騎牛冒風, 艱到雲山驛[579], 與朴與司空, 同宿一房。主人趙億福, 賀吾再生, 慰贈茵長席一部。

11월 14일。

찬바람을 무릅썼지만 한기(寒氣)가 들어 겨우 안동(安東)에 이르러 공형(公兄: 三公兄)들이 와서 만났거늘 음식물도 없이 위로할 수 있단 말인가? 그대로 안기(安奇)로 가니 먼저 술을 준 다음에 밥을 먹도록 하는 것이 지극히 후하게 대접하여 마치 평소와 같았다.

十四日。

冒風寒觸冷, 艱到安東, 則公兄輩來見, 而無物可慰? 仍往安奇,

---

578 鐵破(철파): 鐵坡의 오기. 경상북도 의성군 의성읍 철파리.
579 雲山驛(운산역): 경상북도 안동시 일직면 운산리에 있었던 역참.

則先酒後飯，極厚接遇，有如平日。

11월 15일。

원래 조철리(趙轍理) 집에서는 성대하게 차려서 주고 후하게 위로하였다.

어둑어둑해질 무렵 사상(使相: 한효순)이 영주(榮州)에서 안동(安東)으로 들어왔고, 좌병상(左兵相: 좌병사 박진)이 풍산(豐山)에서 안동으로 또한 들어왔는데, 좌병상을 찾아뵙고 오래도록 모시고서 이야기를 나누었다.

十五日。

元來趙轍理家，盛辦厚慰。薄暮，使相自榮州[580]，入安東，左兵相自豐山[581]，亦入安東，謁兵相，良久侍話。

11월 16일。

□□。안동(安東)에 머물렀다.

함창(咸昌)·당교(唐橋)에 주둔하던 적들이 스스로 막사를 불태웠고, 원주(原州)의 적이 옮겨 충주(忠州)에 이르렀으며, 안변(安邊)의 적이 또한 고성(高城)으로 빠져나왔다고 하니, 왜장 평의지(平義智)가 평양(平壤)에서 기생에게 죽음을 당했다는 말을 믿을 수 있겠는가?

---

580 榮州(영주): 경상북도 북쪽 끝에 있는 고을. 동쪽은 봉화군, 서쪽은 충청북도 단양군, 남쪽은 안동시·예천군, 북쪽은 강원도 영월군과 접한다.

581 豐山(풍산): 경상북도 안동시 풍산읍 지역.

황혼녘에 병상(兵相: 좌병사 박진)을 모시고 이야기를 나누었다.

十六日。

□□。留安東。咸昌·唐橋[582]屯賊，自焚其幕，原州之賊，移到忠州，安邊之賊，亦出高城云。無乃倭將平義智，在平壤爲妓被殺之言信乎？黃昏，侍話兵相。

11월 17일。

안동(安東)에 머물렀다.

동틀 무렵에 병상(兵相: 좌병사 박진)을 찾아가 오래도록 모시고서 이야기를 나누었다. 사상(使相: 한효순)이 나에게 장계(狀啓)의 초안을 작성하도록 하였다.

十七日。

留安東。凌晨，謁兵相，良久侍話。 使相令我啓草。

11월 18일。

안동(安東)에 머물렀다.

아상(亞相: 都事)은 곧 명현(名賢)인 김홍미(金弘微)인데, 일찍이 찾아가 뵌 친분이 있지 않았다. 그런데 □□ 초에 현인(賢人)들의 글에 기재된 나의 이름에까지 미치자 나를 불러 앞으로 나오도록 하여 말씀하기를, "난리 중에 잘 있었는가?"라고 하였다. 황혼녘이 되어

---

582 唐橋(당교): 경상북도 聞慶郡의 茅田洞과 尙州牧 咸昌縣 允直里 사이의 茅田川에 있던 다리. 신라 때 金庾信이 唐나라 蘇定方의 군사들을 죽여 이곳에 묻었다는 고사에서 유래된 이름이라 한다.

다시 불러 술을 내려주고서 '정만록(征蠻錄)'을 바치라고 명하였다. 정만록은 내가 사사로이 기록한 글인데, 병상(兵相: 좌병사 박진)에게 알려져서 이처럼 바치라고 하니 불안한 마음을 금할 수 없었다.

十八日。

留安東。亞相[583]乃名賢金弘微[584]， 曾未有現謁之分。□□初及賢書[585]記中吾名，召我進前，賜言曰："亂離中好在乎?" 黃昏，更召饋酒，命納征蠻錄。錄乃吾私記之文，得聞於兵相，如是入納云，不勝未安。

11월 19일。

병상(兵相: 좌병사 박진)에게 작별을 고하니 자못 은근함을 보여주었다. □ 사상(使相)이 임하(臨河)·□□□· 진보(眞寶)를 지나갔다. 이 지역은 적들이 미처 침범하지 않은 까닭에 강산과 인물이 어렴풋하게

---

583 亞相(아상): 亞監司. 都事의 별칭이기도 하다.

584 金弘微(김홍미, 1557~1605): 본관은 尙州, 자는 昌遠, 호는 省克堂. 아버지는 金範이다. 曺植과 柳成龍의 문인이다. 1579년 진사가 되고, 1585년 식년 문과에 급제하여 승문원 부정자에 발탁되고, 홍문관 정자·著作, 예문관 검열 등을 거쳐 부수찬을 역임하였으며, 당시 형인 金弘敏과 함께 사림으로 영예를 누렸다. 1589년 이조 좌랑으로 있을 때 남인으로 鄭汝立의 모반사건에 연루되어 파면되었다. 그 뒤 복관되어 1592년 임진왜란이 일어나자 경상좌도 도사가 되고, 이어 교리 겸 시강원 문학을 거쳐 이듬해 경연관·응교·사간·사성 등을 역임하였다. 1597년 승정원 동부승지로 있을 때, 삼도수군통제사인 李舜臣을 탄핵하여 파면하게 하고 元均을 통제사로 삼게 하는 데 가담하였다. 그 뒤 좌부승지·훈련도감제조를 거쳐, 형조참의·대사간·이조참의·승문원 부제조 등을 역임하다가 1598년 관직을 사퇴하였다. 그 이듬해 다시 靑松府使를 거쳐 1604년 江陵府使로 부임하였다.

585 賢書(현서): 어진 이를 추천하는 글.

나마 옛 모습 그대로였다.

十九日。

告辭[586]兵相，頗示慇懃。□□使相過臨河[587]，□□□眞寶[588]。此地則賊未犯境，故江山人物，依俙然舊樣。

11월 20일。

사상(使相: 한효순)이 영해(寧海) 지경인 답곡촌(畓谷村)의 부인 피란소에 이르러 2일간을 머물렀다.

念日。

使相，到寧海[589]境畓谷村[590]夫人避亂所，留二日。

11월 23일。

진보(眞寶)에서 점심을 먹고 곧장 청송(青松)에 이르러 3일간을 머물렀다.

念三日。

晝餉眞寶，直到青松，留三日。

586 告辭(고사): 작별을 고함.

587 臨河(임하): 경상북도 안동시 남동부에 있는 고을.

588 眞寶(진보): 眞寶縣. 경상북도 청송군 진보면. 1914년 청송군과 영양군(다만, 동면 낙평리는 영덕군 지품면으로 편입)으로 분할 편입되어 폐지되었다.

589 寧海(영해): 경상북도 영덕군 영해면 지역.

590 畓谷村(답곡촌): 경상북도 영양군 석보면 답곡리.

11월 28일。

길안현(吉安縣)에서 점심을 먹고, 어둑어둑해질 무렵이 되어서야 의성(義城)에 들어와서 2일간을 머물렀다. 비록 내 집이 있는 고을이지만, 온 사방의 여염집들이 죄다 폐허가 되어 노모와 처자식들이 아직도 산에서 내려오지 못하고서 여전히 산골짜기에 있으니, 동행하는 사람이 있다 한들 어찌 재미있게 놀고 즐거워할 수 있었겠는가? 날마다 듣건대 피란소에 돌림병의 기운이 있다 하니, 이 답답한 심정이 어찌 끝이 있으랴. 정란(庭蘭)을 급히 보내어 노모를 다른 집으로 옮겨 모시게 하였다.

위의 임진년 11월은 천병(天兵: 명나라 군대) 40만 명이 이미 도착했다는 소식이 먼저 들렸지만 승리 소식은 들려오지 않았다. 왕자 임해군(臨海君)·순화군(順和君)이 함경도로 피란하였는데, 회령(會寧) 사람 국경인(國景仁: 鞠景仁의 오기)의 무리들이 두 왕자를 잡아서 왜적에게 넘겨주었으나 지금까지도 두 왕자 어디에 가 있는지 알지 못한다. 흉적이 더욱 치성하니 변란이 평정되는 것을 기약할 수 없다. 공경대부(公卿大夫)와 사족(士族)들의 후예가 벌거벗은 몸으로 구걸하느라 길에 끊이지 않았고, 온 산에 굶주려서 죽은 시체가 널브러져 있으니, 마음이 상하고 보기 참혹함을 이루 형언할 수 있었겠는가?

念八日。

晝餉吉安縣, 薄暮來入義城, 留二日。雖曰家鄕, 撲地[591]閭閻, 盡

591 撲地(박지): 도처. 온 사방.

成丘墟, 老母妻子, 猶不下山, 尙在山谷, 有同行客, 豈有行樂? 日聞避亂所, 有癘氣[592], 此悶何極? 令庭蘭馳送, 陪移母主于他家。

右壬辰至月, 天兵四十萬, 先聲已到, 而捷音無聞。王子臨海君·順和君[593], 避亂于咸鏡道, 會寧人國景仁[594]輩。以兩王子捉, 給倭賊, 迄未知兩君之行在某處。兇鋒益熾, 事定無期。公卿士族之裔, 赤身丐乞, 道路相屬, 滿山餓莩[595], 僵屍狼藉, 傷心慘目, 有不

---

592 癘氣(여기): 열병이나 돌림병을 일으킨다는 기운.

593 順和君(순화군, ?~1607): 宣祖의 여섯째아들. 부인은 승지 黃赫의 딸이다. 임진왜란이 일어나자 왕의 명을 받아 黃廷彧·황혁 등을 인솔하고 勤王兵을 모병하기 위해서 강원도에 파견되었다. 같은 해 5월 왜군이 북상하자 이를 피하여 함경도로 들어가 미리 함경도에 파견되어 있던 臨海君을 만나 함께 會寧에서 주둔하였는데, 왕자임을 내세워 행패를 부리다가 함경도민의 반감을 샀다. 마침 왜군이 함경도에 침입하자 회령에 위배되어 향리로 있던 鞠景仁과 그 친족 鞠世弼 등 일당에 의해 임해군 및 여러 호종관리들과 함께 체포되어 왜군에게 넘겨져 포로가 되었다. 이후 안변을 거쳐 이듬해 밀양으로 옮겨지고 부산 多大浦 앞바다의 배 안에 구금되어 일본으로 보내지려 할 때, 명나라의 사신 沈惟敬과 왜장 小西行長과의 사이에 화의가 성립되어 1593년 8월 풀려났다. 성격이 나빠 사람을 함부로 죽이고 재물을 약탈하는 등 불법을 저질러 兩司의 탄핵을 받았고, 1601년에는 순화군의 君號까지 박탈당하였으나 사후에 복구되었다.

594 國景仁(국경인): 鞠景仁(?~1592)의 오기. 반란자. 본시 全州에 살다가 죄를 지어 會寧으로 유배되었다. 뒤에 회령부의 아전으로 들어가 재산을 모았으나, 조정에 대해서 원한이 많았다. 1592년 임진왜란 때 왜장 가토[加藤淸正]가 함경도로 침입하여 회령 가까이에 이르자 경성부의 아전으로 있던 작은아버지 鞠世弼, 명천 아전 鄭末守 등과 함께 부민을 선동, 반란을 일으켰다. 이때 근왕병(勤王兵: 왕을 측근에서 호위하는 병사) 모집차 이곳에 머무르고 있던 선조의 두 왕자 臨海君과 順和君 및 그들을 호종하였던 대신 金貴榮과 黃廷彧·黃赫 부자, 南兵使 李瑛, 회령 부사 文夢軒, 온성부사 李銖 등을 그 가족과 함께 잡아 적진에 넘겼다. 이에 가토에 의하여 判刑使制北路에 임명되어 회령을 통치하면서 李彦祐·田彦國 등과 함께 횡포를 자행하다가 北評事 鄭文孚의 격문을 받은 회령유생 申世俊과 吳允迪의 유인에 떨어져 붙잡혀 참살되었다.

595 餓莩(아표): 굶주려서 죽음.

可勝言?

임진년 12월 일록

12월 1일。 2일。

의성(義城)에 머물렀다.

壬辰十二月日錄。初一日初二日。

留義城。

12월 3일。

도순찰사(都巡察使)가 운산(雲山)에 들렀다가 안동(安東)에 도착하여 3일간 머물렀다.

初三日。

都巡察使, 歷雲山到安東, 留三日。

12월 5일。

영주(榮州)에 도착하여 2일간 머물렀다.

初五日。

到榮州, 留二日。

12월 8일。

풍기(豊基)에 도착하여 2일간 머물렀다.

初八日。

到豊基[596]。留二日。

12월 11일。

다시 영주(榮州)에 이르러 1일간 머물렀다.

十一日。

還到榮州。留一日。

12월 13일。

안동(安東)에 이르러 3일간 머물렀다.

사상(使相: 한효순)이 내가 일처리를 잘한다면서 특명으로 계속 맡으라고 하였다. 노모와 처자식들이 그대로 산골짜기에서 지내어 추위와 굶주림에 죽을 지경이라며 개인적 사정의 절박한 연유로 달려가 애걸하였다.

十三日。

到安東, 留三日。使相, 以我稱解事[597], 特命仍審云。老母妻子, 仍棲山間, 凍餓迫身, 私情切迫之由, 奔走告憐[598]。

12월 16일。

특별히 돌아가 가정을 살피라는 명을 받고 오다가 금소역(琴召驛)에 묵었다.

十六日。

---

596 豊基(풍기): 경상북도 영주시 풍기읍과 예천군 은풍면 지역.

597 解事(해사): 일을 잘 이해함. 눈치가 빠름.

598 告憐(고린): 乞哀告憐. 동정을 애걸함. 애걸복걸 동정을 구함.

特蒙歸審之令，來宿琴召[599]。

12월 17일。

피란소인 전도촌(錢道村)에 와서 보니, 노모와 의흥(義興)의 누이동생이 함께 한 막사에서 거처하였는데, 즉시 다시 전 주인(前主人) 집으로 노모를 모시고서 왔고, 의흥의 누이동생은 양식이 다 떨어져 네 아이를 데리고 나에게 와서 의지하였고, 달성인(達城人) 모녀 또한 나를 의지하여 이곳에 왔다.

가산을 탕진하고 농사를 전연 짓지 못하여 오로지 이 몸을 의지하는 자가 모두 40여 명인데, 내년에 보리를 수확할 시기까지 목숨을 이어갈 수단을 아무리 생각해도 마련할 방법이 없었으니, 비록 조만간 변란을 평정할지라도 굶어 죽는 우환을 끝내 면하기가 어려울 것이다. 오직 보리와 밀만이라도 씨를 뿌릴 수 있다지만, 지금 유민(流民)들이 악착스럽게 거의 다 먹어 버리니 보리와 밀을 수확해서 먹을 가망이 없었다. 어찌 국운이 불행하여 하나같이 그지없는 지경에 이르렀단 말인가?

十七日。

來觀避亂所錢道村，則母主與義興妹，同處一幕，卽還陪入前主人家，義興妹，絶食率四兒，賴我來接，達城人母女，亦賴我來此。蕩失家業，全失農事，專仰是身者，凡四十餘口，明年麥秋至，連命

599 琴召(금소): 琴召驛. 경상북도 안동시 임하면 금소리 琴召川의 북쪽 언덕에 있었던 역참. 지금은 半邊川이라 한다.

之術, 百計無策, 雖早晩事定, 餓死之患, 終難免矣。唯猶種兩麥, 今方流民, 握食殆盡, 又缺兩麥之望。何國運之不幸, 一至此極?

12월 18일。

피란소에 머물렀다.

이범(李凡)의 소생인 가은동(加隱同)은 나이가 열 살인 사내종인데 오늘 아침 홍역으로 죽었으니 가련하고 가련하였다.

종일 곁에서 노모를 모셨는데, 가은동의 아비인 근필(斤弼)이 어둑어둑해질 무렵 읍내에서 나와 주검을 거두어 갔다.

十八日。

留避亂所。李凡所生, 加隱同, 年十歲奴, 今朝以紅疫化去[600], 可憐可憐。終日侍側, 加隱同父斤弼, 薄暮自邑內出來, 收死而去。

12월 19일。

동틀 무렵 관사(官司: 관아)에 가서 피란소에 명첩(名帖)을 들이니, 먼저 술을 준 다음에 밥을 먹도록 하여 자못 은혜를 두터이 베풀어 주었다.

눈이 땅에 가득 쌓였는데, 어둑어둑해질 무렵에 작별을 고하고 어둠을 틈타 다시 전도촌(錢道村)에 이르렀다.

十九日。

黎明, 往官司, 避亂所納名[601], 則先酒後飯, 頗示恩厚。雪花滿

---

600 化去(화거): 다른 것으로 변하여 간다는 뜻으로, 죽음을 이르는 말.

地，薄暮告辭，乘昏還到錢道村。

12월 20일。

해가 지도록 편안하게 앉아 있기가 불안한 마음을 금할 수 없었다. 이웃 사람 청산래(青山來)가 살아 있는 꿩을 선물하였다.

지금 정란(庭蘭: 이탁영의 장남)의 편지를 보니 당교(唐橋)의 거적(巨賊)은 이미 도망쳐 갔으며, 경성(京城)에서 내려온 새로운 왜적이 또 그 소굴에 들어갔다고 하였다.

念日。

終日安坐，不勝未安。隣人青山來，贈生雉。今見庭蘭書，唐橋巨賊，已遁去，自京來新倭，又入其巢穴云。

12월 21일。

관아의 명령을 받고 읍내에 가려는데, 지나는 길에 정란(庭蘭)을 찾아가니 가솔들과 손자들은 예전 그대로인 데다 굶주림과 추위를 면하여 다행이고 다행이었다.

읍내에 가서 관사(官司: 관아)에 알리니, 관아에서 기제사(忌祭祀)로 인하여 읍내에 남아 있도록 하고 나에게 술과 떡을 보내주었으며, 또한 아침밥을 보내준 데다 약과(藥果) 25장을 싸서 노모에게 돌아가 봉양하라 하니 관아의 은덕이 망극하여 감격의 눈물이 절로 흘러내렸다.

---

601 納名(납명): 윗사람에게 왔다는 뜻으로 이름을 알림. 名帖을 들임.

어둑어둑해질 무렵 병상(兵相: 좌병사 박진)이 안동(安東)에서 우리 고을에 왔는데, 이름을 불러 앞으로 나오도록 해 술을 주시고 오래도록 이야기를 나누었다. 관사(官司)에서 또 나를 불러 술을 주니 은혜가 망극하여 감격하였다.

念一日。

承官令往邑, 歷訪庭蘭, 家屬群孫依舊, 時免飢寒, 多幸多幸。入縣謁官司, 官司以忌祭留縣, 饋我酒餅, 且饋朝飯, 又裹藥果二十五葉, 歸養老母云, 官德罔極, 感淚自零。薄暮, 兵相自安東入縣, 迺名則召前饋酒, 良久侍話。官司又召我饋酒, 感恩罔極。

12월 22일。

동틀 무렵 읍내에 가니, 박진(朴晉) 좌병상(左兵相)이 나를 방 안으로 불러서 해가 뜰 때까지 모시고 이야기를 나누었다. 병상은 내가 청송(青松)의 환상미(還上米)를 마련하여 완납했다는 기별을 듣고 한탄해 마지않으며 곡진하게 편지를 써서 보내기 위해 군관을 청송 부백(府伯)이 있는 곳으로 가게 하였다. 내가 어떤 사람이길래 이처럼 지극하게 해주시니 감격의 눈물이 절로 흘러내렸다.

어둑어둑해질 무렵 전도촌(錢道村)으로 돌아왔다.

念二日。

凌晨往邑, □□□[602]兵相, 召房內, 至日出侍話。兵相聞吾備納青松還上之奇, 不勝恨嘆, 曲盡裁簡, 爲送軍官于青松府伯處。我

---

602 □□□: 朴晉左인 듯.

是何人，至於此極，感淚自零。薄暮，還于錢道村。

12월 23일。

종일 곁에서 노모를 모셨다.

念三日。

終日□□[603]。

12월 24일。

읍내에 가서 관사(官司: 관아)에 알리니 곧 술을 보내주었다.

念四日。

往邑，謁官司，卽令饋酒。

12월 25일。

감사(監司: 한효순)의 행차가 안동(安東)에서 우리 고을에 들어온다고 하여 하루 내내 앉아서 기다리니 시장기가 자못 심하였다. 서녀(庶女) 정생(情生)이 성대하게 점심을 차려 주니 괴이해 마지않았다.

황혼녘에 사상(使相: 한효순)이 우리 고을에 들어왔다.

念五日。

監司行次，自安東入縣，終日坐待，飢餒頗甚。孽女情生，盛辦點心而饋，不勝怪□□□。黃昏，使相入縣。

603 □□: 侍側인 듯.

12월 26일。

사상(使相: 한효순)이 읍내에 머물렀다.

念六日。

使相留邑。

12월 27일。

사상(使相: 한효순)이 또 머물렀다.

念七日。

使相又留。

12월 28일。

사상(使相: 한효순)이 청송(青松)을 향해 떠났다.

念八日。

使相發向青松。

12월 29일。

섣달그믐날이다.

관사(官司: 관아)에서 또 백미(白米) 3말을 보내어 설을 지낼 물자로 쓰도록 하였고, 읍내에 가서 관사에 알리니 또 술을 보내도록 하였다.

위의 임진년은 4월부터 병화로 온 나라에 전쟁이 날로 심하여 난리가 평정되기를 기약하기 어려웠다. 굶어 죽은 사람이 서로 잇달아서 죽은 시체가 널브러져 있으니, 마음이 상하고 보기 참혹함을 이루 형언할 수 있었겠는가? 하물며 우리 두 왕자가 적진 속에 사로잡혀 이미 조령(鳥嶺)을 넘었다고 하나, 지금까지 머물러 있는 곳을 알지 못하였다. 어찌 나라의 운수가 불행하여 이토록 극도에 달한단 말인가?

念九日。

除夕[604]。官司, 又送白米三斗, 以爲過歲之資。入縣謁官司。又令饋酒。

右壬辰年, 自四月, 兵火滿國, 干戈日甚, 事定難期。餓莩相望, 僵屍狼藉, 傷心慘目, 有不可勝言? 況我二王子, 陷於賊中, 已逾鳥嶺云, 而迄未知所駐處。何國運之不幸, 至於此極?

604 除夕(제석): 섣달그믐날. 한 해의 마지막 때를 일컫는 말이다.

계사년
1593

춘정월。

좌도 순찰사(左道巡察使) 한효순(韓孝純)이 동도(東道: 左道)의 여러 장수들을 통솔하여 인동(仁同)의 적을 토벌하고자 하였으나, 왜적은 많고 아군은 적어서 끝내 교전하지 못했다.

평안도 순찰사(平安道巡察使: 이원익)가 승전 보고를 전하는 통문(通文)에 의하면, “천병(天兵: 명나라 군대)이 평양(平壤)을 함락시키려 쳐들어갈 때, 제독(提督: 이여송)이 이른 아침 전투하기에 좋은 자리를 선택하고 아침밥을 다 먹은 뒤로 여러 장수들과 약속하였습니다. 좌우영(左右營)의 군사와 군마(軍馬)를 차출하여 모란봉(牡丹峯) 아래의 칠성문(七星門)·보통문(普通門)·함구문(含毬門) 등 근처에 진(陣)을 치고 제독이 중간에서 지휘하였으며, 신(臣: 이원익) 등은 강복산(降福山)에 잠복하고 멀리서 바라보니 진시(辰時: 아침 8시 전후) 말이 되자 모든 군사들이 비늘과 같이 차례로 잇닿아 전진하며 각종 화기를 일시에 발사하니, 소리가 천지를 진동하고 온 들판이 캄캄하였습니다. 마침 바람이 동남쪽에서 불어와 연기가 흩어져 서쪽 산비탈을 뒤덮었는데, 외성(外城) 및 세 고을로 통하는 모든 길도 마치 짙은 안개가 낀 듯해 지척을 분간할 수 없었습니다. 잠시 뒤, 불이 밀덕(密德: 모란봉의 토굴)에 있는 적의 소굴에서 일어나더니 연기와 불길이 하늘로 치솟았는데, 서풍이 되불어서 불길이 번져 거의 다 탔습니다. 천병(天兵)이 북을 치면서 성으로 접근하였는데, 명나라 남방의 포수(砲手)와 요계(遼薊: 遼東과 薊州)의 궁병(弓兵)들이 등에는 방패를 지고 손에는 창을 가지고서 급습하여 크게 무찔렀습니다."라고 하였다.

癸巳 春正月。

左道巡察使韓孝純, 統率東道諸將, 欲討仁同賊, 彼衆我寡, 終未交鋒。平安道巡察使[1], 獻捷[2]傳通, "天兵陷入平壤, 提督[3]於早

---

1 平安道巡察使(평안도순찰사): 李元翼(1547~1634)을 가리킴. 본관은 全州, 자는 公勵, 호는 梧里. 1592년 임진왜란이 발발하자 이조판서로서 평안도도순찰사의 직무를 띠고 먼저 평안도로 향했고, 宣祖도 평양으로 파천했으나 평양마저 위태롭자 영변으로 옮겼다. 이때 평양 수비군이 겨우 3,000여 명으로서, 당시 총사령관 金命元의 군통솔이 잘 안되고 군기가 문란함을 보고, 먼저 당하에 내려가 김명원을 元帥의 예로 대해 군의 질서를 확립하였다. 평양이 함락되자 정주로 가서 군졸을 모집하고, 관찰사 겸 순찰사가 되어 왜병 토벌에 전공을 세웠다. 1593년 정월 李如松과 합세해 평양을 탈환한 공로로 崇政大夫에 가자되었고, 선조가 환도한 뒤에도 평양에 남아서 군병을 관리하였다. 1595년 우의정 겸 4도체찰사로 임명되었으나, 주로 영남체찰사영에서 일하였다. 이때 명나라의 丁應泰가 經理 楊鎬를 중상모략한 사건이 발생해 조정에서 명나라에 보낼 陳奏辨誣使를 인선하자, 당시 영의정 유성룡에게 "내 비록 노쇠했으나 아직도 갈 수는 있다. 다만 학식이나 언변은 기대하지 말라." 하고 자원하였다. 그러나 정응태의 방해로 소임을 완수하지 못하고 귀국하였다.

2 獻捷(헌첩): 勝捷했다는 보고를 올리는 것을 말함.

3 提督(제독): 李如松(1549~1598)을 가리킴. 명나라 장수. 朝鮮 출신인 李英의 후손이며, 遼東總兵으로 遼東지역의 방위에 큰 공을 세운 李成梁(1526~1615)의 長子이다. 1592년 임진왜란 때 防海禦倭總兵官으로서 명나라 구원군 4만 3천 명을 이끌고 동생 李如柏과 왔다. 43000여의 明軍을 이끌고 압록강을 건넌 그는 休靜(1520~1604), 金應瑞(1564~1624) 등이 이끄는 조선의 僧軍, 官軍과 연합하여 1593년 1월 고니시 유키나가[小西行長]의 왜군을 기습해 평양성을 함락시켰다. 그리고 퇴각하는 왜군을 추격하며 평안도와 황해도, 개성 일대를 탈환했지만, 한성 부근의 碧蹄館에서 고바야카와 다카카게[小早川隆景], 다치바

朝卜吉，喫朝飯訖，約束諸將。除出左右營士馬，結陣於牧丹峯[4]下，七星[5]·普通[6]·含毬[7]等近處，而提督居中指揮，臣等伏在降福山[8]望見，則辰時末，諸軍鱗次漸進。各樣銃砲，一時齊發，聲振天地，大野晦冥。適以風從東南來，烟散漫西靡，外城及三縣間諸路，若隔重霧，咫尺不分。俄而，火起密德[9]賊窟，烟焰亘天，西風回吹，延爇殆盡。天兵，鼓噪薄城，南方炮手，遼薊弓兵，負牌持矛槍者，急擊大敗之."

3월 26일。

조보(朝報)를 얻어 보니, "천조(天朝: 명나라 조정) 송 시랑(宋侍郎: 宋應昌)은 이미 의주(義州)에 이르렀고, 대가(大駕)가 이달 3일에 영접하는 일로 영유(永柔)에서 숙천(肅川)으로 옮겨 머물렀다가 시랑이 지나간 뒤에 다시금 영유에 머물렀지만 점차로 전진할 것이었고,

---

나 무네시게[立花宗茂] 등이 이끄는 왜군에 패하여 開城으로 퇴각하였다. 그리고 함경도에 있는 가토 기요마사[加藤淸正]의 왜군이 평양성을 공격한다는 말이 떠돌자 평양성으로 물러났다. 그 뒤에는 전투에 적극적으로 나서지 않고 화의 교섭에만 주력하다가 그 해 말에 劉綎(1558~1619)의 부대만 남기고 명나라로 철군하였다.

4 牧丹峯(모란봉): 평안남도 평양 대동강의 오른쪽 연안에 있는 산.

5 七星(칠성): 七星門. 평안남도 평양의 모란봉에 있는, 고구려 평양성의 내성 북문. 6세기 중엽에 창건되었다.

6 普通(보통): 普通門. 평양성 중성의 서문.

7 含毬(함구): 含毬門. 평양성의 외성과 중성 사이에 있는 동남문

8 降福山(강복산): 평양성 북쪽 10리 지점에 있는 산.

9 密德(밀덕): 평양시 을밀대의 옛이름의 하나. 모란봉의 토굴이다. 조선시대부터 밀덕으로 불렸는데 '산둔덕'이란 뜻으로 쓰이고 있다.

삼궁(三宮: 의인왕후 박씨) 및 동궁(東宮: 광해군)이 이때 정주(定州)에 머물러 있다."라고 하였다.

○癸巳三月二十六日。

得見朝報, 天朝宋侍郎[10], 已到義州, 大駕今月初三日, 迎接事, 自永柔[11]移駐肅川[12], 侍郎過後, 還駐永柔, 漸次前進, 三宮[13]及東宮, 時駐定州。

4월 일。

비망기(備忘記)로 전교(傳敎)하기를, "지금 예조 판서(禮曹判書: 尹根壽)의 서장을 보니, '제독(提督: 이여송)이 강화(講和)하려고 한다고 하는데, 이는 피차간 상생하는 말이라 하나 신뢰할 수가 없다. 다만 지금 제독의 말이 우리의 뜻을 깊이 알고서 하는 것인지 지극히 의심스럽다. 화(和)란 한 글자는 이전 시대의 망한 나라에서나 나온 글자

---

10 宋侍郎(송시랑): 宋應昌(1536~1606)을 가리킴. 명나라 장수. 임진왜란 당시 1592년 12월 명군의 지휘부, 경략군문 병부시랑으로 부하인 제독 李如松과 함께 43,000명의 명나라 2차 원군의 총사령관으로 참전하였다. 그리고 조선의 金景瑞와 함께 제4차 평양 전투에서 평양성을 탈환한다. 그러나 이여송이 벽제관 전투에서 대패하자 명나라 요동으로 이동, 형식상으로 지휘를 하였다. 이후 육군과 수군에게 전쟁 물자를 지원해 주었고 전쟁 후 병이 들어 70세의 나이로 병사하였다.

11 永柔(영유): 평안남도 평원군 영유면 지역.

12 肅川(숙천): 평안남도 서부에 있는 고을.

13 三宮(삼궁): 諸侯의 부인을 가리킴. 여기서는 宣祖의 妃를 의미하는바, 懿仁王后 朴氏이다. 《禮記》〈祭義〉에 "삼궁의 夫人과 世婦 중에서 길한 자를 가려 蠶室에 들어가 누에를 치게 한다." 하였는데, 鄭玄의 註에 "제후의 부인은 삼궁이니, 왕후의 절반이다."라고 하였다.

이거늘 어찌 차마 입 밖으로 낸단 말인가? 가슴 아프고 답답하기가 그지없다. 설사 강화(講和)한다고 하여 이 적을 토벌하지 않은 채로 보호하여 돌려보내면 어찌 나라를 다스리는 이치가 있겠는가? 우리 나라의 존망이 이에 달렸으니 제독의 일행을 내일 접견할 때 마땅히 대인(大人: 제독 이여송)이 왜적을 물리치려는 뜻이라면 소방(小邦: 조선)의 임금과 신하야 샅샅이 알고 있지 않은 것이 없어 감격하여 울겠지만, 다만 강화(講和)의 말은 예로부터 화(和)란 한 글자가 사람을 그르친 것이 많이 있었다는 것을 들었거늘 이적(夷狄: 오랑캐)과 강화하는 것이 어찌 나라를 보존할 가망이 있는 것이겠는가? 하물며 왜놈들은 변덕스럽고 속임수가 아주 많은 데다 심술보가 사납고 헤아리기 어려워 다른 이적(夷狄)에 비할 바가 아니다. 지금에 천위(天威: 천자의 위엄)를 떨친다면 적은 필시 두려워 숨고서 감히 움직이지 못할 것이나, 만약 함께 강화한다면 저들이 필시 업신여기며 깔보고서 해마다 침범할 것은 의심의 여지가 없으니 소방(小邦)은 답답하고 안타까움을 이길 수가 없다. 대인(大人: 제독 이여송)은 이러한 뜻을 송야(宋爺: 시랑 송응창)에게 고하여 주기를 바란다.'라고 하였다. 이러한 뜻으로 문장을 지어 간략하게나마 게첩(揭帖: 보고 공문서)을 만들어서 작별할 때 주는 것이 좋겠다."라고 하였다.

○癸巳四月日

備忘記[14]傳曰: "今見禮判[15]書狀, 則'提督欲爲講和云。此則彼

---

14 備忘記(비망기): 임금이 명령을 적어 承旨에게 전하던 문서.

15 禮判(예판): 禮曹判書 尹根壽(1537~1616)를 가리킴. 본관은 海平, 자는 子固,

此相生之說, 不可取實。但今日提督之言, 探識我意, 極爲可疑。和之一字, 前代亡國之字, 豈忍出口? 不勝痛悶。設使, 和而不討此賊, 護送之, 寧有爲國之理乎? 我國存亡在此, 提督一行, 明日接見時, 宜以大人勦賊之意, 則小邦君臣, 無不洞知感泣, 但聞有講和之說, 自古和之一字, 誤人多矣。與夷狄講和, 寧有保國之望乎。況倭奴, 變詐百出, 心悍叵測, 非他夷狄之比。今以天威震之, 則必懼伏而莫敢動, 若與之和, 則彼必淩侮, 年年侵軼[16]無疑, 小邦不勝悶望。願大人以此意, 告于宋爺.'云云。此意措辭, 略作揭帖[17], 臨別呈之可也."

4월 4일。

당교(唐橋)의 적이 용궁(龍宮)과 예천(醴泉) 지경으로 마구 들어왔고, 인동(仁同)의 적 또한 의흥(義興) 지경으로 들어와 살육과 약탈이 매우 심하였다.

대구 부사(大丘府使) 윤현(尹晛)은 변란 초에 가솔들을 데리고 공산(公山: 팔공산)으로 숨었으나 다시 분탕질을 당하여 겨우 몸만 빠져나

호는 月汀. 1558년 별시 문과에 급제해 여러 관직을 거쳐 1572년 동부승지를 거쳐 대사성에 승진하였다. 그 뒤 경상도감사·부제학·개경 유수·공조참판 등을 거쳐 1589년 聖節使로 명나라에 파견되었으며, 1591년 우찬성으로 鄭澈이 建儲(세자 책봉) 문제로 화를 입자, 윤근수가 정철에게 당부했다는 대간의 탄핵으로 형 윤두수와 함께 삭탈관직 되었다. 1592년 임진왜란이 일어나자 예조판서로 다시 기용되었으며, 問安使·遠接使·주청사 등으로 여러 차례 명나라에 파견되었고, 국난 극복에 노력하였다.

16 侵軼(침질): 무력으로 공격함. 침범함.

17 揭帖(게첩): 어떠한 일에 관한 내용을 적어서 보고하는 공문서.

왔지만, 오랫동안 깊은 산속에서 지내느라 양식이 바닥나 어쩔 수 없어 보령(保寧)의 농사(農舍: 농장)로 향해 떠났는데 지난달 21일 낙동강을 건너기 전에 인동의 적에게 엄습을 받았다. 부인(夫人: 金麟瑞의 딸 光山金氏) 및 자부(子婦: 尹器之의 처 박씨)와 처자(處子: 윤현의 사위인 柳希聃의 딸) 세 사람은 강물 속으로 뛰어들어 죽었고, 자제(子弟: 아들 윤기지) 한 사람과 노비 50여 명이 모두 해를 입었으니, 참담하고 비통함을 말할 수 있으랴?

○癸巳四月初四日。

唐橋之賊, 闌入龍醴兩境, 仁同之賊, 又入義興境, 殺掠甚多。大丘府使尹晛, 自變初, 率眷隱公山, 再被焚蕩, 僅以身免, 久棲深山, 粮盡勢迫, 發向保寧[18]農舍, 前月二十一日, 臨渡洛江, 爲仁同賊掩襲。夫人[19]及子婦[20]處子[21]三人[22], 投江中而死, 子弟一人·奴婢五十餘口, 皆被害, 慘痛可言?

4월 28일。

선전관(宣傳官)이 표신(標信)을 가지고 와서 왕명을 전달하였는데, 경성(京城)의 적은 이미 퇴각해 내려왔고 죽산(竹山)·충주(忠州)의 적

---

18 保寧(보령): 충청남도 서부에 있는 고을. 동쪽은 청양군·부여군, 서쪽은 서해, 남쪽은 서천군, 북쪽은 홍성군과 접한다.

19 夫人(부인): 청주 판관 金麟瑞의 딸 光山金氏.

20 子婦(자부): 尹晛의 외아들인 尹器之의 처 박씨

21 處子(처자): 尹晛의 둘째사위인 柳希聃의 딸.

22 朴弼周(1680~1748)의 《黎湖先生文集》 권24 〈承文院判校松巒尹公墓碣銘〉에 자세함.

또한 퇴각해 내려왔는지라, 천병(天兵: 명나라 군대)이 이미 경성에 이르렀고 장차 뒤따라 내려와 공격할 계획이라고 하였다.

○癸巳四月二十八日。

宣傳官持標信[23]來布, 京城之賊, 已爲遁下, 竹山[24]·忠州之賊, 亦已遁下, 天兵已到京城, 將下尾擊之計。

5월 10일。

순찰사(巡察使) 한효순(韓孝純)이 문경(聞慶)으로 향하고자 함은 천장(天將: 명나라 장수)을 맞이하려는 계획이었으나, 상주(尙州)에 주둔한 적들이 물러갈 뜻을 품지 않고 더욱 멋대로 포악하므로 사잇길을 경유하여 견탄참(犬灘站)에 이르니, 선봉 천장(先鋒天將)인 세 대장이 와서 이곳에 진(陣)을 치고 있었다. 순찰사가 다만 문안인(問安人)만 보내고 곧 문경으로 향하려는데, 경기 조방장(京畿助防將: 洪季男)이 남몰래 연락하여 말하기를, "천장(天將: 명나라 장수) 사 총병(査摠兵: 査大受)은 탐학과 포악함이 이루 말할 수 없으니 만약 본도(本道: 경상도)의 순찰사가 온 것을 알면 필시 포학에 시달려 곤욕을 치를 것이오."라고 하니, 밤에 함부로 돌아와 버렸다고 하였다.

○癸巳夏五月初十日。

巡察使韓孝純, 欲向聞慶[25], 以迎天將之計, 而尙州屯賊, 無意

23 標信(표신): 조선시대에 궁성의 문을 드나들 때에 표로 지니던 門標.

24 竹山(죽산): 경기도 안성시 남동쪽 끝에 있는 고을.

25 聞慶(문경): 경상북도 북서부에 있는 고을. 동쪽은 예천군, 서쪽은 소백산맥을 경계로 충청북도 괴산군, 남쪽은 상주시, 북쪽은 소백산맥을 경계로 충청북도

退去, 益肆其暴, 故由間路, 到犬灘站[26], 天將先鋒三大將, 來陣于此。巡察使只送問安人, 將向聞慶, 京畿助防將[27], 密通曰: "天將查摠兵[28], 貪虐無狀, 若聞本道巡察使之行, 必侵暴困辱." 夜闌入來云。

5월 12일。

천장(天將: 명나라 장수)인 유 유격(劉遊擊: 劉綎)이 절강성(浙江省) 출신 포수(砲手) 3천 명을 이끌고 조령(鳥嶺)을 넘어 문경(聞慶)에 이르렀다. 유정 장군은 청렴하고 점잖아서 훌륭한 명성이 멀리 만 리 밖까지 퍼졌는데, 순찰사가 간절히 얼굴을 보고자 했으나 순조롭지 않아 볼 수가 없었다.

15일에는 천장(天將: 명나라 장수) 제독(提督) 이여송(李如松)이 대군을 이끌고 조령을 넘어왔는데, 대군의 수는 6만여 명으로 혁혁한

제천시·충주시와 접한다.

26 犬灘站(견탄참): 경상북도 문경에 있던 역참.

27 京畿助防將(경기조방장): 洪季男(1563~1597)을 가리킴. 본관은 南陽. 1590년 일본에 파견되는 통신사의 군관으로 선발되어 黃允吉·金誠一 일행을 따라 일본에 들어갔다가 이듬해 돌아왔다. 관직으로는 경기도조방장, 충청·경상도의 조방장, 수원판관·영천군수 등을 지냈다. 1596년 李夢鶴의 반란을 평정하는데 공을 세웠다.

28 查摠兵(사총병): 總兵 查大受. 명나라 장수. 1592년 임진왜란 당시 李如松을 따라 先鋒副總兵으로 임명되어 조선에 파견되었다. 平壤城 전투에 참여했고, 선봉대를 지휘하면서 정탐 관련 임무를 수행하는 등의 많은 전공을 세웠다. 명군의 장수 중에서 駱尙志·李芳春과 함께 뛰어난 무예와 용맹으로 유명했다. 이들은 모두 遼東지역 출신으로 원래 李成樑의 家人이었다. 따라서 이여송의 측근으로 활동했다.

황제의 위엄이 천만 리 밖에까지 크게 떨칠 것이라 간신히 살아남은 백성들은 썩어 문드러질 몸이 소생하는 듯하였다.

순찰사가 수령들을 인솔하고 길가에서 꿇어앉고 맞이하는 예를 행하였으나, 제독은 보고도 못 본 체하였다. 늙은 영리(營吏)들을 시켜 술과 고기를 가져오게 하고서 사민(士民)이라 칭해지는 자가 간소한 음식을 마련하여 왕사(王師)를 맞이하는 예를 보이니, 제독은 말을 멈추고 그 노고를 간곡하게 치하하여 말하기를, "가련한 늙은이들이 어디에서 이런 것을 구하였단 말인가?"라고 하며 통사(通事: 통역관)에게 받도록 했다고 하였다.

접반사(接伴使)는 대제학(大提學) 이덕형(李德馨), 접대사(接待使)는 예조 판서(禮曹判書) 한응인(韓應寅)·호조 판서(戶曹判書) 이성중(李誠中), 방량사(放粮使)는 백유함(白惟諴)으로 제독을 수행하였다.

다음날 제독은 전진하지 않고 갑자기 군대를 돌려서 도로 조령을 넘어 경성을 향하였다. 슬프게도 우리 남쪽의 백성들은 더 이상 가망이 없게 되었으니 다만 통곡만 더할 뿐이었다.

5월 17일 순찰사가 안강현(安康縣)으로 가는 도중에 당관(唐官: 명나라 관원) 한 사람을 만나니, 이 제독(李提督: 이여송)은 본국(本國: 명나라)에 인마(人馬)가 없다는 핑계로 기꺼이 전진하려 하지 않고 갑자기 회군하였기 때문에 송 시랑(宋侍郎: 송응창)이 거짓인지 사실인지 살피려고 이 당관(唐官)을 보냈는데, 병마(兵馬)와 수군(水軍)의 수를 적어 간다고 하였다.

의병장(義兵將) 조호익(曺好益)이 치보(馳報)한 것에 의하면, "동래(東萊)·양산(梁山)의 적이 수로와 육로를 널리 채워 밀양(密陽)으로 향했다가 진주(晉州)를 침범하려는 계획입니다. 도원수(都元帥) 김명원(金命元)은 군사를 경주(慶州)에 주둔시키고 이 제독(李提督)은 이미 경성으로 돌아갔고 송 시랑(宋侍郞: 송응창)은 퇴각해 안주(安州)에 주둔하였는데, 이 총병(李摠兵: 李芳春)·조 총병(祖摠兵: 祖承訓)·장 유격(張遊擊: 張良相)·갈 유격(葛遊擊: 葛逢夏)은 지금 견탄(犬灘)에 주둔하였지만, 유 총병(劉摠兵: 劉綎)은 절강성(浙江省) 출신 포수 5천 명으로 이때 상주(尙州)에 주둔하였고, 유 유격(劉遊擊: 劉崇正)은 이때 선산(善山)에 주둔하였으며, 황 지휘(黃指揮: 黃應陽)·도 책사(陶策士: 陶良性)는 경주(慶州)에 가서 주둔하였습니다. 전라병(全羅兵)은 창의사(倡義士: 倡義使의 오기) 김천일(金千鎰)·우성전(禹性傳)의 병마(兵馬)와 함께 우도(右道: 경상 우도)에 와서 주군하였고, 독포사(督捕使) 박진(朴晉) 병마 및 삼도 방어사(三道防禦使) 이시언(李時彦: 李時言의 오기)·이응성(李應聖)의 병마는 비록 밀양(密陽)에 와서 주둔하고 있을지언정 만일 멀리 달려가면 적과 교전할 만한 기세는 조금도 없는 데다 식량이 바닥나 군사들이 먹지 못한 위급한 상황이 눈썹이 타는 위급보다도 더 심하였습니다. 만일 천병(天兵: 명나라 군대)이 아니라면 흉적이 퇴각하여 도망칠 리가 만무하니 황제의 은혜가 망극하였습니다. 그러나 다만 가슴 답답함은 천병(天兵: 명나라 군대)이 소방(小邦: 조선)에 와서 머물며 아무런 거리낌없이 제 멋대로 행동하여 물건을 보기만 하면 반드시 약탈하는 것이었으나, 총병(摠兵) 유정(劉挻: 劉綎의 오기)의 휘하 모든 군사들만은 물건을 주면 반드시 사양하는 데다 물건을 보고도 약탈하지 않아 청렴하고 점잖기가 현재 다른 천병들보다 훨씬 뛰어났으니 모두 흠모하였습니다. 또한 그들의 본뜻은 적을 신속히 토벌하려는 것이었으나, 송 시랑(宋侍郞: 송응창)과 이 제독(李提督: 이여송)으로부터 견제를 받아 끝내 본뜻을 이루지 못하고 있으니 통탄하기 일쑤입니다."라고 하였다.

○허다한 천병(天兵: 명나라 군대)들이 남은 양식을 죄다 허비하고 양맥(兩麥: 보리와 밀)도 이미 고갈된 데다 가을 농사도 가망이 없으니, 다 빨아 먹어 앙상한 해골 같은 모습으로 다시 어찌할 바가 없어 곳곳에서 사람들이 다투어 서로 잡아먹었다. 심지어 문경현(聞慶縣) 지경에서는 한 정로위(定虜衛)가 자기의 누이동생을 잡아먹었다고 하니, 어찌 시운(時運)이 불행하여 이토록 극도에 달한단 말인가?

○癸巳夏五月十二日。

天將劉遊擊[29], 率浙江砲手三千, 踰嶺到聞慶。劉將淸謹, 佳聲遠播萬里之外, 巡察使, 切欲承顔, 而非便[30]未果。十五日, 天將李提督如松, 率大軍踰嶺, 大軍之數, 六萬餘衆, 赫赫皇威, 大振於千萬里之外, 孑遺生靈, 朽骨欲蘇。巡察使, 率守令, 跪迎[31]于道左, 提督視而不見。令老營吏輩, 持酒肉, 稱土民, 以示簞食壺漿[32], 以迎王師之禮, 則提督駐馬, 諄諄[33]致勞曰: "可憐餘生, 從何得此?"

---

29 劉遊擊(유유격): 遊擊 劉綎(1558~1619). 1592년 임진왜란이 일어나자 이듬해 원병 5천을 이끌고 참전하였다. 1597년 정유재란 때 남원에서 졌다는 소식이 전해지자, 배편으로 강화도를 거쳐 입국하였다. 전세를 확인한 뒤 돌아갔다가, 이듬해 提督漢土官兵禦倭總兵官이 되어 대군을 이끌고 와서 도와주었다. 曳橋에서 왜군에게 패전, 왜군이 철병한 뒤 귀국하였다.

30 非便(비편): 순조롭지 않음. 편하지 못함.

31 跪迎(궤영): 손님을 무릎 꿇고 맞이하는 예법.

32 簞食壺漿(단사호장): 도시락에 담은 밥과 병에 담은 음료수라는 뜻으로, 음식물을 차리고 환영하는 것을 이르는 말.

令通事奉納云。接伴使大提學李德馨，接待使禮判韓應寅[34]·戶判李誠中[35]，放粮使白惟諴[36]，跟隨之。翌日，提督不爲前進，遽卽旋

33 諄諄(순순): 간곡하게 타이르는 모양. 그 태도가 아주 다정하고 친절함을 이르는 말이다.

34 韓應寅(한응인, 1554~1614): 본관은 淸州, 자는 春卿, 호는 百拙齋·柳村. 1576년 사마시에 합격하고, 다음해 謁聖文科에 급제, 注書·예조좌랑·병조좌랑·持平을 지내고, 1584년 宗系辨誣奏請使의 서장관으로 명나라에 다녀왔다. 1588년 신천군수로 부임하여, 이듬해 鄭汝立의 모반사건을 적발하여 告變, 그 공으로 호조참의에 오르고 승지를 역임하였다. 1591년 예조판서가 되어 진주사로 재차 명나라에 가서 이듬해 돌아왔다. 임진왜란이 일어나자 八道都巡察使가 되어 요동에 가서 명나라 援軍의 출병을 요청하고, 接伴官으로 李如松을 맞았다. 이듬해 請平君에 봉해지고, 서울이 수복되자 호조판서가 되었다. 1595년 주청사로 명나라에 다녀오고, 1598년 우찬성에 승진, 1605년 府院君에 진봉되고, 1607년 우의정에 올랐다. 1608년 선조로부터 遺敎七臣의 한 사람으로 永昌大君의 보호를 부탁받았으며, 1613년 癸丑獄事에 연루되어 관작이 삭탈당하였다가 후에 신원되었다.

35 李誠中(이성중, 1539~1593): 본관은 全州, 자는 公著, 호는 坡谷. 1558년 진사시에 합격하고, 1570년 承仕郞으로서 식년 문과에 급제하였다. 1571년 검열·주서를 거쳐 이조좌랑에 지제교를 겸임하고, 1575년 동서분당이 되자 동인으로 지목되어 한산군수로 전임되었다. 직제학·동부승지·우승지를 역임하였다. 1585년 좌승지, 이듬해 대사간, 1587년 홍문관부제학에 경연참찬관을 지냈다. 1589년 이조참판이 되고 1591년 옥당 장관으로 시폐 12조와 세자 책봉을 거론하였다. 다시 상소하려다가 충청감사로 전임되고, 같은 해 8월 당쟁의 소용돌이 속에 파직되었다. 1592년 4월 임진왜란이 일어나자 수어사가 되어 임금을 호종해 평양에 이르러 호조판서가 되고, 선조의 遼東 피난을 반대하였다. 7월에는 중국 九連城에 파견되어 명나라의 원병을 청했고, 원병이 오자 李如松 군대의 식량 조달을 위해 진력하다가 1593년 7월 함창에서 과로로 병사하였다.

36 白惟諴(백유함, 1546~1618): 본관은 水原, 자는 仲說. 1570년 사마시에 합격해 진사가 되고, 1576년 식년 문과에 급제하였다. 그 해에 승문원주서에 등용되고, 이어서 홍문관의 正字 등을 거쳐, 병조정랑이 되었다. 1583년에 이조좌랑이 되었다가 이듬해인 1584년에 이조정랑이 되었다. 1589년에 鄭汝立 모반 사건이 평정되자 다시 예조정랑으로 복직되었다. 1591년 왕세자 책봉 문제로 西人인 鄭澈의 주장에 동조했는데, 이후 정철이 물러나자 백유함도 경성으로 유배되었

師, 還踰嶺向京。哀我南民, 更無所望, 徒增痛哭而已。五月十七日, 巡察使, 於安康[37]縣半途, 得逢唐官一員, 則李提督, 托以本國無人馬, 不肯前進, 遽卽旋師, 故宋侍郎, 欲驗虛實, 送此唐官, 兵馬舟師, 數書去云。義兵將曺好益[38], 馳報內, "東萊·梁山之賊, 水陸路瀰滿, 向密陽, 欲犯晉州之計。都元師金命元[39], 駐兵慶州, 李提督已還京城, 宋侍郎退駐安州[40], 唯李摠兵[41]·祖摠兵[42]·張遊

다가 다시 경흥으로 옮겨졌다. 1592년에 임진왜란이 일어나자, 유배가 풀려 의주로 왕을 호종했으며 홍문관직제학으로 복직되었다. 명나라 군사들의 군량을 조달하라는 특수 임무를 부여받고 동분서주하면서 尹承勳과 함께 군량미 2만 석을 조달했고, 이어서 정주에서도 많은 군량미를 모았다. 1593년 함경도에서 왕자를 왜군에게 잡히게 한 黃廷彧을 탄핵하였다. 1597년 정유재란이 일어나자 護軍이 되어 명나라 사신인 丁應泰를 접반하였다.

37 安康(안강): 경상북도 경주시 북서쪽 끝에 있는 고을.

38 曺好益(조호익, 1545~1609): 본관은 昌寧, 자는 士友, 호는 芝山. 창원 출생이다. 1592년 임진왜란 때 柳成龍의 청으로 풀려나와 金吾郎에 특별 임명되어 行在所가 있는 중화로 달려갔다. 그 뒤 召募官이 되어 軍民을 규합, 중화·상원 등지에서 전공을 세워 鹿皮를 하사받았다. 이어 형조정랑·折衝將軍에 승진되고, 1593년 평양 싸움에 참가하는 등 전공을 세웠다. 그 뒤 대구부사·성주목사·안주목사·성천부사 등을 역임하고, 1597년 정주목사가 되었으나 병으로 사직하였다.

39 金命元(김명원, 1534~1602): 본관은 慶州, 자는 應順, 호는 酒隱. 1568년 종성부사가 되었고, 그 뒤 동래부사·판결사·형조참의·나주 목사·정주 목사를 지냈다. 1579년 의주 목사가 되고 이어 평안 병사·호조 참판·전라 감사·한성부 좌윤·경기 감사·병조참판을 거쳐, 1584년 함경감사·형조 판서·도총관을 지냈다. 1587년 우참찬으로 승진했고, 이어 형조 판서·경기 감사를 거쳐 좌참찬으로 지의금부사를 겸했다. 1589년 鄭汝立의 난을 수습하는 데 공을 세워 平難功臣 3등에 책록되고 慶林君에 봉해졌다. 1592년 임진왜란이 일어나자, 순검사에 이어 팔도도원수가 되어 한강 및 임진강을 방어했으나, 중과부적으로 적을 막지 못하고 적의 침공만을 지연시켰다. 평양이 함락된 뒤 순안에 주둔해 行在所 경비에 힘썼다. 이듬해 명나라 원병이 오자 명나라 장수들의 자문에 응했고, 그 뒤 호조·예조·공조의 판서를 지냈다. 1597년 정유재란 때는 병조판서로 留都大將을 겸임했다.

擊[43]·葛遊擊[44], 方駐犬灘[45], 劉摠兵浙江砲手五千, 時駐尙州, 劉遊擊[46]時駐善山, 黃指揮[47]·陶策士[48], 往駐慶州。全羅兵, 與倡義士[49]金千鎰[50]·禹性傳[51]兵馬, 來駐右道, 督捕使朴晉兵馬及三道防

---

40 安州(안주): 평안북도 兵營의 소재지.

41 李摠兵(이총병): 李芳春을 가리킴. 遼衛 사람. 李成梁의 家人. 駱尙志·査大受와 함께 뛰어난 용맹으로 유명했다.

42 祖摠兵(조총병): 祖承訓을 가리킴. 임진왜란 때 명에서 파견된 장군 가운데 하나. 파병 당시 직위는 摠兵. 1592년 7월에 기마병 3천을 거느리고 평양을 공격하게 하였으나 이기지 못한 채 퇴각하여 요동으로 되돌아갔다. 그 뒤 12월에 다시 부총병 직위로 이여송 군대와 함께 다시 와서 평양성을 수복한다.

43 張遊擊(장유격): 張良相을 가리킴. 杭州사람. 1593년 2월 어왜총병관으로 온 陳璘 휘하의 수군장.

44 葛遊擊(갈유격): 葛逢夏. 1592년 임진왜란 당시 명나라에서 파견한 장수. 그는 유격장군을 맡고 있었으며, 義州를 거쳐 평양성을 공격할 때, 李如松 휘하에서 統領保眞建遵調兵遊擊將軍으로 마병 2천을 거느리고 있었다. 후에 南原까지 원정에도 참여하였다.

45 犬灘(견탄): 경상북도 문경시의 서쪽 5리에 있는, 용연의 하류,

46 劉遊擊(유유격): 劉崇正.

47 黃指揮(황지휘): 黃應陽. 임진왜란 당시 조선과 일본의 연루설을 조사하기 위해 조선에 파견된 명의 관리. 중국 출신으로 일본에 포로로 잡혀가 살고 있던 許義後란 인물이 일본의 관백 豊臣秀吉이 명을 공격해 올 것이라는 정보를 浙江省에 제공했었다. 또한 그는 일본과 조선이 연루되어 있다는 잘못된 정보를 주기도 하였다.

48 陶策士(도책사): 陶良性. 1592년 임진왜란 때 監生으로 경략 宋應昌을 수행했고, 永平府通判으로 軍門 邢玠를 수행하여 두 차례 조선에 건너왔다.

49 倡義士(창의사): 倡義使의 오기. 이하 동일하다.

50 金千鎰(김천일, 1537~1593): 본관은 彦陽, 자는 士重, 호는 健齋·克念堂. 1578년 任實縣監을 지냈다. 임진왜란 때 나주에 있다가 高敬命·朴光玉·崔慶會 등에게 글을 보내 倡義起兵할 것을 제의하는 한편, 담양에서 고경명 등과도 협의하였다. 그 뒤 나주에서 宋濟民·梁山璹·朴懽 등과 함께 의병의 기치를 들고 의병 300명을 모아 북쪽으로 출병하였다. 한편, 공주에서 趙憲과 호서지방 의병에 관해 협의하고는 곧 수원에 도착하였다. 북상할 때 수원의 연도에서 스스

禦使李時彦[52]·李應聖[53]兵馬，雖來駐密陽，若長驅則少無交鋒之

로 의병에 참가한 자와 또 호서방면에서 모집한 숫자가 크게 늘어나자 군세는 사기를 떨쳤다. 수원의 禿城山城을 거점으로 본격적인 군사 활동을 전개, 유격전으로 개가를 올렸다. 특히, 金嶺戰鬪에서는 일시에 적 15명을 참살하고 많은 전리품을 노획하는 대전과를 올렸다. 8월 전라병사에 崔遠의 관군과 함께 강화도로 진을 옮겼다. 이 무렵 조정으로부터 倡義使라는 軍號를 받고 掌禮院判決事에 임명되었다. 강화도에 진을 옮긴 뒤 강화부사·전라병사와 협력해 연안에 防柵을 쌓고 병선을 수리해 전투태세를 재정비하였다. 강화도는 당시 조정의 명령을 호남·호서에 전달할 수 있는 전략상의 요충지였다. 9월에는 通川·陽川 지구의 의병까지 지휘했고 매일같이 강화 연안의 적군을 공격했으며, 양천·김포 등지의 왜군을 패주시켰다. 한편, 전라병사·경기수사·충청병사, 秋義兵將 禹性傳 등의 관군 및 의병과 합세해 楊花渡戰鬪에서 대승을 거두었다. 또한, 일본군의 圓陵 도굴 행위도 막아 이를 봉위하기도 하였다. 다음해인 1593년 정월 명나라 군대가 평양을 수복, 개성으로 진격할 때 이들의 작전을 도왔으며, 명·일간에 강화가 제기되자 반대 운동을 전개하였다. 서울이 수복되어 굶주리는 자가 속출하자 배로 쌀 1,000석을 공급해 구휼하였다. 전투에서도 경기수사·충청수사와 함께 仙遊峯 및 沙峴戰鬪에서 다수의 적을 참살, 생포하고 2월에는 權慄의 행주산성 전투에 강화도로부터 출진해 참가하였다. 이들 의병은 강화도를 중심으로 장기간의 전투에서 400여 명의 적을 참살하는 전공을 세웠다. 1593년 4월 왜군이 서울에서 철수하자 이를 추격, 상주를 거쳐 함안에 이르렀다. 이 때 명·일강화가 추진 중인데도 불구하고 남하한 적군의 주력은 경상도 밀양 부근에 집결, 동래·김해 등지의 군사와 합세해 1차 진주싸움의 패배를 설욕하기 위한 진주성 공격을 서두르고 있었다. 이에 6월 14일 300명의 의병을 이끌고 입성하자 여기에 다시 관군과 의병이 모여들었다. 합세한 관군·의병의 주장인 都節制가 되어 항전 태세를 갖추었다. 10만에 가까운 적의 대군이 6월 21일부터 29일까지 대공세를 감행하자 아군은 중과부적임에도 분전했으나 끝내 함락되고 말았다. 이에 아들 金象乾과 함께 촉석루에서 南江에 몸을 던져 순사하였다.

51 禹性傳(우성전, 1542~1593): 본관은 丹陽, 자는 景善, 호는 秋淵·淵庵. 1561년 진사가 되고, 1568년 증광 문과에 급제하 봉교, 수찬 등을 거쳐 1576년 수원현감이 되었다. 1591년 서인 鄭澈의 당이라 하여 북인에게 배척되고 관직을 삭탈당하였다. 1592년 임진왜란이 일어나자 풀려나와 경기도에서 의병을 모집해 軍號를 秋義軍이라 하였으며, 강화도에서 김천일과 합세해 전공을 세웠다.

52 李時彦(이시언): 李時言(1557~1624)의 오기. 1579년 무과에 급제, 1589년 李山海의 천거로 五衛 司勇에 등용되었으며, 1592년 상호군에 승진되었다. 임진

勢, 食盡兵乏之歎[54], 甚於燃眉。若非天兵, 則兇賊萬無退遁之理, 皇恩罔極。而但悶天兵, 小邦來住, 恣行無忌, 見物必奪, 而唯劉摠兵鋌, 一軍上下, 則贈物必讓, 見物不奪, 其爲淸謹, 傑出於諸軍人, 皆欽慕。且其本意, 欲速討賊, 而牽制於宋李兩爺, 迄未遂意, 尋常痛歎."云。○許多天兵, 費盡餘粮, 兩麥已竭, 秋耕無望, 浚盡枯骨, 更無所爲, 處處人爭相食。至於聞慶縣境, 有一定虜衛[55]者, 殺食其妹, 何時運之不幸, 至於此極?

6월 21일。

북도(北道: 함경북도)에서 포로가 된 판서(判書) 황정욱(黃廷彧)과 승지(承旨) 황혁(黃赫)이 각기 부인을 데리고 있었는데, 천장(天將: 명나라 장수) 심유경(沈惟敬)의 구호에 힘입어 다시 이 대구(大邱)를 지나갔다. 그러나 두 왕자는 지금 잡혀간 곳을 알지 못하였다.

흉적이 재차 영산(靈山)·함안(咸安)·의령(宜寧)을 불태우고 이미 진주(晉州)를 공격하였는데, 천병(天兵: 명나라 군)은 달려와 구원할

왜란 중 황해도좌방어사로 있다가 충청도병마절도사로 전임, 경주탈환전에서 큰 공을 세웠다. 1594년 전라도병마절도사, 1601년 충청도 일원에서 일어나 李夢鶴의 난을 진압하는데 기여, 1605년 함경도순변사가 되었다. 1624년 李适의 난에 내응할 염려하여 奇自獻을 비롯한 35명이 처형될 때 함께 처형되었다.

53 李應聖(이응성, 1574~1634): 본관은 咸安, 자는 樞甫, 호는 新川. 1592년 임진왜란 때 의병을 일으켰으며, 1609년 증광 별시 무과에 급제한 뒤 고원군수가 되었다.

54 歎(탄): 難의 오기인 듯.

55 定虜衛(정로위): 조선 중기에 있었던 한량 계층 중심의 병종. 1512년 6월에 처음 설치되어 광해군 무렵까지 존속하였다.

뜻이 없었고 전라도의 모든 장수들은 소문만 듣고도 이미 흩어졌다.

○지난달 29일 진주성(晉州城)이 함락되었다는 소식을 처음으로 들으니, 온 고을의 노약자들을 성안으로 모두 들어오게 한 통에 성에서 동서남북으로 무려 40여 리나 시체가 산더미처럼 쌓였으며, 죽음을 당한 장수는 우병사(右兵使) 최경회(崔慶會), 우후(虞候) 성영달(成永達), 충청 병사(忠淸兵使) 황진(黃進), 창의사(倡義士: 倡義使의 오기) 김천일(金千鎰), 김해 부사(金海府使) 이종인(李宗仁), 진주 목사(晉州牧使) 서예원(徐禮元), 판관(判官) 성수경(成守慶), 전 군수(前郡守) 고득뢰(高得賚), 거제 현령(巨濟縣令) 김준민(金俊民), 태안 군수(泰安郡守) 윤귀수(尹龜壽), 의병장(義兵將) 고종후(高從厚), 해미 현감(海美縣監) 정명세(鄭名世), 황간 현감(黃澗縣監) 류몽열(柳夢說: 朴夢說의 오기), 회덕 현감(懷德縣監) 남경성(南景誠), 의병장(義兵將) 장윤(張胤: 張潤의 오기), 결성 현감(結城縣監) 김응건(金應鍵), 남포 현감(藍浦縣監) 이예수(李禮壽), 첨정(僉正) 이잠(李潛), 강진 현감(康津縣監) 송제(宋悌), 보령 현감(保寧縣監) 이의정(李義精)이라고 하였는데, 나머지 소장(小將: 말단 장수)은 다 기록할 수가 없다.

○적장 청정(淸正: 가등청정)이 처음에는 별장(別將)으로서 정예병을 뽑아 이끌고 깊숙이 북도(北道: 함경북도)로 쳐들어와 왕자도 사로잡고 대신(大臣)들도 사로잡자 스스로 대공(大功)을 세운 것으로 일컬었으나, 그가 남도(南道)로 돌아와서는 평행장(平行長: 소서행장)과 공을 다투어야 했는 데다 관백(關伯: 關白의 오기) 평수길(平秀吉: 풍신수길)도 청정에게 단점을 많이 지적하였다. 그래서 청정은 대공을 세우기로 마음먹고 진주(晉州)를 함락하려 하였다.

당시의 사론(士論)은 왕도(王都)와 사직(社稷)도 도리어 분탕질을 면하지 못하였거늘, 하물며 진주성(晉州城) 하나가 지난해 관사(官舍: 관청)와 여염집들이 이미 분탕질을 당하여 단지 촉석루(矗石樓)라는 이름난 누각 하나만 남아 있는데, 무슨 관계가 있어서 이기지 못할 것을 뻔히 알면서도 억지로 몰아넣어 사졸(士卒)들이 끝내 패하는 지경에 이르러야 하는지 믿기 어려우니, 할 수 없이 성을 비우고 잠깐 두류산(頭流山: 지리산)으로 피하여 청정(清正)에게 승리했다는 명분을 주어서 그의 욕심을 채워주고 우리의 남은 목숨이 머리와 목을 부지할 수 있다면 피차간에 이익만 있고 해는 없을 것이라서 병가(兵家)의 양책(良策: 좋은 계책)이라 하였다. 그러나 끝내 묵사발이 되고 말았으니 말한들 어찌하겠는가?

○도원수(都元帥) 김명원(金命元)을 교체하여 권율(權慄)을 원수(元帥)로 삼았다. 천장(天將: 명나라 장수) 유 총병(劉摠兵: 유정)은 대구(大邱)에 주둔해 있으면서 성원하였다. 체찰사(體察使) 류성룡(柳成龍)은 경성(京城)으로 돌아갔다.

○癸巳六月二十一日。

在北道被虜, 判書黃廷彧·承旨黃赫, 各率夫人, 賴天將沈惟敬[56]

---

56 沈惟敬(심유경): 중국 명나라의 신하. 임진왜란이 발생했을 때 조선·일본·명 3국 사이에 강화회담을 맡아 진행하면서 농간을 부림으로써 결국 정유재란을 초래했다. 1592년 임진왜란이 발생했을 때 명나라의 병부상서 石星에 의해 遊擊將軍으로 발탁되어 遼陽副摠兵 祖承訓이 이끄는 援軍 부대와 함께 조선에 왔다. 1592년 8월 명나라군이 평양에서 일본군에게 패하자, 일본장수 고니시 유키나가[小西行長]와 강화 회담을 교섭한 뒤 쌍방이 논의한 강화조항을 가지고 명나라로 갔다가 돌아오기로 약속했다. 그러던 중 1593년 1월 명나라 장수 李如松

之救, 得還過此大丘。兩王子, 時不知去處。兇賊, 再焚靈山·咸安·宜寧, 已衝晉州, 而天兵無意馳援, 全羅諸將, 望風已散。○前月廿九日, 晉州陷城消息, 念始得聞, 一州老弱, 盡入城中, 自城東西南北, 無慮四十餘里, 積屍如山, 被死將士, 乃右兵使崔慶會[57], 虞侯成永達[58], 忠淸兵使黃進[59], 倡義士金千鎰, 金海府使李宗

이 평양에서 일본군을 물리치자 화약은 파기되었다. 하지만 곧 이어 명군이 벽제관전투에서 일본군에게 패하게 되면서 명나라가 다시 강화 회담을 시도함에 따라 심유경은 일본진영에 파견되었다. 이후 그는 명과 일본 간의 강화 회담을 5년간이나 진행하게 되었다. 그는 고니시와 의견 절충 끝에 나고야[名護屋]에서 도요토미 히데요시[豊臣秀吉]를 만났는데, 도요토미는 명나라에 대해 명나라의 황녀를 일본의 후비로 보낼 것, 명이 일본과의 무역을 재개할 것, 조선 8도 중 4도를 할양할 것, 조선왕자 및 대신 12명을 인질로 삼게 할 것 등을 요구했다. 이에 심유경은 이러한 요구가 명나라에서 받아들여지지 않을 것으로 생각하고, 일본의 요구 조건을 거짓으로 보고했다. 즉 도요토미를 일본의 왕으로 책봉해 줄 것과, 명에 대한 朝貢을 허락해 줄 것을 일본이 요구했다고 본국에 보고했다. 명나라는 이를 허락한다는 칙서를 보냈으나 두 나라의 요구 조건이 상반되자 강화 회담은 결렬되었고, 결국 일본의 재침입으로 1597년 정유재란이 발생했다. 그의 거짓 보고는 정유재란으로 사실이 탄로되었으나 石星의 도움으로 화를 입지 않고 다시 조선에 들어와 화의를 교섭하다가 실패하였다. 이에 심유경은 일본에 항복할 목적으로 경상도 宜寧까지 갔으나 명나라 장수 楊元에게 체포되어 사형 당하였다.

57 崔慶會(최경회, 1532~1593): 본관은 海州, 자는 善遇, 호는 三溪·日休堂. 전라남도 陵州 출신이다. 1561년 進士가 되고, 1567년 式年文科에 급제, 寧海郡守가 되었다. 1592년 임진왜란 때 의병장이 되어 錦山·茂州 등지에서 왜병과 싸워 크게 전공을 세워 이듬해 경상우도 兵馬節度使에 승진했다. 그해 6월 제2차 晉州城 싸움에서 9주야를 싸우다 전사했다.

58 成永達(성영달, ?~1592): 본관은 昌寧. 1592년 임진왜란 당시, 慶尙右道兵馬虞候로 참전하여 많은 공을 세웠다. 그 해 10월에 있었던 1차 진주성 싸움에서 진주판관 成守慶과 함께 전사하였다. 원문은 착종되어 있다.

59 黃進(황진, 1550~1593): 본관은 長水, 자는 明甫, 호는 蛾述堂. 1576년 무과에 급제, 선전관을 거쳐 1591년 조선통신사 黃允吉을 따라 일본에 다녀와 미구에

仁[60], 晉州牧使徐禮元, 判官成守慶[61], 前郡守高得賚[62], 巨濟縣令金俊民[63], 泰安郡守尹龜壽, 義兵將高從厚[64], 海美縣監鄭名世[65],

---

일본이 來侵할 것을 예언하였다. 1592년 임진왜란이 일어나자 同福 현감으로 勤王兵을 이끌고 북상하여 龍仁에서 패전하고 이어 鎭安에서 왜적의 선봉장을 사살한 뒤 적군을 安德院에서 격퇴하고, 훈련원 判官이 되어 梨峙전투에서 적을 무찔렀다. 그 공으로 益山 군수 겸 충청도 助防將에 오르고, 절도사 宣居怡를 따라 水原에서 싸웠다. 이듬해 충청도 병마절도사에 승진하여 패퇴하는 적을 추격, 尙州에 이르는 동안 連勝을 거두고, 적의 대군이 晉州城을 공략하자 倡義使 金千鎰, 절도사 崔慶會와 함께 성중에 들어가 9일 동안 혈전 끝에 전사하였다.

60 李宗仁(이종인, ?~1593): 1583년 북병사 李濟臣의 휘하 軍官으로 여진족 소탕에 참여하였고, 1592년 임진왜란이 일어나자 김성일 휘하의 군관이 일본군 척후병을 사살하였으며, 1593년 4월 김해부사에 제수되었다. 6월 제2차 진주성 전투 때 전사하였다.

61 成守慶(성수경, ?~1593): 본관은 昌寧. 1592년 임진왜란 때 진주판관으로 재임하였다. 왜군이 쳐들어오자 招諭使 金誠一의 아래에서 군무를 맡아 성을 고쳐 쌓고 무기를 수선하는 데 앞장섰다. 한편 격문을 돌려 충의지사를 부름으로서 군세를 늘리고 싸움에 대비하였다. 그해 10월 제1차 진주성싸움에서 진주목사 金時敏과 함께 3,800여 명의 병력으로 2만여 명의 왜군과 싸워 승리했으나, 이 싸움에서 진주목사 김시민이 전사하였다. 이듬해 6월에 벌어진 제2차 진주성싸움에서 3만 7000여 명의 왜군을 맞아 倡義使 金千鎰, 경상우병사 崔慶會, 충청병사 黃進, 진주목사 徐禮元 등이 이끄는 3,400명의 병력과 함께 싸우다가 전사하였다.

62 高得賚(고득뢰, ?~1593): 본관은 龍潭, 자는 殷甫. 1577년 무과에 급제하고, 於蘭萬戶와 防踏僉節制使 등을 역임하였다. 제2차 진주성 싸움에서 전사하였다.

63 金俊民(김준민, ?~1593): 본관은 商山, 자는 成仁. 1583년 북병사 李濟臣의 여진족 소탕에 참여하였다. 1592년 거제현령으로 일본군의 공격을 막아냈고, 1593년 제2차 진주성 싸운에서 전사하였다.

64 高從厚(고종후, 1554~1593): 본관은 長興, 자는 道冲, 호는 準峰. 1570년 진사가 되고, 1577년 별시문과에 급제하여 縣令에 이르렀다. 임진왜란 때 아버지 高敬命을 따라 의병을 일으키고, 錦山 싸움에서 아버지와 동생 因厚를 잃었다. 이듬해 다시 의병을 일으켜 스스로 復讐義兵將이라 칭하고 여러 곳에서 싸웠고, 위급해진 晉州城에 들어가 성을 지켰으며 성이 왜병에게 함락될 때 金千鎰·崔慶會 등과 함께 南江에 몸을 던져 죽었는데, 세상에서는 그의 三父子를 三壯士

黃澗縣監柳夢說[66], 懷德縣監南景誠[67], 義兵將張胤[68], 結城縣監金應鍵[69], 藍浦縣監李禮壽[70], 僉正李潛[71], 康津縣監宋悌[72], 保寧縣監李義精[73], 其他小將, 不能盡記。○賊將淸正[74], 初以別將, 擇率

라 불렀다.

65 鄭名世(정명세, 1550~1593): 본관은 晉州, 자는 伯時, 호는 獨谷. 1570년 사마시에 합격하고, 1576년 식년문과에 급제하였다. 1592년 해미현감을 지내던 중 임진왜란이 일어나자 왜적과 싸웠으며, 1593년 제2차 진주성 싸움에서 전사하였다.

66 柳夢說(류몽열): 朴夢說(1555~1593)의 오기. 본관은 密陽, 자는 應霖, 호는 黃澗. 1593년 제2차 진주성 싸움에서 전사하였다.

67 南景誠(남경성, 1558~1593): 본관은 宜寧. 1584년 별시 무과에 급제하였다.

68 張胤(장윤): 張潤(1552~1593)의 오기. 본관은 木川, 자는 明甫. 1582년 무과에 급제, 1588년 선전관, 1591년 사천현감, 1592년 임진왜란이 일어나자 전라좌의병 副將을 겸하였다. 제2차 진주성 싸움에서 전사하였다.

69 金應鍵(김응건, ?~1593): 본관은 善山, 자는 景以. 1583년 별시에 급제하였다. 결성현감으로 제2차 진주성 싸움에서 전사하였다.

70 李禮壽(이예수, ?~1593): 남포현감으로 제2차 진주성 싸움에서 전사하였다.

71 李潛(이잠, 1561~1593): 본관은 全州, 자는 原仁. 무과에 급제하여 1592년 임진왜란 때 鄭澈의 막료였다가, 1593년 제2차 진주성 싸움에서 전사하였다.

72 宋悌(송제, 1559~1593): 본관은 南陽, 자는 友叔. 1585년 식년시 무과에 급제하였다. 奉常寺 僉正에 천거되어 藍布와 당진 현감을 지냈다. 1593년 제2차 진주성 싸움에서 전사하였다.

73 李義精(이의정, 1555~1593): 본관은 河陰, 자는 宜仲. 1583년 무과에 급제, 예빈시를 거쳐 보령현감으로 있었다. 1593년 제2차 진주성 싸움에서 전사하였다.

74 淸正(청정): 加藤淸正. 가토 기요마사. 임진왜란 당시 일본군 제2군을 지휘하여 조선을 침략한 장수. 한양에 입성한 후 함경도로 전진하여 조선의 왕자를 인질로 사로잡았다. 강화 교섭기에는 울산에 주둔하면서 조선의 사명대사 惟政과 교섭하기도 했다. 강화교섭 결렬 후 조선을 다시 침략했다. 조명연합군이 그의 진지 울산성을 공격한 울산성 전투(도산성 전투)에서 고전하기도 했다. 임진왜란이 끝난 후 벌어진 관원[關が原] 전투 때에는 德川家康의 동군에 속하여 구주에서 小西行長의 성을 공격했다. 소서행장에게 강한 경쟁심을 품고 있었으며 두 사람은 임진왜란과 관원 전투 때까지 지속적인 갈등 관계에 있었던 것으로 알려져

精銳, 深入北道, 擄王子, 擄大臣, 自以謂成大功, 及其南還, 與平行長[75]爭功, 而關伯平秀吉[76], 向淸正多短之。故淸正, 期欲成大功, 欲陷晉州。則當時士論, 王都·社稷, 尙未免焚蕩, 況晉州一城, 年前官舍·閭家, 已被焚蕩, 只有矗石[77]一名樓? 有何所關, 而明知不勝而强驅, 難信士卒終至見敗乎? 只可空城, 小避于頭流山[78], 則使淸賊, 得勝捷之名, 以充其欲, 使我餘生, 得保首領, 則彼此有益無害, 此兵家之良策云。而竟至塗地, 言之奈何? ○都元帥金命元, 遞差, 以權慄[79]爲元帥。天將劉摠兵, 駐大丘聲援。體

있다.

75 平行長(평행장): 小西行長. 고니시 유키나가. 고니시 유키나가는 오다 노부나가가 사망한 혼노지의 변란 이후로 히데요시를 섬기면서 아버지 류사와 함께 세토나이 해의 군수물자를 운반하는 총책임이 되었다. 1588년 히데요시의 신임을 얻어 히고노쿠니 우토 성의 영주가 되었으며 1592년 임진왜란 때는 그의 사위인 대마도주 소 요시토시와 함께 1만 8,000명의 병력을 이끌고 제1진으로 부산진성을 공격하였다. 조선의 정발 장군이 지키는 부산포 성을 함락하고 동래성을 함락시켰다. 이후 일본군의 선봉장이 되어 대동강까지 진격하였고 6월 15일에 평양성을 함락하였다. 그러나 1593년 명나라 장수 이여송이 이끄는 원군에게 패하여 평양성을 불 지르고 서울로 퇴각하였다. 전쟁이 점차 장기화 되고 명나라를 정복할 가능성이 희박해지자 조선의 이덕형과 명나라 심유경 등과 강화를 교섭하였으나 실패하였다. 1596년 강화교섭이 최종 실패로 끝나자 1597년 정유재란 때 다시 조선으로 쳐들어왔으며 남원성 전투에서 조선과 명나라 연합군을 격퇴하고 전주까지 무혈 입성하였으며 순천에 왜성을 쌓고 전라도 일대에 주둔하였다. 1598년 도요토미 히데요시가 사망하고 철군 명령이 내려지자 노량해전이 벌어지는 틈을 이용해서 일본으로 돌아갔다.

76 平秀吉(평수길): 豐臣秀吉(도요토미 히데요시, 1536~1598). 일본 전국시대 최후의 최고 권력자. 밑바닥에서 시작해서 오다 노부나가에게 중용되어 그의 사후 전국시대의 일본을 통일시키고 關白과 天下人의 지위에 올랐다. 전국시대를 평정한 그는 조선을 침공해 임진왜란을 일으켰으나 실패하였다.

77 矗石(촉석): 矗石樓. 경상남도 진주시 본성동에 있는 누각.

78 頭流山(두류산): 智異山을 달리 이르는 말.

察使，柳成龍還京。

가을 9월。

천장(天將: 명나라 장수) 낙 참장(駱參將: 駱尙志)의 군사 일진(一陣)이 경주(慶州)에 주둔하면서 한 도(道)에 폐해를 끼치니 통분을 견딜 수 있겠는가?

○癸巳秋九月。

天將駱參將[80]，一陣駐慶州，貽弊一道，可勝痛哉?

---

79 權慄(권율, 1537~1599): 본관은 安東, 자는 彦愼, 호는 晩翠堂·暮嶽. 1582년 식년문과에 급제했다. 임진왜란이 일어나 수도가 함락된 후 전라도순찰사 李洸과 防禦使 郭嶸이 4만여 명의 군사를 모집할 때, 광주목사로서 곽영의 휘하에 들어가 中衛將이 되어 북진하다가 용인에서 일본군과 싸웠으나 패하였다. 그 뒤 남원에 주둔하여 1,000여 명의 의용군을 모집, 금산군 梨峙싸움에서 왜장 고바야카와 다카카게[小早川隆景]의 정예부대를 대파하고 전라도 순찰사로 승진하였다. 또 북진 중에 수원의 禿旺山城에 주둔하면서 견고한 진지를 구축하여 持久戰과 遊擊戰을 전개하다 우키타 히데이에[宇喜多秀家]가 거느리는 대부대의 공격을 받았으나 이를 격퇴하였다. 1593년에는 병력을 나누어 부사령관 宣居怡에게 시흥 衿州山에 진을 치게 한 후 2800명의 병력을 이끌고 한강을 건너 幸州山城에 주둔하여, 3만 명의 대군으로 공격해온 고바야카와의 일본군을 맞아 2만 4000여 명의 사상자를 내게 하며 격퇴하였다. 그 전공으로 도원수에 올랐다가 도망병을 즉결처분한 죄로 해직되었으나, 한성부판윤으로 재기용되어 備邊司堂上을 겸직하였고, 1596년 충청도 순찰사에 이어 다시 도원수가 되었다. 1597년 정유재란이 일어나자 적군의 북상을 막기 위해 명나라 提督 麻貴와 함께 울산에서 대진했으나, 명나라 사령관 楊鎬의 돌연한 퇴각령으로 철수하였다. 이어 順天 曳橋에 주둔한 일본군을 공격하려고 했으나, 전쟁의 확대를 꺼리던 명나라 장수들의 비협조로 실패하였다. 임진왜란 7년 간 군대를 총지휘한 장군으로 바다의 이순신과 더불어 역사에 남을 전공을 세웠다. 1599년 노환으로 관직을 사임하고 고향에 돌아갔다.

80 駱參將(낙참장): 駱尙志를 가리킴. 1592년 12월 左參將으로 보병 3천 명을 이끌고 참전한 명나라 장수. 힘이 월등하여 1천 근의 무게를 들었으므로 駱千斤으

겨울 10월。

천병(천병: 명나라 군대)이 본도(本道: 경상도)에서 양식을 마련하기가 어려워졌는 데다 호남(湖南)의 배로 운송하는 것 또한 막혔지만, 온 나라가 경황이 없어 그대로 두고 아무 일도 하지 않은 채 가만히 있을 뿐이었다.

기근이 든 나머지 여역(厲疫: 돌림병)이 크게 불길같이 번져서 굶어 죽은 시체가 서로 베고 누운 듯 뒤엉켰으니 종일토록 길을 가도 깨끗한 곳이라고는 전혀 없었다.

○癸巳冬十月。

天兵，自本道難辦粮餉，湖南船運亦渴，擧國遑遑，束手無爲。飢饉之餘，厲疫大熾，餓屍相枕，終日之行，少無乾淨之處。

12월。

천장(天將: 명나라 장수) 유 도독(劉都督: 劉綎)이 천사(天使: 명나라 칙사 司憲)를 만나본 뒤에 다시 팔거영(八莒營)으로 돌아왔다. 호조판서 한준(韓準), 병조 판서 이항복(李恒福), 공조 판서 김명원(金命元)이 수행하였다.

천장(天將) 척 총병(戚摠兵: 戚金)이 뜻밖에 내려와 성주(星州)의 상지촌(上枝村)에 순찰사(巡察使: 한효순)가 주둔하고 있는 곳으로 찾아왔는데, 어질고 후덕함이 견줄 데가 없어서 폐를 끼치는 일이 조금도 없었다.

로 불렸다. 평양 전투에서 앞장서 성벽에 올라 승리에 큰 기여를 하였다.

○癸巳十二月。

天將劉都督，謁天使後，還下八莒營。戶判韓准[81]，兵判李恒福[82]，工判金命元，跟隨之。天將戚摠兵[83]，不意下來，到星州上枝村，巡察使駐處，仁厚無比，少無作弊之事。

81 韓准(한준, 1542~1601): 본관은 淸州, 자는 公則, 호는 南崗. 1566년 별시문과에 급제, 예문관에 등용되었다. 여러 관직을 거쳐 1588년 우참찬이 되어 聖節使로 명나라에 다녀와 황해도 관찰사가 되었다. 1589년 鄭汝立의 기축옥사를 야기하는 고변을 하였다. 1592년 임진왜란 때 호조판서로 順和君을 호종, 강원도로 피난하였고, 이듬해 한성부판윤에 전임되었다.

82 李恒福(이항복, 1556~1618): 본관은 慶州, 자는 子常, 호는 白沙·弼雲·東岡. 1592년 임진왜란이 일어나자 도승지로서 왕비를 개성까지 무사히 호위하고, 또 왕자를 평양으로, 선조를 의주까지 호종하였다. 그동안 이조참판으로 오성군에 봉해졌고, 이어 형조판서로 오위도총부 도총관을 겸하였다. 이 동안 이덕형과 함께 명나라에 원병을 청할 것을 건의했고 尹承勳을 해로로 호남지방에 보내 근왕병을 일으켰다. 宣祖가 의주에 머무르면서 명나라에 구원병을 요청하자, 명나라에서는 조선이 왜병을 끌어들여 명나라를 침공하려 한다며 병부상서 石星이 黃應陽을 조사차 보냈다. 이에 그가 일본이 보내온 문서를 내보여 의혹이 풀려 마침내 구원병이 파견되었다. 그리하여 만주 주둔군 祖承訓·史儒의 3,000 병력이 왔으나 패전하자, 다시 중국에 사신을 보내 대병력으로 구원해줄 것을 청하자고 건의하였다. 그리하여 李如松의 대병력이 들어와 평양을 탈환하고, 이어 서울을 탈환, 환도하였다. 다음 해 선조가 세자를 남쪽에 보내 分朝를 설치해 경상도와 전라도의 군무를 맡아보게 했을 때 大司馬로서 세자를 받들어 보필하였다. 1594년 봄 전라도에서 宋儒眞의 반란이 일어나자 여러 관료가 세자와 함께 환도를 주장하였다. 그러나 그는 반란군 진압에 도움이 되지 못한다고 상소해 이를 중단시키고 반란을 곧 진압하였다.

83 戚摠兵(척총병): 副摠兵 戚金. 1593년 조선에 입국하여 평양성 전투에 참가하였다. 용감한 장수로 알려졌을 뿐만 아니라 겸손함으로도 알려져 있었다. 1594년 1월 명나라로 돌아갔다.

갑오년
1594

3월 5일。

천장(天將: 명나라 장수) 유 총병(劉摠兵: 劉綎)이 대구(大邱)에서 호남(湖南)으로 향하였다.

○甲午三月初五日。

天將劉摠兵，自大丘向湖南。

8월 가을。

순찰사(巡察使) 한효순(韓孝純)이 교체되었는데, 홍이상(洪履祥)이 대신 순찰사가 되었다.

○甲午秋八月。

巡察使韓孝純，遞代，以洪履祥[1]爲巡察使。

---

1 洪履祥(홍이상, 1549~1615): 본관은 豊山, 초명은 麟祥, 자는 君瑞·元禮, 호는 慕堂. 1573년 사마시를 거쳐 1579년 식년문과에 급제, 예조와 호조의 좌랑이 되었다. 이조 정랑 등을 거쳐 황해도 안무사가 되었으며, 1591년 직제학을 거쳐 동부승지가 되었다. 1592년 임진왜란 때는 예조 참의로 왕을 호종하였으며, 부제학이 되었다가 성천에 도착해 병조 참의에 전임하였다. 1593년 대사간, 1594년 성절사가 되어 명나라에 다녀왔다. 그 뒤 좌승지가 되었다가 곧 경상도 관찰사로 나갔다 1607년 청주 목사가 되고, 1609년 대사헌이 되었다.

을미년
1595

춘정월。

이조(吏曹)에서 전교(傳敎)를 받아 팔거현(八莒縣)에 있는 유 총병(劉摠兵: 劉綎) 병영(兵營) 아래의 인민들을 불러 모아 널리 둔전(屯田)을 만들어 감사가 진(鎭)에 머물 장소로 삼게 하였다. 감사(監司: 홍이상)가 크게 둔전 만드는 것을 주선하고 꾀하여 곡식을 수만여 석을 얻었다. 또한 의리가 이기는 법[義勝法]을 설치하여 장정들을 모아 의승군(義勝軍)이라 하고 노약자들을 모아 의승량(義勝粮)이라 하였으니, 겨우 버티어서 살아남은 남도의 백성들이 이것에 힘입어 소생하였다.

○같은 달 26일, 천장(天將: 명나라 장수) 진 유격(陳遊擊: 陳雲鴻)이 왜놈과 강화(講和)한 일을 널리 알리기 위하여 적진 속에서 고령(高靈)으로 오자 순찰사(巡察使: 홍이상)가 가서 위로하였다. 적장 평행장(平行長: 소서행장)·현소(玄蘇: 왜승)·죽계(竹溪: 왜승)·평조신(平調臣: 平調信의 오기) 등은 천장(天將)이 지켜보는 곳에서 좌도(左道)의 적 7천 명과 우도(右道)의 적 8천 명을 본국에 들여보내기 위하여 바다를 건너게 하였다. 적장 청정(淸正: 가등청정)이 처음에는 별장(別將)으로 나왔기 때문에 천조(天朝: 명나라 조정)에서 이 적장의 이름을 알지 못하여 선유(宣諭)의 명단에 청정이라는 이름이 빠지게 되었으니,

이로 말미암아 격분해 곧바로 황조(皇朝: 명나라)를 침범하겠다고 공갈하여 위협하니 더욱 통분스러움을 더할 뿐이었다.

○乙未春正月。

吏曹受敎, 八莒縣劉摠兵營下, 召聚人民, 廣作屯田[1], 以爲監司留鎭之所。監司料理大作, 得穀數萬餘石。又設義勝之法[2], 丁壯爲義勝軍, 老弱爲義勝粮, 孑遺南民, 賴此而向蘇。○同月二十六日, 天將陳遊擊[3], 宣諭倭奴講和事, 自賊中, 來高靈, 巡察使往慰之。賊將平行長·玄蘇[4]·竹溪·平調臣[5]等, 天將所見處, 左道賊七

1 屯田(둔전): 군량을 충당하기 위하여 변경이나 군사 요지에 설치한 토지.

2 義勝之法(의승지법): 마음속에서 天理와 人欲이 서로 싸우는 것을 비유하는 것으로 천리가 이기는 법을 말함. 《丹書》의 "의리가 사욕을 이기는 자는 순하고 사욕이 의리를 이기는 자는 흉하다.(義勝欲者從, 欲勝義者凶.)"에서 나오는 말이다.

3 陳遊擊(진유격): 陳雲鴻을 가리킴. 중국 명나라의 무신. 임진왜란과 정유재란 때 조선의 원군으로서 참전하고, 일본의 장수 小西行長과 직접 만나 회담을 가졌다. 충청도와 전라도로 내려갔다.

4 玄蘇(현소, ?~1612): 하카다[博多] 세이후쿠사[聖福寺]에서 승려 생활을 하던 중 대륙 침략의 야심을 품은 도요토미 히데요시[豊臣秀吉]의 부름을 받아 그 수하로 들어간 인물. 1588년 조선에 드나들며 자국의 내부 사정을 설명하고, 일본과 修好관계를 맺고 通信使를 파견하라고 요청하였다. 1590년 정사 黃允吉, 부사 金誠一, 서장관 許筬 등의 통신사 일행이 일본의 실정과 도요토미의 저의를 살피기 위하여 일본으로 갈 때 동행하였으며, 이듬해 다시 입국하여 조선의 국정을 살피고 도요토미의 명나라 침공을 위한 교섭활동을 하였다. 1592년 임진왜란이 일어나자 고니시 유키나가[小西行長]가 이끄는 선봉군에 國使와 역관 자격으로 종군하였다. 이후 임진강을 사이에 두고 조선과 명나라의 연합군과 대치할 때 일본측 고니시의 제의로 이루어진, 中樞府知事 李德馨 등과의 강화회담에 참여하는 등 일본의 전시외교 활동에 종사하였다.

5 平調臣(평조신): 平調信의 오기. 다이라 시게노부. 柳川調信. 對馬島主 宗義智의 家臣. 豊臣秀吉 때부터 德川幕府 초까지 아들 柳川智永·손자 柳川調興 3대가 조선과 일본의 강화회담 및 외교사무를 담당하였다.

千, 右道賊八千, 渡海入送。賊將淸正。初以別將出來, 天朝不知此賊之名, 宣諭之名, 不及於淸正, 以此激憤, 直犯皇朝恐嚇, 尤增痛憤。

2월。

순찰사(巡察使: 홍이상)가 비로소 진주(晉州)를 살피니, 백년 동안의 명승지가 형체조차 남아 있지 않았다.

도로 관찰사를 좌도(左道)와 우도(右道)로 나누었는데, 서성(徐渻)을 우감사(右監司)로 삼았고 홍이상(洪履祥)을 좌감사(左監司)로 삼았다.

○乙未二月。

巡察使, 始審晉州, 百年名區, 蕩然無形。還分左右道觀察使。以徐渻[6]爲右監司。以洪履祥爲左監司。

여름 4월。

천장(天將: 명나라 장수) 유격(遊擊) 심유경(沈惟敬)이 초계(草溪)를 거쳐 급히 밀양(密陽)에 이르렀다. 이 심야(沈爺: 심유경)가 변란 초기

---

6 徐渻(서성, 1558~1631): 본관은 達城, 자는 玄紀, 호는 藥峯. 1586년 알성 문과에 급제하고 兵曹佐郎을 거쳐 1592년 임진왜란이 일어나자 왕을 扈從, 號召使 黃廷彧의 從事官으로 咸北에 이르러 황정욱 등이 두 왕자와 함께 적의 포로가 될 때 홀로 탈출했다. 왕의 명령으로 行在所에 이르러 兵曹正郎·直講이 되고, 明將 劉挺을 접대했다. 그 후 암행어사로서 三南을 순찰, 돌아와 濟用監正에 특진되고 경상도·강원도·함경도·평안도·경기도의 관찰사를 역임, 후에 호조·형조·공조의 판서와 判中樞府事를 지냈다. 1613년 癸丑獄事에 연루되어 11년간 유배되었다가 1623년 인조반정으로 형조와 병조의 판서가 되었고, 1624년 李适의 난과 1627년의 정묘호란에 각각 인조를 호종했다.

부터 세객(說客: 유세객)이 되어 많게는 일고여덟 번이나 적진 속을 출입하며 유세한 곡절을 상세히 알지 못하여 알기가 어렵다. 적장 평행장(平行長: 소서행장)이 먼저 문안하도록 보낸 왜인이 삼랑포(三浪浦)에서 심 유격을 친히 영접하였다.

○같은 달 24일 평행장이 또 준마 100여 필을 보내어 유격(遊擊: 심유경)의 일행을 맞이하였다. 유격이 장차 가려고 하자, 많은 왜적들이 그 뒤를 옹위하여 가고, 배신(陪臣) 황신(黃愼)이 뒤따라서 곧장 김해(金海)에 있는 적들의 진영(陣營)으로 들어갔다. 봉왜천사(封倭天使: 풍신수길을 일본왕으로 책봉하는 명나라 사신 李宗城)가 이미 경성(京城)에 들어왔는데, 뒤따라 온 말이 400필, 쇄마(刷馬)가 100여 필, 쇄우(刷牛)가 300두여서 하루에 방출해야 할 곡식이 13석, 콩이 27석이었다.

이미 도착했다는 소식이 먼저 들리자, 겨우 버티어서 살아남은 남도의 백성들은 비록 생기가 돌았을지언정 폐허가 된 빈 땅에서 견딜 수가 없었다. 도원수(都元帥) 권율(權慄)이 도로 호남으로 향해 가서 천사(天使)를 맞이하였고, 도체찰사(都體察使) 우상(右相: 우의정) 이원익(李元翼)이 부사(副使) 대사헌(大司憲) 김륵(金玏)과 종사관(從事官) 지평(持平) 남이공(南以恭)을 거느리고 경주(慶州)에 와서 머물렀다.

○乙未夏四月。

天將沈遊擊惟敬, 由草溪, 急到密陽。右沈爺, 自變初, 爲說客[7],

---

7 說客(세객): 능란한 말솜씨로 각지를 유세하고 다니는 사람.

多至七八度, 出入賊中, 遊說曲折, 未詳難悉。賊將平行長, 先送問安, 倭親迎于三浪浦。○同月二十四日, 平行長。又送駿馬百餘匹, 以迎遊擊之行。遊擊將行, 群倭擁後而去, 陪臣黃愼[8]從之, 直入金海諸賊陣。封倭天使[9]已入京, 隨行馬四百匹, 刷馬百餘匹, 刷牛三百隻, 一日放粮十三石, 太二十七石。先聲已到, 孑遺南民, 雖有生氣, 蕩然丘墟, 末由支吾[10]。都元帥權慄, 還向湖南, 以迎天使, 都體察使右相李元翼, 率副使大司憲金玏·從事官持平南以恭, 來駐慶州。

---

8 黃愼(황신, 1560~1617): 본관은 昌原, 자는 思叔, 호는 秋浦. 1582년 진사가 되고, 1588년 알성문과에 장원으로 급제하였다. 그 뒤 감찰·음죽현감 등을 거쳐, 호조·병조의 좌랑을 역임하였다. 1589년 정언이 되어 鄭汝立을 김제군수로 임명한 李山海를 追論하였다. 1591년 建儲문제가 일어나자 鄭澈의 일파로 몰려 파직당하였다. 1592년 다시 기용되어 사서·병조좌랑·정언 등을 지냈다. 다음해 지평으로 명나라 經略 宋應昌을 접반하였다. 이어서 世子(광해군)를 따라 남하해 체찰사의 종사관이 되었다. 1596년 통신사로 명나라의 사신 楊方亨·沈惟敬을 따라 일본에 다녀왔다. 그러나 화의가 결렬되자 명나라의 내원을 청했고, 이어 慰諭使·贊劃使 등을 거쳐 전라감사에 임명되었다. 이후 전쟁으로 피폐해진 남원의 복구에 공을 세워 동지중추부사가 되었다. 1601년 대사헌이 되었으나, 鄭仁弘의 사주를 받은 文景虎가 스승인 성혼을 비난하자 이를 변호하다가 파직되었다. 1609년 호조 참판으로 陳奏副使가 되어 李德馨과 함께 명나라에 다녀와서 공조판서·호조판서 등을 역임하였다.

9 封倭天使(봉왜천사): 명나라 관리 李宗城(1573~1623)을 가리킴. 1592년 왜적이 조선을 침범하자 兵部尙書 石星) 이종성을 都督僉事로 추천하여 正使로 삼고, 指揮 楊方亨을 副使로 삼았다. 황제로부터 豐臣秀吉을 日本王으로 삼고, 병력을 철수시키라는 명령을 받았다. 朝鮮의 釜山에 다다르니 왜적이 많고 또 겁이 나서 변복을 하고 달아났다. 그 죄로 하옥되고 변방에 유배되었다.

10 支吾(지오): 버팀. 견딤. 지탱함.

가을 7월 24일。

일본 왜추 관백(日本倭酋關白)의 책봉 사행(冊封使行)의 부천사(副天使) 양방형(楊方亨)이 오군영 부장(五軍營副將)·좌군도독부(左軍都督府) 도독 첨사(都督僉事)라는 직책을 맡아 호남(湖南)에서 이미 거창(居昌)에 도착하였는데, 접반사(接伴使) 이조 판서 이항복(李恒福)이 뒤따랐다. 상천사(上天使: 正使) 이종성(李宗成: 李宗城의 오기)은 그대로 경성(京城)에 머물렀다.

우도(右道: 경상 우도)의 적 13개 군진(軍陣) 가운데 4개의 군진이 먼저 막사를 불태우고 철군해 바다를 건넜으니, 적장 평행장(平行長: 소서행장)·평의지(平義智)의 군진과 거제도(巨濟島)·장문포(場門浦)·소진포(所津浦: 蘇秦浦)·제포(薺浦)·웅천(熊川) 등지에 주둔해 있던 적들이었다.

○乙未秋七月二十四日。

冊封日本倭酋關伯, 副天使楊方亨[11], 職帶五軍營副將·左軍都督府都督僉事, 自湖南, 已到居昌, 接伴使吏判李恒福, 跟隨之。上天使李宗成, 仍留京城。右道賊十三陣內, 四陣先燒幕, 撤兵渡海,

---

11 楊方亨(양방형): 1595년 임진왜란 당시 명나라가 일본과 강화를 위해 파견한 사신 가운데 한 명이다. 강화를 통해 일본과의 전쟁을 끝내기로 결정한 명나라는 豊臣秀吉을 일본 국왕으로 책봉하는 사신 파견을 결정하였다. 이때 일본으로 향하는 사신의 부사로 차출된 인물이 양방형이다. 1596년 4월 4일 정사 李宗城이 부산에 있던 일본군 진영을 탈출하는 사건이 발생하자 명나라 조정은 양방형을 정사에 임명하였다. 양방형은 일본으로 건너가 풍신수길과 강화를 위한 회담을 가졌지만, 명나라와 일본이 원하는 것에 차이가 있어 강화는 이루어지지 않았다. 이 일로 결국 그는 탄핵을 당하였다.

賊將平行長·平義智陣。及巨濟島·場門浦[12]·所津浦[13]·薺浦[14]·熊川等處，屯據之賊。

7월 28일。

철수하여 부산(釜山)으로 돌아간 평행장(平行長: 소서행장)의 군진(軍陣) 속에는 단지 천장(天將: 명나라 장수) 심 유격(沈遊擊: 沈惟敬)에게 음식과 물자를 제공하는 왜졸만 있다고 하였다. 안골포(安骨浦)와 영등포(永登浦)에 복병 왜군 2개의 군진만 남아 있었다.

천장(天將: 명나라 장수) 김 지휘(金指揮: 金嘉猷)가 자기의 가정(家丁) 100여 명을 이끌고 비로소 좌도(左道: 경상 좌도)의 옥야참(沃野站)에 들어왔는데, 온갖 일이 형용하기가 어려워 답답하지만 붙잡을 곳이 없었는지라 곧바로 밀양(密陽)의 역참에 이르러서야 주둔하였다.

七月二十八日。

撤歸釜山，平行長陣中，只有天將沈遊擊支待卒倭云。安骨浦[15]·永登浦[16]，伏兵倭二陣獨留。天將金指揮[17]，率其家丁百餘名，始入左道沃野站，百事難形，悶無所措，直到密陽站留駐。

---

12 場門浦(장문포): 長門浦로도 표기됨. 경상남도 거제도에 있는 포구.
13 所津浦(소진포): 蘇秦浦. 경상남도 거제시 장목면 송진포리.
14 薺浦(제포): 경상남도 창원시 진해구 웅천동에 있었던 포구.
15 安骨浦(안골포): 경상남도 창원시 진해구 웅동동에 있었던 포구.
16 永登浦(영등포): 경상남도 거제시 장목면에 있었던 포구.
17 金指揮(김지휘): 金嘉猷.《宣祖實錄》1595년 10월 27일 4번째 기사가 참고된다.

겨울 10월。

정사(正使) 후군도독부(後軍都督府) 도독(都督) 이종성(李宗成: 李宗城의 오기)이 장관(將官) 69명과 군졸 355명 및 병부 차관(兵部差官) 항 독리(項督理)를 거느리고, 접반사(接伴使) 호조 판서(戶曹判書) 김수(金睟), 종사관(從事官) 김상용(金尙容)·이광윤(李光胤)을 대동하여 10월 22일 거창(居昌)에서 비로소 좌도(左道: 경상 좌도)에 들어와 밀양(密陽)의 역참에 이르러 주둔하였다. 그러나 폐허가 된 빈 땅에서 음식과 물자를 제공할 수가 없었으니, 접반사(接伴使: 김수)·순찰사(巡察使: 홍이순)가 뜰에 서서 천사(天使: 이종성)에게 답답한 뜻을 고하자 경성(京城)의 사례에 따라 감소되었다.

천사(天使)의 주방에 소용되는 8양(量) 외에도 제장(諸將)의 각처에서 하루에 소용되는 것이 진유(眞油: 참기름) 12두(斗) 9승(升) 2합(合), 대구어(大口魚) 559미(尾), 생선 204미(尾), 두포(豆泡: 두부) 2천 824괴(塊), 초(醋: 식초) 8두 5승, 청밀(淸蜜: 꿀) 1석(石) 4두 8합, 감장(甘醬: 단 간장) 1석 2두 7승, 염(鹽: 소금) 3석 5두, 활계(活鷄: 산 닭) 81수(首), 고기 84근, 동과(冬瓜: 동아박) 240편(片), 청근(菁根: 무) 2천 330본(本), 술 240병이었으며, 이밖에 사소한 물건들을 이루 다 기록할 수 없다.

○乙未冬十月。

正使後軍都督府都督李宗成, 率將官六十九員·軍卒三百五十五員·兵部差官項督理, 帶接伴使戶判金睟·從事官金尙容[18]·李光

18 金尙容(김상용, 1561~1637): 본관은 安東, 자는 景擇, 호는 仙源·楓溪·溪翁. 敦寧府都正 金克孝의 아들이며, 좌의정 金尙憲의 형, 좌의정 鄭惟吉의 외손이다. 張維가 그의 사위이다. 1582년 진사가 되고 1590년 증광문과에 급제하였다.

胤[19], 二十二日, 自居昌, 始入左道, 至密陽站, 留駐。而蕩然丘墟, 末由支待, 接伴使·巡察使立庭, 告悶于天使前, 依京城例, 減省。天使廚房所用八量之外, 諸將各處, 一日所用, 眞油十二斗九升二合, 大口魚五百五十九尾, 生鮮二百四尾, 豆泡二千八百二十四塊, 醋八斗五升, 淸蜜一石四斗八合, 甘醬一石二斗七升, 鹽三石五斗, 活鷄八十一首, 肉八十四斤, 冬瓜二百四十片, 菁根二千三百二十本, 酒二百四十甁, 此外微細之物, 不可勝記。

11월 00일。

좌도(左道)와 우도(右道)의 곳곳에 있던 적진(賊陣)은 모두 불질러 철수하고 다 부산(釜山)에 모여 이제 막 바다를 건너려는데, 오직 서생포(西生浦)의 적장 청정(淸正: 가등청정)은 행장(行長: 소서행장)과 전공(戰功)을 두고 서로 격렬하게 다투어서 기꺼이 바다를 건너려 하지 않았다.

○22일 천사(天使: 명나라 사신)가 부산의 왜적 군영(軍營)을 찾아갔

인조반정 뒤 判敦寧府事에 기용되었고, 이어 병조·예조·이조의 판서를 역임하였으며, 정묘호란 때는 留都大將으로 서울을 지켰다. 1636년 병자호란 때 廟社主를 받들고 빈궁·원손을 수행하여 강화도에 피난하였다가 성이 함락되자 성의 南門樓에 있던 화약에 불을 지르고 순절하였다. 정치적으로 서인에 속하면서 인조 초에 서인이 老西·少西로 갈리자 노서의 영수가 되었다. 강화도의 忠烈祠, 양주의 石室書院, 정주의 鳳鳴書院, 안변의 玉洞書院, 상주의 西山書院, 정평의 慕賢祠에 제향되었다.

19 李光胤(이광윤, 1564~1637): 본관은 慶州, 자는 克休, 호는 瀼西. 아버지는 진사 李潛이다. 1585년 진사가 되고, 1594년 별시문과에 급제, 1602년 호조좌랑을 시작으로 교리·수찬 등을 역임하였다. 1607년 공조 정랑·서천군수를 지냈다.

는데, 이때 바다를 건넜다는 소식이 없었으나 민력(民力)이 이미 고갈되어 손이 묶인 것처럼 어떠한 계책도 세울 수 없었다.

○정사(正使) 이종성(李宗成: 李宗城)이 바다를 건너는 것에 번민하다가 왜영(倭營)에서 평복(平服)으로 갈아 입고 밤을 틈타 탈주해 경주(慶州) 지경인 산골짜기로 깊숙이 들어간 지 제12일만에 굶주림을 견디다 못하여 경주부(慶州府)에 나타났다. 접반사(接伴使) 김수(金睟)가 홀로 경성(京城)에 돌아갔다.

○양방형(楊方亨)을 정사(正使)로 삼고 심유경(沈惟敬)을 부사(副使)로 삼았는데, 배신(陪臣) 황신(黃愼)·박홍장(朴弘長)을 데리고 바다를 건너 일본으로 향하였다.

○乙未十一月日。

左右道處處賊陣, 皆以焚撤, 咸聚釜山, 今方渡海, 惟西生浦[20]賊將淸正, 與行長, 爭功相激, 不肯渡海。○二十二日, 天使下車釜山賊營, 時無渡海消息, 民力已竭, 束手無策。○正使李宗成, 悶其渡海, 自倭營以微服[21], 乘夜脫逃, 深入慶州境山谷, 第十二日, 不堪飢餓, 出現于慶州府。接伴使金睟, 獨還京城。○以楊方亨爲正使, 以沈惟敬爲副使, 帶跟隨臣黃愼·朴弘長[22], 渡海向日本。

---

20 西生浦(서생포): 울산광역시 울주군 서생면 서생리에 있던 포구. 回夜江 어귀의 포구인데, 1593년 왜군이 이곳까지 쫓겨 hk서 지구전을 펴기 위하여 돌로 쌓은 城이 있다.

21 微服(미복): 지위가 높은 사람이 어떤 목적으로 남의 눈에 잘 나타나지 않도록 하기 위하여 입는 남루한 옷.

22 朴弘長(박홍장, 1558~1598): 본관은 務安, 자는 士任. 慶州府尹 朴毅長의 동생이다. 1580년 무과에 급제한 뒤 阿耳萬戶가 되었고, 그 뒤 선전관·제주판관

을 역임하였다. 임진왜란 때에는 助防將이 되었으나 아버지의 상을 당하여 귀향하였다. 1596년 大丘府使로 있을 때 柳成龍의 추천으로 통신사의 부사가 되어 정사 黃愼과 더불어 강화의 중책을 띠고 일본에 갔다. 도요토미(豊臣秀吉)가 조선의 사절을 멸시, 국서에 답하지 않았으나 조금도 굴함이 없이 국가의 체면을 욕되게 하지 않고 돌아온 뒤 加資되었다. 그해 순천부사를 거쳐 상주목사 재임 중에 죽었다.

병신년
1596

겨울 10월 9일.

순찰사(巡察使) 이용순(李用淳)이 황신(黃愼) 등의 서간을 보니, 강화를 맺는 일이 이루어지지 않아서 끝내 헛걸음이 되고 말았다. 청정(淸正: 가등청정)이 이미 관백(關伯: 關白)에게 하직인사하고 자기 집에 와 있으면서 밖으로 나오지 않았는데, 이달에 서생포(西生浦)의 옛 진영을 점령할 것이라고 하였다. 이러한 기별을 들은 이후로부터 인심이 위태롭게 여겨 조심하며 아침 저녁 사이도 보전하기 어려워하였다.

○丙申冬十月初九日。

巡察使李用淳[1], 得見黃愼等簡, 則和事不成, 竟成虛行。淸正已辭關伯, 來在其家不出, 此月往據西生舊陣云。自聞此奇以來, 人

---

1 李用淳(이용순, 생몰년 미상): 1592년 임진왜란이 일어났을 때 나주목사였다. 1596년 경상감사로 전임되었다. 이 때 왜군의 선봉장 가토[加藤淸正]가 진격하여오자 권율장군이 비안까지 추격하였으나 미치지 못하였으며, 순찰사였던 이용순은 의성군 北山에서 왜군의 급습을 받아 물러섰다. 1598년 尹斗壽가 강화무사 2,000여 명을 이용순으로 하여금 훈련시켜 入衛하게 하면 갑자기 일어나는 우환을 막을 수 있다고 선조에게 아뢰었으니, 임진왜란 중에 전공이 있었음을 알 수 있다. 1599년 충청감사로 전임되고, 그 해 지중추부사에 제수되었다. 1603년 함경북도병사에 전임되었다.

心危懼，莫保朝夕。

겨울 12월 4일。

도체찰사(都體察使) 이원익(李元翼), 부사(副使) 한효순(韓孝純), 도원수(都元帥) 권율(權慄), 순찰사(巡察使) 이용순(李用純: 李用淳의 오기)이 성주(星州)에서 회합하기로 약속하였는데, 들판을 전부 깨끗하게 치우도록 하는 명령을 의논해 정하고 백성들을 산성으로 마구 몰아넣는 것이 성화(星火)보다 더욱 급박하였다. 성주의 온 경내에 살아남아 있던 백성들이 모두 산성은 반드시 죽는 곳으로 여겨서 얼굴빛이 흙빛처럼 되어 머리를 맞대고 서로 바라보면서도 가슴이 답답하여 말이 없었다.

사람들이 모두 말하기를, "하늘이 주는 좋은 기회도 지세(地勢)의 이로움을 얻는 것보다는 못하고 지세의 이로움을 얻는 것도 사람의 화합하는 것보다는 못하다는데, 억지로 몰아넣는 것이 믿기가 어려우니 살아남은 백성들이 끝없는 후회가 있을까 걱정된다."라고 하였다. 그런데 체상(體相: 이원익)은 어질고 현명하며 백성들을 사랑한다고 하였지만 미처 이를 깨닫지 못하고 일체 듣지 않으니 관청의 곡식과 개인의 양식을 실어다 들이라는 명을 눈썹이 타는 위급보다도 더 급하게 하였다. 남자는 등에 지고 여자는 머리에 이고서 울부짖는 원성이 하늘에 사무쳤다. 금오성(金烏城)은 체찰사(體察使: 이원익)가 책임지고, 공산성(公山城)은 순찰사(巡察使: 이용순)가 책임지면서, 그 밖의 각 성은 모두 장수를 정하여 책임지게 하였다. 공산성 같은 곳은 진실로 요해처(要害處)라 한 사람이 관문을 지키고 있으면 만 사람이 대적하지 못할 곳인데도, 인심이 이와 같으니 이를 장차 어찌 해야 하겠는가?

○丙申冬十二月初四日。·

都體察使李元翼, 副使韓孝純, 都元帥權慄, 巡察使李用純, 期會星州, 議定一切清野[2]之令, 驅入山城, 急於星火。星州一境餘生, 皆以謂山城必死之地, 顔色如土, 聚首相顧, 悶塞無語。人皆曰: "天時不如地利, 地利不如人和, 强驅難信, 生靈恐有無窮之悔."云。而以體相仁賢愛民, 未能覺悟, 一切不聽, 公穀·私粮, 輸入之令, 急於燃眉。男負女戴, 怨號格天。金烏城體察使主之, 公山城巡察使主之, 其他各城, 皆定將主之。如公山城, 眞天險, 一夫當關萬夫莫敵之地, 而人心如此, 其將奈何?

12월 19일。

천사(天使)가 일본에서 바다를 건너 부산(釜山)에 이르렀다.

○같은 달 22일 정사(正使) 양방형(楊方亨)이 왜영(倭營)에서 먼저 밖으로 나오자, 접반사(接伴使) 이항복(李恒福)·순찰사(巡察使) 이용순(李用淳)이 소산참(蘇山站)의 길가에 가서 맞이하였다. 천사(天使)가 말을 멈추고 안부를 물으며 정중한 뜻을 많이 보였는데, 왜군 100여 명이 혹심한 추위에도 홑적삼만을 입고 맨몸으로 추위를 견디며 칼을 차고 앞장서서 인도하는 모습은 흉악하고 참혹하여 차마

2 清野(청야): 전쟁 중에 적에게 이용당할 염려가 있는 농작물과 숙사 등을 철거하거나 소각하는 일.

말을 못하겠다. 양산(梁山)을 경유하는 길로 가서 24일 운봉(雲峯)까지 호송하였다.

○부천사(副天使) 심유경(沈惟敬)이 뒤따라 밖으로 나왔는데, 그믐날 합천(陜川)에 이르렀다. 때문에 순찰사(巡察使: 이용순)가 운봉(雲峯)에서 밤새도록 합천으로 내달려 가서 맞이하였다.

○丙申十二月十九日。

天使自日本。渡海到釜山。○同月二十二日，正使楊方亨，自倭營先出來，接伴使李恒福·巡察使李用淳，往迎于蘇山站道左。天使，駐馬俯問，多示鄭重之意，倭兵百餘人，當其沍寒[3]，只荷單衫，露體耐寒，杖劍先導之狀，兇慘不忍言。由梁山路，二十四日，護送于雲峯。○副天使沈惟敬，繼後出來，晦日到陜川。故巡察使，自雲峯，達夜馳迎于陜川。

3　沍寒(호한): 혹심한 추위.

정유년
1597

춘정월 2일。

가야산(伽倻山)의 해인사(海印寺)에 들어간 천사(天使: 양방형)가 부처에게 매우 공손히 절했는데, 도체찰사(都體察使) 이원익(李元翼) 또한 찾아와서 천사를 만났다. 천사가 불이문(不二門)을 걸어 나오니, 황조(皇朝: 명나라 조정)의 병부(兵部)에서 보낸 칙서(勅書)를 가져왔지만 무슨 내용인지 알 수 없었다. 얼핏 듣건대 성천자(聖天子)가 심천사(沈天使: 심유경)에게 그대로 소방(小邦: 조선)에 남아서 양국 간의 강화(講和)를 맺도록 한 후에 들어오라는 내용이라고 하였다. 온 나라의 살아남은 백성들이 천사가 돌아오기를 우러러 바라면서 좋은 소식을 들으려고 했으나, 문득 흉적이 칼을 메고서 뒤따라 온다는 기별을 들은 백성들이 모두 낙담하니 결코 수습할 수 없는 형세였다.

○丁酉春正月初二日。

入伽倻[1]山海印寺[2], 天使拜佛甚恭, 都體察使李元翼, 亦來謁于天使前。天使步出不二門[3], 自皇朝兵部, 勅書來付。未知何事。

---

1 伽倻山(가야산): 경상남도 합천군 가야면과 경상북도 성주군 가천면·수륜면에 걸쳐 있는 산.

2 海印寺(해인사): 경상남도 합천군 가야면 가야산의 남쪽에 있는 절. 고려대장경이 봉안된 법보사찰로 유명하다.

乍聞聖天子, 令沈天使, 仍留小邦, 使兩國成和, 後入來事云。一國餘生, 顒望[4]天使之還, 欲聞好音, 旋聞兇賊荷劒踵至之奇, 民皆落膽, 決無收拾之勢。

정월 15일。

적장 청정(淸正: 가등청정)이 도로 바다를 건너와서 다시 서생포(西生浦)의 옛 소굴에 웅거하였다. 들판을 깨끗하게 치우라는 명령이 성화(星火)보다 더 급하자 산성 안으로 들여보내는 조치를 기한 안에 재촉하고 감독하니, 민심이 뿔뿔이 흩어지고 울부짖는 원성이 하늘에 사무쳤다. 체찰사(體察使: 이원익)가 인심을 진정시키려는 계획으로 부산성(夫山城: 富山城)에서 무고한 한 사람의 목을 벤 이후에는 사론(士論)의 기세가 저하되니 어느 누구도 감히 무어라 하지 못하였다. 늙은이를 부축하고 어린이를 이끌고서 성안으로 끌려 들어가게 되자 통곡하는 소리가 하늘에 닿으니, 마치 물끓는 솥 안에 있는 것과 같았다. 이러한 때를 당해서는 비록 장순(張巡)과 허원(許遠)이 맡았을지라도 인심이 이와 같았으면 능히 방어할 수 없었을 것이다.

○청정(淸正)이 우리나라에 보낸 서계(書契)에서 이르기를, "조선 국왕 폐하에게 서계를 올립니다. 물어서 찾아볼 일이 있었던 까닭에 제가 사자(使者)를 귀국의 경성(京城)에 보내고자 하였지만, 경상도 백성들이 폐하의 명을 받지 못하였으니 저의 사자를 인도하지 않겠다

---

3 不二門(불이문): 사찰에서 본당에 들어서는 마지막 문.

4 顒望(옹망): 크게 우러러 바람.

는 것이었습니다. 이로 말미암아 두려움과 무서움을 견디지 못하겠다는 뜻으로 먼저 짧은 서찰을 만들어 올립니다. 호군공(護軍公: 權慄)과 송운사(松雲師: 惟政)에게 칙령을 내려 급히 서생포(西生浦)에 오도록 하면 면담하여 도모할 만한 일이 있을 것이나, 이 서계에 대한 답신이 호군공과 송운사와 함께 만약 지체하여 온다면 도모할 수 없을 것입니다. 조선으로 나가도록 한 자가 왜병 수십만 명으로 일본의 해안에 뜬 배에서 저의 첩보(捷報)를 기다리며 바다를 건너고자 머물러 있습니다. 호군공과 송운사가 만약 지체하여 온다면 왜병은 저의 첩보를 기다리지 않고 바다를 건너올 것입니다. 그러면 조선은 도모할 수 없는 데다 다시 농사철 또한 다가왔습니다. 저는 전년부터 임해군(臨海君)·순화군(順和君)과 오래 친했던 까닭에 심지어 조선의 고관(高官)·배신(陪臣) 및 여러 백성들을 가련하게 여기는 것이 이와 같습니다. 저는 어렸을 적부터 오늘까지 일찍이 거짓 행동을 한 적이 없어서 정직하다는 소리가 있었습니다. 그래서 대상국(大相國: 太政大臣의 중국풍 별칭으로 풍신수길 지칭)의 명으로 저는 이와 같이 선봉장을 맡게 되었기 때문에 왜병이 모두 저의 보고를 기다리는 것입니다. 폐하의 회답이 어떠하느냐에 따라 왜병이 바다 건너는 것을 멈출 수도 있으니, 시일을 지체하지 아니하고 회답 보내오기를 기다리면서 진실로 황공하와 머리를 조아리나이다. 경장(慶長) 2년 정유년(1597) 춘왕정월 22일 평청정(平淸正)"라고 하였다.

○우리나라의 회답에 이르기를, "장군(將軍: 가등청정)이 철군하여 동쪽으로 바다를 건너간 뒤로부터 국경이 가로막혀 비록 바다를 건너 편지를 보내어 사사로이 개인적 인사를 하지 못했으나 구구하게 사모

하는 생각 또한 마음에 잊은 적이 없습니다. 이제 장계인(蔣啓仁: 蔣希春)을 통하여 수찰(手札)을 받아보니 진실로 위로가 됩니다. 우리나라는 일본과 본디 우방(友邦)으로 신의를 돈독히 하여 화목하게 지낸 지 어언 2백년이나 되는데, 뜻밖에도 일본이 먼저 전쟁을 일으켜 종묘 사직은 폐허가 되고 만백성은 도탄에 빠졌습니다. 그런데 다행히도 천조(天朝: 명나라 조정)가 누구나 차별없이 똑같이 사랑함에 힘입어 장차 분쟁을 풀고 그쳐서 함께 대도(大道)로 나아가야 했는데, 즉시 깨달은 장군이 사자(使者)를 경성(京城)에 파견하여 서신을 통하려 하니 그 뜻이 매우 근실하다고 하겠습니다. 다만 우리나라는 모든 대소사를 반드시 천조(天朝)에 품의하여 명령을 받았으니, 천조의 명령이 내리지 않으면 우리나라는 또한 마음대로 하기가 어렵습니다. 더구나 지금 천조(天朝)의 장관(將官: 장수와 관료)들이 경성·평양(平壤)·의주(義州) 등 여러 곳에 많이 머물러 있는 데다, 양 책봉사(楊冊封使: 양방형)는 먼저 궐하(厥下)로 나아갔고, 심 책봉사(沈冊封使: 심유경)는 칙서(勅書)를 받들어 남하해 바야흐로 양국 사이를 조정하여 전쟁을 그치게 하려함에랴. 우리나라가 천조(天朝)의 처분을 기다리지 않고 지레 귀하의 사자(使者)를 왕복하는 것은 사체로 보아도 함부로 할 수 없을 뿐만 아니라 또한 천조(天朝)에 죄를 짓는 결과가 될까 두렵습니다. 일본이 만약 다시 호의(好意)로 상대하려고 한다면 우리나라는 책봉사에게 알려서 천조(天朝)에 품의하여 다시 성지(聖旨)를 받들어 회신할 것이니, 장군은 양찰(亮察)하기 바랍니다. 순화군(順和君)은 병이 심하여 인사를 하지 못하며, 황혁(黃赫) 또한 멀리 북쪽지방에 있어서 보내준 서신에 대한 답신을 하지 못합니다. 송운

(松雲: 惟政)을 진중(陣中)으로 보낼것이니 잘 대해 주리라 생각하겠습니다. 모두 밝게 양찰해 주시기 바라며 이만 줄입니다. 만력 25년 2월 14일. 임해군 배."라고 하였다.

○丁酉正月十五日。

賊將清正, 還渡海, 還據于西生浦舊巢穴。清野之令, 急於星火, 疊入[5]山城之擧, 刻期催督, 民心渙散, 怨號格天。體察使鎭定人心之計, 於夫山城[6], 斬一無辜以來, 士論沮喪, 莫敢誰何。扶老携幼, 被驅入城, 哭聲連天, 如在鼎沸之中。當此時, 雖使張巡[7]·許遠[8]主之, 人心若此, 莫能捍禦。○清正書契于我國, 曰: "奉書朝鮮國王陛下。有可問尋事, 故愚雖欲遣使於貴國京城, 慶尙之民等, 以未稟陛下之命, 無導愚使者。由是, 惟不堪恐懼之志, 先奉拜呈單牘也。勅護軍公[9]·松雲[10]師, 而急可令來于西生浦, 以面

---

5 疊入(첩입): 변방의 백성들을 외적의 약탈에서 보호하기 위하여 안전한 성안으로 들여보내 대피하게 하는 일.

6 夫山城(부산성): 경상북도 경주시 五峯山 정상에 있었던 산성. 사적 제25호. 朱砂山城이라고도 하는데, 《世宗實錄地理志》에는 夫山城으로 되어 있지만, 《東國輿地勝覽》에는 富山城으로 기록되어 있다.

7 張巡(장순): 唐나라 玄宗 때 安祿山이 漁陽에서 반란을 일으켜 장안을 향해 파죽지세로 밀려올 때, 睢陽에서 이들을 맞아 싸우다가 장렬하게 전사한 장수. 포위된 지 수개월이 지나 양식이 떨어져 참새·쥐 등을 먹고 견디다가 결국 함락되어 피살되었다.

8 許遠(허원): 唐나라 玄宗 때 安祿山의 난에 의해 睢陽城이 포위되자 張巡과 함께 저항하다가 장렬하게 전사한 장수.

9 護軍公(호군공): 權恂(1536~1606)을 가리킴. 본관은 安東, 자는 彦忱, 호는 雙泉堂. 도원수 權慄의 형이다. 1577년 의금부도사를 거쳐 군자감주부에 올랐다. 1592년 4월 임진왜란이 발발하여 宣祖가 몽진을 하게 되자 의주까지 호종하였으며, 이후 동생 권율의 지휘 아래에 있던 수원성으로 돌아와 행주산성전투에서

話有可謀之事, 此回章, 幷護軍公·松雲師, 若遲來, 則不可也。其放者倭兵數十萬, 日本海岸泛船舸, 待愚捷報, 欲渡海而居也。護軍公·松雲師, 若遲來, 則倭兵不待愚捷報, 而可渡海來也。然則朝鮮之不可也, 且又農耕之時, 亦近矣。愚自前年, 與臨海君·順和君, 若以舊好故, 至于朝鮮之高官·陪臣·諸民等, 憐之如此也。愚自幼年至今日, 未嘗作詐爲, 以有正直。大相國[11]命, 愚如此先鋒事, 故倭兵悉待愚告報者也。依陛下回章之意趣, 可止倭兵渡海, 于不移時日, 奉竢回章, 誠惶誠恐頓首。慶長二年丁酉春王正月二十二日平淸正." ○我國回書[12]曰: "自從將軍撤兵東渡, 經界[13]有截, 雖不得越海傳書, 以伸私謝, 而區區向慕, 亦未嘗忘于懷也。今因蔣啓仁[14], 得奉手札, 良用爲慰。我國於日本, 素爲與邦,

---

공을 세웠다. 권순은 이때 세운 공으로 양주목사에 제수되었으며, 이후 평산부사와 봉산군수에 임명되었으나 일신상의 문제로 부임하지는 못하였다. 1597 정유재란이 일어난 후 명나라 장수 李如梅를 따라 영남 지역에 두 차례 왕래하였는데, 이때 울산 도산성전투에도 참전하였다. 趙慶男의《亂中雜錄》권4〈기해년〉사실이 참고가 된다.

10 松雲(송운): 惟政(1544~1610)의 호. 본관은 豐川, 속명은 任應奎, 자는 離幻, 호는 泗溟堂·鍾峯. 1592년 임진왜란 때 승병을 모집하여 휴정의 휘하에서 왜군과 싸웠다. 평양을 수복하고 도원수 권율과 의령에서 왜군을 격파했고, 정유재란 때 울산의 도산과 순천 예교에서 전공을 세웠다. 1604년 일본으로 건너가 강화를 맺고 조선인 포로 3000여 명을 인솔하여 귀국했다.

11 大相國(대상국): 太政大臣의 중국풍 별칭. 풍신수길은 1985년 關白에 임명된 이래 태정대신이 되었으며 天皇으로부터 豊臣이라는 성을 하사받았다.

12 《宣祖實錄》1597년 2월 11일 4번째 기사임.

13 經界(경계): 疆界의 오기.

14 蔣啓仁(장계인): 蔣希春. 啓仁은 아군과 적군 간에 문서를 전달하는 직책을 가리키는 판단된다.《宣祖實錄》1597년 3월 21일 6번째 기사가 참고된다.

講信修睦[15], 二百年于玆, 不意日本, 先啓兵釁[16], 宗社爲墟, 萬姓塗炭。幸賴天朝一視之仁[17], 將解紛息爭, 偕之大道, 而卽審將軍, 欲遣使者京城, 以通書信, 用意甚勤。但我國, 凡有大小事, 必稟命於天朝, 天朝命令未下, 則我國亦難自由。況今天朝將官, 多駐京城·平壤·義州等諸處, 而楊冊使先赴闕下, 沈冊使奉勅旨南下, 方要調戢兩國。我國不待天朝處分, 經與貴使往復, 非徒事體所不敢爲, 亦惟獲罪天朝是懼。日本如欲更以好意相待, 則我國當報知冊使, 馳稟天朝, 更容奉旨回復[18], 幸將軍亮之。順和君疾甚, 不逮人事, 黃赫又遠在北方, 來書未能修答耳。松雲當送赴陣中, 想有以待也。統惟照諒, 不宣[19]。萬曆二十五年二月十四日。臨海君拜."

가을 7월 15일。

통제사(統制使) 원균(元均)이 삼도의 수군을 이끌고 한산도(閑山島)에서 영등포(永登浦)의 앞바다로 출전하였는데, 왜적이 우리의 척후선(斥候船) 4척을 먼저 격침하고 밤을 틈타 엄습하니, 우리 배의 장수와 군사들은 모두 깊이 잠들어 깨닫지 못하였다. 왜적이 총통을 3번 쏜 뒤에야 원균이 비로소 깨닫고 접전하려는 즈음에 해 또한 이미

---

15 講信修睦(강신수목): 이웃지간에 신용을 지켜야 화목할 수 있음을 이르는 말.

16 兵釁(병흔): 전쟁을 일으키는 구실. 전쟁이 일어나는 단서.

17 一視之仁(일시지인): 누구나 차별없이 똑같이 사랑함.

18 回復(회복): 回覆의 오기. 회신을 보냄.

19 不宣(불선): 편지 끝에 쓰는 말. 사연을 다 말하지 못하고 이만 줄인다는 뜻이다.

밝아 연안에서 멀리 떨어진 넓은 바다로 나가려는데, 적선이 사방으로 포위하여 새로 만든 별선(別船) 40척을 어찌할 수가 없었으며, 먼저 포로가 되었던 우리의 장수와 군사들은 모두 배를 버리고 해안에 따라 상륙하여 달아났다. 통제사가 양호(兩湖: 충청도와 전라도)의 수사(水使)와 제장(諸將)들이 모두 해를 입었다. 우수사(右水使)만이 목숨을 내걸고 달아났지만, 이윽고 붙잡혀 참수되었다. 삼도 수군의 사졸들이 남김없이 포로가 되었고, 온 한산도(閑山島)에 있던 군량과 무기들은 죄다 왜적에게 내주어 도와주고 말았으니 통분을 견딜 수 있겠는가?

○丁酉秋七月十五日。

統制使元均, 率三道舟師, 自閑山島, 出陣于永登浦前洋, 倭賊先滅我斥候四船, 乘夜掩襲, 我諸船將士, 皆沈眠不覺。倭賊三放銃箇, 然後元均始覺, 接戰之際, 天亦已明, 欲出外洋, 則賊船四匝, 無可奈何新造別船[20]四十隻, 爲先被擄我將士, 皆棄船, 依岸下陸而走。統制使, 與兩湖水使諸將, 皆被害。獨右水使裵楔, 亡命[21]而走, 尋捕斬之。三道舟師士卒, 無遺被擄, 閑山一島, 粮餉軍器, 盡爲賊資, 可勝痛哉。

---

20 別船(별선): 조선시대 삼도수군통제영에서 특별한 임무를 수행하던 戰船의 한 가지.

21 亡命(망명): 목숨을 내걸음.

9월。

적장 청정(淸正: 가등청정)이 서평포(西平浦: 西生浦의 오기)에 있던 그의 소굴로부터 군사들을 동원하여 서쪽으로 향하자, 연기와 불길이 하늘로 치솟았고 위세가 천리를 떨쳤다.

○같은 달 20일 순찰사(巡察使) 이용순(李用淳)이 의성 향교(義城鄕校)의 북산(北山)에 진(陣)을 쳐서 변란에 대비하였다. 청정(淸正)의 왜적이 비안(比安)에서 돌진해 오니, 순찰사가 조금 물러나서 형편에 따라 처리하였다. 적도(賊徒)가 바로 공산성(公山城)으로 쳐들어가니, 성에 가득했던 기구(器具)들을 남김없이 빼앗겼다.

온 공산성에는 관청과 개인의 곡식이 몇 만 석인지 알지 못하였다. 곡식을 실어 보내는 날이 되자, 사론(士論)과 향간의 의론이 모두 풍기(豐基)·영주(榮州)·청송(靑松)·진보(眞寶)·안동(安東) 등 산간지대 고을에 있는 허다한 곡식을 모름지기 억지로 산성(山城)에 실어 보내지 말고, 각기 그 경내의 아주 험준한 곳에 쌓아서 목책을 설치해 단단히 지키다가 위험하고 어려운 상황에 처했을 때 노약자들이 한자리에 모여 곡식을 내려 보내면, 전쟁터에 나아가는 장사(壯士)들도 반드시 부모를 버리고 멀리 달아나는 이치가 없을 것이며, 아마 필시 부모와 처자식들도 이 양식에 힘입어서 매복하였다가 적을 차단하여 사살할 것이라고 했다. 이를 상책이라고 했으나, 끝내 묵사발이 되고 말았으니 어찌하겠는가?

일찍이 호남의 대군 7만 명이 동원되었을 때 수택(水澤)이나 강하(江河)를 막론하고 머리와 꼬리가 서로 이어져 90여리를 끊이지 않은 것을 본 적이 있었다. 그러나 이번 청정(淸正)의 왜적이 여러 날 동안

진(陣)을 친 곳을 상세히 살펴보니 군막(軍幕)의 수는 넓이가 1마장(馬場)에 불과해 이로 미루어 볼 때 그 군사의 수는 천여 명에 차지 않았을 터이나 한 사람도 방어하려는 자가 없었으니 통분을 견딜 수 있겠는가?

○丁酉九月。

賊將淸正, 自其西平浦巢穴, 動兵向西, 烟焰漲天, 威振千里。○同月二十日, 巡察使李用淳, 於義城鄕校北山, 結陣待變。淸賊, 自比安[22]突至, 巡察使稍退策應。賊徒直下公山城, 滿城器具, 無遺被奪。公山一城, 公私之穀, 不知其幾萬石。當其輸穀之日, 士論巷議, 皆以爲豊榮·靑眞·安東等山郡, 許多之穀, 則不須强輸山城, 各其境內, 絶險處入積, 設柵堅守, 及其危難, 老弱團聚穀下, 則赴戰壯士, 必不棄父母遠走之理。想必父母妻子, 賴此粮而埋伏截殺。此其上策, 而竟至塗地, 奈何? 曾見湖南大軍七萬兵行師[23]時, 勿論水澤·江河, 首尾相接, 九十餘里。而今次淸賊, 累日結陣處, 詳見, 則軍幕之數, 不過一馬場[24], 以此料之, 則其軍數, 不滿千餘名, 而無一人捍禦, 可勝痛哉。

7월 1일。

천장(天將: 명나라 장수) 양 총병(楊摠兵: 楊元)이 전주(全州)에서 뜻밖에 단계현(丹溪縣)에 달려와 책봉사(冊封使) 심유경(沈惟敬)을 붙잡

22 比安(비안): 경상북도 의성군 남부에 있는 고을.
23 行師(행사): 군을 통솔함. 군사를 동원함.
24 馬場(마장): 말을 매어 두거나 놓아 기르는 곳.

아 갔다. 얼핏 듣건대 심야(沈爺: 심유경)가 변란 초기부터 삼국을 드나들며 화의(和義)를 거짓으로 주장하는 양하였지만, 실제로는 왜적과 비밀리에 공모하다가 지금에 이르러 일이 발각되어 붙잡혔던 것이라고 하였다.

청정(淸正: 가등청정)의 왜적이 공산(公山: 팔공산)에서 영천(永川)에 이르러 의병대장 권응수(權應銖)와 서로 접전하였지만 대패하였다. 그래서 청정의 왜적이 달아나 자기 소굴로 돌아갔는데, 체찰사(體察使) 이원익(李元翼)은 퇴각해 신녕(新寧)에 주둔하고, 순찰사(巡察使) 이용순(李龍淳)은 되돌아가 대구(大邱)에 주둔하고, 도원수(都元帥) 권율(權慄)이 퇴각해 자인현(慈仁縣)에 주둔하니, 마치 보호하여 보내주는 사람과 같이 그렇게 했다. 슬프게도 우리 남쪽의 백성들은 더 이상 가망이 없게 되었다.

○丁酉七月初一日。

天將楊摠兵, 自全州, 不意馳來于丹溪縣, 拿去沈冊使惟敬。乍聞沈爺, 自變初, 出入三國, 佯主和議, 實則與賊通謀, 到今事覺被拿云。淸賊, 自公山到永川, 與義兵大將權應銖[25]相戰, 大敗之。淸

---

25 權應銖(권응수, 1546~1608): 본관은 安東, 자는 仲平, 호는 白雲齋. 경상북도 영천 신녕 출신. 아버지는 權德臣이다. 1583년 별시무과에 급제, 修義副尉權知를 거쳐 訓鍊院副奉事로서 의주 용만을 지켰으며, 그 뒤 경상좌수사 朴泓의 막하에 있다가 1592년 임진왜란이 일어나자 고향에 돌아가 의병을 모집하여 궐기했다. 이 해 5월부터 활동을 전개해 여러 곳에서 전과를 올리고, 6월에 경상좌도병마절도사 朴晉의 휘하에 들어갔다가 7월에 각 고을의 의병장을 규합해 의병대장이 되었다. 이 무렵 영천에 있던 적군은 신녕·안동에 있던 적군과 연락하면서 약탈을 일삼고 있었기 때문에, 이를 공격할 계획을 세우고 7월 14일 적을 朴淵에서 치고, 22일에는 召溪·沙川까지 추격해 격파했다. 한편 이날 군세를

賊遁還其巢穴, 體察李元翼, 退駐新寧, 巡察使李用淳, 還駐大丘, 都元帥權慄, 退駐慈仁縣, 有若護送者然。哀我南民, 更無所望。

겨울 12월 14일.

천장(天將: 명나라 장수) 마 제독(麻提督: 麻貴)이 대군을 이끌고 조령(鳥嶺)을 넘어 안동(安東)에 이르렀고, 양 경리(楊經理: 楊鎬)가 자위병(自衛兵) 수천 명을 이끌고 15일 문경(聞慶)에서 용궁(龍宮)에 이르렀는데, 접반사 이상(二相: 판서) 이덕형(李德馨)이 뒤따랐다.

제독(提督: 마귀)·총병(摠兵: 양원)이 먼저 의성(義城) 길을 따라 내

정비하고 영천성 공격을 위해 선봉장에 洪天賚, 左摠을 申海, 右摠을 崔文柄, 中摠을 鄭大任, 別將을 金潤國으로 삼았다. 25일 군사를 동원해 공격을 시작하고 26일에는 결사대원 500명을 뽑아 적진으로 돌격해 크게 격파했다. 다음 날에는 火攻으로 대승, 영천성을 수복했다. 그 뒤 신령·의흥·의성·안동의 적은 모두 한 곳에 모였고, 영천의 적은 경주로 후퇴하였다. 그 공으로 경상좌도병마절도사우후가 되었다. 그 뒤 좌병사 박진의 휘하에 들어가 8월 20일 제2차 경주탈환전의 선봉으로 참가했으나 패전했다. 12월에는 좌도조방장으로 승진했다. 1593년 2월에는 순찰사 韓孝純과 함께 7군의 군사를 합세해 문경 唐橋에서 적을 대파하고, 25일에는 山陽塔前에서 적병 100여 명의 목을 베는 등 큰 전과를 올렸다. 이어 좌도병마절도사가 되었다. 4월에 안동의 慕恩樓 밑에서 적을 크게 격파한 다음 九潭까지 추격해 적 100여 명을 사살했고, 7월에는 밀양의 적을 격파했다. 9월에는 좌도방어사로 특진되었다. 1594년 정월에는 경상도병마좌별장이 되고, 4월에는 黃龍寺 부근에서 적을 격파했다. 7월에는 충청도방어사를 겸직하고 李思命의 군사를 대신 거느리고 은진현감 李穀과 함께 倉巖에서 가토[加藤淸正]군을 대파했다. 1595년 정월에는 경상좌도방어사를 겸했고, 4월에는 兄江에서 적을 대파했다. 1597년 9월 정유재란 때 관찰사 李用淳, 병마절도사 金應瑞와 같이 달성까지 추격했다. 11월에는 왕명으로 명나라의 副總兵 解生을 따라 함경·강원 兩路의 병을 거느렸다. 經理인 楊鎬와 麻貴를 따라 1·2차 울산 전투에 참가했다.

려가 곧장 경주부(慶州府)로 내려갔고, 17일 경리(經理: 양호)가 안동에서 의성을 경유하여 21일 경주 지경인 아화역(阿火驛)의 들판에 진(陣)을 쳤다.

이들이 내려올 때, 영천군(永川郡)의 수령들이 하인과 함께 모두 달아나서 음식물 등을 제공받지 못한 채 이곳에 내려왔다. 경주부 또한 음식물 등을 제공하지 못하자, 순찰사(巡察使: 이용순)가 영리(營吏)들을 나눠 보내어 시골집의 쌀과 콩을 구해 바치도록 했으나 끝내 구하여 바치지 못했다. 경리(經理: 양호)가 진영(陣營) 밖으로 걸어 나와 진(陣)을 친 것이 완료되었는지 순시하였는데, 순찰사가 홀로 앉아 무엇이라도 할 수 없음에 답답해 하는 것을 멀리서 보고 앞으로 불러다 위로하여 말하기를, "우리 장수와 군사들은 스스로 밥을 지을 수 있으니 대접하는 것을 걱정하지 말고 물러나 따뜻한 곳에서 잘 것이지, 다시는 한데서 앉아 있지 말라."라고 하였다.

○22일 첫닭이 울자 경리(經理: 양호)는 행군하여 곧장 마 제독(麻提督: 마귀)의 진중에 이르러 제독에게 다짐을 주었으니, 만리 행군에는 반드시 모름지기 군사들을 휴양(休養)하고서 동원하라고 하였다. 그러나 경리가 말하기를, "용병술은 신속함을 귀하게 여긴다."라고 하며 군사들을 동원하도록 독려하였다.

23일 어젯밤 술시(戌時: 저녁 8시 전후)에 행군하여 오늘 아침에 밥도 먹지 못한 채 대군이 곧장 청정(淸正)의 적진을 쳐들어갔다. 곧 좌병영(左兵營)의 남문 밖에 있는 성황당(城隍堂)은 지금 도산(島山)이라고 칭하는 곳이 이곳이다. 왜적 천여 명의 기병(騎兵)이 돌진해 나오자, 천병(天兵: 명나라 군대)이 거짓으로 패퇴하는 모습을 보였다. 적군이 추격해오니, 천병(天兵)의 선봉대가 백년암(百年巖) 근처에 미리 숨긴 군사들과 일시에 협공하여 대파하고 왜적 1천여 명의 머리를 베었다.

곧바로 청정(淸正)의 외성(外城)을 쳐들어가 뇌천포(雷天砲: 天雷砲)·벽력포(霹靂砲)를 많이 쏘아대자 천지가 진동하였는데, 외성은 거의 다 짓이겨지고 짓밟혔다. 청정(淸正)·평행장(平行長: 소서행장) 및 평수길(平秀吉)의 사위로 이름을 알지 못하는 왜장(倭將: 우키타 히데이에 宇喜多秀家)이 정예병만 이끌고 내성(內城) 안으로 달려 들어갔다. 우뚝이 조그마한 외딴성이나 그 안에는 여러 사람들을 용납할 수 있는데, 반드시 천 명에는 차지 못할 것이나 그 안에 들어가 어지러이 활과 포를 쏘아대니 쉽게 공격하여 깨뜨릴 수가 없었다. 천병(天兵)과 아군이 합세하여 세 겹으로 포위하여 오직 적들이 스스로 지쳐서 항복하러 나오기만을 기다릴 뿐이었다.

○丁酉冬十二月十四日。

天將麻提督, 率大軍, 踰鳥嶺, 到安東, 楊經理[26], 率自衛兵數千, 十五日, 自聞慶, 到龍宮, 接伴使二相李德馨, 跟隨之。提督·摠兵, 先下義城路, 直下慶州府, 十七日, 經理, 自安東由義城, 二十一日, 到慶州境, 阿火驛[27]野陣。來時永川郡守令, 與下人皆逃走,

---

26 楊經理(양경리): 楊鎬(?~1629). 정유재란 때 조선에 온 중국 명나라 말기의 군인. 정유재란 때 울산에서 벌어진 도산성 전투에서 패했는데, 이를 승리로 보고했다 들통나 파면되었다. 청나라가 명나라를 침략하자 랴오둥 등을 경략했으나 사르후 전투에서 크게 패해 그 책임을 지고 사형당했다.

27 阿火驛(아화역): 조선시대 경상도의 도로망인 長水道에 속한 역. 경상북도 경주시 서면에 있었던 역참이다.

闕供來此。慶州府, 亦未及支待, 巡察使, 分遣營吏, 欲得村家米太, 而竟未覓呈。經理步出陣外。巡視結陣完否, 望見巡察使, 獨坐無爲, 召前慰勞曰: "我將士自可炊食, 勿念支待, 退宿溫處, 勿復露坐." ○二十二日, 鷄初鳴, 經理行軍, 直到麻提督陣中, 約束提督, 則萬里行師, 必須休兵養士, 擧事云。而經理曰: "兵貴神速." 督令擧事。二十三日, 昨夜戌時行師, 今朝未飯, 大軍直擣清賊陣。卽左兵營南門外城隍堂, 今稱島山[28]是也。倭千餘騎突出, 天兵佯示退北之狀。賊兵追及, 天兵先鋒, 預下百年巖近處藏兵, 一時挾攻, 大破之, 斬首千餘級。直突清正外城, 多發雷天[29]·霹靂砲, 地天振動, 外城則踏躙殆盡。清正·平行長及平秀吉壻名不知倭將[30], 只率精銳, 走入內城中。凡然小孤城, 其中容衆, 必不滿千兵, 入居其中, 亂放矢砲, 故未易撞破。天兵我軍合勢, 圍之三匝, 唯待使賊自困出降而已。

---

28 島山(도산): 島山城. 지금의 학성공원. 정유재란 때 왜병에 점령되어 독특한 왜성양식으로 축성된 성.

29 雷天(뇌천): 天雷의 오기인 듯.

30 平秀吉壻名不知倭將(평수길서명부지왜장): 宇喜多秀家(1573~1655)를 가리킴. 그는 히데요시의 양자이면서도, 마에다 토시이에의 딸로 역시 히데요시의 양녀가 된 고히메와 결혼하여 사위가 되었다. 1592년 임진왜란 때 왜군 제8진 1만의 병력으로 침입하여 고니시[小西行長]와 가토[加藤淸正]군의 뒤를 이어 고바야가와[小早川]와 같이 서울에 입경, 왜군이 북진한 후 서울을 수비했으며 1593년 幸州 싸움에 참가, 대패할 때 부상을 입고 철병했다. 1597년 정유재란 때 다른 무장들과 함께 총병력 14만여를 이끌고 재침, 7월에 남원을 함락, 전주를 무혈 점령, 만행을 부리다가 그 해 겨울에 철퇴하였다. 그 후 세키가하리[關力原]의 결전 때에는 이시다[石田三成] 등에게 추대되어 謀主가 되었으나, 패전하여, 사쓰마[薩摩]에 도피하였다.

무술년
1598

춘정월 3일。

양 경리(楊經理: 양호)·마 제독(麻提督: 마귀)이 뜻밖에도 포위를 풀고 회군하면서 말하기를, "적진을 오래 포위했어도 끝내 항복하러 나오지 않는 데다 천병(天兵: 명나라 군대)이 많은 날을 노숙하고 있는 동안 죽는 자가 줄을 이으니, 안동(安東)으로 퇴각하여 머물며 군사들을 휴양(休養)해 있다가 또 유정(劉綎)이 군사 수십 만 명을 이끌고 나오기를 기다려 합세하여 다시 공격하겠다."라고 하였다. 온 나라의 힘을 다하여 군량을 수송했는데도 부질없이 버려두고 달아난다니, 통분을 견딜 수 있겠는가?

이번 전투에서 천장(天將: 명나라 장수) 형 군문(邢軍門: 邢玠)이 경성(京城)에 주둔하였다. 그 이하로 양 경리(楊經理: 양호)·마 제독(麻督提: 마귀)·오 총병(吳摠兵: 오유충)·이 부총(李副摠: 이방춘)·해 부총(解副摠: 解生)·이 부총(李副摠: 이여매)·고 도독(高都督)·이 유격(李遊擊: 이천상)·모 유격(茅游擊: 모국기)·섭 유격(葉游擊: 섭상)·양 유격(羊游擊: 楊遊擊의 오기, 양등산)·파 유격(頗游擊: 파귀)·파 유격(擺游擊: 파새)·안 유격(安游擊: 안본입)·우 유격(牛游擊: 우백영)인데, 이는 명장(名將)이다. 그 나머지 편장(編將)은 이루 다 기록할 수가 없다.

○천병(天兵)이 오래도록 포위했을 때 딴 계책을 도모하지 않고

단지 촉천화(觸天火)를 쏘기만 할 뿐, 장수와 군졸들은 한가하게 잠이나 자면서 곁에 아무런 할 일이 없는 것처럼 굴었다. 이러한 때를 당하여 우리나라의 화기(火器) 중에서 천자전(天字箭)은 비록 힘이 있으나 묵직하여 멀리 미치지 못하였지만, 지자전(地字箭)·진천뢰(震天雷)는 날쌔고 멀리 미쳐서 몇 리 밖에 있는 적도 충격을 가할 수 있었다. 도산(島山)에 자리잡은 청정(淸正)의 적진 서쪽과 마주보고 있는 봉우리가 1리나 2리쯤 되는 곳에 있으니, 마주보고 있는 봉우리 정상에 기계를 많이 설치하고 지자전과 진천뢰를 연달아 쏘아서 적진으로 들여보내어 적들로 하여금 불안에 떨게 하고, 화인(華人: 중국신)들로 하여금 우리나라의 화기(火器)를 알게 하였다면, 이와 같은 것이 옳았다. 그러나 마치 아무런 할 일이 없는 것처럼 천병(天兵)을 따라 스스로 물러나니, 통분을 견딜 수 있겠는가?

○양 경리(楊經理: 양호)·마 제독(麻提督: 마귀)이 제장(諸將)들을 거느리고 회군하며 단지 부총(副摠) 이방춘(李芳春)만 남겨두고는 그의 군사 3천 명을 이끌고 안동(安東)에 머물러 있으면서 방비하게 하였다.

○戊戌春正月初三日。

楊經理·麻提督, 不意解圍, 旅師, 曰: "久圍賊陣, 終不出降, 天兵露處多日, 死亡相仍, 退駐安東, 休兵養士, 又待劉挺兵數十萬出來, 合勢更討."云。竭一國輸糧, 空棄走, 可勝痛哉? 今次之戰, 天將邢軍門, 駐京城。其以下, 楊經理·麻督提·吳摠兵[1]·李副摠·

---

1 吳摠兵(오총병): 吳惟忠을 가리킴. 1592년 임진왜란 때 조선에 파견되었던 명

解副摠[2]·李副摠[3]·高都督·李遊擊[4]·茅游擊[5]·葉游擊[6]·羊游擊[7]·頗游擊[8]·擺游擊[9]·安游擊[10]·牛游擊[11], 此其名將。其餘編將, 未

나라 장수. 척계광이 모집한 의오군으로 활동하며 왜구 토벌에 공을 세웠으며, 몽골 방어를 위한 薊州의 城堡 수축에 참여하였다. 임진왜란 시에는 이여송이 이끄는 부대 소속으로 평양 전투에 참여했고, 정유재란 때에는 忠州에 주둔하면서 영남을 오가며 일본군 공격에 힘썼다.

2 解副摠(해부총): 解生을 가리킴. 1597년 정유재란 때 울산의 도산성전투에 참여한 명나라 장수. 麻貴 提督의 부하 장수이다. 임진왜란에 이어 1597년 다시 조선을 침략하여 북상하는 왜군을 마귀의 지휘 아래 稷山에서 격파하여 큰 공을 세웠다. 李芳春과 함께 조명 연합군의 右)에 속하여 울산 島山城에서 가토 기요마사[加藤清正] 군과 두 차례에 걸쳐 전투를 벌였지만 패배하였다.

3 李副摠(이부총): 李如梅을 가리킴. 李如松의 동생. 1592년 임진왜란 시 명나라 장수로서 평양성을 탈환하는 데 공을 세웠다. 일본과의 강화교섭이 진행되고, 전쟁이 고착화되자 이여송과 함께 요동으로 돌아갔다가 정유재란이 발발하자 다시 참전하였다. 울산성 전투에서 선봉으로 나서서 外城을 함락하는 등 큰 공헌을 하였지만, 加藤清正을 사로잡거나 내성까지 함락시키지는 못하였다.

4 李遊擊(이유격): 李天常을 가리킴. 1597년 정유재란 때 조선에 파견된 명나라 장수. 欽依千摠의 신분으로 수병 2,700인을 이끌고 참전했다. 노량 전투에서 공을 세워 遊擊으로 승진하였다. 1600년 10월에 본국으로 돌아갔다.

5 茅游擊(모유격): 명나라 장수 茅國器를 가리킴. 임진왜란 때 조선에 나와 유격장으로서 전공을 많이 세웠다.

6 葉游擊(섭유격): 葉鱛을 가리킴. 손 군문의 差官. 절강성 출신이다.

7 羊游擊(양유격): 楊游擊의 오기. 楊登山을 가리킴. 1597년 정유재란 때 조선에 파견된 명나라의 무장. 정유재란 때 조선에 와서 매우 용맹하게 싸워 공을 세웠다.

8 頗游擊(파유격): 頗貴를 가리킴. 1597년 정유재란 때 조선으로 파견되어 종군한 명나라 장수. 몽고 계열의 장수로 解生·楊登山·擺賽와 이름을 나란히 하면서 四將으로 불렸다. 전투에 적극적으로 참가하여 전공이 많았고, 용맹함으로 이름을 떨쳤다. 1599년 3월에 귀국하였다.

9 擺游擊(파유격): 擺賽를 가리킴. 1597년 정유재란 때 조선으로 파견되어 종군한 명나라 장수. 몽고 출신의 장수로 가장 용맹이 뛰어난 인물이었는데, 울산의 도산성 전투에서 조총에 피격된 뒤 그 후유증으로 사망했다.

10 安游擊(안유격): 安本立을 가리킴. 구체적 정보는 알 수 없음.

能盡記。○天兵, 久圍之日, 不圖他策, 只放觸天火[12], 將卒閑眠, 傍若無爲。當此之時, 我國火器中, 天字箭, 雖壯而鈍, 不及遠, 地字箭·震天雷, 神猛而遠及, 可衝數里之賊。島山淸賊陣西, 有對峯一二里, 多設機械於對峯之上, 以地字箭·震天雷, 連放入送于賊陣, 使賊不得自安, 使華人知我國火器, 如是可也。而有若無所爲, 而隨天兵自退, 可勝痛哉? ○楊經理·麻提督, 率諸將旅師, 只留李副摠芳春, 率其兵三千, 留防安東。

4월。

천병(天兵: 명나라 군대) 4만 6천여 명이 뜻밖에도 남쪽으로 내려와 예천(醴泉)·안동(安東)·의성(義城)·의흥(義興)·신녕(新寧)·영천(永川)·상주(尙州)·선산(善山)·성주(星州) 등지로 나뉘어 주둔하니 크게 의지가 될 것이나, 본도(本道: 경상도)에 있는 현재의 식량은 겨우 한 달만 지탱하며 지급할 수 있었다. 관청이나 개인의 곡식이 남김없이 고갈되어 식량을 계속해서 댈 방도가 없을 정도로 부족하자 온

---

11 牛游擊(우유격): 牛伯英을 가리킴. 1597년 정유재란 때 조선으로 파견되어 종군한 명나라 장수. 1597년 7월 조선에 왔다. 충청도 천안의 직산 전투에 참가하여 공을 세웠고, 이후 안동에 주둔했다가 남원으로 옮겨 주둔하였다. 劉綎의 휘하에서 순천의 曳橋城 전투에 참가했다가 유정이 전투에 소극적인 태도를 취하는 것을 알고, 교전하지 말도록 권유하였고, 유정은 이에 따라 군대를 물렸다. 1599년 4월에 귀국하였다.

12 觸天火(촉천화): 중화약의 힘으로 날아가 적진을 불사르거나 생명을 살상하는 분사식 무기. 국 전쟁사에는 '마술의 불을 뿜는 까마귀'로 불린 4개의 로켓으로 추진력을 얻는 큰 촉천화와 '유령 오리'로 불린 2개의 로켓만 사용하는 작은 촉천화의 2가지 종류가 사용되었다고 기록되어 있다.

나라가 경황이 없어 손이 묶인 것처럼 어떠한 계책도 세울 수 없었다.

○戊戌四月。

天兵四萬六千餘衆，不意南下，分駐醴泉·安東·義城·義興·新寧·永川·尙州·善山·星州等處，大有所恃，而本道見在之粮，僅支一朔之放。公私蕩竭，缺無繼糧之道，擧國遑遑，束手無策。

5월。

마 제독(麻提督: 마귀)이 도로 내려왔는데, 안동(安東)·의성(義城)·의흥(義興)을 거쳐 14일 신녕(新寧)의 오 총병(吳摠兵: 오유충) 진중(陣中)에 이르러 왜적이 도로 후퇴하였다는 소식을 듣고 서둘러 회군하여 18일 안동에 되돌아왔다.

○戊戌五月。

麻提督還下，由安東·義城·義興，十四日，到新寧吳摠兵陣中，聞倭賊還退，卽卽旋師，十八日，還到安東。

8월 1일。

제독(提督: 마귀)은 안동에서 길을 떠나 경성(京城)으로 향하였다.

○황조(皇朝: 명나라)의 대군이 일시에 남쪽으로 내려왔다. 유 제독(劉提督: 劉綎)은 순천(順天)으로 가고 동 제독(董提督: 董一元)은 사천(泗川)으로 가고 마 제독(麻提督: 마귀)은 울산(蔚山)으로 갔지만 모두 승리를 거두지 못하였다.

청정(淸正: 가등청정)은 하찮은 일개 왜인에 불과하고 아득히 먼 외딴 한 성에 들어가 차지하였는데도 천하를 무릎 꿇리니 시운이란 것인가? 운수란 것인가? 통분을 견딜 수 있으랴?

八月初一日。

提督, 自安東, 起身向京。○皇朝大兵, 一時南下。劉提督赴順天[13], 董提督[14]赴泗川, 麻提督赴蔚山, 皆未得捷。清正, 不過幺麽一倭, 而入據杳杳一孤城, 坐困天下, 時也運也, 可勝痛哉?

10월。

천조(天朝: 명나라) 양 안찰(梁按察: 양조령)이 성주(星州)에 와서 주둔하였는데, 접반사(接伴使) 윤국형(尹國馨)이 수행하였다. 군량을 계속 대기가 어려워져서, 때문에 순찰사(巡察使) 정경세(鄭經世)가 날마다 아문(衙門)으로부터 책망받았으니 가슴 아파하고 답답한들 어찌하겠는가?

○戊戌冬十月。

天朝梁按察[15], 來駐星州, 按伴使尹國馨, 跟隨之, 以糧餉難繼

---

13 順天(순천): 전라남도 동남쪽에 있는 고을. 동쪽은 광양시, 서쪽은 화순군·보성군, 남쪽은 순천만의 여수시·보성군, 북쪽은 구례군·곡성군과 접한다.

14 董提督(동제독): 董一元을 가리킴. 1597년 정유재란 때 조선으로 파견되어 종군한 명나라 장수. 1597년 정유재란 당시 禦倭總兵官이 되어 총독 邢玠의 지휘 아래 조선으로 왔다. 1598년 10월 진주에 진입하였으나 島津義弘이 건설한 사천의 新寨 진지를 공격하다가 패배했다. 이 일로 태자태보의 직위를 삭탈당하였고 관품은 3등이 강등되었다. 얼마 지나지 않아 다시 전공을 세워 예전의 관품을 회복하고 은폐를 하사받았다.

15 梁按察(양안찰): 梁祖齡(1557~1622)을 가리킴. 1597년 7월 산동 우참의 겸 첨사로 승진하였고, 1598년 군량을 조달하기 위해 조선에 파견되었다. 귀국하여 절강 안찰사로 승진했다.

之, 故巡察使鄭經世[16], 日被譙責於衙門, 痛悶奈何。

12월 1일。

천조(天朝: 명나라)의 대관(大官: 大臣)이 뜻밖에도 남쪽으로 내려온다는 기별을 급히 듣고서 음식물이나 물자를 제공할 수 없었는지라 순찰사가 말을 달려 함창(咸昌)에 이르렀는데, 천조(天朝)의 서 급사(徐給事: 徐觀瀾)가 6일에, 정 주사(丁主事: 丁應泰)가 7일에, 진 어사(陳御史: 陳效)가 10일에 모두 조령(鳥嶺)을 거쳐 남쪽으로 내려왔다. 세 어른은 모두 대관(大官)으로 극히 높은 관직인데 모두 경주(慶州)로 향하는 길이었다. 이때 청정(淸正: 가등청정)은 자기 나라로 돌아갔다.

천조(天朝)의 표표한 장수와 관료들의 명호(名號) 및 좌로(左路)의 제장(諸將)과 우로(右路)의 제장의 기록을 얻지 못한 것은 흠이 되는 일이다.

○흠차정칙요양등처해방방비대관동로감군도사우참의(欽差整飭遼陽等處海防兵備帶管東路監軍道事右參議) 양조령(梁祖齡) ○흠차찬획조선군무병부직방청사사주사(欽差贊劃朝鮮軍務兵部職方淸吏司主事)

---

16 鄭經世(정경세, 1563~1633): 본관은 晉州, 자는 景任, 호는 愚伏. 1596년 이조좌랑에 시강원 문학을 겸했으며, 잠시 영남 어사의 특명을 받아 禦倭鎭營의 각처를 순시하고 돌아와 홍문관 교리에 경연 시독관·춘추관 기주관을 겸하였고, 이어서 이조정랑·시강원 문학을 겸하였다. 이조정랑에 있을 때는 인사 행정이 공정하여 賢邪를 엄선해서 임용·퇴출했으며, 특정인에게 경중을 둔 일이 없었다. 1598년 2월 승정원 우승지, 3월에 승정원 좌승지로 승진되었고, 4월에는 경상감사로 나갔다. 이때 영남 일대가 임진왜란의 여독으로 民力이 고갈되고 인심이 각박해진 것을 잘 다스려, 도민을 너그럽게 무마하면서 양곡을 적기에 잘 공급해 주고, 백성들의 풍습 교화에 힘써 도내가 점차로 안정을 찾게 되었다.

정응태(丁應泰) ○흠차사감동정군무병과좌급사(欽差査勘東征軍務兵科左給事) 서관란(徐觀瀾) ○흠차총독계료보정등처군무겸이량향경략어왜병부상서겸도찰원우부도어사(欽差摠督薊遼保定等處軍務兼理糧餉經略禦倭兵部尙書兼都察院右副都御史) 형개(邢玠) ○흠차경리조선군무도찰원우부도어사(欽差經理朝鮮軍務都察院右副都御史) 만세덕(萬世德) ○흠차감찰요해조선군무감찰어사(欽差監察遼海朝鮮軍務監察御史) 진효(陳效) ○흠차관리비왜량향호부낭중(欽差管理備倭糧餉戶部郎中) 동한유(董漢儒) ○흠차제독남북수륙관병방해어왜총병관후군도독부도독(欽差提督南北水陸官兵防海禦倭摠兵管後軍都督府都督) 마귀(麻貴) ○어왜총병관(禦倭摠兵官) 오유충(吳維忠) ○어왜부총병(禦倭副摠兵) 해생(解生) ○참장(參將) 양등산(楊登山) ○참장(參將) 왕국동(王國棟) ○유격(游擊) 파귀(頗貴) ○유격(游擊) 진인(陳寅) ○유격(游擊) 섭사충(葉思忠) ○유격(游擊) 허국위(許國威) ○좌영도사(坐營都事) 장유성(張維城) ○도사(都事) 설호신(薛虎臣) ○참장(參將) 방발(龐渤) ○참장(參將) 양소조(楊紹祖) ○천총(千摠) 갈명성(葛鳴盛)·고진의(高進義) ○파총관(把摠官) 사조(謝炤)·유응춘(劉應春)·정국용(丁國用)·왕감정(王勘定)·안응과(安應科)·조자룡(曺子龍) ○군문도사(軍門都事) 사용제(謝用梓), 군문찬획관(軍門贊劃官) 주한경(朱漢卿), 관량관지휘(管糧官指揮) 왕래징(王來徵) ○천파총관(千把摠官) 양국경(楊國卿) ○천총(千摠) 장용(張勇) ○천총(千摠) 가명(賈明) ○천총(千摠) 한유(韓儒) ○천총(千摠) 이맹개(李猛磕) ○천총(千摠) 이하빈(李賀賓) ○천총(千摠) 장응거(張應擧) ○중군(中軍) 조태상(趙泰相) ○중군(中軍) 조응원(趙應元) ○기고관(旗鼓官) 최과(崔科) ○기패관(旗牌官) 적가용(籍可用)·조상

작(趙尙爵)·부방신(傅方臣)·진광종(陳光宗)·예맹경(倪孟敬), 모연관(募緣官) 조진충(曺盡忠)·한정(韓定).

○주사(主事) 정응태(丁應泰)가 길을 떠나 관서(關西)에 이르렀을 때 해동기(海東記: 신숙주 海東紀略)를 얻어 보고서 우리나라가 간사하게 속여 왜적을 끌어들였다고 심지어 천조(天朝: 명나라 조정)에 올리는 주문(奏文)에다 무고하였다. 그래서 외방(外方)에 있는 신하들이 상서(上書)하여 이르기를, 「조선국(朝鮮國) 의정부(議政府) 우의정(右議政) 이덕형(李德馨), 원임 호조 판서(原任戶曹判書) 김수(金睟), 제도 도원수(諸道都元帥) 권율(權慄), 서로 총관사(西路摠管使) 한효순(韓孝純), 예조 참판(禮曹參判) 민인백(閔仁伯), 전라도 순찰사(全羅道巡察使) 황신(黃愼), 병조 참의(兵曹參議) 권희(權憘), 호조 참의(戶曹參議) 이민각(李民覺) 등은 삼가 머리를 조아려 백 번 절하고 흠차 서로어왜감군도(西路禦倭監軍道) 대하(臺下)에게 글을 올리나이다. 직등(職等: 우리)은 과군(寡君: 자기 임금의 겸칭)에 의해 파견되어 전쟁터에서 적절히 처리하느라 분주하여 그 외의 다른 일은 살필 겨를이 없었습니다. 뒤늦게 듣건대 과군(寡君)이 정 찬획(丁贊畫: 정응태)의 참주(參奏: 탄핵 주청)를 입어 정사를 돌보지 않은 지가 여러 날이 되었고, 온 나라가 허둥지둥 어찌할 바를 모르고 있다 하였습니다. 직등(職等)은 멀리 외방(外方)에 있는지라, 왕궁을 지키면서 호소할 수도 없고 또 제부(制府: 총독)·과헌(科憲: 미상)의 각 아문(衙門)에 찾아가 눈물을 흘리면서 하소연할 수도 없어 한갓 혼자만 애끓이고 마음을 썩히며 멀리서 바라보고 답답할 뿐인데도, 아직 미처 이양(李煬)을 만나보지 못하여 그 참주(參奏)의 내용이 무엇을 말한 것인지도 알지 못하고 있었습니다. 지금에야

비로소 등보(謄報)를 보건대 해괴하기도 하고 놀랍기도 하였으니, 얼토당토않은 말을 만들어 낸 것도 있고, 옛 자취를 들추어 없는 사실을 날조한 것도 있고, 사람의 마음으로 보나 하늘의 이치로 보아 차마 입에 담지 못할 말로 능멸을 마음대로 더해 마지않은 것도 있었습니다. 직등(職等)은 눈으로 똑바로 볼 수도 없고 귀로 똑바로 들을 수도 없어 놀랍기도 하고 걱정스럽기도 한데다 분하기도 하고 마음이 아프기도 하여 오래도록 스스로 안정이 되지 않았습니다.

삼가 생각건대 성천자(聖天子)는 만 리 밖을 밝게 보는 데다 위로는 여러 노야(老爺)로부터 아래로는 각 군영(軍營)의 장수와 군졸에 이르기까지 직접 소방(小邦: 조선)의 사정을 보았으니 저 상소(上疏) 안의 말을 굳이 변론할 필요도 없었지만, 다만 군신 간의 의리는 병이(秉彝: 인간 본연의 변하지 않는 도리)에 근본하는 것이라서 마치 하늘을 씨줄로 하고 땅을 날줄로 하는 것 같이 영원히 변치 않을 떳떳한 이치로 만고(萬古)를 거치더라도 바뀔 수가 없는 것입니다. 만약 혹시 이에 옳지 못한 일을 가한다면 서인(庶人: 일반 백성)도 오히려 차마 편안히 평일처럼 자처하지 못할 것인데, 하물며 한 나라의 임금에 있어서이겠습니까? 이번에 과군(寡君)이 무함 당한 일을 하루라도 설욕하지 못하면 하루를 감히 상례(常禮)대로 자처할 수가 없고, 이틀을 설욕하지 못하면 이틀을 상례대로 자처할 수가 없습니다. 이는 인정과 도리상 필연적인 것인지라, 변란을 당한데다 격노케 하면 자연 그렇게 하지 않을 수 없는 것이니, 아아! 슬픈 일입니다.

소방(小邦: 조선)은 기자(箕子)가 봉함을 받은 이래로부터 남긴 교화(敎化)가 사라지지 않아 어짊과 유순, 곧음과 신의로 고사(古史)에 일컬어지는 것을 볼 수 있거니와, 우리 태조 고황제(太祖高皇帝: 명나라 태조 朱元璋)가 널리 만방(萬邦)을 무휼하여 국조(國祖) 강헌대왕(康獻大王: 태조 이성계)이 홍무 임신년(洪武壬申年: 1392)에 비로소 봉함을 받아 지금까지 200여 년을 지극정성으로 사대하며 각별하게 후도(侯道: 제후가 지켜야 할 법도)를 닦으니 열성(列聖)의 황제가 한 집안처럼 대우해주었습니다. 동으로 젖어든 은택이 백성들의 살과 뼈에 스며들었고, 이에 뭇별이 북극성을 향하듯 과군(寡君)의 천자에게 귀의하는 정성이 백번 단련되어 더욱 굳세어진 쇠붙이와 같았고 만 번 꺾여도 반드시 동쪽으로 흐르는 강물과 같았던 것은 천지 신명이 함께 환히 아는 바입니다.

지난 신묘년(1591) 적추(賊酋) 수길(秀吉)이 무도하게도 천조(天朝)를 치려는 뜻을 품고 보낸 편지에 협박하는 말이 도리에 어긋나고 지극히 불순하였습니다. 과군(寡君)은 즉시 배신(陪臣) 김응남(金應南)을 파견하여 주문(奏文)을 갖추어서 조정(朝廷: 명나라 조정)에 아뢰니, 칙명을 내려 칭찬하고 장려하였습니다. 이듬해 4월에는 적의 선봉이 부산(釜山)을 함락시키면서 절제사(節制使: 부산포첨절제사) 정발(鄭撥)이 전사했고, 둘째날 동래(東萊)를 함락시키면서 부사(府使) 송상현(宋象賢)이 전사하였습니다. 적은 길을 나누어 서쪽으로 올라왔는데, 소방(小邦: 조선)의 군사는 밀양(密陽)에서 첫패하고 상주(尙州)에서 다시 패하고 충주(忠州)에서 세 번째 패하니, 도성(都城)은 이미 와해되고 말았습니다. 소방(小邦)이 태평하던 끝에 갑자기 하늘을 뒤덮은 듯 새까맣게 몰려오는 적을 만나니, 형세상 지탱하지도 못하였고 죽음으로 막을 수도 없었습니다. 여러 차례 길을 빌리려고 위협하기도 하고 달래기도 하였으나, 과군(寡君)은 천조(天朝)의 울타리가 되기에 힘을 다하면 차라리 부모(父母: 명나라)에게 달려가서 호소하다가 죽으리라 생각하였습니다. 마침내 임금의 수레를 끄는 말의 재갈과 고삐를 잡은 제신(諸臣)들과 굳게 마음을 먹고 관서로 와서 패강(浿江: 대동강)을 지키려 하였지만, 적의 세력이 왕성하게 바싹 다가와 압록강(鴨綠江)으로 물러나 주둔하며 내부(內附: 귀순)하기를 청했던 것입니다. 그 당시 본병(本兵: 명나라 병부상서)에서 먼저 차관(差官) 황응양(黃應陽) 등을 보내어 적의 동정을 살피도록 했는데, 적이 협박한 편지를 보고는 불현듯 가슴을 치고 눈물을 흘리면서 말하기를, "조선이 천조(天朝: 명나라)를 위해서 이와 같이 해를 입고 있는 것을 천조는 일찍이 알지 못했도다."라고 하였습니다.

적들이 평양(平壤)을 점거해 주둔하고서 말하는 것이 도리에 어긋나고 지극히 불순하니, 조정(朝廷: 명나라 조정)이 그 실상을 자세히 알게 되자 마침내 군사를 동원하여 정처없이 떠도느라 곤경에 처한 과군(寡君)을 극력 구원했을 즈음, 받들어 주선하려 했던 것은 오직 온전히 충의(忠義)뿐이었습니다. 결국 대병(大兵)이 평양에서 통쾌한 승리를 거두고 곧장 임진(臨津)에 이르러서는 모두 이르기를, "왕경(王京: 개성) 이남까지도 비유하건대 대나무를 쪼개 듯이 할 것이다."라고 하니 이의가 두 번 다시 없었는데, 불행하게도 군사를 갑자기 전진시키지 않으며 그냥 여름을 보내다가 일종의 사변을 구차하게 끝내려는 논의가 일기 시작하였습니다. 이에, 혹자가 말하기를, "부산에는 예부터 왜인의 집이 있었으니, 부산에 있는 왜적은 쫓아낼 수가 없다."라고 하고, 또 혹자가 말하기를, "조선에서 해마다 왜놈들에게 명주와 쌀을 보냈으니, 지금 그들과 수호(修好)하는 것도 괜찮을 것이다."라고 하면서 글을 이리저리 꾸민 주문(奏文)으로 보고하나 목전의 책임을 면하는 미봉책이라서 대계(大計)를 그르치고 있습니다. 아! 천조(天朝)의 체면이 손상된 지 지금 7년이나 되는데, 수고로이 다시 거병(擧兵)하게 된 것은 실로 이 주보(奏報: 주문에 의한 보고)가 그 원인이었습니다. 어찌 오늘날 어떤 사람에게 당한 노여움을 딴 사람에게 화풀이하는 말들이 거듭하자 과군(寡君)을 모함하는 것이 또 이렇게까지 될 줄 알았겠습니까? 아아! 원통하고 원통합니다.

대마도(對馬島)는 본래 소방(小邦: 조선) 경상도(慶尙道)의 지방이었는데, 중고(中古)에 왜놈에 의해 점령되었습니다. 예부터 귀순해 온 왜인들이 제포(薺浦)·남포(鹽浦)·부산포(釜山浦) 등 세 곳에 살게 되었지만 우리의 동족이 아니라서 쉽게 소란을 피우는지라, 지난 정덕(正德) 경오년(1510)에 소방(小邦)이 그들을 소굴에서 남김없이 몰아내었는데, 이는 소방의 여지서(輿地書)에서 다시 살펴볼 수 있습니다. 대마도는 수로의 관문이나 산이 많고 땅이 척박하여 벼농사가 되지 않으니, 본처(本處: 대마도)의 장사하는 왜인들이 와서 변시(邊市: 국경시장)를 요구하며 적의 사정에 대한 기별을 전하여 알려주었습니다. 더러는 일본의 왜노(倭奴)들이 대마도의 왜노들과 함께 왕래하기를 요구하기도 하였으니 소방(小邦)이 모두 기미(羈縻: 통제)할 요량으로 끊어 버리지 않고 세견선(歲遣船)의 숫자와 도서부험(圖書符驗: 출입허가증)을 정하였으나 1년에 응당 받은 쌀이 고작 200석이었습니다. 이는 천조(天朝)가 변방의 달자(撻子)를 대하는 것과 마찬가지이긴 하지만, 비록 이러한 소방(小邦)이라도 체통에 있어 감히 하지 못할 것이나 구구한 마음으로 그저 바닷가의 백성들을 위해서 이 일을 베풀었던 것입니다.

《해동기략(海東紀略)》으로 말하자면 배신(陪臣) 신숙주(申叔舟)가 일본의 사기(史記)를 얻어 그 지형과 풍속의 대강을 간추린 다음 서문(序文)을 지어 그 책머리에 붙인 것입니다. 일본의 기년(紀年)을 쓴 것은 다만 본문을 베꼈기 때문에 열람하는데 편하도록 하기 위한 것일 뿐, 그 서문의 말미에는 천조(天朝)의 성화(成化) 연호를 크게 게재했는데, 이는 어찌하여 거론하지 않았단 말입니까?

한(漢)나라 때 제후(諸侯)가 제 나라에서 왕 노릇을 하며 스스로 높여 종(宗)이라 일컬은 경우가 있었는데, 이는 신하 된 자가 자기의 임금을 존경하고자 하는 개인적인 마음에서 나온 것일 뿐이니, 그 정상을 참작한다면 허물을 보고 어진 자였음을 알 수 있었을 것입니다. 선왕(先王)이 어찌 관여하였겠습니까? 과군(寡君)은 즉위한 지 30여 년 동안 단 하루도 성색(聲色: 노래와 여색)과 익렵(弋獵: 사냥질)을 즐긴 적이 없었고, 날마다 유신(儒臣)들과 함께 서연(書筵)을 열어 치국(治國)하는 도리를 탐구하고 백성들의 간난신고(艱難辛苦)를 물었습니다. 그 번화함을 번화함을 좋아하지 않고 치국하는데 근검하였으니, 본디 타고난 천성이지 학문에 힘쓰기를 기다리지 않았습니다. 다만 태평한 세월이 오래되어서 무비(武備: 안보)에 미진하였고, 아름다운 덕을 지녔을지라도 비운(否運: 나쁜 운수)을 면하기가 어려워 세상을 잘 다스려 민심을 얻은 임금도 천고에 없었던 변란을 당한 것이니, 이는 하늘의 일이요, 운수입니다. 그것을 사람의 힘으로 어찌할 수 있겠습니까? 그러나 왜놈들이 팔도(八道)를 짓밟고 짓이기자 절의를 지켜 죽은 자가 셀 수가 없었고, 임금의 땅을 지킨 사람 중에 어느 누구 한 사람도 적에게 귀순한 자도 없었으며, 조세(租稅)와 군역(軍役)을 7년이나 하는 동안 징발에 날마다 고달팠어도 백성들은 굶주림을 참고 관령(官令)을 다투어 따랐으니, 과군(寡君)이 사람들에게 끼친 어짊을 이에서도 볼 수 있습니다. 직등(職等)은 과군(寡君)이 시대와의 만남이 불행한 것을 늘 마음 아파하면서도, 오히려 스스로 위로하였던 것은 의로운 소리가 천하에 떨쳐서 아마도 후세에 부끄러움이 없을 것이었습니다.

뜻밖에도 갑자기 악담을 뒤집어씌운 데다 도리어 모함까지도 자행하자, 해동(海東) 전역에서 모든 혈기 있는 자들이 충의의 분노로 답답해 하며 한번 죽을 따름이라고 맹세하였으니 다시 더 어찌 살고자 하겠습니까? 혹시라도 이 악담을 즉시 밝혀서 씻지 못한다면, 과군(寡君)은 종사(宗社)와 토지(土地: 영토) 보기를 헌신짝 보듯이 할 것이고 돌아갈 곳이 없는 곤궁한 사람처럼 근심할 것이니, 동한(東韓: 조선)의 백성들은 모두 죄인이 되어 장차 어찌 이 세상에서 살아갈 수 있겠습니까? 적을 멸하고 원수를 갚는 것도 다만 그다지 요긴하지 않은 일일 뿐입니다. 인인군자(仁人君子: 덕행이 높은 사람)로서 어찌 마음을 움직이지 않겠습니까?

삼가 바라건대 하집사(下執事)는 명백히 변무(辨誣)하는 주문(奏文)을 올려서 시호지설(市虎之說: 근거 없는 말이 여러 사람이 계속하면 곧이 듣게 됨)이 함부로 행해질 수 없도록 하여 한 나라의 지극한 원통함을 씻어 준다면, 소방(小邦)의 군신들은 죽은 사람을 살려 내어 뼈에 살을 붙인 크나큰 은혜를 죽을망정 감히 잊지 않을 것입니다. 사정이 궁박하여 말을 급박하게 하나, 양찰해 주옵기를 바라나이다.」라고 하였다.

○이것은 호남(湖南)에 있는 제신(諸臣)들 가운데 조선국(朝鮮國) 배신(陪臣) 형조 판서(刑曹判書) 이충원(李忠元)·사헌부 대사헌(司憲府大司憲) 류영경(柳永慶)·지중추부사(知中樞府事) 이광정(李光庭)·형조 참판(刑曹參判) 윤국형(尹國馨)·공조 참판(工曹參判) 윤형(尹泂)·경상도 순찰사(慶尙道巡察使) 정경세(鄭經世) 등이 깊은 원한을 풀지도 못하여 지극한 통한이 마음속에 있어서 찬찬히 구명해주고 속히 밝게 씻어 주기를 바라는 일입니다.

비천한 직등(職等)이 듣건대 정 찬획(丁贊畫: 정응태)은 소방(小邦: 조선)이 간사하게 속여 왜적을 끌어들였다고 심지어 천조(天朝: 명나라 조정)에 올리는 주문(奏文)에다 무고하였다고 하니, 놀랍기도 하고 분하기도 한데다 해괴하기도 하고 마음이 아프기도 하여 깊은 마음속을 모조리 털어놓고 노야(老爺)의 뜰에 나아가 변무(辨誣)하고 싶었던 것이 한두 번이 아니었습니다. 그러나 다만 유언비어는 지혜로운 자에게서 그친다고 한데다 하늘에 떠 있는 해가 위에서 임하였으니, 저 허황된 말로 날조하여 무함(誣陷)한 일은 마땅히 구구한 변명하기를 기다리지 않고도 절로 얼음 녹듯 풀릴 것이었습니다.

그렇지만 귀를 기울여 주의 깊게 들은 것이 이미 오래되었는데도 아직까지 명백히 상주(上奏)하여 시원하게 원통함과 억울함을 씻었다는 소식을 듣지 못하였습니다. 하늘이 준 기회가 사라지는데 오명을 미처 떨쳐 버리지 못하여 소방(小邦)의 인심이 울분에 쌓였지만, 풀지 못한 채로 그만둔다면 오명이 가득할 것이고, 가득하면 풀려고 하지 않을 것이고, 풀려고 하지 않으면 기상(氣像)이 참담해져서 정사(政事)를 그르쳐 폐할 것입니다. 이에, 위로는 과군(寡君)으로부터 아래로는 서민(庶民)에 이르기까지, 안으로는 군사 책략을 강구하는 신하로부터 밖으로는 전장에서 분주한 신하에 이르기까지 모두 말하기를, "우리나라는 진심에서 우러나오는 정성으로 사대하며 의리를 지켜 적을 막았지만 끝내 역적에게 편당(偏黨)하여 임금을 배반하였다는 모함을 받았으니, 황조(皇朝: 명나라)에 죄를 지어 천하의 죄인이 되었고 명분과 의리에 죄를 지어 만세(萬世)의 죄인이 되었다."라고 하였습니다. 이 원한이 밝혀지지 않으면 맹세코 적을 토멸할 필요도 없고 방국(邦國)을 보존할 필요도 없으니, 거듭 사직을 회복하는 것은 모두 그다지 요긴하지 않은 일일 뿐이라 장차 이 세상에서 살아갈 수가 없습니다. 이와 같다면 어찌 지극히 번거롭다고 하여 회피하고서 혐의가 없음이 자명하다고 피를 토하며 진달하지 않겠습니까? 아아! 슬픕니다.

소방(小邦)이 찬획(贊劃: 정응태)에게 참주(參奏)를 입은 것은 다름이 아니고 단지 해동기략(海東記略)이 허황된 말을 날조한 근본이니, 이로부터 그 잘잘못을 따진다면 그 밖에 터무니없는 말로 모함한 실상 또한 끝내 엄폐하기가 어려울 것입니다. 삼가 살펴보건대 소방(小邦)이 일본과 이웃이었지만, 저 금수 같은 성질은 쉽게 배반하여 복종시키기가 어려웠으며, 승냥이 같은 소리를 갑자기 내지르고 독사 같은 독기를 마구 내뿜어 대대로 해변의 근심거리가 될 정도로 못할 짓이 없었습니다. 이에 있어서 마지못하여 하는 수 없이 기미(羈縻: 통제)할 계획으로 이윽고 서계(書契) 보내는 것과 관시(關市: 변경

관문의 시장) 불허하던 것을 허용하여 왕래하게 하고 객사에서 대접하니, 명주와 쌀을 주고 서간이 통하기에 이르렀습니다. 이것은 물론 전대(前代)에도 면치 못한 것이나, 기실 살아 있는 백성들을 튼튼히 보호하고자 하지 않은 것이 아니지만 상국(上國: 명나라)의 울타리가 되어 방비한 것입니다.

지금 그 흔적만을 가져다가 그 실상을 덮고서 소방(小邦)이 왜놈들에게 복속되었다고 한다면, 사람이야 비록 속일 수 있을지라도 하늘이 두렵지 않습니까? 이에, 일본 연호를 크게 쓴 것을 두고 이 책을 왜승(倭僧)에게 구하여 오로지 해동(海東: 조선)을 기록한 사실에서 참칭한 연호로 드러내 보이지만, 그 아래의 주(註)에 이르기를 "천조(天朝)의 무슨 연호 몇 년."이라고 되어 있습니다. 대체로 책을 열람하는 자가 그 시대의 선후를 알도록 하려는 것일 뿐, 그 서문의 말미에 또한 크게 성화(成化) 몇 년이라고 써 놓았으니 제왕(帝王)을 높이 받든 것을 바로 알 수 있습니다. 《춘추(春秋)》도 노(魯)나라 역사를 인하여 지은 것이기 때문에 노나라 원년(元年)을 크게 쓰고 주해(註解)하는 사람들이 평왕(平王: 주나라 평왕) 몇 년이라고 그 아래에 썼는데, 이를 가지고 주나라를 높이는 마음이 없었다고 하겠습니까? 이 일의 잘잘못은 본기(本紀)의 시비와 허실에 있으니 한번이라도 보기만 했다면 그 속의 말이 망극하고 실정에 가깝지도 않으며, 또 이런 몇 가지보다 더 심한 것은 왜놈들을 불러들여 옛 강토를 회복하려고 한다는 것이 그것입니다. 아아! 슬픕니다.

어리석기 그지없는 흉악한 오랑캐들은 우리 민족과 같지 않아서 제 나라의 군주를 시해한 적(賊: 풍신수길)이 황조(皇朝: 명나라)를 치려는 뜻을 품고 있었으니 그 죄는 역량(逆亮)보다 더하여 바닷물로도 씻기 어려웠는데, 어찌 소방(小邦)이 힘이 미약하여 그 죄를 성토하고 토벌하지는 못할망정 차마 악을 따라 서로 도울 수가 있겠습니까? 부산(釜山)에 있는 왜인들의 옛집은 사실 일시적으로 호시(互市: 외국과의 교역)를 위한 간청에서 지었던 것이나 그 중간에 반란을 일으켜 토멸(討滅)한 지 이미 80년이나 되었습니다. 근래에 이르러 만력(萬曆) 신묘년(1591) 대대로 살고 있는 왜호(倭戶)들을 유인하여 가서 제추(諸酋: 巨酋보다 작은 부족장)들을 불러 꼬득여 전란을 일으키게 하였다고 하니, 천리와 인정으로 미루어 볼 때 과연 물론 당연한 일이었을까 하고 의아하지 않습니까?

소방(小邦: 조선)은 기자(箕子)가 봉함을 받은 이래로부터 인현(仁賢)의 교화를 입어 예절과 의리, 곧음과 순함으로 중국에 일컬어진 지 오래되었습니다. 대명(大明)이 천자에 오르게 되자 성스런 교화가 팔황(八荒)으로 점차 미치고 곧 질서있게 사해(四海)에까지 연달아 미치니, 하물며 우리 동한(東韓)이 가장 극진한 대우와 총애를 받았음에야 말해 무엇하겠습니까? 소방(小邦)이 황조(皇朝: 명나라)를 부모로 섬겼고 황조도 소방을 내복(內服: 畿內)으로 대우하였는데, 조빙(朝聘)하는 예우는 이미 표장(表章)에 드러나 있고, 보살펴 준 인덕(仁德)은 유지(諭旨)와 칙서(勅書)에 볼 수 있습니다. 이는 대체로 고금의 통의(通義: 통하는 정의)이고 천지의 상경(常經: 떳떳한 도리)이니, 만고에 이어지며 넓고 두터운 은택을 내려주었습니다.

한 집안처럼 대해 준 것이 오직 이와 같기 때문에 지난번 왜놈들이 우리 상국(上國: 명나라)을 침범하였을 때, 소방(小邦)의 순라병에게 붙잡힌 왜놈 포로 및 왜놈에게 포로가 되었던 화인(華人: 중국인)을 즉시 바쳐서 이것으로 인하여 여러 차례 천조(天朝: 명나라 조정)의 포상을 받은 적이 있으니, 소방이 동쪽 변방을 방위하여 울타리로서의 직임을 끊이지 않도록 한 것은 이 때문입니다. 신묘년(1591) 봄에 적추(賊酋) 수길(秀吉: 풍신수길)이 자기의 정관백(正關伯)을 죽이고 화(禍)를 빚어내려는 마음이 그치지 않자 우리의 도성을 침입하려는 뜻을 확신하고서 과군(寡君)에게 편지를 보내어 길을 빌려달라며 위협하였습니다. 과군이 의리를 들어 이를 물리치고 거절하고서 즉시 천조(天朝: 명나라 조정)에 주문(奏聞)하자, 저들은 우리를 원망하며 기꺼이 자기들을 돕지 않는다고 하여 화란을 일으키고자 군사를 일으켜 하늘의 뜻을 거역하고 우리의 강토(疆土)를 유린하니, 날카로운 이빨과 억센 발톱으로 인하여 우리의 삼도(三都: 廣州·水原·開城)가 피로 물들여졌습니다. 이는 악(惡)이 쌓인 지가 본디 하루뿐이 아닌데다 때를 타고 군사를 동원한 것이어서 병화(兵禍)가 쉽게 끝나지 않을 것입니다. 아아! 슬픕니다.

토지는 본디 한계를 두고 분의(分義: 분수에 알맞은 도리)는 천지와 같이 엄정한데, 어찌 한 덩어리의 협강(夾江: 압록강 건너편 지명) 땅을 두고 쟁송이 있었다고 하여 흉적을 꾀어 끌어들이면 대방(大邦: 대국)을 원수로 삼고 끝내 제 나라를 전복시키는데 이르게 될 것인데도 후회하는 바가 없겠습니까? 소방(小邦)이 과연 왜놈들을 불러들여 하나같이 참주(參奏)의 말과 같이 했다면, 임진년(1592) 이후 왜구(倭寇)들은 사실이 아닌 것을 사실인양 거짓으로 꾸미고 간첩을 통행하게 하여 소방(小邦)을 황조(皇朝)로부터 의심받도록 하는 것쯤이야

못 하는 짓이 없었을 터, 서로 당여(黨與)를 만들었다는 것에는 한마디 언급도 없었으니 요동(遼東)의 강토(疆土)를 회복하려 한다는 것이 어떻다고 하겠습니까?

근래에 또 왜놈들이 소방(小邦)과 강화(講和)를 청한 것이 한두 번이 아니었으나 과군(寡君)은 적과 강화를 맺게 되는 것이 부끄러워, 책봉사(冊封使)가 바다를 건널 때도 소방의 배신(陪臣)들은 비록 수행하는 것을 부지런히 힘쓸지언정 감히 통신사(通信使)라 일컫지 않고 오직 근수(跟隨)라 이름하였습니다. 지금 강하고 나약함이 현격하게 차이가 나는 데다 죽고 살지가 곧 결정되는 때를 만나서 오히려 기꺼이 공손한 말로 강화를 청하지 않는데, 하물며 나라의 체모가 아직 남아 있는 때에 이와 같은 일이 있을 수 있겠습니까?

이렇게 하든지 저렇게 하든지 모두 전거(典據)가 없고, 죄가 있는지 죄가 없는지도 모름지기 여러 말을 할 것이 없습니다. 다만 악함은 적에 편당(偏黨)한 것보다 더 극악한 것이 없고, 원통함은 무함(誣陷)보다 더 고통스런 것이 없으며, 변론은 선입관보다 더 어려운 것이 없으니, 하루라도 무함이 밝혀지지 않으면 하루 만큼 군주가 없는 나라가 될 것이고, 1년 동안 무함이 밝혀지지 않으면 1년 만큼 군주가 없는 나라가 될 것이라서 오명을 뒤집어쓰고 사느니 차라리 속히 죽는 것이 더 낫습니다. 그러나 이는 허둥지둥 마음의 갈피를 잡지 못하게 되는 까닭이니, 생각건대 이 원통함이 씻겨지지 않아 비록 오늘 말하고서 내일 찬획(贊畫: 정응태)의 앞에서 죽임을 당할까 염려되는 것은 또한 미처 헤아릴 겨를이 없습니다. 이것이 해명되지 않는다면 그 밖의 무함을 받은 일은 미미하고 세세하여서 굳이 말할 것이 없지만, 소방(小邦)의 신하와 백성들로서는 또한 하소연하지 않을 수 없는 바가 있습니다.

과군(寡君)이 즉위한 이래로 치국(治國)의 도리를 회복하려 서정(庶政: 여러 가지의 政事)을 바로잡고자 하면서 안으로는 성색(聲色: 노래와 여색)을 즐기지 않았고 밖으로는 사냥하는 것을 끊었으며, 서사(書史: 경서와 역사서) 읽기에 전념하여 일마다 반드시 옛 법도를 따르고 유신(儒臣: 유학자 신하)들을 맞아들여 가르침을 청하는데 예(禮)에 조금도 해이하지 않았습니다. 지금 난리를 만나서도 마음을 가다듬어 반성하는데 더욱 간절하여 하늘의 경계하는 뜻에 응답하지 못할까 두려워하였습니다. 황조(皇朝)가 진휼(賑恤)하고 의로운 소리가 밝게 드러나자, 신하와 백성들이 감복하고 기뻐하면서 군량미를 운반하거나 군기(軍器)를 수선하여 천병(天兵: 명나라 군대)과 합세하고 나랏일에 쓸모가 있기를 바랐습니다. 이는 실제로 노야(老爺)가 친히 소방(小邦)에 와서 일찍이 눈으로 본 것입니다.

지금 갑자기 포학하고 주색에 빠진 것으로 과군(寡君)의 신상에 덧붙이고는 죄까지 뒤집어씌우려 한다면 어찌 트집 잡을 말이 없겠습니까? 저 찬획(贊畫: 정응태) 또한 어찌 일찍이 한 터럭의 사사로운 원한이 소방(小邦)에 있어서 저 허황된 말로 날조하고 무함하여 하나같이 그지없는 지경에 이르게 한단 말입니까? 다름이 아니라 때마침 한 조목의 일 때문이니, 그의 뜻을 거슬러 이리저리 노엽게 하여서 이에 이르게 된 것입니다. 비천한 직등(職等)은 비록 감히 분명하게 말하지는 못하나 노야(老爺)는 반드시 살펴주기를 바라나이다.

비천한 직등(職等)은 듣건대 충성된 사람은 보답을 받지 않은 경우가 없고 신실한 사람은 의심을 받지 않는다고 하였으니, 하물며 소방(小邦)처럼 삼가며 조심하고 노야(老爺)처럼 밝게 불 밝히는 즈음, 어찌 원통함을 품고 무함(誣陷)을 안고서 끝내 다 말하지 못할 까닭이 있겠습니까? 삼가 바라옵건대 노야는 천리(天理)에 비추어 대의(大義)에 이롭게 곡진히 살피고 속히 설치(雪恥)하여 소방(小邦)의 임금과 백성들이 하늘의 해 아래에서 살아갈 수 있도록 하면 매우 다행이겠습니다. 이를 위하여 이치에 합당하도록 갖추어 정문(呈文)을 올리니, 바라건대 잘 살펴서 시행하소서.

정문을 작성한 자로부터.

○十二月初一日。

急聞天朝大官[17], 不意南下之奇, 末由支待, 巡察使馳到咸昌, 則天朝徐給事[18]初六日, 丁主事[19]初七日, 陳御史[20]初十日, 皆由鳥嶺南下。三爺皆大官, 極尊衙門, 皆向慶州路。是時, 淸賊還其國。天朝表表[21]將官名號, 左路諸將·右路諸將, 未得記錄, 欠事。

---

17 大官(대관): 大臣. 큰 벼슬을 한 사람.

18 徐給事(서급사): 徐觀瀾을 가리킴. 1597년 정유재란 때 조선에 파견된 명나라 관료. 丁應泰가 올린 보고문의 사실관계를 확인하기 위해 1598년 조선에 파견되었다가 그 이듬해에 본국으로 돌아갔다.

19 丁主事(정주사): 丁應泰를 가리킴. 1598년 조선이 왜병을 끌어들여 명나라를 침범하려 한다고 명나라 神宗에게 무고한 인물이다. 이때 이항복이 陳奏使가 되어 명나라에 건너가 무마했는데, 辨誣文은 副使로 갔던 李廷龜가 지었다.

20 陳御史(진어사): 陳效를 가리킴. 1597년 정유재란 때 조선에 파견된 명나라 관료. 1597년 12월에 명군을 감찰하기 위해 조선에 파견된 軍務監察御史이다. 일본군과 싸우기 위해 조선에 파견된 명군인 東征軍의 功罪를 조사하라는 명을 받고 나왔다. 이듬해 다시 각 진영을 돌아보며 감찰하였으나 1599년 2월 갑자기 사망하였다.

○ 欽差整飭遼陽等處海防兵備帶管東路監軍道事右參議 梁祖齡 ○ 欽差贊劃朝鮮軍務兵部職方淸吏司主事 丁應泰 ○ 欽差査勘東征軍務兵科左給事 徐觀瀾 ○ 欽差摠督薊遼保定等處軍務兼理糧餉經略禦倭兵部尙書兼都察院右副都御史 邢玠 ○ 欽差經理朝鮮軍務都察院右副都御史 萬世德[22] ○ 欽差監察遼海朝鮮軍務監察御史 陳效 ○ 欽差管理備倭糧餉戶部郎中 董漢儒 ○ 欽差提督南北水陸官兵防海禦倭摠兵管後軍都督府都督 麻貴 ○ 禦倭摠兵官 吳維忠 ○ 禦倭副摠兵 解生 ○ 參將 楊登山 ○ 參將 王國棟 ○ 游擊 頗貴 ○ 游擊 陳寅 ○ 游擊 葉思忠 ○ 游擊 許國威 ○ 坐營都事 張維城 ○ 都事 薛虎臣 ○ 參將 龐渤 ○ 參將 楊紹祖 ○ 千摠 葛鳴盛·高進義 ○ 把摠官 謝炤·劉應春·丁國用·王勘定·安應科·曺子龍 ○ 軍門都事 謝用梓, 軍門贊劃官 朱漢卿, 管糧官指揮 王來徵 ○ 千把摠官 楊國卿 ○ 千摠 張勇 ○ 千摠 賈明 ○ 千摠 韓儒 ○ 千摠 李猛礚 ○ 千摠 李賀賓 ○ 千摠 張應擧 ○ 中軍 趙泰相 ○ 中軍 趙應元 ○ 旗鼓官 崔科 ○ 旗牌官 籍可用·趙尙爵·傅方臣·陳光宗·倪孟敬, 募緣官 曺盡忠·韓定。○丁主事應泰, 行到關西, 得見海東記[23], 以我國奸欺引賊, 至於奏聞于天朝。故在外諸臣,

---

21 表表(표표): 두드러져 눈에 띔.

22 萬世德(만세덕): 1597년 정유재란 때 조선에 파견된 명나라 장수. 조선에 머무르면서 왜군을 격퇴하는데 전력을 다하였으므로, 조선에서는 그를 위하여 生祠堂을 지어 훈공을 기렸다.

23 海東記(해동기): 申叔舟의 海東記略. 이 책에 조선과 일본의 사신이 친하다는 기록이 있으며, 일본의 연호는 크게 쓰고 명의 연호를 작게 표시하여 명보다 일본을 높이며, 조선의 왕이 廟號를 사용하는 것으로 되어 있다면서 정응태가

上書[24]曰: "朝鮮國議政府右議政李德馨, 原任戶曹判書金睟, 諸道都元帥權慄, 西路摠管使韓孝純, 禮曹參判閔仁伯[25], 全羅道巡察使黃愼, 兵曹參議權憘[26], 戶曹參議李民覺[27]等, 謹叩首百拜, 上書于欽差西路禦倭監軍道臺下[28]。職等蒙寡君[29]差委[30], 奔走於戎馬調度[31]之間, 其他則未暇省焉。晩聞寡君被丁贊畫參奏[32], 不視事[33]

무고한 것이다.

24 李德馨의《漢陰先生文稿》권9〈啓辭·呈禦倭監軍文〉임.

25 閔仁伯(민인백, 1552~1626): 본관은 驪興, 자는 伯春, 호는 苔泉. 1573년 진사가 되고, 1584년 별시 문과에 장원하여 성균관전적을 지냈다. 진안현감으로 있을 때 1589년 기축옥사가 일어나 鄭汝立이 顯界로 들어오자 군사를 동원하여 정여립의 아들 鄭玉男을 잡아들였다. 예조참의에 승진되고 장례원판결사·충주목사 등을 지내고, 1592년 임진왜란 때 황주목사로서 임진강을 지키다가 대가를 따라 행재소에 이르렀다. 성절사로 명나라에 다녀왔다.

26 權憘(권희, 1547~1624): 본관은 安東, 자는 思悅, 호는 南岳. 1568년 진사가 되고, 1584년 별시 문과에 급제, 한림·주서·전적을 거쳐 각 조의 낭관 및 사헌부와 사간원의 벼슬을 지냈다. 1592년 임진왜란이 일어나 선조가 의주로 피난할 때, 宗廟署令으로서 역대 왕들의 신주와 왕실의 어보를 안전하게 모시고 행재소에 도착해 난이 끝난 뒤 종묘의 典禮를 모두 복구할 수 있게 하였다. 1596년 장령·헌납·집의 등을 거쳐 陳慰使의 書狀官으로 명나라에 다녀온 뒤 호조·예조·형조의 참판을 지냈다. 이듬해 동부승지 등을 거쳐, 1599년 도승지·병조참지·충청감사가 되었다. 이후 대사간 등을 지냈다.

27 李民覺(이민각, 1535~?): 본관은 廣州, 자는 志尹, 호는 四屛. 1556년 별시 문과에 급제하였다. 1592년 임진왜란 중에는 안주·양주의 목사를 역임하다가, 1598년 호조참의가 되어 전라도에 파견되어 군량미 조달에 공을 세웠다.

28 臺下(대하): 상대방에게 경의의 뜻을 표하면서 높여 부르는 말.

29 寡君(과군): 더 큰 나라의 임금에게 자기 나라의 임금을 겸손한 뜻으로 일컫는 말.

30 差委(차위): 官命으로 임명 또는 파견됨.

31 調度(조도): 사물을 정도에 맞게 처리함.

32 參奏(참주): 관리의 비행을 지적하여 징계를 주청하는 것. 참소한 내용은 첫째 명나라 經理 楊鎬가 울산전투에서 패했으면서도 결과를 허위로 보고하였으며,

者有日, 擧國遑遑罔措。職等在遠外, 不得守王宮而呼籲[34], 又不得泣訴於制府[35]·科憲各衙門, 徒自摧腸腐心, 瞻望於把[36], 而猶未見李煬[37], 未知其所參辭說何謂? 及今始看謄報[38], 可怪可愕, 有鑿空而做出者, 有因跡而搆揑者, 有人心天理, 所不可忍道, 恣加詬蔑不已者。職等, 目不能正看, 耳不能正聽, 且驚且悶, 且憤且痛, 久而不自定也。欽惟聖天子, 明見萬里之外, 上司[39]諸老爺, 下至各營將卒, 親覩小邦事情, 彼疏中之語, 不須辨論, 第君臣之義, 根於秉彝[40], 如天經地緯[41], 亘萬古而不可易者。若或以不韙[42]加之於此, 則庶人猶不忍晏然自處如平日, 況於一國之君乎? 今玆寡君, 被誣之事, 一日未雪, 則一日未敢以常禮[43]自處, 二日未雪, 則二日未敢以常禮自處。此情理之必然, 臨變激惱, 自不得不已, 吁亦戚矣。小邦, 自箕子受封以來, 遺化未泯, 仁柔貞信, 見稱古史, 逮我 太祖高皇帝[44], 誕撫萬邦, 而國祖康獻大王[45], 始受封於洪

둘째 양호가 조선에 성을 쌓게 하였는데 이는 훗날 조선이 성에 의지하여 명나라를 배반하려 것이며, 셋째 조선이 일본과 통교하였다고 한 것이다.

33 視事(시사): 임금이 정사를 돌보는 것.

34 呼籲(호유): 호소함.

35 制府(제부): 명나라와 청나라 때 總督을 달리 이르던 말.

36 把(파): 悒의 오기.

37 李煬(이양): 미상. 이덕형의 문집에는 '本稿'로 되어 있다.

38 謄報(등보): 원본의 내용을 그대로 베껴서 보고함.

39 司(사): 自의 오기.

40 秉彝(병이): 타고난 천성. 인간 본연의 변하지 않는 도리.

41 天經地緯(천경지위): 영원히 변하지 않는 떳떳한 이치.

42 不韙(불위): 잘못. 옳지 않은 일. 나쁜 짓.

43 常禮(상례): 보통의 禮法.

武[46]壬申之歲, 迄今二百餘年, 至誠事大, 恪修侯道[47], 得蒙列聖待之如一家。東漸[48]之澤, 浹民肥骨, 若寡君拱北[49]之誠, 如金之百鍊而益剛, 如水之萬折而必東, 天地鬼神, 所共鑑知。曩在辛卯年, 賊酋秀吉, 有射天之志[50], 貽書哄脅, 語極悖逆[51]。寡君, 卽遣陪臣金應南[52], 具奏以聞朝廷, 賜勅嘉奬。翌年夏四月, 賊之先鋒,

---

44 太祖高皇帝(태조 고황제): 명나라 태조 朱元璋. 홍건적에서 두각을 나타내어 각지 군웅들을 굴복시키고 명나라를 세웠다. 동시에 북벌군을 일으켜 원나라를 몽골로 몰아내고 중국의 통일을 완성, 漢族 왕조를 회복시킴과 아울러 중앙집권적 독재체제의 확립을 꾀하였다.

45 康獻大王(강헌대왕): 조선 태조 李成桂. 고려말 홍건적·왜구 등의 침략을 격퇴하는 과정에서 큰 세력으로 성장했다. 위화도회군을 계기로 개경에 돌아와 최영을 제거하고 우왕을 폐한 뒤 창왕을 옹립해 정치·군사적 실권을 장악했다. 신진 사대부들의 적극적인 호응에 힘입어 신흥 정치세력의 대표로서 기반을 닦아 공양왕을 내쫓고 새 왕조의 태조로 즉위했다. 국호를 조선으로 바꾸고 한양으로 천도하여 새 시대를 열었으나 왕위계승권을 둘러싼 왕자들의 싸움에 실망하여 왕위를 넘기고 상왕으로 물러났다.

46 洪武(홍무): 명나라 태조 朱元璋의 연호(1368~1398).

47 侯道(후도): 제후가 지켜야 할 법도)

48 東漸(동점): 帝王의 은덕을 뜻하는 말. 《書經》〈禹貢〉의 "동쪽으로는 바다에까지 이르도록 적셔 주고 서쪽으로는 유사에까지 그 은택이 미치게 한다.(東漸于海, 西被于流沙.)"에서 나오는 말이다.

49 拱北(공북): 모든 별이 北極星으로 향하는 것과 같이 사방의 백성들이 천자의 덕화에 귀하는 것.

50 射天之志(사천지지): 天朝 곧 중국을 침략하려는 뜻. 射天은 하늘을 쏜다는 뜻으로 無禮하거나 無道함을 말하는 것이다.

51 悖逆(패역): 도리에 어그러져 패악하고 불순함.

52 金應南(김응남, 1546~1598): 본관은 原州, 자는 重叔, 호는 斗巖. 1585년 우승지로 기용되고 이어 대사헌·대사간·부제학·이조 참판 등을 역임하였다. 1591년 성절사로서 명나라에 갔다. 마침 명나라에서는 일본의 국서를 받고 조선이 일본과 내통한다고 의심하는 자가 많았는데 이를 힘써 해명해 의구심을 풀어주었다. 귀국 후 한성판윤이 되었고, 다음해 1592년 임진왜란으로 왕이 피난길에 오르자

陷釜山, 節制使鄭撥死之, 第二日陷東萊, 府使宋象賢死之。賊分路西上, 小邦軍兵, 一敗於密陽, 再敗於尙州, 三敗於忠州, 而都城已瓦解矣。小邦昇平之餘, 猝遇滔天之賊, 勢不支吾, 無以截殺。屢要借道, 或脅或誘, 寡君以爲力屈於藩蔽[53], 則寧赴訴於父母而死矣。遂與諸臣之執羈靮[54]者, 恣意[55]而西, 欲守浿江, 賊勢盛逼, 退駐鴨江, 請爲內附。于時, 本兵首遣差官黃應〈陽等, 探看賊情, 見賊脅誘書, 不覺拊膺垂涕曰: "朝鮮爲〉[56]天朝, 受害如此, 天朝不曾知矣." 賊屯據平壤, 辭語極兇悖, 朝廷洞悉其狀, 遂發兵極救寡君於流離顚沛之際, 奉而周旋者, 唯是一節忠義。及大兵快捷平壤, 而直至于臨津, 咸謂: "王京以南, 譬如破竹." 再無異議, 不幸師頓不進, 淹歷夏月, 而一種苟且了事之論作矣。於是, 或言: "釜山舊有倭戶, 釜山之有倭, 不足逐也." 或言: "朝鮮歲遣倭奴紬米, 今與之修好可矣." 轉輾文飾報奏, 塞責[57]目前, 以誤大計。噫! 虧損天朝體貌, 至今七年, 而勞再擧者, 實此報爲之祟也。豈知今日怒甲移乙[58]之言, 仍而誣陷寡君, 又如此耶? 嗚呼痛哉! 嗚呼痛哉!

柳成龍의 천거로 兵曹判書兼副體察使가 되었다. 이듬해 1593년 이조판서로서 왕을 따라 환도, 1594년 우의정, 1595년 좌의정이 되어 영의정 유성룡과 함께 임진왜란 후의 혼란한 정국을 안정시켰다.

53 藩蔽(번폐): 울타리.

54 羈靮(기적): 재갈과 고삐라는 뜻으로, 임금이 탄 수례를 가리켜 이르는 말.

55 恣意(자의): 決意의 오기인 듯.

56 누락된 것으로 이덕형의 문집 내용을 보고 채움.

57 塞責(색책): 책임을 면하기 위하여 겉만 겨우 미봉하는 짓.

58 怒甲移乙(노갑이을): 어떤 사람에게 당한 노여움을 다른 사람에게 화풀이하는 일.

對馬島, 本小邦慶尙道地方, 中古爲倭奴所占。舊有投順倭人, 來居薺浦·鹽浦[59]·釜山浦等三處, 非我族類, 易於煽亂, 往在正德[60]庚午年, 小邦驅巢無遺, 此載小邦輿地書, 可覆視也。對馬島, 爲路咽喉, 山多地脊, 無稻米, 本處商倭[61], 來要邊市[62], 傳報賊情。或日本倭奴, 與對馬島倭奴, 而求往來者, 小邦並羈縻不絶, 定其歲遣舡數及圖書符驗, 一年應受米, 只二百石。此與天朝邊上撻子一般, 雖是小邦, 事體之所不敢, 而區區只爲海邊赤子, 設此事耳。若海東紀略, 則有陪臣申叔舟[63], 得日本之史記, 其土地風俗梗槪, 仍以序文, 弁其首。書日本紀年者, 只是謄本文而備覽耳, 其序尾, 大揭天朝成化年號, 此則何不擧耶? 漢時諸侯, 王於其國, 自尊爲宗者有之, 此出於臣子欲尊敬其主之私情耳, 如酌其情, 則觀過可知仁[64]矣。先王何與哉? 寡君卽位三十餘年, 未嘗一日有聲色弋獵之娛, 日與儒臣開書筵, 訪治道, 問民事。其不喜繁華, 儉

---

59 鹽浦(남포): 울산광역시 북구 염포동에 있었던 조선시대의 포구.

60 正德(정덕): 중국 명나라의 제10대 황제인 정덕제 朱厚照 때의 연호(1506~1521).

61 商倭(상왜): 장사하던 왜인. 곧 조선에 장사하기 위해 왕래하던 왜인을 일컫는다.

62 邊市(변시): 국경에서 물건을 사고팔고 하여 서로 바꿈.

63 申叔舟(신숙주, 1417~1475): 본관은 高靈, 자는 泛翁, 호는 希賢堂·保閑齋. 세종 때에는 성삼문과 함께 훈민정음 창제에 혁혁한 공을 세웠다. 세조의 각별한 지우를 얻어 병조판서이면서 예조의 외교업무와 야인 소굴 소창 등을 수행했다. 성종 재위기에는《동국통감》편찬,《국조오례의》완성, 역서 편찬,《해동제국기》저술 등의 업적을 남겼다. 특히 외교·국방 면에서 탁월한 능력을 보여 사대교린의 외교문서는 거의 그가 윤색한 것으로 알려져 있다.

64 觀過可知仁(관과가지인): 觀過知仁. 사람의 허물을 보고 仁과 不仁을 알 수 있음. 사람의 허물은 군자와 소인에 따라 판이하여, 군자의 과오는 관대하고 정이 두터운 것이고, 소인의 과오는 냉혹하고 잔인한 것이다.

勤于家邦, 卽素性出天而無待於典學[65]矣。只以昇平日久, 武備未完, 令德[66]在躬, 否運[67]難免, 以治世得民之主, 値千古所無之變, 此則天也, 數也。其於人力何哉? 然而倭奴蹂躪八道, 服節死者無算, 未有一守土之人[68]附順於賊, 征繇[69]七年, 調發日苦, 而百姓忍飢, 爭趍官令, 寡君及人之仁, 於是可見矣。職等, 每痛寡君遭遇之不幸, 而猶自慰者, 義聲聞天下, 斯無愧於後世矣。不意橫被惡言, 反肆誣陷, 環東海一域, 凡有血氣者, 忠憤鬱抑, 誓有一死, 尙何以生爲哉? 倘此惡言未卽蒙昭雪[70], 則寡君視宗社土地, 如視廢履, 恤恤[71]如窮人之無歸, 東韓之民, 擧爲罪人, 將何以自立[72]於天地間乎? 滅賊報讐, 特餘事[73]耳。仁人君子, 寧不爲動念乎哉? 伏乞下執事[74], 明白奏揭陳辨, 使市虎之說[75], 不得恣行, 以灑一國至冤至痛, 則小邦君臣, 生死骨肉[76], 受死而不敢忌[77]矣。情阨辭

65 典學(학문): 항상 학문에 힘씀.
66 令德(영덕): 아름다운 덕.
67 否運(비운): 막혀서 어려운 지경에 이른 운수.
68 守土之人(수토지인): 지방관을 일컬음. 임금의 땅을 맡아 지키는 사람이다.
69 征繇(정요): 征徭. 租稅와 賦役을 통틀어 일컫는 말.
70 昭雪(소설): 억울한 누명이나 원통한 죄를 밝히어서 씻음.
71 恤恤(휼휼): 근심하는 모양.
72 自立(자립): 스스로의 힘으로 생계를 유지함.
73 餘事(여사): 그다지 요긴하지 않은 일.
74 下執事(하집사): 지위가 낮은 집사. 옛사람들은 편지를 보낼 때 겉봉에 수신자인 상대바의 이름을 직접 쓰지 않고 그 집의 일을 돌보는 사람에게 편지를 보내는 형식을 취한 것이 참고가 된다.
75 市虎之說(시호지설): 근거 없는 말이라도 여러 사람이 계속 하면 속아서 믿게 된다는 뜻. 三人市成虎에서 나온 말로 세 사람이 짜면 거리에 범이 나왔다는 거짓말도 꾸밀 수 있다는 것이다.

蹙[78], 伏希諒察[79]。〇此則在湖南諸臣, 朝鮮國陪臣刑曹判書李忠元[80]·司憲府大司憲柳永慶[81]·知中樞府事李光庭[82]·刑曹參判尹

---

76 生死骨肉(생사육골): 죽은 자를 살려 백골에 살을 붙인다는 뜻. 큰 은혜를 베풂을 이르는 말.

77 不敢忌(불감기): 不敢忘의 오기.

78 情阨辭蹙(정애사축): 情隘辭蹙. 사정이 궁박하여 말을 급박하게 함.

79 諒察(양찰): 다른 사람의 사정 따위를 잘 헤아려 살핌.

80 李忠元(이충원, 1537~1605): 본관은 全州, 자는 元甫·圓圃, 호는 松菴·驪叟. 1566년 별시 문과에 급제한 뒤 홍문관 수찬을 지냈다. 1592년 임진왜란 때 도승지로 왕을 의주까지 호종하였고 서울로 돌아와 형조참판에 특진되었다. 그뒤 중추원의 첨지중추부사·한성부판윤·공조판서를 역임하였다.

81 柳永慶(류영경, 1550~1608): 본관은 全州, 자는 善餘, 호는 春湖. 1592년 임진왜란이 일어나자 사간으로서 招諭御史가 되어 많은 의병을 모집하는 활약을 보였고, 1593년 황해도순찰사가 되어 해주에서 왜적을 맞아 60여급을 베는 공을 세웠다. 그 공로로 行在所에서 호조참의에 올랐다. 1594년 황해도관찰사가 되었고, 1597년 정유재란 때에 知中樞府事로서 가족을 먼저 피란시켰다는 혐의로 파직되었다가 이듬해 병조참판에 서용되었다. 당론이 일어날 때에는 柳成龍과 함께 동인에 속했으며, 동인이 다시 남인·북인으로 갈라지자 李潑과 함께 북인에 가담하였다. 1599년 대사헌으로 있을 때에 南以恭·金藎國 등이 같은 북인인 洪汝諄을 탄핵하면서 대북·소북으로 갈리자, 柳希奮)등과 함께 남이공의 당이 되어 영수가 되었다. 이때 대북파에 밀려 파직되었다가 1602년 이조판서에 이어 우의정에 올랐다. 그런데 대북파의 奇自獻·鄭仁弘 등과 심한 마찰을 빚었고 뒤이어 세자 문제로 더욱 분란을 일으켰다. 1604년 扈聖功臣 2등에 책록되고, 全陽府院에 봉해진 뒤 선조에게 존호를 올리고 尹承勳의 뒤를 이어 영의정에 올랐다.

82 李光庭(이광정, 1552~1629): 본관은 延安, 자는 德輝, 호는 海皐. 1573년 진사시에 합격하고, 1590년 教官으로 증광문과에 급제하였다. 1591년 승문원정자 등을 역임하고, 1592년 임진왜란이 일어나자 의주에 선조를 모시고 가서 정언과 知製教, 예조·병조의 좌랑을 지냈다. 이듬해 환도 후 接伴使 李德馨을 도와 실무를 담당하였다. 그 후 좌승지를 거쳐 대사성이 되었고, 1597년 정유재란 때 접반사로서 명나라의 부사였던 沈惟敬을 만나러 갔고, 1598년 접반사로서 명나라의 제독 麻貴를 따라 울산을 다녀왔다. 1599년 호조·공조의 판서를 거쳐 한성부윤이 되었다.

國馨·工曹參判尹泂[83]·慶尙道巡察使鄭經世等, 呈爲深冤莫伸, 至痛在心, 冀蒙舒究[84], 亟賜昭雪事。卑職等, 聞丁贊劃, 以小邦爲奸欺引賊, 至於奏聞于朝, 且驚且憤, 且怪且痛, 思欲披瀝[85]心肝[86], 就辨於老爺之庭者, 非一非再。而第惟流言止於智者[87], 天日臨之在上, 彼捏虛造誣之事, 當不待區區辨說, 而自底於消釋矣。傾耳側聽, 日月已久, 而迄未聞明白奏揭, 快雪冤枉。天時已渙, 惡名未去, 使小邦人心, 憤鬱而不伸, 已則塞, 塞則否, 否則氣像愁慘, 政理乖癈[88]。於是, 上而寡君, 下以庶民, 內以籌劃[89]之臣, 外以奔走之臣, 皆曰: "我國血誠事大, 秉義拒賊, 而終以黨逆[90]反君受誣, 得罪皇朝, 爲天下之罪人, 得罪名義, 爲萬世之罪人." 此冤未辨, 則讐賊不必討, 邦國不必存, 重恢社稷, 皆歸餘事, 而將無

---

83 尹泂(윤형, 1549~1614): 본관은 茂松, 자는 而遠, 호는 退村. 1576년 진사시에 급제하고 1586년 별시 문과에 급제하여 권지부정자에 임명되었다. 1589년 지평으로 있을 때 정여립의 모반사건으로 빚어진 기축옥사 뒤 시행한 논공행상에 불공평을 논하다가 파직되었다. 충훈부 도사로 재기용되어 형조정랑·성균관사·종부시정·정언 등을 역임하고 1596년 헌납에 이르렀다. 1597년 정유재란 때 접반사로서 활약하고 1599년 우부승지를 거듭 연임하였다.

84 舒究(서구): 사실을 자세히 따지어 밝혀 냄

85 披瀝(피력): 평소에 숨겨둔 생각을 모조리 털어내어 말함.

86 心肝(심간): 깊은 마음속.

87 流言止於智者(유언지어지자): 《荀子》〈大略〉의 "구르는 구슬은 오목하게 파인 곳에서 멈추며, 유언비어는 지혜로운 자에게서 그친다.(流丸止於甌臾, 流言止於智者.)"에서 나오는 말. 지혜로운 사람은 근거가 없는 유언비어 따위를 믿지 않은다는 뜻이다.

88 乖癈(괴폐): 乖廢의 오기인 듯.

89 籌劃(주획): 사정이나 형편 같은 것을 따지고 방법을 자세히 헤아려 꾀함.

90 黨逆(당역): 역적에 偏黨함.

以自立於天壤之間矣。若是則豈以煩瀆爲避, 自明無嫌而不瀝血以陳之乎? 嗚呼! 小邦之被參於贊劃者, 非它, 特海東記略, 爲其捏虛之本, 就此而論其曲直, 則其他搆陷之實, 終亦難掩矣。竊惟小邦, 與日本爲隣, 彼禽獸之性, 易叛難服, 豺聲猝發, 虺毒遍吹, 世爲邊患, 罔有紀極。於是乎[91]不得已, 而爲羈縻之計, 因其納款[92]而關市[93]不禁, 許以往來而館待[94], 有所至於紬米之給, 簡書之通。此固前代之所未免, 而其實則無非欲保固生民, 藩衛上國而已。今欲假其跡而掩其實, 以小邦爲服屬於倭奴, 則人雖可欺, 天不畏乎? 若其大書日本年號者, 蓋是書得倭於僧, 而專記海東事, 故標其僭稱之元, 而其下卽註之曰: "天朝之某元幾年也." 蓋欲繙閱[95]者, 知其世次先後而已, 其序文之末, 又大書成化某年, 則其遵奉王, 正可知也。春秋之作因魯史, 故大書魯元年, 而註解者, 書平王某年於其下, 以此而謂無尊周之心, 可乎? 此事曲折, 則具在本記是非虛實, 一閱可得, 其中言之罔極, 而情所不近, 又有甚於此數者, 招納倭奴, 欲復舊疆, 是也。嗚呼! 蠢玆兇醜, 非我族類, 在其國爲簒君之賊, 在皇朝有射天之志, 罪踰逆亮[96], 海難流,

---

91 於是乎(어시호): 이제야. 여기에 있어.

92 納款(납관): 서약하는 서신을 보내는 것.

93 關市(관시): 조선시대 국경지방의 관문에 설치된 시장. 주로 邊關의 外族과 교역하는 시장을 말한다.

94 館待(관대): 관소에서 외국의 사신에게 베푸는 대접.

95 繙閱(번열): 책을 펴보면서 조사함.

96 逆亮(역량): 金나라 임금 亮이 대군을 거느리고 송나라를 치다가 송나라 군사에게 패하고 중도에 신하에게 시해되었지만, 자기 임금을 죽인 것 때문에 逆亮이라 함.

惡小邦力微, 雖不能聲罪致討, 其忍從於惡而相濟乎? 釜山之舊有倭戶, 實出於一時互市[97]之請, 而中因叛渙討滅, 已八十年矣。今乃謂于萬曆辛卯, 誘引世居倭戶, 往招諸酋煽亂云, 求之天理人情, 果亦當然, 而無訝否? 小邦, 自箕子受封以來, 得被仁賢之化, 以禮義貞順, 見稱於中國, 久矣。逮夫大明御極[98], 聲敎旁漸八荒, 卽敍四海鱗帖, 況我東韓最被恩眷? 小邦以父母事皇朝, 皇朝以內服[99]待小邦, 朝聘[100]之禮, 已著於表章[101], 字恤之仁, 可見於諭勅。此蓋通義常經, 亘乎萬古, 優恩異渥。視猶一家, 惟其如是, 故曩者倭奴, 寇我上國, 爲小邦邏兵[102]所得, 卽以獻其俘及所槍華人, 嘗以此屢蒙天朝奬賞, 小邦之捍衛東邊, 不贊[103]藩職者, 此也。辛卯春, 賊酋秀吉, 殺其正關伯, 禍心未已, 信然有侵鎬[104]之志, 致書寡君, 脅以假途。寡君據義斥絶, 卽奏聞于朝。彼則怨我, 不肯助己爲亂, 稱兵犯順, 踐蹂我土, 鉤牙鉅瓜, 血我三都[105]。此

---

97 互市(호시): 외국과의 교역, 주로 물물 교역이 행해지는 貿易場.

98 御極(거극): 임금의 자리에 오름.

99 內服(내복): 천자가 직할하는 사방 천리의 지역. 服이란 천자의 일에 복무한다는 의미로써, 내복은 사방 천리의 王畿 이내 지역이기 때문에 그렇게 지칭하고, 왕기 이외의 지역은 外服이라 한다.

100 朝聘(조빙): 신하가 임금을 뵙는 것과 나라와 나라 사리에 서로 사신을 보내는 일.

101 表章(표장): 임금에게 올리는 여러 종류의 글을 통틀어 일컫는 말.

102 邏兵(나병): 자기가 맡은 지역을 순찰하여 죄인을 체포하거나, 적의 동태를 감시하고 적의 간첩이나 도둑 등을 체포하는 임무를 맡은 병사.

103 不贊(불찬): 不替의 오기인 듯.

104 侵鎬(침호): 《詩經》 〈六月〉의 "험윤이 자신을 헤아리지 않고 초 땅과 획 땅에 정연하게 거처하면서 鎬京과 삭방을 침략하여 경양에 이르렀다.(玁狁匪茹, 整居焦穫, 侵鎬及方, 至于涇陽.)"에서 나오는 말. 여기서는 도성을 의미한다.

其稔惡, 固非一日, 乘時而發, 兵禍如結。嗚呼! 土地自有界限, 分義[106]嚴如天地[107], 寧有爭一丸夾江之地[108], 而誘致兇賊, 大邦爲讐, 終至於自覆其國, 而無所悔乎? 小邦, 果招納倭奴, 一如參說, 則壬辰以後, 倭冦之揑造虛僞, 通行間諜, 欲使小邦, 見疑於皇朝者, 無所不至, 而無一語及於相爲黨援, 以復遼疆, 何哉? 近又倭奴, 請和小邦, 非止一再, 而寡君恥與賊連和, 當冊使渡海之時, 小邦陪臣, 雖黽勉[109]隨行, 而不敢云通信, 惟以跟隨[110]爲名。值此强脆懸殊, 存亡立決之日, 尙不肯卑辭[111]請成[112], 況於國體猶存之

---

105 三都(삼도): 조선시대 廣州·水原·開城을 아울러 이르는 말.

106 分義(분의): 자기의 분수에 알맞은 정당한 도리.

107 如天地(여천지): 천지가 봄에는 뭇 생명을 낳고 가을에는 죽이는 데서 일컫는 말. 때에 따라 사랑하기도 하고 벌하기도 함을 이르는 말이다.

108 爭一丸夾江之地(쟁일환협강지지): 贊畫 丁應泰의 奏本에서 "조선이 수년 동안 간교하게 上國을 기만했다는 분명한 증거가 있습니다. 夾江에 이르러서 강 안의 섬에 콩과 기장이 풍성하게 자란 것을 보고 길 가는 요동 사람에게 물었더니 '지난해 조선이 요동 백성과 이 땅을 놓고 爭訟을 벌여 都司가 누차 요동 사람의 것으로 판결을 내렸다. 이에 조선 사람들이 불만을 품고 萬曆 20년에 드디어 그들 나라에 대대로 살고 있는 倭戶를 시켜 본토로 가서 여러 섬의 왜놈들을 불러들여 전란을 일으켜, 함께 중국을 침범하여 遼河 동쪽을 탈취함으로써 고구려의 옛 땅을 회복하려 한다.'라는 등의 말을 하기에, 신이 이 말을 듣고 너무도 놀랐습니다.(朝鮮數年奸欺的據. 行次夾江中洲, 臣見豆黍豐美, 詢之遼人在道者, 曰: '先年, 朝鮮與遼民爭訟之, 都司屢經斷案。鮮人不平, 萬曆二十年, 遂令彼國世居倭戶, 往招諸島倭奴起兵, 同犯天朝, 奪取遼河以東, 恢復高麗舊土.'等語, 臣聞之, 不勝駭異.)"라고 한 말을 염두에 둔 표현. 협강은 압록강 건너편의 지명이다. 이의 전문은《月沙集》제21권〈戊戌辨誣錄〉에 실려 있다.

109 黽勉(민면): 부지런히 힘씀.

110 跟隨(근수): 사람의 뒤를 따라감.

111 卑辭(비사): 공손한 말. 겸손한 말.

112 請成(청성): 請和. 화친을 구함.

日, 其有是事乎? 以彼以此, 俱無所據, 有罪無罪, 不須多辨。第以惡莫極於黨賊, 冤莫痛於搆陷, 辨莫難於先入, 一日未辨, 則爲一日無君之國, 一年未辨, 則爲一年無君之國, 被此名以生, 不如速死之爲愈。此所以遑遑蹙蹙, 惟恐此冤之未雪, 而雖今日言之, 明日被戮於贊劃之前, 亦有所不暇計者也。此而未白, 則其他受誣之事, 微細不足言, 而在小邦臣民, 又有所不得不籲呼[113]者。寡君自受命以來, 圖恢治理, 釐擧庶政[114], 內無聲色之娛, 外絶遊畋[115]之樂, 淹情書史, 事必師古, 延訪[116]儒臣, 禮罔或懈。今遭喪亂, 修省[117]益切, 懼無以仰答天戒。貽恤[118]皇朝, 義聲昭著, 臣民感悅, 搬移粮餉, 繕緝器械, 庶有以協勢[119]於天兵, 圖濟於國事。此實老爺親莅小邦, 所嘗目覩者也。今遽以暴虐沈湎[120], 加之於寡君身上, 欲加之罪, 其無辭乎[121]? 彼贊劃, 亦何嘗有一毫私怨於小邦, 而捏虛造誣, 一至此極? 無他, 時因一款事, 拂其意, 轉輾觸忤[122],

---

113 籲呼(유호): 억울산 사정을 큰 소리로 외치며 하소연함.
114 庶政(서정): 여러 가지의 政事.
115 遊畋(유정): 遊獵. 사냥.
116 延訪(연방): 여러 신하들을 불러들여 정사에 대하여 묻는 일.~
117 修省(수성): 修身省察. 마음을 가다듬어 반성함.
118 貽恤(이휼): 賑恤의 오기인 듯.
119 協勢(협세): 흩어져 있는 세력을 한곳에 모음.
120 沈湎(침면): 술에 젖어서 헤어나지 못함.
121 欲加之罪, 其無辭乎(욕가지죄, 기무사호): 죄를 덮어씌울 작정만 한다면 트집 잡을 말이 없을까 걱정할 필요가 없다는 뜻. 《春秋左氏傳》 僖公10年에 晉나라 惠公이 자신의 즉위를 도와준 里克을 죽이려 하자, 이극이 "나에게 죄를 주려고 장정한다면야, 어찌 트집 잡을 말이 없겠습니까?(欲加之罪, 其無辭乎?)"라고 말한 뒤 자결했다는 고사에서 나오는 말이다.

以至於此。卑職等雖不敢明言，而老爺必有以察之矣。卑職等，聞忠無不報·信不疑[123]，況以恪謹如小邦，明燭如老爺，豈有啣冤抱誣，終有未暴之理乎？伏願老爺，求之於天理，利之以大義，曲垂憐察，速爲伸雪，使小邦君民，得以自立於天日之下，幸甚。爲此，理合具呈，伏請照詳施行。須至[124]呈者。

---

122 觸忤(촉오): 남의 마음을 거슬러 노엽게 함.

123 忠無不報信不疑(충무불보신불의): 《史記》 권83 〈魯仲連鄒陽列傳〉에 나오는 말.

124 須至(수지): 공문의 마지막에 붙는 상투어. 반드시 수신자에게 도달해야 한다는 뜻으로, 반드시 알아서 시행하도록 하라는 의미이다.

기해년
1599

여름 5월。

황조(皇朝: 명나라) 수군이 방어하러 온 숫자: ○두 부사(杜副使: 杜潛)의 병사 4,100명 ○진 유격(陳游擊: 陳雲鴻)의 병사 8,000명이 부산(釜山)에 주둔함. ○장 부총(張副摠)의 병사 4,600명이 죽도(竹島)에 주둔함. ○또 수군 3,000명 해구(海口)에 주둔함. ○감유격(藍遊擊: 藍邦威) 보병(步兵) 3,000명과 수군 1,000명이 거제(巨濟)에 주둔함. ○수군 1,000명이 한산(閑山)에 주둔함. ○수군 1,000명이 남해(南海)에 주둔함. ○해 부총(解副摠: 解生) 병사 3,000명이 죽도(竹島)의 남쪽과 부산(釜山)의 북쪽에 주둔함. ○유 참장(兪參將)의 마병(馬兵) 2,000명이 거제의 동쪽과 죽도의 서쪽에 주둔함. ○합계 31,100명이 도내(道內)에 머물러 있으며 적을 방비하는데, 군량을 이을 길이 없었다.

좌상(左相: 좌의정) 이덕형(李德馨)이 양호(兩湖)에 와서 머무르며 금방 군량을 검토하여 운반해 와야 할 수가 다만 3만여 석이었다. 온 나라가 경황이 없어 답답해 몸 둘 바를 모르다가 살아 있는 백성들이 도탄에 빠지고 종사(宗社)는 폐허가 되자, 북쪽의 궁궐을 슬프게 바라보며 통곡하고 통곡하였다.

己亥夏五月。

皇朝水兵, 來防數。○杜副使, 兵四千一百。○陳游擊, 兵八千, 駐釜山。○張副摠, 兵四千六百, 駐竹島。○又水兵三千, 駐海口。○藍遊擊, 步兵三千, 水兵一千, 駐巨濟。○水兵一千, 駐閑山。○水兵一千, 駐南海。○解副摠, 兵三千, 駐竹島之南·釜山之北。○兪參將, 馬兵二千, 駐巨濟之東·竹島之西。○摠三萬一千一百, 留防道內, 繼餉末由。李左相德馨, 來駐兩湖, 今方査粮, 運到之數, 只三萬餘石。擧國遑遑, 悶無所措, 生靈塗炭, 宗社丘墟, 悵望北闕, 痛哭痛哭。

제정만록후

주장(主將)을 받들어 별빛처럼 내달리고 달빛 아래서 건너 왜적의 칼날을 무릅쓰고도 후회하지 않음은 충(忠)이요, 늙은 모친을 생각하느라 눈물 뿌리며 애끊어서 꿈속에서도 쉬지 않고 보임은 효(孝)요, 계사(啓辭)의 초고가 허다하게 그의 손에서 나왔고 계책을 내어 움직이면 병법의 기미에 합해짐은 재주요, 주장이 만류해도 듣지 않고 가서 가족 모두 우러르매 죽음을 면케 함은 능력(能力)이다. 아! 충효재능을 어떻게 이와 같은 사람을 얻어 지금의 세상에서 사용할 수 있게 하겠는가? 아깝도다, 당시의 제공(諸公)들은 조정에 중용되지 않고 한 방면만 담당하게 하였도다.

임진년 중양절 보만당(保晩堂) 주인이 쓰다.

題征蠻錄後

翼主將, 星奔月涉, 冒鋒鏑不悔, 忠也, 念老慈, 揮淚摧腸, 見夢寐不懈, 孝也, 啓草多出其手, 謀劃動合其機, 才也, 主將留之而不聽去, 百口仰之而免於死。能也。噫! 忠孝才能, 安得如斯人者, 用之於今之世也? 惜乎! 當日諸公, 不爲重於朝, 而使之當一面也。歲壬辰重陽保晩堂[1]主人書。

---

1 保晩堂(보만당): 安鍊石(1662~1730) 또는 徐命膺(1716~1787)의 호가 동일하다고 하여 지목하나, 그럴 개연성이 명확하지 않은 까닭에 현재로서는 누구인지 알 수 없음.

찾아보기

ㄴ

ㅅ

ㅇ

ㅈ

ㅊ

ㅌ

ㅍ

ㅎ

이탁영 정만록의 임진변생후일록

李擢英 征蠻錄 壬辰變生後日錄

영인 자료

《征蠻錄》 乾, 한국국학진흥원 소장

여기서부터는 影印本을 인쇄한 부분으로 맨 뒷 페이지부터 보십시오.

征蠻錄
乾

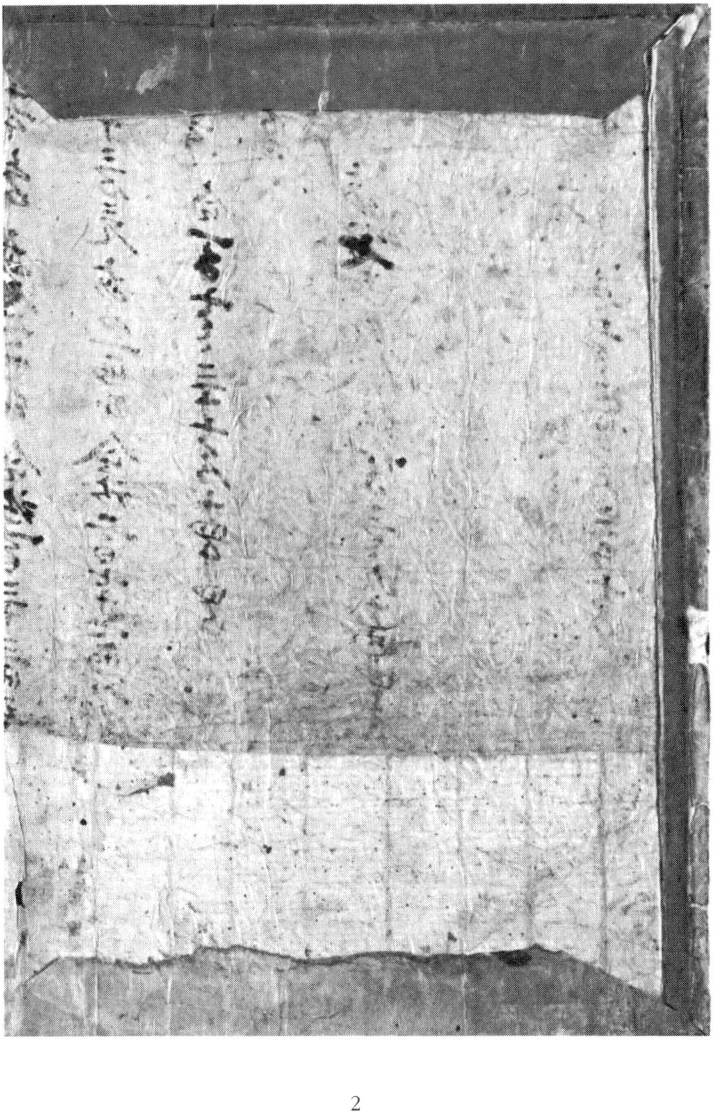

2

壬辰錄

領相李山海 遠竄平海
左相柳成龍 遆
右相李陽元 遆 爲都檢察使
卜相
領相崔興源
左相尹斗壽
右相俞泓
都元帥金命元
副元帥申恪 敗軍被斬
諸道都巡察使韓應寅
副使李[illegible]任

本道軍官
府使孫仁甲 [illegible]
府使朴晋 陞拜[illegible]兵使
僉使崔夢聖 [illegible]
僉使裵慶男 [illegible]
郡守安世熙
郡守李晦 [illegible]
郡守金敬老 [illegible]金海府使
府使徐禮元
縣令金俊民
判官李德義
判官任[illegible]

壬辰變生後日錄

三月初九日離家由青路歷蔚興召溪大丘玄風昌寧

靈山十四日到昌原十五日陳入于右兵營

金相國睟欲巡審防備由熊川安骨浦加德天城薺浦

永登浦巨濟玉浦知世浦助羅浦右水營唐浦蛇梁

加背梁固城所非浦三千鎮赤梁彌助項尚州浦曲浦

山浦南海泗川四月初七日到晉州留六日待變[illegible]防禦

次知出入鎮浦[illegible]休息閑[illegible]啟日歸寧情[illegible]

休期而又令仍留[illegible]後云[illegible]何極

四月十四日夜聞倭賊四百餘艘來犯釜山浦繼後出來之賊

不知其數云初以為歲遣船追聞賊犯釜山浦[illegible]

十五日自晉州到班城[illegible]山浦[illegible]左兵使鄭撥被[illegible]

城男女無遺被擄之具由馳 啓 以中道諸邑守令無[illegible]
後泅到咸安則日已暮矣一行上下皆乘刷馬一馮扶之者
即斬聲衆艱到漆原乃東方路矣

十六日馳及一門[illegible]前又聞東萊府淪陷府使宋象賢被[illegible]
宜盖邪梁山倅趙英珪助防將此允寬代將宋鳳壽皆[illegible]
被斬蔚山郡守李彥誠佯死生還諸城死亡不知幾千
百府使兩妾一乃逃俸走出則為賊將所占云當午到
入密陽則賊徒直到梁山傳令一道逃散諸色軍次次分
屯欲賊勢遽撓

十七日又聞昨夜焚淪梁山城代將靈山倅苦李胤每小門走
出故被傷不多左兵使李珏蘇山驛留陣還截李見
勇陷之淪自如雖當遠遁去亦營左水使朴泓自焚營舍

亦走出諸將見解士卒鳥散故如入無人之境賊徒至
直突彥陽縣一運至斥密陽縣令府使朴晉去永諸軍
陸過黃山遷 使相仍往漆川被圍不無縣歸令勢不
得已退往雲山
十八日晴日見賊直至黃山遷府使朴晉殊死力戰矢丸如雨
如亂雹賊不退遂後將左兵銀轎重銀傘長驅壁例士
卒已散援軍不至使免退遂馳入本府自焚官倉武庫
城內一無人雜鄉中只遺府使先世神主府使惟挹出之
此則賊南樓前青軍伊躬焚蜀陽人家殺掠人畜除
婦女無數不至將犯雲山故冒夜移往某嶺
十九日聞見賊分運橫至左道列邑故馳到陜川而…
案庭

二十日聞賊流一運已犯雲山後直出昌寧高靈將過路
又運自密陽已陷清道大行後軍焚陷慶山大邱將逼
直向八莒仁同家家焚蕩烟焰漲天將越洛江本邑列邑
靈令軍官朴太古出急報 歷自此以後左道已無
妻子避竄存亡無路得聞且以居邊蘭入于山谷自家山
隨吊李仲尹喪行到居村爲馬所傷不得進出歸調之
友人安萬濬家十八日始越洛江直向公山云正當賊鋒之
未知得保還家痛悶奈何

二十二日聞兇賊一運由玄風已越洛江入據星州直突金山
一運自仁同已越善山將向尚州嶺秋風嶺大有遮截之計
馳到知禮苗三日東西渠在夜以繼行到秋乘當邪竭之
誅於患其將奈何以 使相兼拜都巡察使有

旨下來緣朋李仲尹方在父喪無暇涯而一身艱苦可知
同鄉人開雲浦水軍將自其浦持公子由密陽上來才
經伏林間詳見賊徒多寡由密陽向淸道時自黎明
灑滿道路上去至暮乃止云將料之則其一運幾三萬云
右人之還請付家書恨未知傳否也二十四日見賊負
尙州與巡邊使李鎰接戰我軍不利退兵從事官尹暹
慶流乃李判書增之子年今二十七榜壯元方爲兵曹
正郎戰死于陣中也斤察訪金宗武亦戰亡云被動人
畜不知幾千百枕屍狼籍
二十六日聞賊一運二百餘自釜山移犯金海府宿城將士
列鎭出突右兵營直入咸安宜寧云云 使相移陣于宿昌
留八日東西策應金海敗軍將草溪郡守李惟儉

亦軍中二十八日先賊自越鳥嶺直突忠州與都巡[illegible]
申砬接戰我軍又不利非但忠清之軍亦未精鍊[illegible]
萬餘名無一人生還云本道之賊從方大熾竊不忍道生
只存二千名兵　主上京切計

五月初五日到安陰
初六日過咸陽到雲峯
初七日將向南原招諭使金誠一自南原馳到始聞湖南巡察
使領軍到公州還師又聞去晦日
鑾輿西行晦日以前則都城四大門牢閉不再禁止出入
不意　播遷之故都中士類顛倒去還[illegible]居後諸宮殿
閭府庫倉廩自焚孫[illegible]名家大族二百年書籍產業
如棄糞屣云　使相因招諭使勸止先[illegible]等[illegible]之賊更寇

師期勤 王爲計 又
初八日還到咸陽晝餉直到安陰聞雨西六日光賊移到
京城已陷令通于大臣與金誠一李德馨自
上命大臣權克智李德馨往賊所權出書聞 命罷歸
李大提學承 命往彼將至賊所近還金李兩人奔來
以通信使往還日本故也姓名如是云云耳益德官人自
本邑去四月廿四日歷蒙城於往來蒙亂處則庭草
果有之云喜不自勝家屬皆隨城泊郡書涉何足達
此山間云故也生存書問交至哀淚難禁
十四日還到咸陽留一日金羅傳通本承旨書狀據
賊徒作亂數未得已經到松都錦令軍勢勦滅之
計卿其察通于各道右坪境未援可有

旨半斤常紙卿于次繩成字有同村家私札的國寶之
不幸至於此極只率將士百餘名勤王耳
十六日 使相行與都事本道處處賊捕而來後帶
防禦使楊儆助防將梁思俊軍官七十餘人及從事官
吏曹佐郎李睟光從事申湜亦隨之直到雲峯碎啟
則同僉鄭終溟自全州追來領相李山海削奪官爵
左相柳成龍右相李陽元只罷本職崔興源爲領相尹
斗壽爲左相俞泓爲右相云云 秦吏風甚義待我曹極
厚薄暮到南原則無使崔遠任此營房軍器稱
未慰且給酒瓶醉困而宿留營房只鄭終溟李省李
潮鄭希凱金就英陪行就英乃亡友之子深且在本
道待我頗從之而措

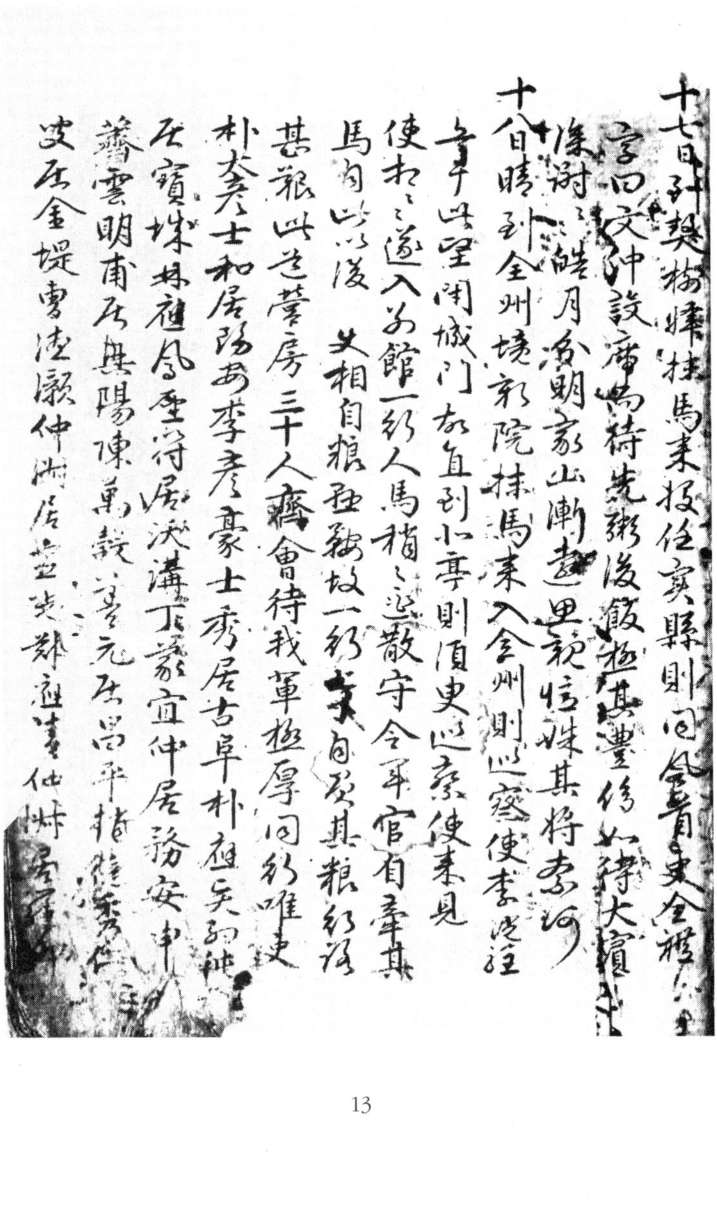
十七日到獒樹驛抹馬來投任實縣則同氣胥吏金禔
字曰文仲設席以待先粥後飯極其豐備如待大賓
深謝之乘月渡明家山衝過里館信宿其將帥河
十八日晴到全州境新院抹馬來入全州則巡察使李洸往
會于望闕城門故直到小亭則須吏巡察使來見
使相之遂入客館一行人馬指之逃散守令軍官自率其
馬而以後又相自粮强獨故一行各自費其粮行後
甚艱此道營房三十人齊會待我軍極厚同行唯吏
朴奎士和居羅安李彥豪士秀居古阜朴廷
居寶城林廷鳳望居淳溝下家宜仲居務安
蓉雲明甫居興陽陳萬鈞元居昌平
文居金堤曹德仲居

宋敬臣達夫居泰仁士秀以下行次陪行夜來大雨來云
極疲倒夜思親悵兒悶懷如秋
十九日大雨注下面全州巡道巡察使文軍先行南原長
水軍二千餘名敗散東道行次先文亦被奪於散卒
前日逆賊行法主上從捕了過東道林國果稱號
傳見吾行即持酒來慰
念日晴發行 使相謁 真發痛哭行五里咸陽倅
李應丹陽倅李山陰倅金洛餘粮追及達夜
脚塗土滿力雖分貴賤到分路即全州抹馬薦草
來投益山郡則賊路迫馬卒散生起散有司殘邑守令
之行之李甚粮其待於卯
念一日驟雨大作到館敢孫來點同風兩人持酒來慰

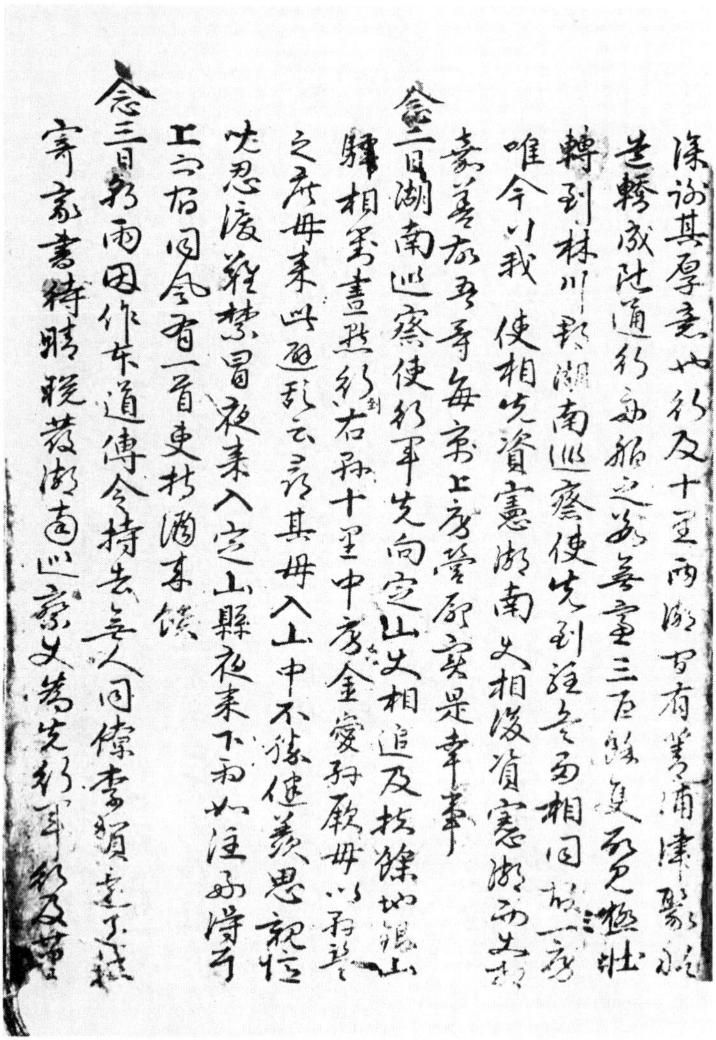
深謝其厚意也行及十里兩湖司有葛浦津驟雨
並轎成陸遍行而顧之爲善當三石雖更不足撫恤
轉到林川聞湖南巡察使先到往見而相回於一處
唯今以我使相先資憲湖南文相後資憲湖而先來
豪華旅吾等每處上房營廚寔是幸事
念二日湖南巡察使行軍先向定山文相追及於餘坳褪山
驛相罷盡然行到右縣十里中房金愛孫欣母以孫其
之於母來此過話云云其母入山中不孫健羨思親悵
吠忍疲雞禁冒夜來入定山縣夜來下雨如注而得有
工云右同余有一首吏持酒來饋
念三日朝雨因作東道傳令持去無人同僚李頊達下枝
寄家書付騎送我湖南巡察文爲先行軍行及曹

許日已暮矣湖南往冬可望山上 使相歇入村家請
吾等幸得一間可容膝且亦是山村終日飢困夜三更始
覓食飯有生氣夜來大雨滂沱夢裏先君益顏又
見妻妾兒輩覺來如泣夢乎
念四 使相從間道先行到公州地維鳩驛湖南使相領
軍追到同坐點心 使相先到溫陽郡湖西巡察使尹
先覺率防禦使李沃各使申翌駐兵于此先謁忠清
使相則已前先問安老母避亂何處次問大夫人避亂
何地老母存亡了莫聞知情何異於彼此乎云良久悲泣
聞來嗚咽不敢辭即令饋酒子弟翰林生員亦隨來三
使相同宿一房
念五日大雨注下勢不得已留溫陽此道營[illegible]常居武牧

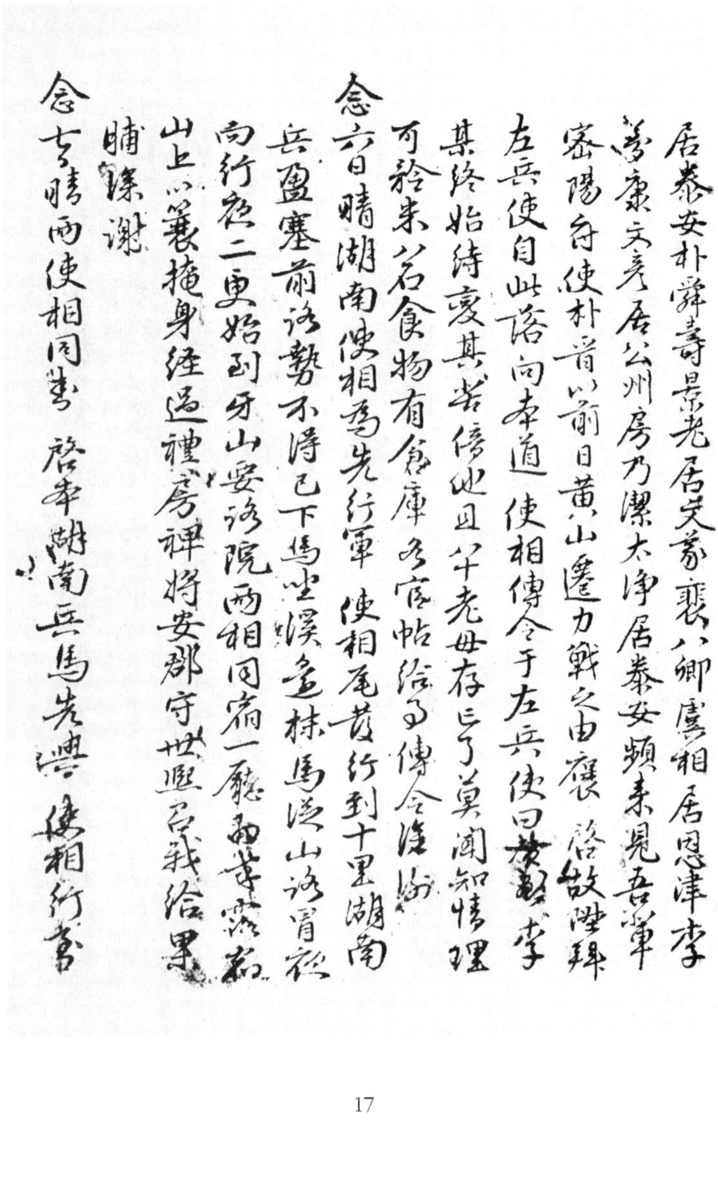

居泰安朴舜壽昰光居天安裵八卿虞相居恩津李
蔚康文彦居公州房乃潔太淨居泰安頻來見吾軍
密陽府使朴晋以前日黃山遷力戰之由褒 啓故陞拜
左兵使自此路向本道使相傳令于左兵使曰蔡勳李
其終始侍衰其崇傍仙因千老母存亡莫聞知情理
可矜米石食物有倉庫名官帖給傳令決給
念六日晴湖南使相爲先行軍 使相尾發行到十里湖南
兵盈塞前路勢不得已下馬坐溪邊林馬從山路冒從
而行夜二更始到牙山安谷院兩相同宿一廳雨甚露宿
山上以簑掩身經過禮房裨將安郡守世邇石戎給果
脯餞謝
念七日晴兩使相同 啓本湖南兵馬先興 使相行書

17

稷山地山上抹馬點心湖南使相駐兵于杜歇院
使相漸入相會先到京畿陽城境省草坪嶺上結陣
湖南使相尾至同處結陣無邊廣野但見行軍形
止首尾相連無慮千餘里可謂壯觀夜來雨下如注
着帽几坐過夜夕食不得食
念八日雨勢不止天不助順衝泥出役行路甚艱湖南兵
馬充塞前路不得行路入坐葛院抹馬軍僕繼至又
聖李晦自本道追及于此家山消息又未得聞瀝泣
馬上其將李約艱于振威縣則湖南使相先到防禦
使郭嶸亦先到于此
念九日大雨注下遇水留此先除雄校水原賊然後當討
京城賊故諸將終日結束

六月初一日又留振威縣一以休兵養士一以待忠清使相共
謀討賊爲計兩湖兵馬輜重幷五萬餘衆于時湖
西使相來此曾聞臨津江勝戰矣今因湖西營房詳
聞申砬弟申硈亦一名將見賊數少率衆兵越江輕進
追擊彼賊以衆多之兵迎擊大敗之我軍滿江瀕死申
硈金汝訥亦瀕死溺云臨津只有金戩私少兵馬云可
慮慮 安東仇大琴召肆子順石稱名者被擄於金
山到龍仁逃避被擄於湖南之軍得見青路馬扶允
已痛哭不已使相特救不殺率行多幸幸 清州居世族
呂大德者以其二處女許嫁於倭將求清州牧湖西使
相尋捕斬之
初二日結陣于水原地業好肆以山上夕食不得食夜來大

而注下者沾一身思親掩泣其將奈何
初三日移登禿城山上與湖南巡察使同處徒陟郎水
原府南山一望千里極目無際忠淸道內浦與京都
者西江瞭然於眼下水原府雄投之賊大軍至駐於炊
飯未及食蒼黃遁去軍官舍閭里不爲焚蕩倉穀
散盡尙有餘數云鼓軍糧畢爲馬太年不令判官
浸來分給一行軍馬望中十里外龍仁近處倭賊閭家
焚蕩烟焰處處漲天馳送諸將士未遇賊而空還夜
大來雨注下大風繼作一身濕寒將生大病不勝悶迫
晝 啓草入納則使相回發歸精神自此日大不如前
可笑云
初四日朝 三道巡察使同坐某 召 辭腹痛不可入見

使相命饋餞酒朝曦始出濕衣曝乾頗有生氣乎
後移陣于水原北山三使相同坐坐中烟熖漲天使相獨
送本道將士五千餘負期於突擊云馳出賊中幽谷
察訪金忠敏先登突進斬一頭奉事鄭起龍姜晥
男郡守金敬老各斬一頭同鄉奉事朴太古亦射中
二倭而還其賀可言湖南將士頗有積氣鄭起龍乃
晉山同風姜世貞壻也在本道金山接戰時斬二頭
今得一頭已滿三頭可陞堂上其賀可言承 傳內得
一首者勿論公私賤許以科得二首者六品陞敘得三
首者陞堂上得倭將者勳封嘉善故云耳
初五日平壤土官齎封 世子教書與逆賊鄭汝立法當
緣坐外無遺赦放事 宥旨而遠矣以使相還奠左右

道觀察使事有 旨亦下來令聞慶縣監馳報
持來人及被擄生還人等言則倭將平秀家雄授崇
而不殺人物誘致愚民多掠而班家處女擇品作一隊
深藏田爲 進上之次又一隊繼深自洛云尤增痛甚湖
南防禦使郭嶸助防將李之詩白光彥等領兵達
陣于龍仁賊至近處見賊高山峻嶺間據險作陣圍
以防牌間掩網席故矢不入陣當其接戰日亦已暮
輕進賊陣李白而將及古阜郡守李元仁咸悅縣監
鄭閬一劒被戮以此軍情危懼且聞尉山郡有一貢生
者東萊陷城之日被擄與賊偕到京城倭將中有一
將年可十七八能譯術最有權者一號令變化庸貌
之辛依備酒前一日飲酒杯行之際貢生若頻不恭係

將命其下卒斬貢士〃聞其言即棄倭將劒斫殺
倭將遂刎其頸而死自失此將以來賊徒亟同常恨
歸去之計又聞全羅水使撞破其船無路歸還自中
相語曰吾父母妻子無復得見相向哭泣云且臨津接戰
時倭將二人中箭載還以此自初二日彌滿道路不知
其數下去云且乘銀轎數三倭將者自衛兵皆着紅
衣首尾相接幾千餘里以婦人着白女帽騎馬前導
亦不知幾許云無乃平義智者下去耶
初六日 使相同入湖南陣中聞李白兩將戰死終夜耿〃
皆待天明兩湖兵馬者送賊中本道將士亦送助戰
上下將士食未及半自賊中許多軍馬兩山奔還未顧
故俄而見賊先鋒緒廣大持白旗突立於越邊山上卄

餘步許忠淸大陣尼解自潰瞥眼間慶〻陣列到前
㦲其我卽捲旗授咸陽使令推封 世孝教書佩於湖
南使相已先騎馬獨我 使相堅坐不動我實進疾雖
力催曰事已急矣何不速騎馬〻〻立督火急則 使相其
有鎭定之計疑然獨坐我更告曰將士已散獨存遇審問誰
探賊勢乘勝再圖莫若暫退保固須臾賊鋒已逼眼前蒼黃
騎馬馳入亂軍中我與子弟金進士禪將前郡守金
敬先幽谷登訪金忠敏陪行金躍英亦從之由水當
馳馬衝流出沒行及數里顧見則後軍太少賊鋒逼
近金郡守馬沒流顚仆棄馬而走之馬徒仇龍棄衣裙
之際亦未及來只有召村牽馬陪隸子仇加於金〻亦
沒流顚仆使相獨馳向行 母落水中金米泉尤我卽下馬

急護兩騎幾爲賊鋒所害北轉天使命下章僅兩金行及三十
里許中房金愛孫馳及營吏李湖亦持印信及來無
牽馬無黑笠滿身塗土雜分貴賤爲亂軍推躪莫
能前進十生九死艱到罕餘里許人極馬倦暫入山
少谷歇覓進進士主所佩米食與吾橐中餘在合饌
一介後還入亂軍中得見咸陽刀尺始陪牽馬亂軍中
有一官負牽馬向來下人持黑笠問之則乃庇仁縣監
金基命云我即鞠躬馬上哀乞曰是孫嶺南奉營
巡察使無黑笠故爲亂軍推蹈未速前進伏乞進借
黑笠姑備數日則 缺 當謹封還之云則聽若不聞亂營
中有一人見我曰營家得生深賀云初不知其人更
問何人也則答曰吾乃左兵營許貞向乃公也營察再拜

心亂不知我可惜云前行此貞乃吾道巡察使與愚[illegible]而
聞云則許貞即給其好笠入納即猶約此以後可[illegible]
使呵禁亂軍粮到振威地葛院近處山上使相[illegible]着
草單衣我自灘躍而着同僚鄭終涵貢生鄭汝涵及[illegible]
下卒皆及乎此遂聞忠淸使相來入葛院即往同坐銀
得軍粮米炊飯向進 使相退饋我忠淸使相[illegible]
得生多幸〻〻兩相偕行同宿平澤縣昨夕少食終日飢
渴再生之餘謝而營倧郎覓饋燒酒多謝〻〻書者[illegible]
未盡[illegible]書以持[illegible]去衣兩襲是亦多幸 使相[illegible]笠
許多行[illegible]金貫子金帶 教諭書鄭[illegible]并棄賊中三
道軍粮[illegible]餘石軍[illegible]三百餘馱[illegible]
覓着定山縣[illegible]

看学衣一襲而宿可喜同鄉朴奉事大吕亦追及于此
深賀不已
初七日聞西千里水陸兩路阻絶無路動 主勢不得已東
道指路出先父與忠清使相同行到牙山縣地道營倭
房武叔單尉我等深厚多謝
初八日留牙山同僚鄭希凱追及于此其喜可勝禮房裨將於
郡守世熙亦生還喪主溥族自水原追于京城賊勢難樣
今始來還因賊徒自漢江至京城近幕結陣不知其數下
去又云大衆而向已偏開城府云困矮多寒得見本鄉人
李陽使且示家書而封皆書殘於一書如面父主前上
白是乃庭家書喜得未開封先問母妻子存亡則皆
慈生存之喜倒乘而將行開緘自然多覺思親悵然

閑泣恙夕夜來營倭房伏臣軍潤果甚多
初九日東道軍官李自海持　啓本從湖南船路上京今到
泰安地敗船又逢倭賊於江華地海上還來于此仍棲更
送自牙山晩後下直于忠淸使相前則召安鳴海云
言之曰吾則言還向家山而老母存亡不得聞吾則老母消
息無路得聞閑泣恙夕後須從聞見因陸來人通我云
仍使從遂於營倭因到新昌孫則移勝於平澤先來
後飯極其精潔得飲馬糞水猶有生氣感其守柳崇
仁西宣自東郡避亂向京家賊已入京中故狼狽云於
歸只家奴非久一名歸泣于道左　使相猶令入來于山邑
給粮而饋今日又送　其相而去來痛哭于道左又令隨
行次之向慶尙道…山前也云此則水下叶從此而從免

爲公卿士大夫家屬被擄者不知幾其崔二相宋同知一
家亦被殺云條不忍聞來諭馬上與朴奉事孫漂歸寧
則奉事曰 使相謂忠淸監司曰李某之精神英氣自
近日都喪吾乃死耶了悟云以此觀之觀察必是專恃
專恃云薄暮來投稷山縣得見本道消息左道咸敗
仍聞不通母妻子存亡無路得聞云且走賊金山一路云云
後議史旗端誘上去金海雄據賊九百餘名全羅道監
司繫史都事察訪稱歸自金海由雲峯全州拾路出走
文云昌原老吏黃仲明馳告于其府使變故枚舉轉
啓因城雄據賊百餘名又陷陜川城云歸路仍聞未由歸寧
尤增痛泣
初十日晴自稷山到大興盡餉行及十里許 使相樣諉

入松亭良久休話向暮來入青陽縣飢困頗甚思欲往
次五山焚困忠清路　啓本持去人自湖西來言曰倭
賊焚蕩開城府又至入江原境緣入金化金城自京操
大族家屬皆入金化地去山大刹倭賊不意突至婦女
處子屯聚一山頂一時投死者亦多被擄云其餘家屬亦
擄去云本道大丘境前郡守朴忠後一道巨富許多妻
妾家屬以板作窟板上積土種穀至於茂盛
一邊成穴出入使賊不得知之朴也平日恃富有怨於
人以故其人指其穴無遺被刺少妾亦擄去云中原請
兵遼東精兵三萬抄來云無軍粮可憫開所納米二
石者免賤四石者六品叙用云星州與賊得見首京封書
而發痛哭云且[illegible]又我國兆

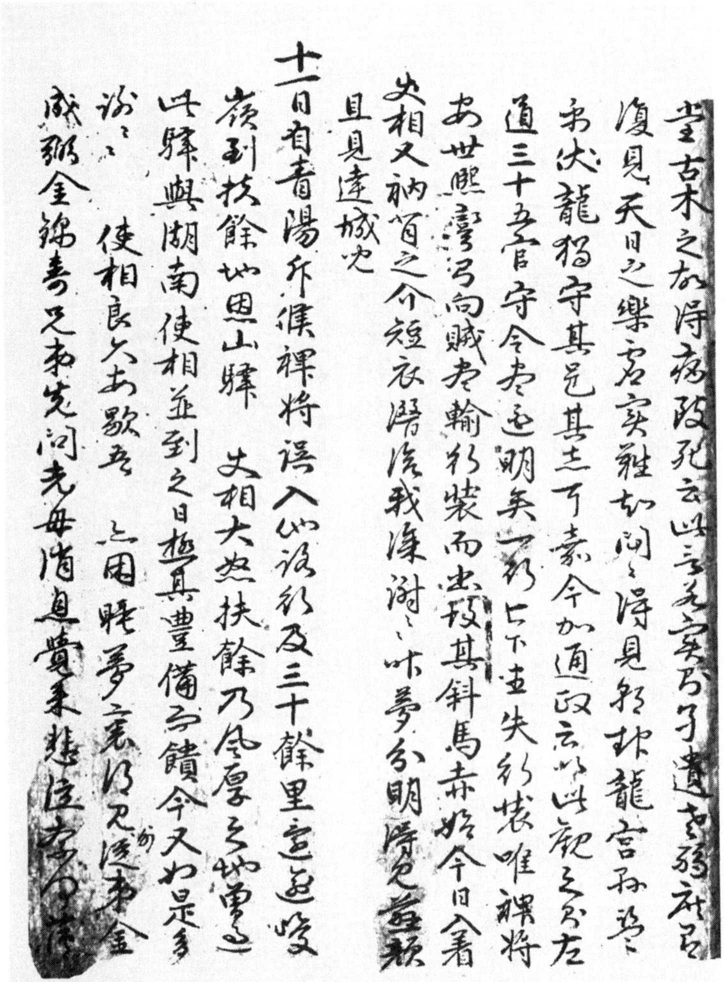
堂古木之故得病致死云 此言尤異 可謂遺書矣殊恨
復見天日之樂否 實難如問 得見於龍宮孫耶
而伏龍獨守其兄其去可嘉 今加通政云 以此觀之不左
道三十五官守令尤甚明矣 一行上下失行裝 唯裨將
安世熙率子向賊 走輸行裝而出 致其斜馬赤脫 今日入着
史相又納首之介 短衣潛從我 涕淚 昨夢分明得見兼顏
且見達城也
十一日 自青陽與裨將語入此路行 及三十餘里 道逢使
嶺到扶餘地 思山驛 史相大怒 扶餘乃風厚之地 遣
此驛 與湖南使相並到之日 極其豐備而饋 今又如是多
謝謝 使相良久而歇 之上因睡夢 竟得見通 而金
成鄉金錦壽 見而先問老母消息 覺來悲泣 寄中

暮來入鳴山孫則寬大長者乃首戶長先酒後飯極厚
接遇多謝〻〻夜夢得見鄰書房諸兒亦來無異平昔
而每思之許多妻子除免賊鋒想必餓死尤增痛哭今
聞卒宰相金秀文此乃名將其家屬避亂山間無遺
被擄而以絶乞二卵子乞給老賊夫人得逸云多幸
十二日鳴山首尊安琳粹夫又持酒來慰非不知恩辭盛其
恩而強歡當午來入鎭山邨 丈相奴那處處之地去處甚
薄去處之經夜〻夢得見金兄亦來悲情寄何紛聞
中原三萬兵〻來援之奇喜不自勝雖來只駐于平
壤不救于嶺南云可至遼東刺史李成樑常〻自衛
兵十萬云其壯可知一行上下人不勝〻〻欣冒夜自滿夜 十三日
被逕着待於所見之借不應李傳言卽流一行並妃梳

頭多樹々 京居於破陣朴雲壽得病七日而死可惜
吾之一身自經大病後動輒生病莫保朝夕幸今無恙
雖露宿令饑至於處溼土之間食不及時々々無疾病多
幸々々一家老母妻子陸餓山中不遇賊見辱則其幸一
何言後保如綠之初更遇第一則其千幸亦可言日夜祝
天曰願生々々復見老母妻子也
十三日晚發歸山 使者歷入申宗米堪 寓此地即 丈相妻曰
宅內使婢子自京奔潰來現于馬首 四月晦日前
京城四門牢閉使不得出入晦日不意 奎與而遷以
後因開城門都中士婦徒步奔散 形隱居後云 使相先
問大夫人去處大人及許多家屬一處聚集入江原
境云 丈者處生後始聞家奇而存亡與未詳知光海妻

之一家子手以板屋舡淋羅是諸大江即湖南降被拗江
頭設帳幕儲吾軍甚厚來入時彼則湖南巡察使駐
此因坐營房又令匙以極其豐饌甚未安夜來湖南
營房饌羅來慰醉困而宿 贐行錢石首魚十五束價
鞋等物務安朴士和給我之中深謝其厚意也
十四日湖南使相先行 使相尾發追至提萬頃坪一坐
無際平生始見如此廣野也到中路畫點以感悅别定
支待極厚待吾軍無風極熱艰到金州則閉城門不
入使相大怒馳到南亭而痛治衆守門將等此地風
薄一道爲最此道義兵將前東萊府使高敬命率
義兵三千餘名已上洛本道義兵將鄭仁弘兼義兵
三千令方討賊云所妙而明見矣 召吏[illegible]悲泣索

何一行許多將士皆被焚蕩亦不知父母妻子存亡我
獨不食肉人之見聞未安且關一身故雖食魚肉每當
朝夕思親憶覓不絶食
十五日湖南使相生來相會冒熱晚發粮到任實地烏
元驛良久避暑日輪當午如在洪爐薄暮來入任實
則金文仲見吾輩先賀再生以酒即慰懽若平生飲
來持酒重來慰
十六日黎明而發到獒樹驛良久安歇薄暮來入南原
廣寒樓同官文自凍聞安來此府伯尹安性即邀接
本道都事送酒而醉宿
十七日朝飲文同官酒行到碑殿雲峯晝點出待此邑
同風持酒來慰冒熱到八良院避暑同僚嘉敬數口

安來此待暮來入咸陽郡左兵使朴晉昨日由茂溪
津越入左道云稍有所恃
十八日留咸陽 西使自晉州來此 河吏部送布裙沙谷都
彥元亦贈帶天善令々不利虽稍有生氣難還本道
左道戍敗無路得聞一自變生今既三朔母妻子存亡
一未得聞欲死未決義兵將前佐郎金沔茂溪津全
船二隻捕捷淌載之物皆 帑藏寶貨
十九日兇賊又入知禮今方焚蕩云故不向居昌又留此郡
新寧同官李湖自募性左道泣寫家書恨未知傳
不得也 使相今亦接官朱太監贊覓給于老母事成
聞付送仰感無地且成倫先除究謹文字吾馬扶埒
以㮣居在榆川人流到向帰[illegible]魚[illegible]之[illegible]日吾非此人

之馬未由得生報恩無路徒增悵望

念日又留咸陽知禮賊見敗遁還圍城留賊千餘名欲犯

晋州適其先鋒探審直至石江水判官追逐云達城官

人裵介壽等二人持府使馳報狀來此處生三朔

始見左道之人如見死人喜聞重母生祖母同生輩皆

不死且達城官人往還安東處過吾家時未焚蕩

奴婢輩兩旁於作往避難所云實聞聞來喜不

自勝於前欲蘇稍有欲生之念安集使金玏方在

安東左兵使朴晋亦越左道散卒還集義旅興起

頗有捕賊之勢可喜可喜

念一日過安陰縣傳聞到居昌招諭使金誠一駐兵于

此官軍義旅近日斬得之數三百有餘

念二日封 啓本待男退 使相陞坐枕流亭共招諭使
相會薄暮啓行夜二更來宿沙斤驛
念三日到山陰縣則星州賊七百餘名結陣於竿場欲採
伽倻山云又一運不知其數陞犯全羅道茂朱境順
陽驛近處閭家焚蕩云固城留屯之賊無慮千餘名
處處結陣云故使相三處中央此縣駐兵策應
念四日留山陰軍官前郡守郭世熙自募送關西終日
啓本出草因任河吏部下番而歸否則末由歸計思
親飲泣天地茫茫
念五日留山陰金海留賊二千餘名聯聯作運自巳時初未時
至彌滿道路移入固城倭將乘屋轎其爲舉動甚而
日入咸安臨時稱號〻賊云不勝悶迫若不幸首禍者

無慶容見之光閒不已咸安女梅春四月被擄至今留在
金海今始逃還金海兩班常人女半餘被擄堅守城
中日夜作奸不勝而死者頗多云東萊新府使孫仁
甲以義兵大將洛江流來賊十一隻捕捉乘興馳馬跳
沙岸轉入深淵溺死可勝痛哉賊徒一運越臨津焚
開城直衝閒西及到青石洞見敗倭將逢還載還京
城臥痛云
念六日留山陰星州地竿場結陣七百之賊還逃入星州竿
淺朱境焚蕩之賊還逃向忠淸道沃川地又倭船十六隻
下陸于巨濟境河淸里回入巨濟留賊之中賊勢如此
聞後遑遑渺莫難期老母生辰日迫未由歸訪號呼
叩地痛哭孝何得見倭書晋陽居女跡入智異山知

不知云則園城千名之賊必犯晉陽轉掠智山[illegible]
念古面山陰夜雨大作令為水漲則洛江之賊雖不得
捕真石江漲之故園城之賊雖犯晉陽其幸可言因
聞左兵使奴子之言京城之賊已盡下來又聞牙兵全
消之言倭賊自星州至玄風首尾相接彌滿道路下
去云無乃園城之賊亦威耀兵於內地使我軍不得
挾擊於道還時也星州之賊又出結陣於羊場上云
亦未知其謀也夜夢得見逢蘭消息令只乃老母生
辰而憶我致也同僚李汝夔夢亦見逢蘭云吉兆
雖知尤增痛堂今因金梅被擄生還人得聞同僚
德民一家無遺被戮云痛甚痛甚右德民也濯恭信篤
誠孝出天之人[illegible]之子[illegible]亦被斬云

[illegible]博慟嗟且哀宋瑞女子與安孫處女[illegible]擄去云卽
許生員之妻與女也如是擄去[illegible][illegible]日本國[illegible][illegible][illegible]
素痛禁還出送而水使撞破賊船出日滿載男女
雖我國人也聽而不聞皆斬云無乃宋瑞女與孫被斬
於我國人平同僚河[illegible]淨始來現又聞自京來人言忠淸
道靑安境結陣數與前日兩湖軍六萬數稍多云云
此觀之則擄京城大賊必已下矣
念台大雨終夜注下換鵝亭前水大漲從此直石江水必漲
固城千名之賊雖犯晉陽此則多[illegible]洛江之賊必放意
洑下雖痛憤莫若從速事定而茂朱焚蕩之賊已隔[illegible]
山云免謀匠測閔極奈何使相奴子自京下來使主孽
新.全省陪大夫人以下家屬由龍津江幾十餘日遇[illegible]賊

右金省三寸族下正字金成立朴校理夫人年十七歲
日芋妃抄選處女及弟二子金生員唐母其一家奴婢
者爲被戮云天地之間安有如此之變乎秘不發言使
相時未知聞來忽憶先母子女五内如焚如醉如癡其
金察訪忠敏朴奉事大吉三人相對良久飲泣歸期漠
漠天地茫茫
念九日晴留山陰夢見達城人思親憶妹中夜悲痛其
將奈何友人子李東秀自知禮來營自京來色手開
寧仁同之賊聚於子積知五山未知賊謀如何也泣送省
峴鄭士良筆自初同行從還京城者也今始告退云
使相臨送頗有感激之洽於不勝健羨焉已犯錦山之賊
峙郡守接戰郡守權悰與其[illegible]權氏乃吾

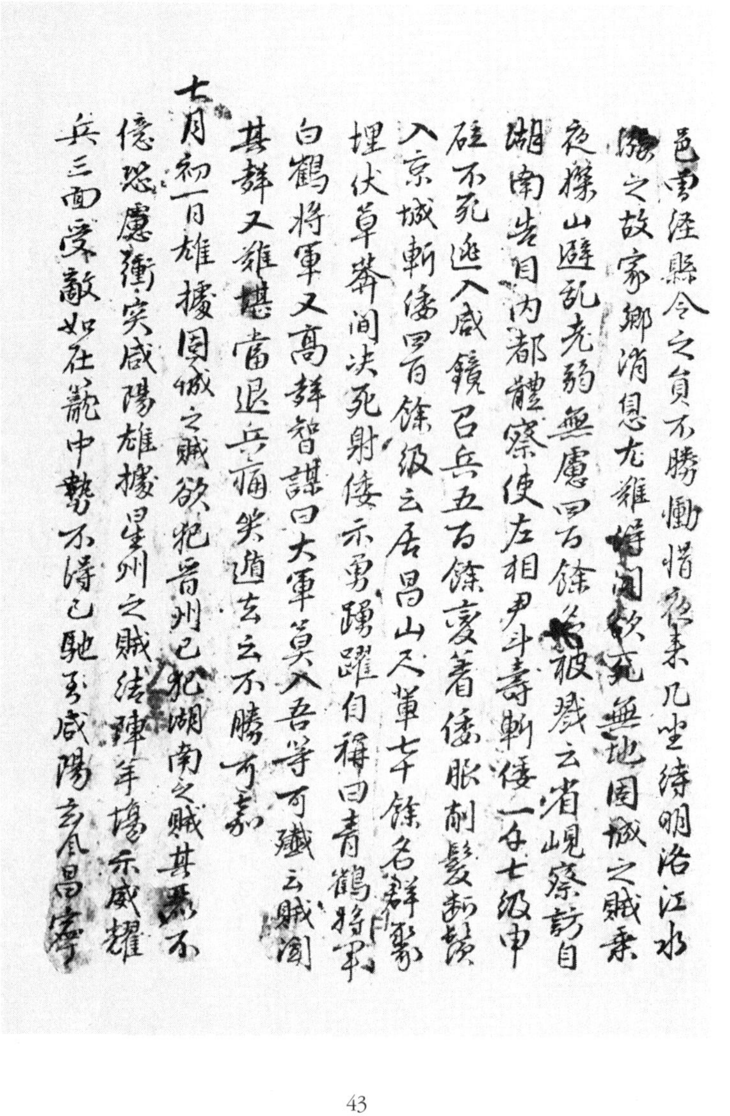

邑宰涇縣令之貟不勝慟惜夜來几坐待明洛江水
漲之故家鄉消息尤難得聞欲死無地周城之賊乘
夜擽山避亂老弱無慮四百餘名被戮云省峴察訪自
湖南告目內都體察使左相尹斗壽斬倭一名七級中
矼不死逃入咸鏡召兵五百餘豪著倭服削髮斬馘
入京城斬倭四百餘級云居昌山尺單七千餘名群聚
埋伏草莽間決死射倭示勇踴躍自稱曰青鶴將軍
白鶴將軍又高聲智謀曰大軍莫入吾等可殲云賊聞
其聲又難堪當退兵痛哭遁去云不勝可嘉
七月初一日雄據周城之賊欲犯晉州已犯湖南之賊其黨不
億恐慮衝突咸陽雄據星州之賊結陣年壕示威耀
兵三面受敵如在甑中勢不得已馳至咸陽玄風昌寧

雄據之賊伐竹依屋未知免謀洛江之賊卒千餘隻下

云云

初二日夜夢分明見庭蘭未知如何痛泣奉何清州之賊

還向鎭安星州之賊初五日接戰事言送云尙州居前

師傅河洛乃嶺南名士當其免賊衝作之日師傅父子

陪大夫人率妻與子婦出避遇賊于五里之內賊先執

夫人乞降則先斬父子曳入子婦於麥田十餘賊互相侵

犯終乃放還自縊死向是何時運也

初三日留咸陽宜寧居郭再佑自稱義兵將作送檄書

于使相而書中辭意顚失和協故[illegible]

使相駐此防備矣全羅之賊旣焚茂朱錦山淥向

內地云固城之賊無慮千餘[illegible]衝突[illegible]州之[illegible]

迫在朝夕又失此州無處容足又賊船二百隻來泊宜
寧地下陸玄風之賊還越洛江巨濟島留賊以其船爲水
使擄破之故未由歸計誘致愚民防城斫殺積屍如山
去急辭日至事定無期家鄉消息無路得聞莫若
速死之爲愈也夢夢見情[illegible]母是何故也念不及此向現
夢此必多産子汝今已飢餓怨我之兆也亟使自前州聞
褒馳來

初
四日留咸陽固城之賊來屯泗川境夜來不知去處或還
入固城云洛東江船隻由江已來向全羅之賊雄據錦山
或稱新監司新差事新郡守公私庫自爲賣買被擄
女人全不奸犯使給還上倭將入據官府號令甚肅云此
賊必前日自昌原全羅與同稱號行先文之賊也

45

今明得見並顔覺來悲痛奈何日間悉辭其由狀
覲結壙痛江以鄭再佑事具由馳啓軍官前郡守
金敬先上送
初五日留咸陽昨夢今明見大小梅兩男無乃死耶獨坐
中宵悲泣奈何金山正兵朴用長昌烈記官玄希俊水
軍李祿祥玄應記官郭茂文業輩皆入倭賊一國化
事向導無隱不勝痛憤知禮縣監金湜以年少書
生宰相安容婿也誘致朴用長與家屬無遺射殺
之故用長餘備教誘倭賊縣監子弟并招諭使軍
官同坐樓上不意突入擄去云尤極痛甚希俊祿祥
輩全羅興國稱號倭賊隨行今在錦山直向全州云云
討金泉林湜海來言曰金山郡守在山谷擇字向京城

倭賊殲滅無餘 督捕使行次近當下來云 少有所恃
頗有生氣 高靈縣所報內 倭船千隻自星山上來
又倭二千餘人 號稱政丞安國寺行次 初四日伽倻山等
處指向云

初六日 留咸陽 河吏部聞郭友昨暮來謁 湖南巡察使傳
通內 黃海道次次傳通 倭賊萬餘々々 平壤守突進行中將
士伏東大同江中 賊船半渡 萬弩俱發 一時敗沒 只餘一隻
下陸 矢石如雨 逃走者只四五十名云 行在所逼犯之
賊如是大捷 其須可言 向京之賊 至鐵嶺敗沒 恢復京城
指日可待云 聞尙州人言 賊徒中二裹擧下來 假家麼
皆以假眞爲過 後焚其假家云云 若乃倭將平家婦身
死之言實耶　鑾輿所遷之日 自焚宮闕 將陸嬪宮

屍柩並燒云倭賊例於戌日寅日接戰例殺雲露處家
財寶雜緣藏於地下至於樑棟甚至皆撑撥出死人
之墓亦皆撥出必見屍乃已他日避亂時則慎勿藏人家
近處幸甚得見左道慶山河陽孝陽三官馳報好請
李湖已往左道左兵使自河陽已往安東等處云稍看
所恃且因道軍官趙以官鵬發生前往左道烽燧橋
奸因干戈阻絶今始登山夜行來耶丈相曰安集使驛安
東萊庭不意我國人誘引倭賊直入李復元忠家
遂陷同府城自茲以後窮技極搜又聞本府官負還
官推尋官庫之物則[illegible]其[illegible]陸賊之軍着紙假面
欲殺官負故官負逃去云九[illegible]十[illegible]極
初七日留咸陽此夜[illegible]大[illegible]還本邑是河

兆也獨坐中宵五內如焚已生湖南稱監司之賊方熾
朱書以書化墨掛榜誘民曰勿以從入其家又倉穀
及庫分給民間且樂安郡守金宗禮即前日逆賊搆捕
陞堂上之員突入賊窟家通其妻子奴婢皆令垂恤勿
殺長標書給云稱政丞安國失之賊方居助防將張
義賢云未知其孰也因城之賊直向鎮海金山之賊多數
知禮境行越牛旨峴洛江上來之賊亦我軍假着網巾
於孫子付長標向東昌寧結陣處意以為我軍來援
不意突入國掠奪殺我軍云東萊四方無餘日至家
鄉消息無路詩聞莫若早決自處如是賊之所為不忍大
牢之深味只殺狗彘大家之屬交以不從來為作飯常食
詩一女則不分父子兄弟姪三四十賊互相侵犯終至伏死

烈書冊拭淚穰放失將亮使人會之其爲所行所不道之
言之辱也而天不降罰只矣老天徒增痛哭
初八日留咸陽知禮茂境來聚之賊充滿一境不知其幾乘
銀鞍倭將擁後建三龍大旗結陣將犯居昌彭突
之患且左右多聞無家可恃見達城馳報本府倭
賊方今爛入云欲死未決重生祖母送來之中二
子遁乳公山何以覔之可惜
初九日留咸陽充滿知禮之賊去向消息終日不報疑是湖
南繼後之賊也熊川馳報內金海之賊以槐木椽板方
修船隻行向湖南接戰云夜夢以白瓶白樽之類寒酒
以生栗等物多置眼前與那子使令送吾家是日
光先祖母東史過去欲給而未果未知是何兆也歸

期奇然思親恠妹鬢髮白如絲
初十日留咸陽家鄉消息今又日未得聞思親恠心實
在內如焚去冬聞寧善山星州之賊還向金山佰加淸
島七十隻賊船回向巨濟島見乃梁云觀其賊勢廣
南一道屠戮無餘更無所爲故合勢專意於向湖南
必矣又失湖南則我國八道之內唯咸鏡道外無餘矣
之地自有天地以來何代無敵國寇天地開闢以來
未有之大變京畿江原富平兩邑外皆已焚蕩云
何國運之不幸至於此極
十一日留咸陽無見多情友黃淡如鄉校中只趙見不
相面且見達城喪日之遠見不相親紹言家奇以
雜說送狀喪日以代人送書書中知家書有

看瘡痍廿二人卧痛然覺來尤悶夢中過了必
有喜事以此寬懷高靈來屯之賊使我國女人付
送書曰我地諸去來之人何以殺傷乎若然則率精
兵若萬衆者殺汝國之人云云虛張之勢之言也
數萬則高靈之賊必不多矣自玄風過星州來充
知禮之賊皆向湖南自金海倭船亦多向湖南以此觀
之則專意湖南必矣而全羅水使又撞破七十
餘隻痛快哉此事也偉哉船撞破則實是喜事也云
只是船撞破之後要功設計巧飾文字上聞 亂道不聽
軍民日亂道至於榮辱專不知利害尤增痛憤也撞破
空船之故不討之賊永害窮寇無意道途遂遭橫殺
操下勝痛哉因城面屯之賊長驅塗只頃之見賊了

皆潰不見仍伏兵意驅逐軍卒之困粮矢竭盡之
勢至破竹可定難路尚且憧痛憤哉雖非將士當此
而難當義之言必取之日不要忍黙 以書史考之則
出奇制策回困捄雄據之賊決死生突進而襄軍情
之所難而百出謀策移於驅逐幸甚建策之言烈權
根洩其油螺則使勇士等乘夜潛入賊營亂擲而焚
以竹作梯積而植於上緣梯越入潛積城門下三門付
擲火一門則不滅火只鋪叢鐵只設弓弩於門外大
討士埋伏左右以小兵而自移合營戰天地字銃字
銃筒震天雷等物並在於望至也亲小工設機
械待兵三門火熖騰天時先入送天地字銃筒以砲
賊之又入送飛震天雷於賊必驚見其飛之際其雷

53

卯自烈以爲窮寇獨待必多出要道望諸峯處
處乘夜設伏趁日皆從施大譟待天明以示合戰
不戰不接勢不職必畏怯道道之路擇討士皆作
隱二三名列伏賊路左右並出望軍一人從真山待
賊徒無已伏合處然後望軍真聲曰賊徒無遁出伏
兵諸軍聞其聲自相急終次第發討不雖不得大
捷必驅逐討斬亦多自此以後設伏於昌原地月影臺
出處不畏陽河東四州困抹賊徒不足可望恢復矣
使相聞來果信其策　亞使尤喜示出之以此須爲之
亞使令日如向晉州根來訂言終善處如何此湖南巡察
使如道回錦山之賊既陷茂朱龍潭賊兵來會分出一現
於珍山境一犯於鎮安地中 府尹 焚蕩大掠 一盛也

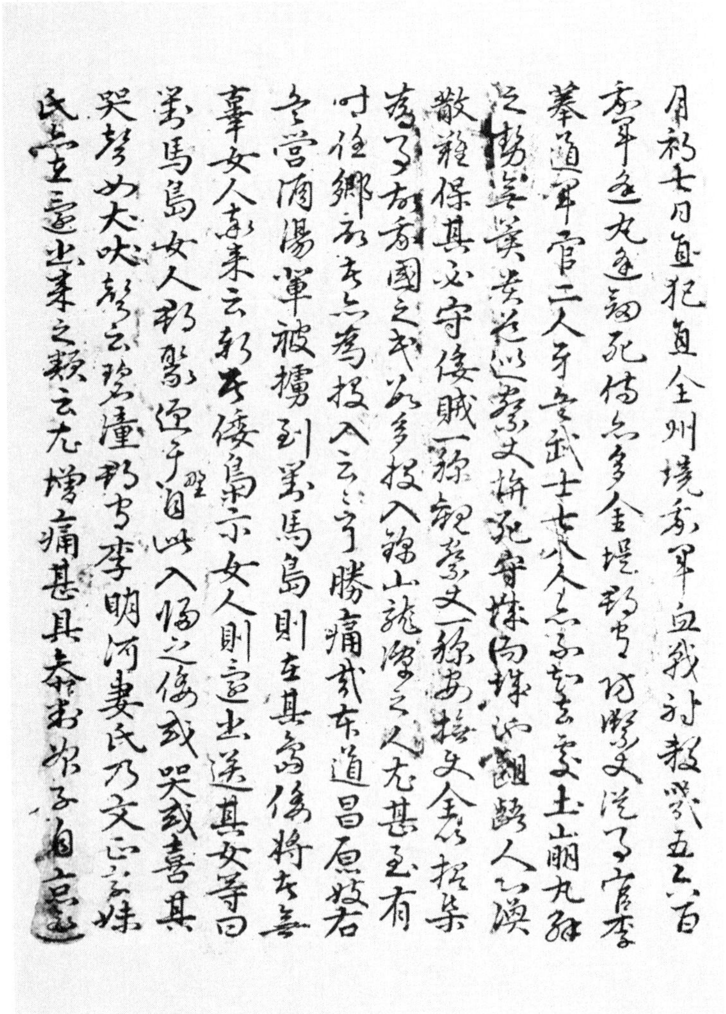
月初七日賊犯全州境我軍血戰射殺賊五六百
我軍亦逢丸死傷亦多金堤郡守鄭湛從事官李
奉[illegible]軍官二人等[illegible]武士七八人亦不知去處[illegible]
[illegible]
散難保其必守倭賊一[illegible]觀察使一[illegible][illegible]
[illegible]國之[illegible]多投入錦山[illegible]之人尤甚至有
[illegible]鄉[illegible]投入云云[illegible]勝痛[illegible]道[illegible]
[illegible]軍被擄到對馬島則在其[illegible]倭將[illegible]
[illegible]女人[illegible]來云[illegible]倭島[illegible]女人則還出送其女等曰
對馬島女人[illegible]入[illegible]之倭或哭或喜其
哭聲如大吹[illegible]李明河妻氏乃文[illegible]妹
氏[illegible]還出來之類云尤增痛甚具[illegible]

來于湖南巡察使前言曰來出之女為我國中前人朴繼壽稱名者自古投入賊中與賊謀議方從來賊向闕而云不勝痛憤得國運之不幸至於此極

十二日留咸陽昨夢分明見安邊班請元老家鄉消息又來得聞因極家居昌山足前日自稱青白鶴將軍者又討斬梟轎倭將多賀倭將常謂我國人曰汝國運因如是非我等之過也見柿種則可知矣云之花棘橋見柿種則皆倒生不勝驚怪

十三日留咸陽家鄉消息又未得聞五內如焚咸昌人一自變生後賊陵去向鮮息今始來訪得見友人而斜書如見死人唯 使相增弘文將模樸常為巡邊使從事官來尚州接戰不利之後存沒未定[illegible]詳聞其之入

江原境矣脩撰去四月二十五日見潰之後孤一人尚州
地山谷得見咸昌人李彥龍曰亦是巡邊使從事官
乃巡察使之婿也十八參文科壯元年今二十六歲
命之日遠飲 賜酒天恩罔極戰不得殺將何面目更見
天顔乎莫若自死更言彥龍曰見汝則必是兩班人也
吾死之後刀子則須給吾族人印信讀傳送吾家
俾知吾死衣衫則汝須裹吾自刎處云遂自刎而死
彥龍以新衫捲其屍須臾復賊搜山蒙面而逃走
云不勝驚愕矣吾 丈相前必用以慮當國大事
實非細事而秘不發告而以 使相之意密通于
咸昌縣監前敎諭李彥龍印科單官給內報
丈之收骨備殮以待事定事私通書送 使相也

家弄兵此弄則其爲慘酷之痛可言言湖南都巡
察使傳通內節到付令史除呈內京畿巡察使關
內今到爰 上旨內遼東大發精兵五萬留鎮江是遣
以爲聲援廣寧楊總兵親率家丁五千來
邀擊祖總兵郭王趙遊擊三將各率數千兵馬已
渡鴨綠江史儒率來精銳一千五百名爲之先鋒
且乃義州牧使謄書至遼寬奠堡票帖內 中朝人令
山東道兵師十萬從由旅順直搗倭奴巢穴卿等
令沿海各官將此意咸使聞知事爲 旨中朝兵援
兵已渡鴨綠江兵勢大振勦滅兇賊恢復神州
剋日可期喜不自勝國家遂與金隱興景詡孫李孔紀

海寇憑凌怨咆天
各逢禍結幾經年

又 以熟小邦迷雨天
方佛南州已二年

又 蠻觸干戈四海天
皇明萬曆壬辰年

又 臣子何以戴一天
豺狼在邑幾經年

又 慣見兵戈不息天
中興必有太平年

又 治亂興亡實係天
方超書録二三年

南州戎馬幾將老
夢覺叨陪紫府仙

今皇孤臣勞夢遠
五雲深處拜真仙

萬死一身頭欲白
蓬瀛何處伴羽仙

檄走賓筮無籌計
孤雲不獨歸儒仙

五湖夜月烟波闊
辟穀終為世外仙

亮録今日君臣屬
夢裏相隨紫府仙

又 六龍飛出海東天
王曆今過二百年
村家長蛇方急器
和孫誰作女中仙

又 鑾輿播越蜀中天
靈武流離已一年
恢復兩京如不久
清平立退爲諸仙

又 平生狂計欲擎天
滾滾隨波八九年
回海平戈眉未息
和孫寧愧女中仙

右軍官前務安金彥詢

十四日 留咸陽 夢見遠近親戚 不知是何兆也 獨坐中宵 天地茫茫 昌原 淸道之賊自稱節度使 昌原 密陽之賊自稱國王 皆爲上來道路 將給倭人列立一路云 此必湖南繼援之賊 心中欲發舟師 直擣倭奴巢穴云 丈相曰 山東道乃如京之東 爲我邦同知宗氏自

山東由燕薊故國直犯平安境轉向京城西江之外
入歸于濟州東海云以祖紀係以侵犯云云
上國柔容坐討之耶其亦記也云云
十五日留咸陽得見青松人如見家鄉人聞賊遠離據
本府左兵使率軍來松如欲討蒙城賊云能捕則
多幸恐不能捕致傷人物亦關係于天且本府城同去
司面驛及山尺捕殺云云恐生怨擇山龍問不已咸安女人
擄去對馬島在其島倭將本謂還歸賊倭曰汝等
法外殺掠為事致殺將倭速還朝鮮得倭將還
來云皆令還出送殺傷人等失辭痛哭以此料之則
倭將平義智身死之言無乃虛卯已犯全州之賊
到錦山接戰時前兵將高敬命父子及從事官為

見軍門潰死云戰亡柒山倅趙英璉八十老母數子獨
持妻氏則遁出自左道賊入居昌境飢卧云慘不忍見
聞以此於老母妻子尤增痛哭云云
十六日留咸陽因官郡帝凱自其鄉答禮來曰昌寧境
有石窟士族家屬皆匿其窟有二婢子汲水而入見
賊知之鑿窟者斬云被擄出逃人曰金海之人常以
捕蛇治倭摔殺云云倭性喜喫蛇得蛇則見斬去
其頭和湯醬水而食之密陽之人擄去京城七月
初二日自京城下來賊聞 天兵大至出棄痛哭因
晝夜下來行到楂桑逃還來此曰東萊釜山之人留
為擄去人亦倭人殺掠一留於賊云[illegible]州友人
鄭彥時中報[illegible]

分明先見達城人又見汝家屬未知吉凶痛悶罔極
十七日留咸陽昆陽李僕光岳送我極寒題給米石漆谿
漆谿今日送書者千石乙伊使之受來湖南巡察使到
通內云道賊勢日漸張鴟湖將累度力戰大敗將士
死者不知其數已成長驅之勢極爲悶迫云軍官等
送牛肯叱知禮賊爲捕云而今日還來曰初聞賊使如
少峯付欲捕之計追聞彼衆寡勢難接戰還來
云以部汝立緣坐來配昆陽申將擇湜蒙放前日勤
王工京付同約之到水原潰散付不知去處矣今日同宅奴
子今月初二日自京城來此曰倭賊爲京畿巡邊使從事
官雄據京城之賊其勢益熾書鷄視押兩山京城
士婦滿山遁亂倭賊乘夜圍抱兩山待明窮搜盡斬

不知其幾千百云廣州則自初至今防禦情勢甚嚴賊
犯城矣都城之賊合勢直衝屠盡無餘云 使相家
隸衆自廣州被逐四散云可憐痛哉 天兵去六月二
十五日已到鐵山車輦館想已到京城殘敗難期罔
極于天思歸日急而定難歸家鄉消息無路得聞
莫若速死之爲愈以倭賊大衆衝行漸西
乘輿直抵京邑則京邑已爲空城遂 入定州云李壤
城中令討士皆令埋伏以無人蹤洞開城門只令老
弱佯戲賊多船渡越泊江邊後賊見老弱問曰國
王何處在答曰東向百官已陞中原吾等皆以老弱不能
隨陞云賊聞其言先遣二船僞爲先鋒蹋羅入城之
門之內鑿池以鎔鋪蔓鐵矢者如雨盡滅之我軍取勝

後眼處着則立城頭以彼語呼歸則賊是逆衆賊
望見樂向爭械放之入城之際斬首無遺未越江餘
賊結陣白沙汀渡頭喬桐直生高彥伯承牙令
三百突進復戰討矢射兩倭賊自翻別表殺多積所
見之則賊屍狼藉遍野餘賊二百餘名轉入水道
高彥伯特拜楊州牧使兼助防將云何源君乃
殿下兄氏避亂山間餓死云其他百萬蒼生之餓死可言
十八日咸陽留今日又聞清道刑房同官金彥祥被斬
五月如葵有花每八十餘朶以不生存云尤增痛惜自
金海賊舡五百被移泊蕃浦前洋云長双指向湖南
舡山昌寧靈山之倭結陣于江左山浦或移宜寧碑
或移草溪碑將越兩邑云高靈鄉消息又未得聞達

夜几坐飮泣奈何

十九日留咸陽將見軍威尹巡禎書老母家屬避亂城間官司京討士亦入城間防禦云防禦之處已賊必非讐言云老母家屬想必已死矣痛泣奈何嗟朴奉事決死退去之計泣告使相則禁而不送天地蒼蒼家無孫書南以恭三兄弟乃宰相南極雲之子三兄弟同年一世名士皆以被斬云文士李大海亦死云全羅之賊不入全州退還鎭安云

念日留咸陽朝未及飯書松和睦人貴連乃吾平日使喚之人持左兵使馳朴狀給發來到如見死人顚倒見家書則老母妻子一一皆生存喜淚如泉自四月避亂後老母消息今始得聞稍有生[illegible]書松待還上來七[illegible]

彭澤方以此可居一句仰訝無地唯申之孝生員被斬
朴別監茂英徐別監昊成兩家妻子擄去云不勝驚
嘆我境死亡無慮五百餘人皮長居瑩守山雲金順
鶴邑內安鐵妻亦死云夫復何言且非君存沒不示之
迄可悶悶更加祝天曰願生生又見還城人傳金振鳴
書邑內人家已盡焚蕩吾父子家獨未焚蕩云已入
湖南之賊衝向全州州之人多作蒭人又設山臺列立
城頭使人弄之佯示出沒之狀賊見蒭人放丸如雨擬其
走放開閉城門賊徒爭相走入討士列立門內矢砲如雨
賊徒被死者幾三分之一倭將乘銀轎去二賊亦死痛
哭退去龍潭鎮安之賊退遁茂朱錦山又留餘賊
已燒邑舍家舍將金佐郎時日接戰云金海之人盡入

賊中書負二大朳送于對馬島日本國王來駐島中
聽令田從磨鍊云可哭旱稻禁不得刈取三分給主云
納稅云尤可哭也
念一日留咸陽終日下雨思親憶妹兩地龍洞 許多眷屬
乱伏山間何以得通達夜几坐撫膺奈何
念二日留咸陽又見盈德人金光寶前日來安陰者必見死
人告 使主免役閔子成給又寄家書固城之賊二
千餘名過向鎮海昌原之賊又欲退去云頗有生意
也終日 啓本出草中夜几坐見忠月痛天地覆
念三日留咸陽得見奉化人左道賊勢益熾異熾云
爭定難期痛泣奈何柳政丞 塽 去人一家無遺被
擄子弟柳奮人曰壺柳正郎永洵三兄弟權僉知

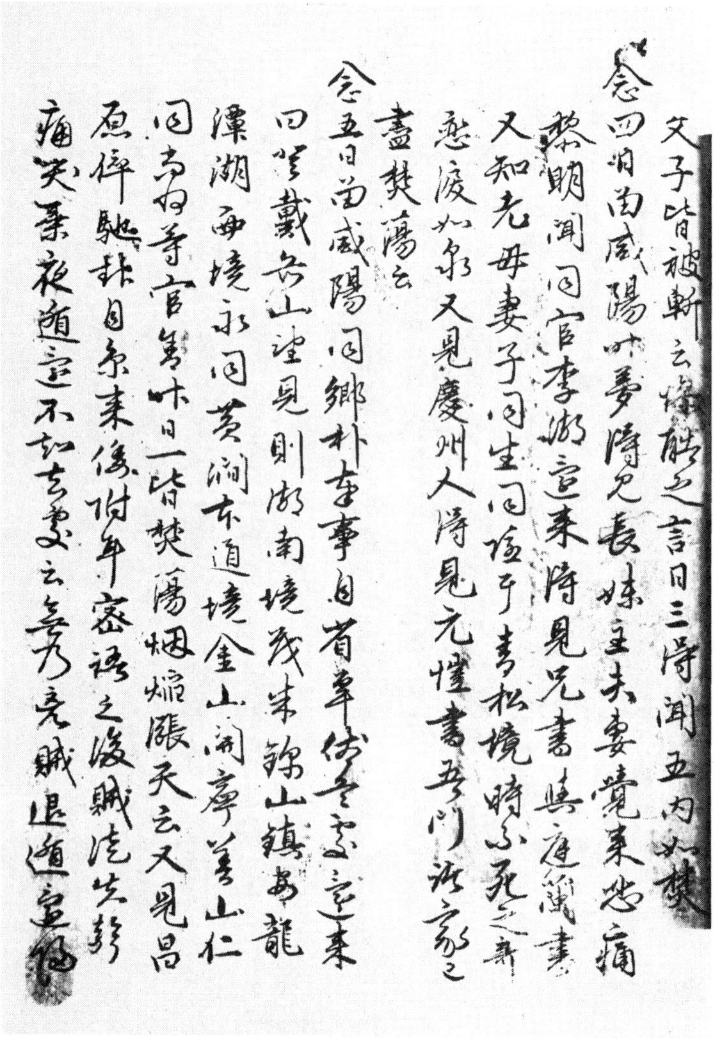
父子皆被斬云梁能之言曰三得聞五內如焚
念四日留咸陽昨夢得見長妹主夫妻覺來悲痛
黎明聞同官李澥逃還來得見兄書與庭蘭書
又知老母妻子同生同在于青松境將不死之報
悲痠如狂又見慶州人得見元憬書吾門諸家之
盡焚蕩云
念五日留咸陽同鄉朴奉事自首峯付金京逃來
回嘗戴谷山望見則湖南境殘朱錦山鎮安龍
潭湖西境永同黃澗東道境金山開寧善山仁
同尚州等官舍昨日一皆焚蕩烟焰漲天云又見昌
原倅馳牒自京來後附寧密語之後賊徒先發
痛哭禁夜逃還不知去處云忽乃見賊退逃還

卯南原通文通書于咸陽倅唐船已到湖南
左水營之變云矣傳通于右水使經聞望矣
念六日因咸陽得見通日人左道賊勢益熾株山穀捺倍
於右道云贈我廣虫非但其識之于豪左道秋廣虫
得見之可貴
念七日 使相之行發咸陽到安陰盡俯來皆迎猿村金
嵆原溪亭陜川同知李纘宗乃同官李鵬壽之妹
夫爲巡邊使陪吏陞尚州敗散後不知去處其一
家皆服衰奏聞李[illegible]自尚州被擄陞之京城今
到我溪賊陣[illegible]今爲免賊之刑 焉 已暇逃
而未逃云可惜[illegible]賊來[illegible]
念八日雨齋夢見先母未知死生也聞陜川人言

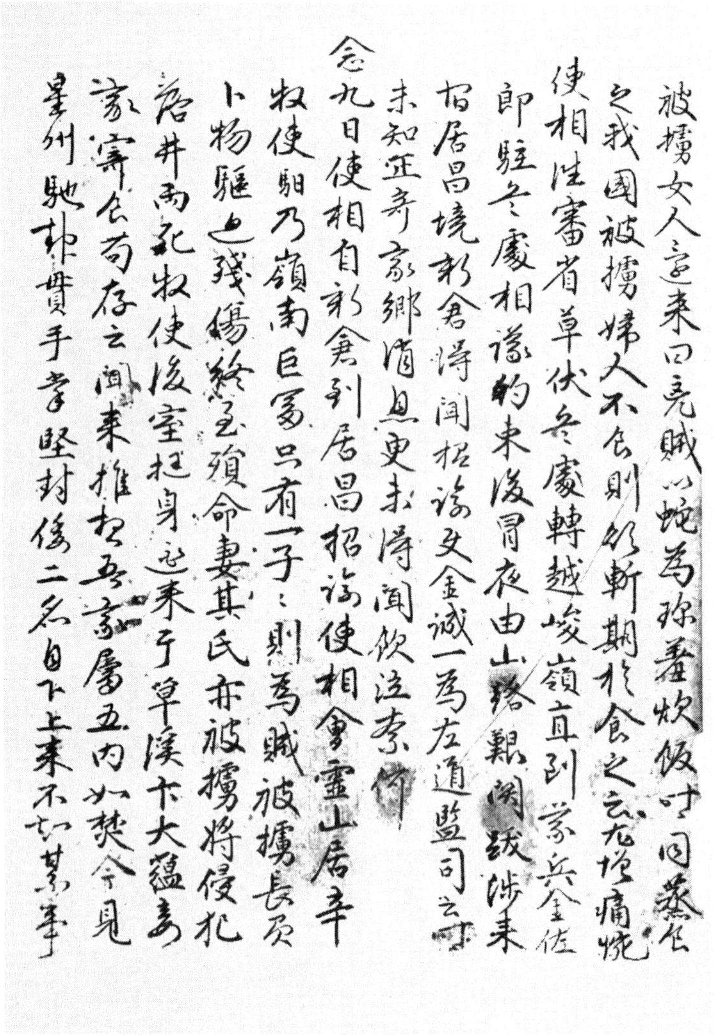
被擄女人逃來曰兇賊以蛇爲羹炊飯時同蒸食
之我國被擄婦人不食則必斬期於食之云尤增痛憤
使相往審省草伏各處轉越峻嶺直到家兵金佐
郎駐各處相議約束後冒夜由山路艱關跋涉來
宿居昌境新倉得聞招諭文金誠一爲左道監司云
未知迂奇家鄉消息更未得聞飲泣奈何
念九日使相自新倉到居昌招諭使相會靈山居幸
牧使馹乃嶺南巨富只有一子則爲賊被擄長女
卜物驅之殘傷殆盡殞命妻其氏亦被擄將侵犯
啓井而死牧使後室挺身逃來于草溪大蘊處
家寄食苟存云聞來惟知吾家屬五內如焚令見
星州馳報貫手掌堅封後二名自下上來不知其事

傳令賊中衆賊聞之大以皆欲遁還云又
天兵已到松京朴判書忠侃亦到南陽專治 天兵
信之資云稍有生氣矣
晦日西居昌李判書增在京被擄逼迫願卜終乃逃
還宋同知贊拜嶺南道監司之貴爲賊衝行之日年
過八十未能行未得着農笠埋沒山中終免其
輒云多幸多幸仁同良溫驛朴達遠之處得見家書
老母妻子雖不逢賊餓死之患必在朝夕其中諸
族人絶粮已久云可憐可憐
本秋七月初都巡察使長在咸陽思親
悵然飲泣度日而國干戈事定難歸哭泣
家山欲死未決天地茫茫

壬辰八月日錄

初一日 留居昌 使相子弟金進士自東道向京都轉到

錦山得聞而巡察使軍官 天兵已到長湍東坡驛

方造浮橋 留京之賊望風兇怯 盡殺京中人

已棄城渡江云 計其日限則 天兵已到京城 直為下來

支待諸事 東道則僅存嶺南之名 已成丘墟之際

決無所為 只待 朝廷指揮 大槩道內事軍官

任判官祺壽 同官鄭經涵 亦為忠清道初程

留屯之賊 金海府使徐禮元為將 未盡國禮 待期

焚蕩武藏無餘云 多賀 金山開寧善山尚州倭陣

孝令軍威七處之賊 皆會星州云 竟謀直到

之賊云 愈不退 向軍威云 無乃退來 星州守

見情生母想必子之飢餓延我之兆也但恨奈何

初二日留居昌金山爲賊壞此偏少十室殘賊兔賊方七

殺掠日甚回賊所擄從前死亡之數二千二百餘名云

其他巨邑死亡可知慘痛奈何知禮雄接之賊亦今

大將金沔啣命擧事焚滅殆盡道路餘賊來準擬

京畿州軍盡斬其餘云湖南義女多爲被擄來此者

多被衰乞而並燒死云慘不忍聞道路軍爲奉事爲

脫男亦逢九族死往年以軍功及第以勇士籍名別

啓帶京之人亦罹戰死者甚多五十餘名云天其之意危

母妻子寓陰山中不堪飢寒投水已死痛注奈何見

忠清道傳通　　東宮道臨伊川乃江原境自此西向

咸鏡道由江原後出來也

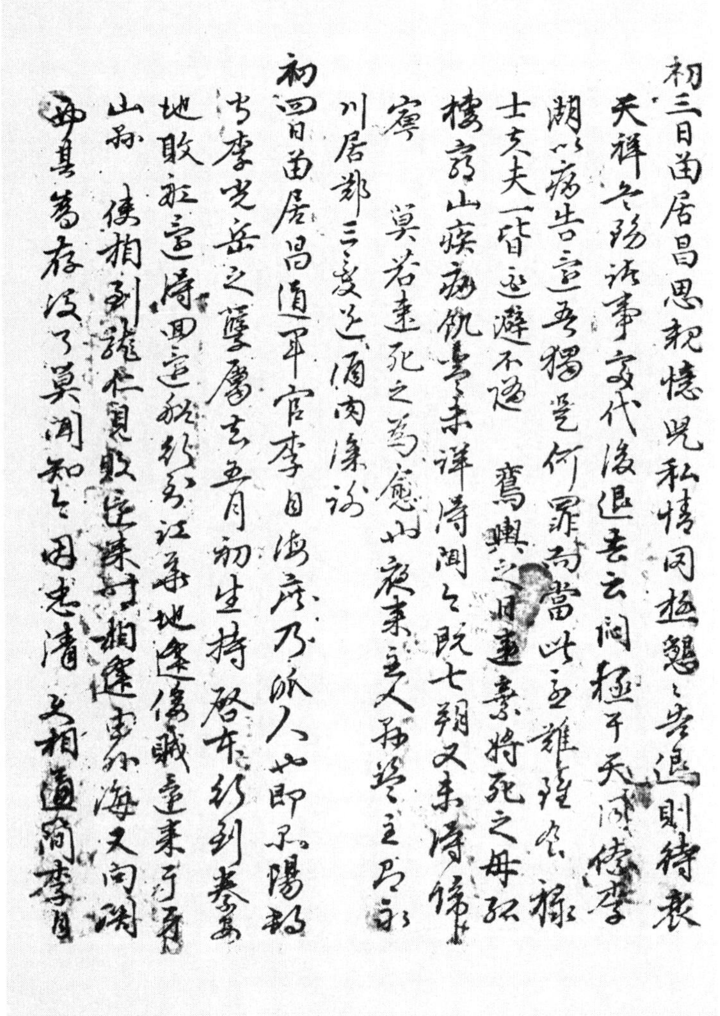

75

海將到 行至府中文科以試副壯元云甫志未
元成正謂此文也 忠清道 啓本陪去人亦中武科云
初五日留居昌 見錄兵幟事由歸寧里親舊覓
五日以禁雖早晚可以父子兩大家散歸幕營
禁爲散歸 書出生馬亦被奪 衣巾冠寶驚
書之々餘 赤身々手而已 作馬矣之人 何人至之至於此
初六日 在居昌 夢見慈顔 覺來悲痛 奈何々々
朴東萊將兵 因捨之意 說告 使相曰 里親長
活將成大病 侍顔降下名之七 則 權瑜 餘鎭
爲老此間 似々之 推尋之理云 則 使相答曰 李渠
恩荒亂未能覺悟 然致也 吾則已令退去 使養就
可也 然其在昇平之日 不須而此間 況 破

之後手足得左右違誤不通[illegible]今[illegible]通故[illegible][illegible]
權設子也為差者以司[illegible]後仍無左右之則
將官以何[illegible][illegible]更加里量進退云故勢不得已來
[illegible][illegible]矣往者下直則來前而教曰誰生彼已後[illegible]
々々則是送來見我受[illegible]還去云遂於諸縣生辭
[illegible][illegible][illegible][illegible]何之々則韶辭難別 依例治脯又辭之云耳
縣[illegible]之[illegible]而 缺 依例多不能[illegible]來及樓頭[illegible]子
[illegible][illegible][illegible]邑太和於而來餞[illegible]以令府書光臨[illegible][illegible]
來餞醉而茂村[illegible][illegible][illegible]於[illegible]
初七 郡人[illegible]不顧見十餘而[illegible]來入山[illegible]郡[illegible]陽[illegible]
則如待大賓先酒後飯极識厚接醉飽而出直道
山[illegible]來投公谷驛則人皆避亂草幕[illegible]在溪[illegible]
行色甚里轉苦[illegible][illegible][illegible]下尾漏如林寒々[illegible][illegible]

几坐過夜思親情懷掩淚待明山陰先軍中書所出
去送來糧脯
初八日大雨滂沱所下人皆願在此所飯故出糧所食冒
雨晩發不入丹城直到晋州則日已暮矣得見寒宋
瑞情侍相分已久再生重逢握手痛哭河吏部亦來
此先軍諸會盈城哀歎忠兄弟迎覲來此飲酒
相話河吏謂性河吏部專家書雖多食困於主人
外弟秦仲吾所來訪以鷄酒起謀宋瑞情話所來人多
無路覓食味見先軍無非平日深用故舊之類有
不厚之色不言歸而散人事可嘆
初九日晴早發行到十里外得見村舍牧童之無將首
問宜到宜寧則都使相金誠一自戰所來入吾牧使

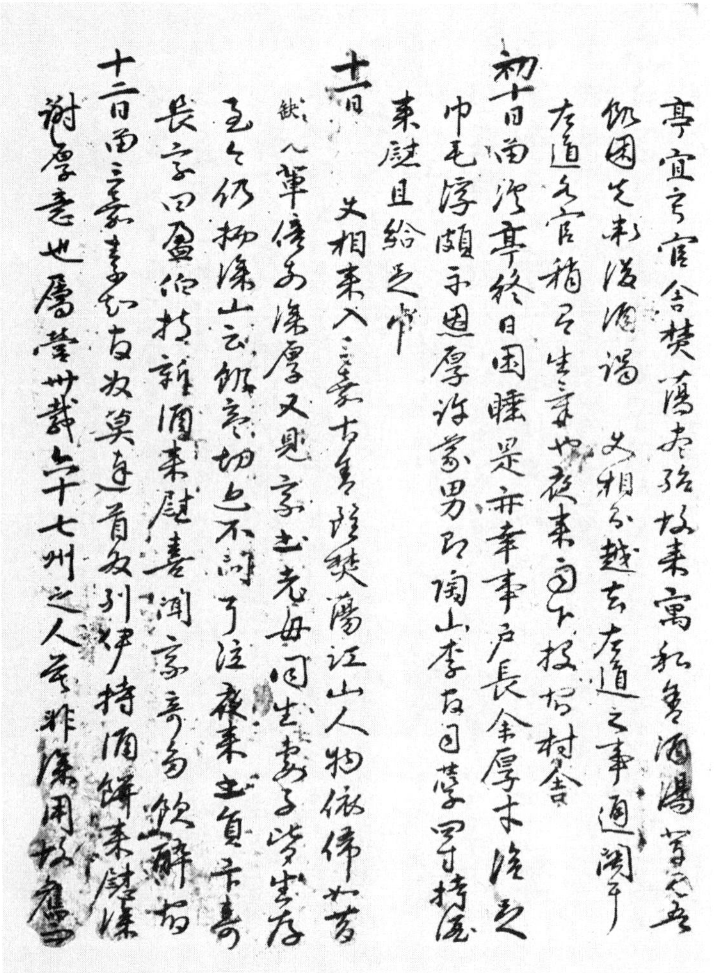

79

自今以遵右後人之薄待平日人皆曰其以薄道者
最及見亡日同風之厚待我甚偈慎莫得風厚
而今之薄亦無謂何人貴何人賤論待和必慎勿輕
慎莫罵見人必恭待人必和可謂交有利於家無害
宮村道書者姜萬潭前日都巡察使勤
王上爭付以馬從勤卒上來終到溫陽探之於 進上爲
從失上達而以爲佳逵難奴 大駕移蹕驪州無事
進呈之後得終揭之意遂來如見死人多矣
十三日留三家外夢多所得見外祖母想又轉臥未穩
仍見諸子孫傷失家業悉累之兆以悲疾遄痛哀哉
十四日留三嘉前友李烈日三伐而書來下書之長
又於而果來尉慰而問國字曰仁中者亦於而

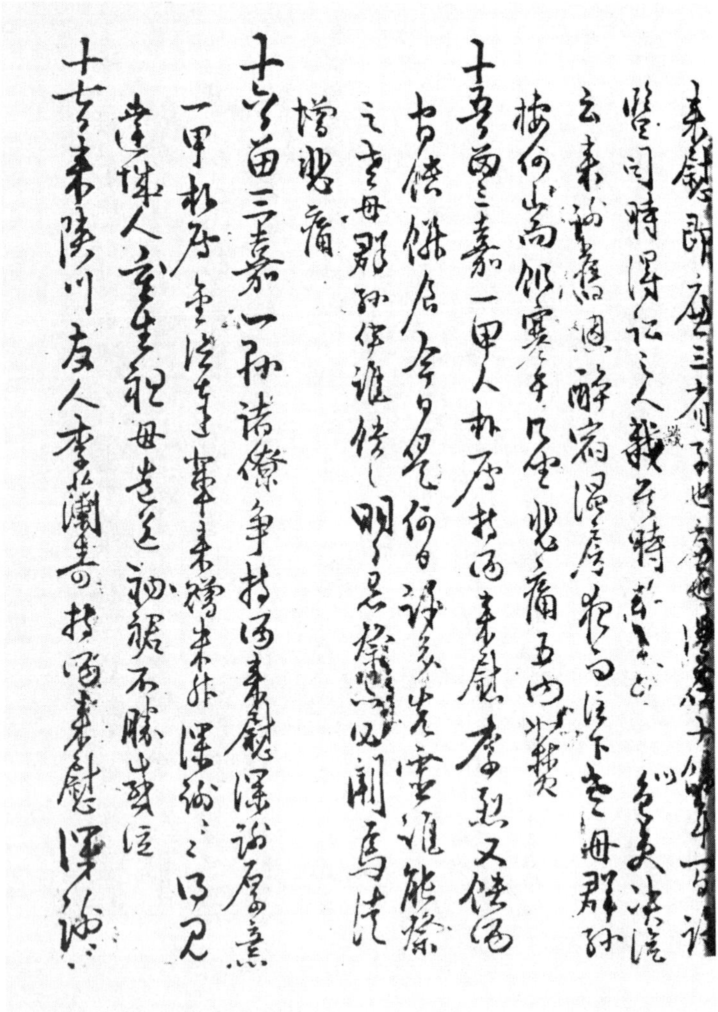

81

十八日 留陜川 以待決軍粮 借其幕中 而時以
[illegible]若推里梅山安子[illegible]也[illegible]不
堪[illegible]人[illegible]李[illegible]丁八凱[illegible]來
此[illegible]書 [illegible]安[illegible]不[illegible]集
十九日 [illegible]以[illegible]勸[illegible]驛[illegible]中[illegible]
風賊今勢將越[illegible]云故[illegible]戰[illegible]
地[illegible]山[illegible]人物猶存[illegible]賊
船流下 使相不[illegible]賊[illegible]友人鄭[illegible]
酒[illegible]大[illegible]來國獻先生[illegible]
來獻
今日 使相[illegible]賊船流下[illegible]戰[illegible]討[illegible]
賊船[illegible]下[illegible]鄭[illegible]

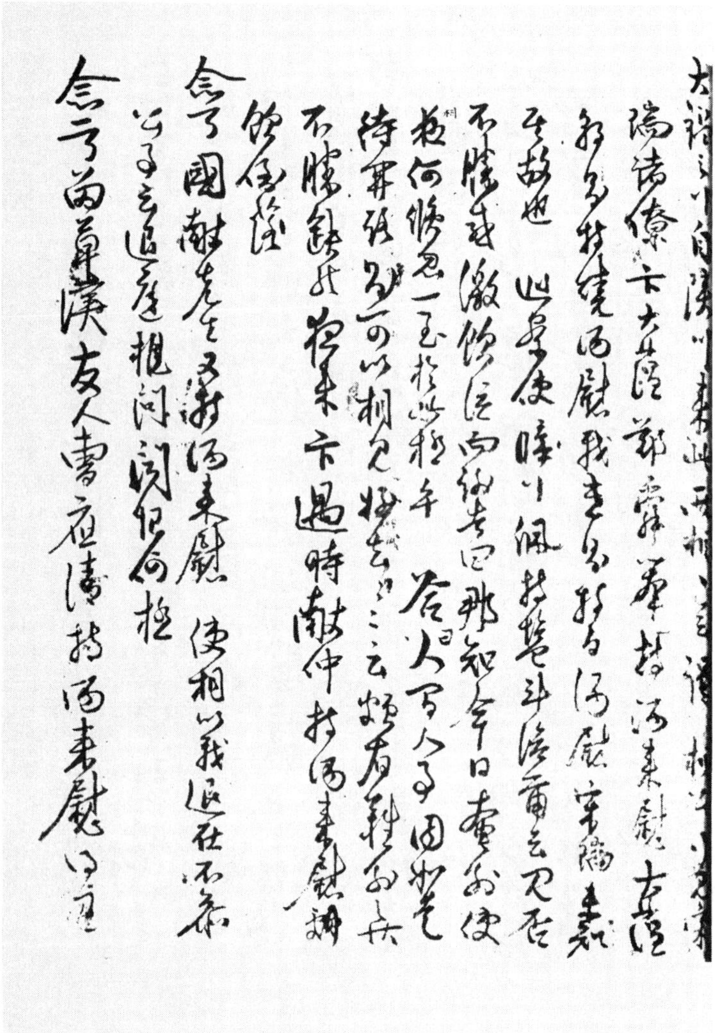

家書大范情侍後日來話
念三日留草溪君獻崔生家書[illegible]辭[illegible]文
特謁東慰不勝未安鄭千億又[illegible]辭謁
內來慰與大范辭館到此之後日日常醉
猶勝平日[illegible]因謝
念四日留草溪君獻氏[illegible]辭[illegible]謁來
慰因知收謝大范[illegible]日來話
念五日留草溪下獻仲[illegible]辭謁內來慰
[illegible]來[illegible]一[illegible]日[illegible]
[illegible]大[illegible]使[illegible]不[illegible]文
[illegible]圍[illegible]不利[illegible]書[illegible]

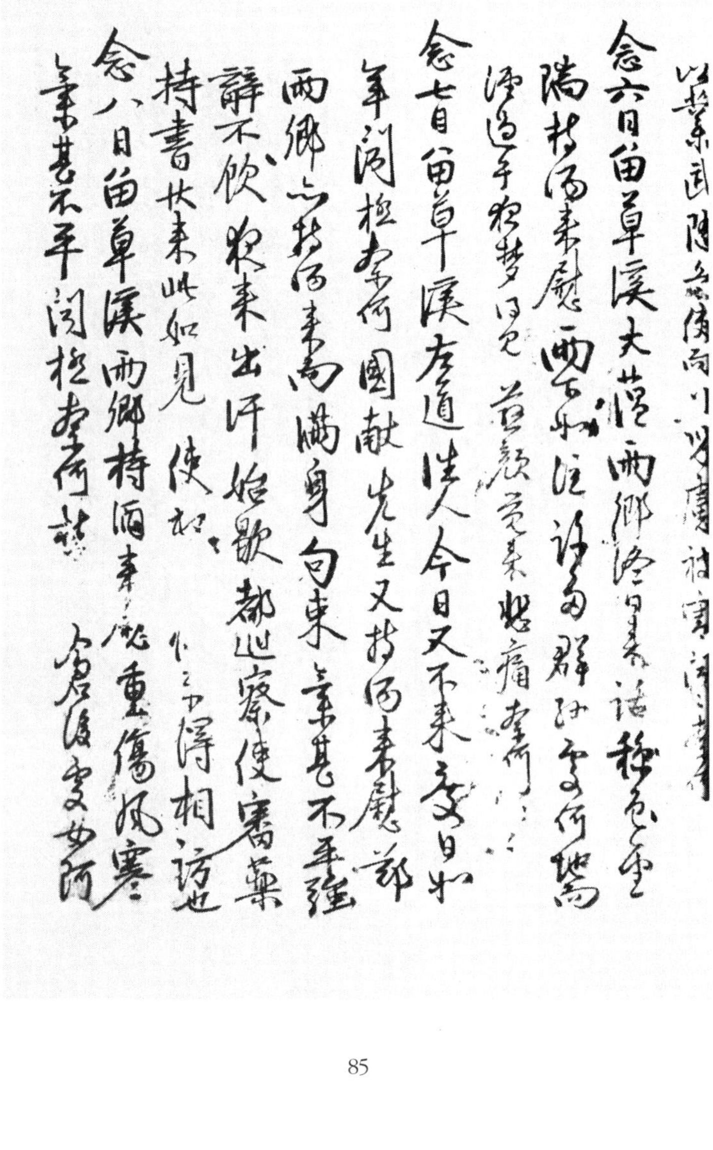
念六日 留草溪 大雨 兩鄉[illegible]
[illegible]
[illegible]
念七日 留草溪 左道[illegible]今日又不來[illegible]
[illegible]
兩鄉[illegible]滿身[illegible]不平[illegible]
辭不飲[illegible]來出汗始歇 都巡察使[illegible]
持書[illegible]來[illegible]如見[illegible]得相語也
念八日 留草溪 兩鄉持酒來[illegible]重傷風寒
[illegible]

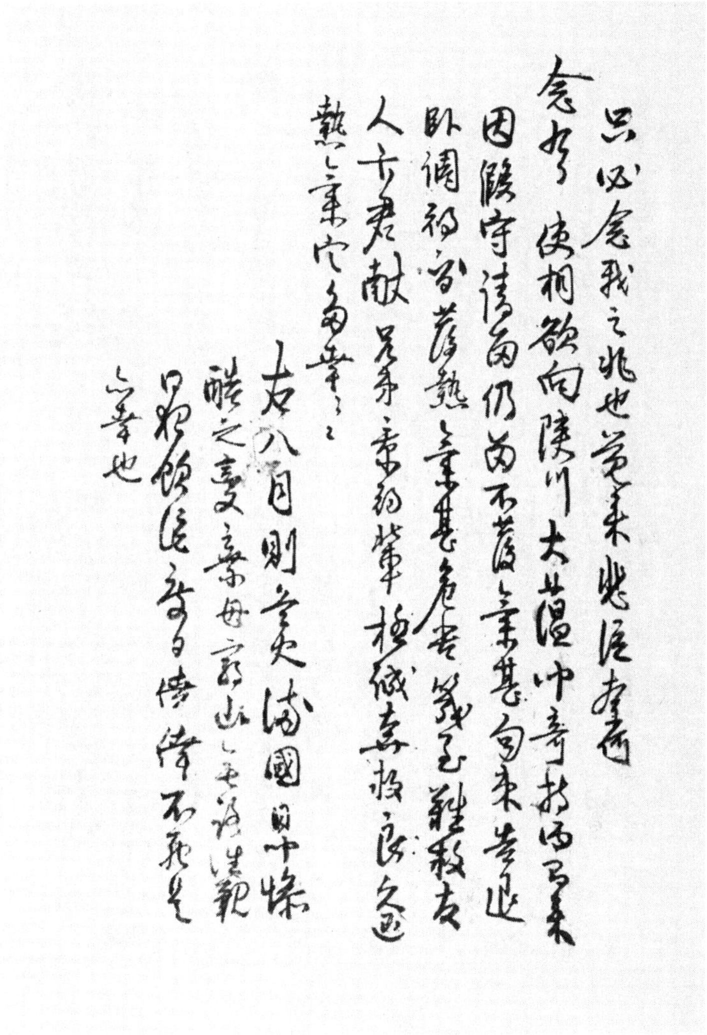

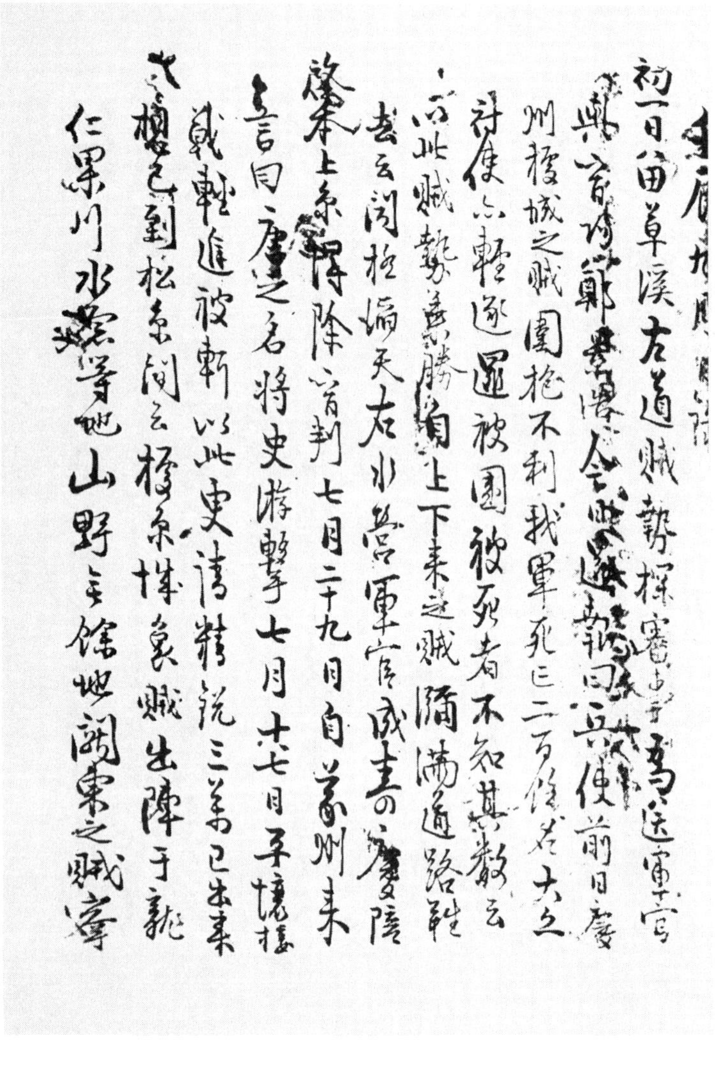

壬辰九月[illegible]
初一日留草溪右道賊勢探審事爲送軍官
[illegible]官[illegible]鄭[illegible]回兵使前日慶
州接城之賊圍抱不利我軍死亡二万餘名[illegible]
討使亦輕進遲還被圍被死者不知其數云
而此賊勢益勝自上下來之賊彌滿道路雖
甚云聞極痛天右水營軍官咸來言慶尙
[illegible]上京得除官判七月二十九日自尙州來
言曰唐將之名將史遊擊七月十六七日平壤接
戰輕進被斬以此史請精銳三萬已出來
[illegible]已到松京聞云[illegible]賊出陣于龍
仁果川水原等地山野無餘也湖東之賊寧

趂境九家諸陣 趂入雲嶺之勢 [illegible]
老母情寧 [illegible] 羅紋 莫其[illegible]速私之[illegible]
愈也早飯 國君獻 而先生之弟初三友[illegible]
酒 內來饋 國稱又持酒來見
初六 [illegible]見三妹 [illegible] 悲泣於何 晨[illegible]又下
監里執[illegible] 今日又留 鄭[illegible] 六大范又持酒
來饋 日見達 [illegible] 又見[illegible]
[illegible]
[illegible] 來見 和[illegible]五[illegible] 一甲[illegible]元
[illegible] 於[illegible]之人 [illegible]之中 [illegible]
[illegible]
初[illegible]

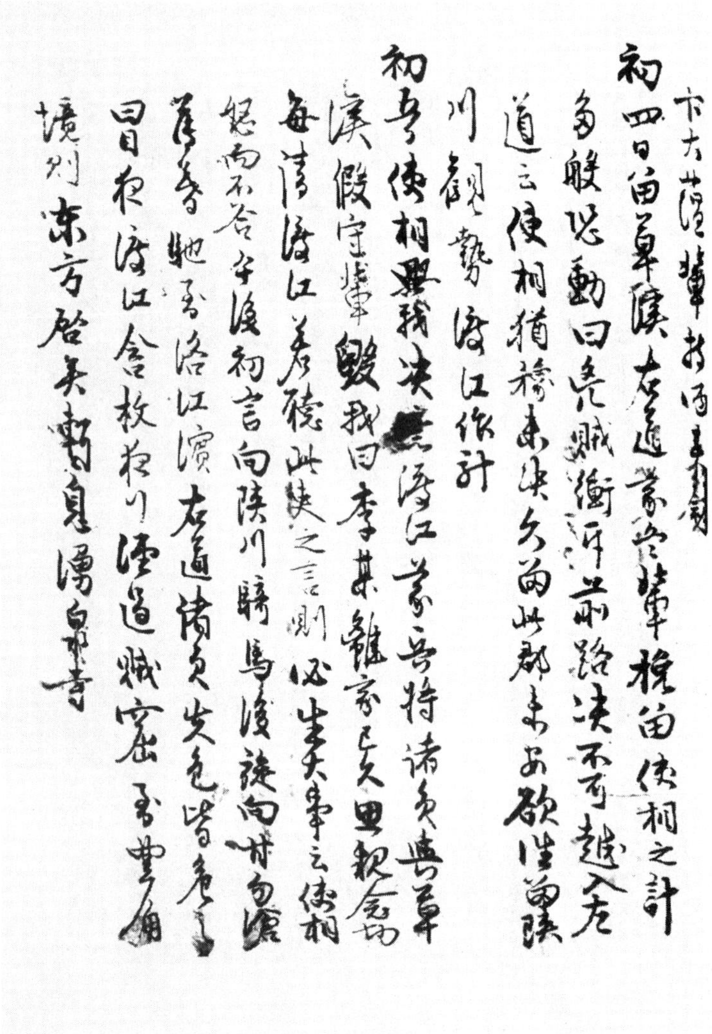

89

初六日自琵琶山由初更山名道梧桐院賊路當
年地方云云山形前邑內人家焚蕩殆盡軍令
避亂公山而野收穫者弱當見然則莫以
為像織顛倒者避路不過見人相為一將
將士等驛蒸栗前馬馳至河畔到家居
公廨皆已焚蕩盡餘無可使相接宿處者
露宿唯此地無可稽緩可嘆可嘆
初七日西河為亂離之中分設左右然後左道別將
三十里炎可見之人以童兒為吏崔蘭之為前
營吏準備充備免來免左道大將處借之
相離弟八翁乃兄崔蘭講中此堂諸公之喜
[illegible]

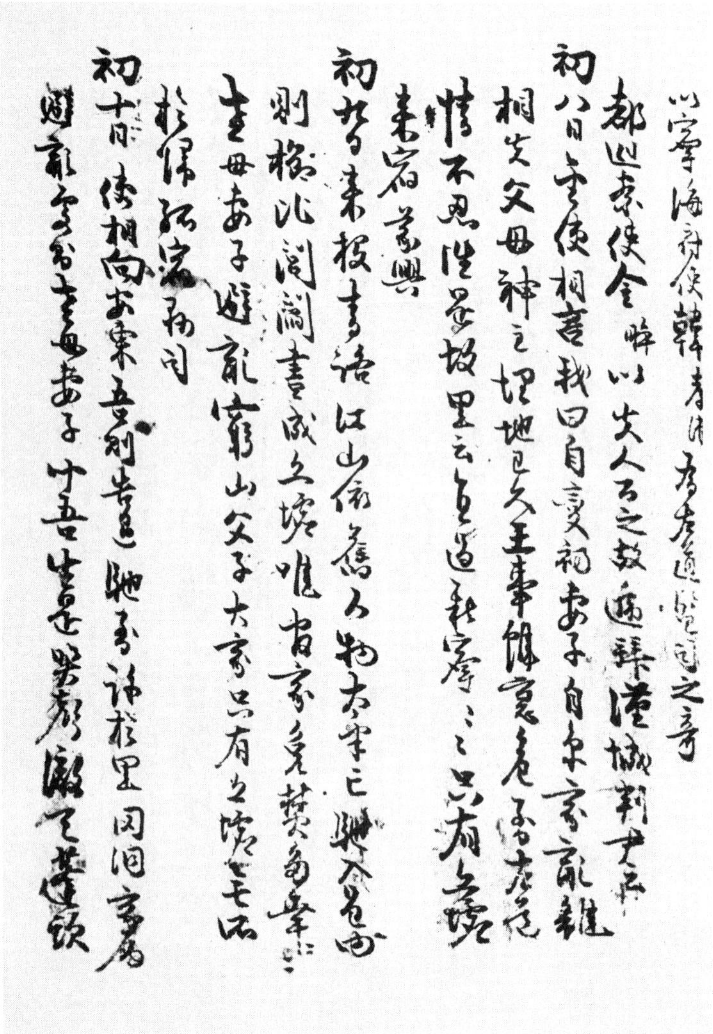

鬼面散衣跣足之狀慘不忍見止哭相扶曰南閭
冬大上自公卿下至黎庶家家人人擄掠婦女
死亡殆盡云云只吾家門能全生涯皆存至今
命每生云逢午一一幸世權良一家倚雌牛
吾屠分俵異甚尚子一口大小之人皆謂我犯之
故若非書教親戚莫救以此南家實哉
生存逢哉無分飢餓綫付之一笑耳
十日寺側避亂而來我女子輩則全救護之人也
山寺竄亂叛者慘惻之之不可忍言之
十二日先考家基則樣樣故里一望之中不勝悵不
思見之傳相自安東是多色……宿
十三日……生義興而宿　十四日又過新寧多以山洞

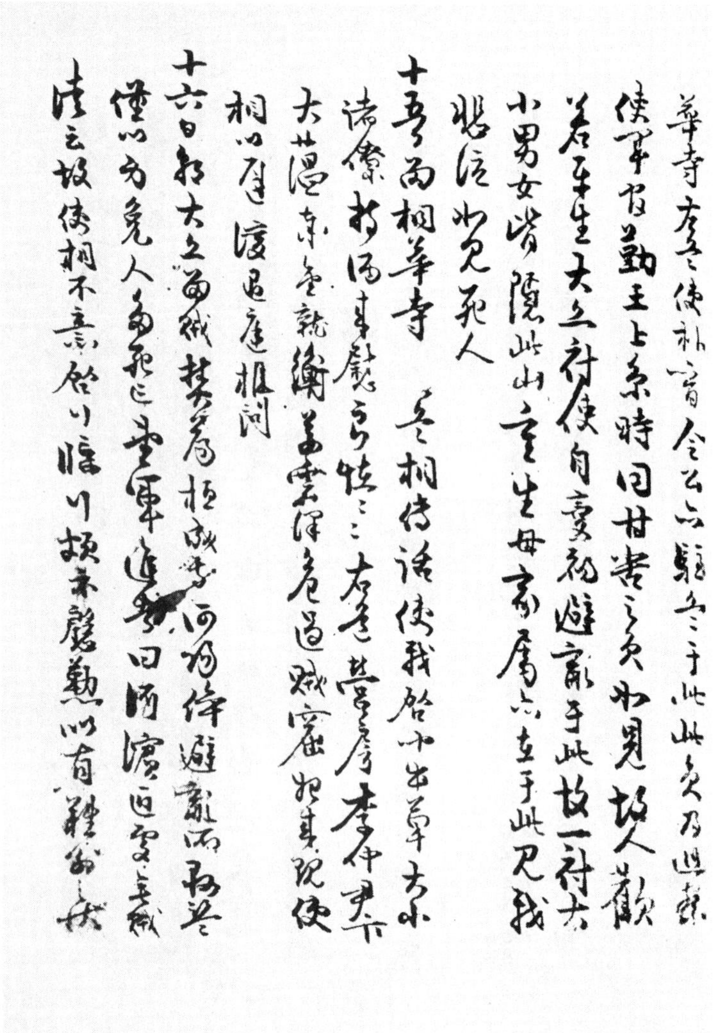

93

院谷仲尹業 我谷東權 大中 張鍊一 步 趙大男
牧谷偰芝寺來見 偰紫獻陪而歸
十五 池谷朱谷歸 叶新使入京 興來偶 新相見
兄與庭蘭居家來訪 妹之夫于麿 柳長高
書房春父金郎張氏居後新斬前 永興故來于
來宿書話歸
十六 偶有司來入京基宿渭右家 生涯頗澆今
可嘆
十七 使相入京 念日使相向安東 有司性澄也
山松五株枝子十五叢 東仲性來牧來避亂而已
觀毒
念日角蓮佐後 日生來子盛宴戲語 …

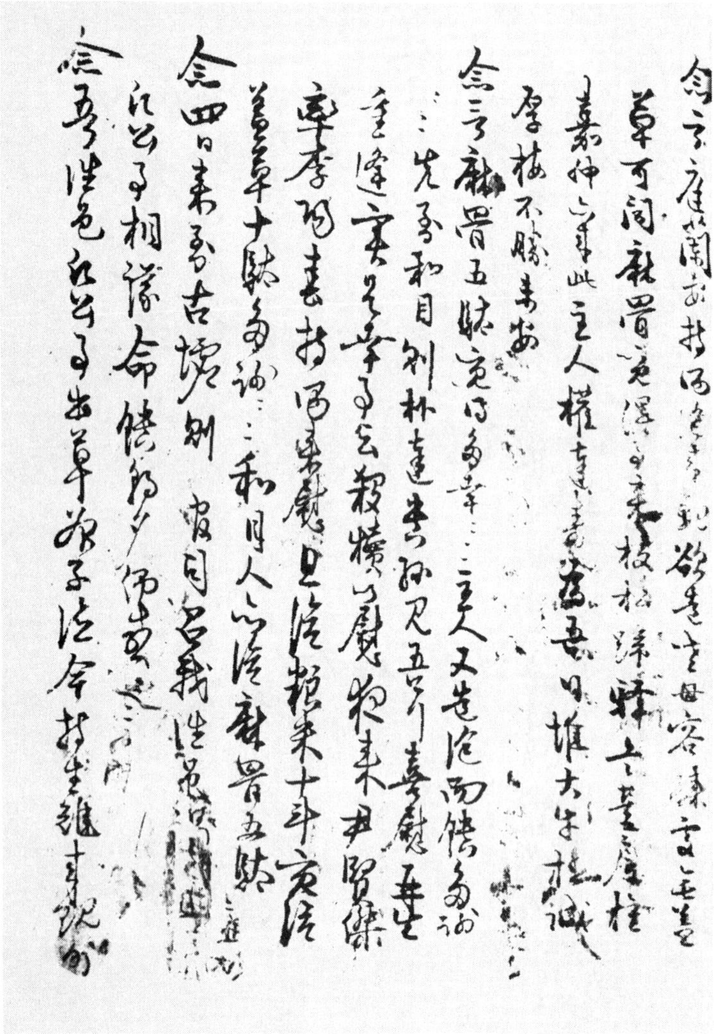

95

罪重戚彌山[illegible]生離

念六子有似家荷勤王上京時第里日以之爲來

邑相見庭蘭[illegible][illegible]眼昧子[illegible][illegible]一江[illegible]不

又令吾[illegible][illegible]究者[illegible]云之何遊子也在[illegible][illegible]遷

何知 自同伊知[illegible][illegible][illegible]詩令[illegible]調不[illegible][illegible]

[illegible][illegible]之 木公不崇如來[illegible][illegible][illegible]來[illegible]

念七子在[illegible][illegible][illegible][illegible]李[illegible][illegible][illegible]字曰[illegible][illegible][illegible]

生離

念八子在[illegible][illegible][illegible][illegible][illegible]目識于[illegible][illegible][illegible][illegible]能[illegible][illegible]

保存難[illegible]永不凡生[illegible]問何[illegible]

念九子在[illegible][illegible][illegible][illegible]每日[illegible]云可情 官命義

[illegible]曰官同自遊亂[illegible]入[illegible]生[illegible][illegible][illegible][illegible][illegible][illegible][illegible]

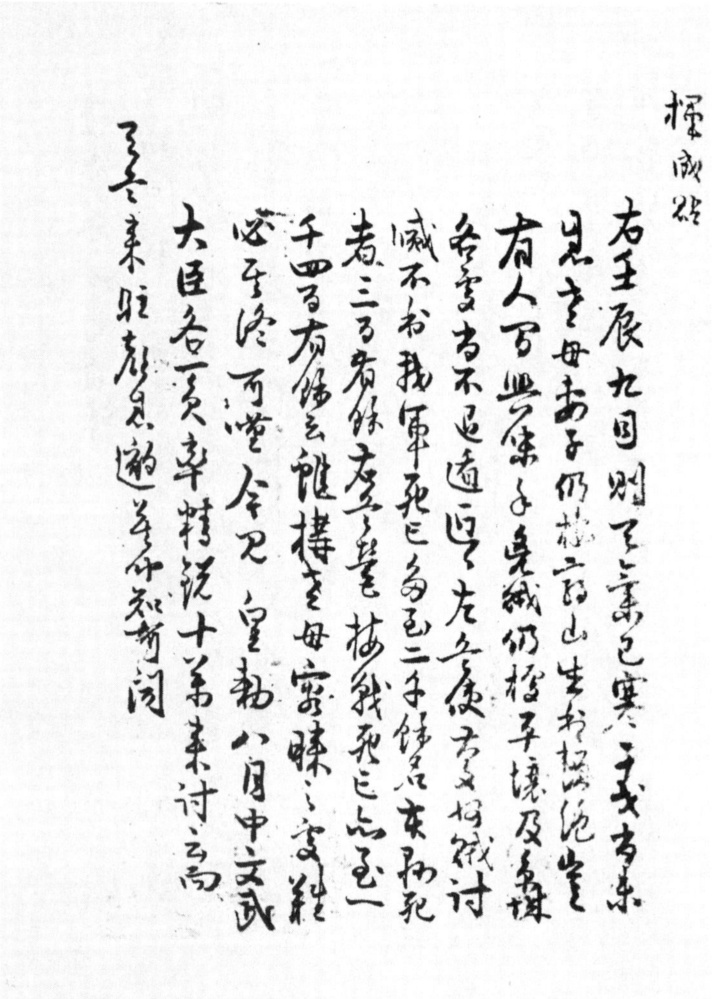

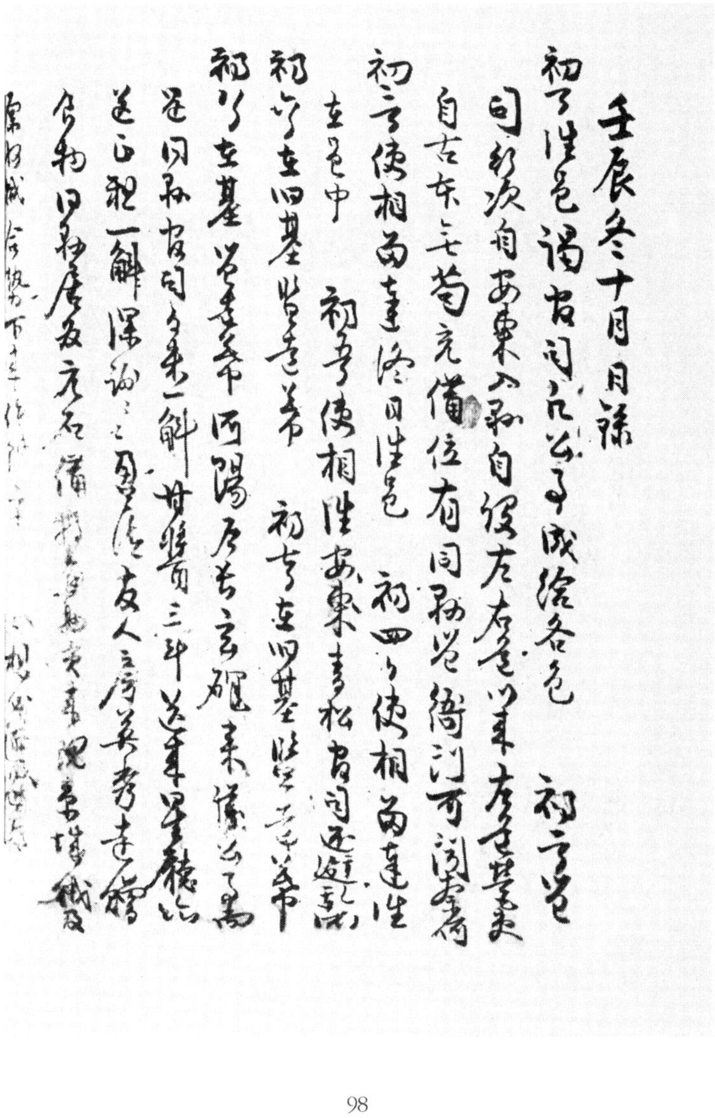

壬辰冬十月日錄

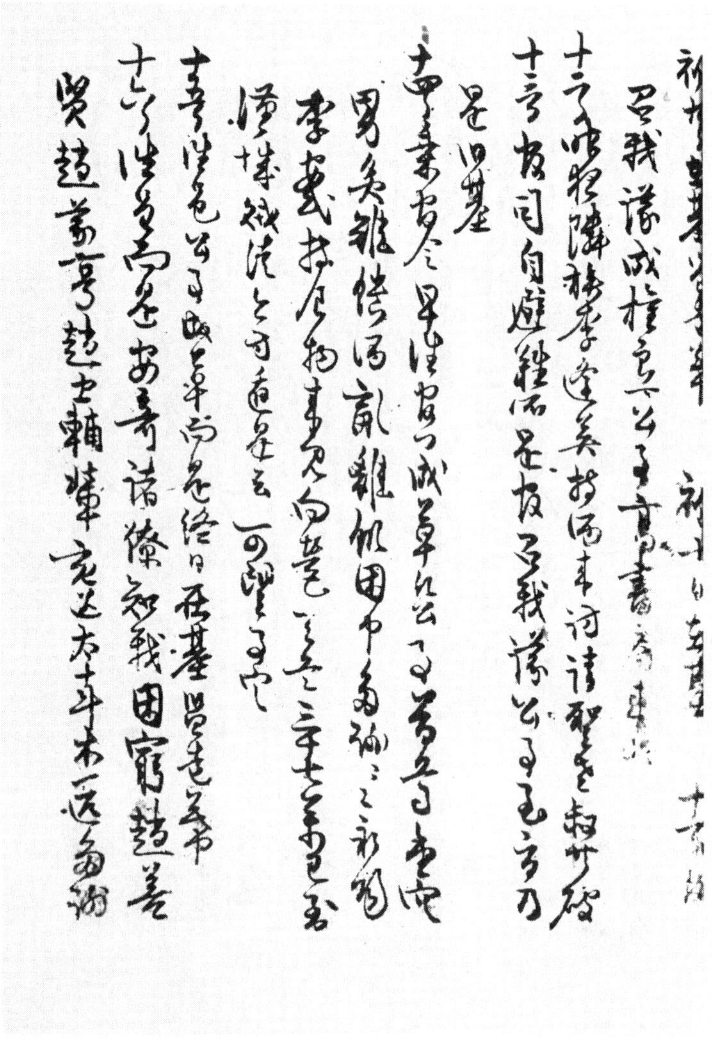

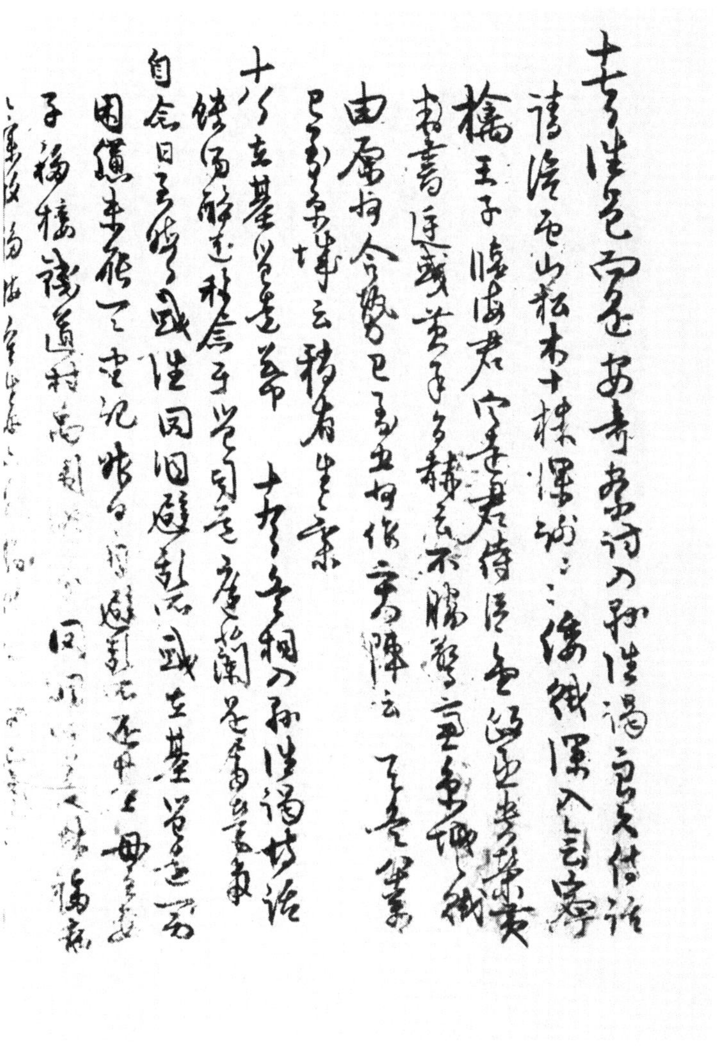

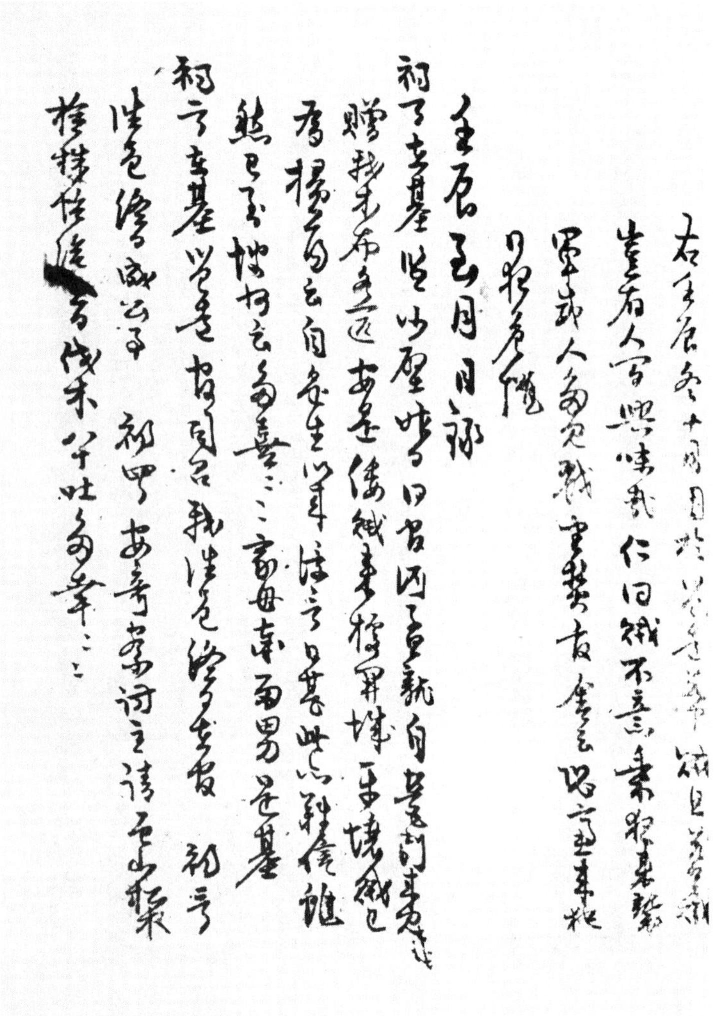

初五日陰雨 都巡察使帖給來 八石米私付之
營上欲扞救爲役 役餘米留備 御欲許之 由此賞
因其相約 事如見 米私討 李應吉米 印者
初六日 韓池 來 直米谷 居 黃 里馬 避亂 來 居之 徐仁元
輩 相聚 退縮 其 教 家 所 假 洞 無 從 迹 爲 稍 勝
矣 時 酒 史 家 至 二日 池 來 四 營 司 以 米 賞 之 入 於 云
故 死 處 未 及 加 雜 地 從 我 就 宅 之 城 衛 之 體 承
營 司 以 不 虞 等 來 深 入 永 安 云
初七日 實 未 定 高 母 從 送 據 亂 死 無 其 蒼 自 馬 見 行
其 家 初 見 相 達 者 主 人 已 出 從 酒 向 慰 將 宿 酒 家
初八日 昇 鼓 來 安 從 孫 日 見 尹 汧 文 之 子 我 同 甲 相 議
營 上 使 上 便 居 仍 向 來 私 論 之 一 擬 者 之 從 事 先 之 以 者

渠同見我推乃入哭同椎稱大醉相分偶兩妻入來和
求見尹生綴居來可望此生命討伯女以不族支矣
聽嘆然鄉生暴然手言兄弟離皆失離散之事而賊難
此空道公兒輩相尋字持收給粟米一石來佩
六給米五斗醉而來云辭黃彦老弟長輩中老來
當君與米八斗黃彦給米八斗
初九日道來云簡校文首輝兄以老云人移居而往
又收米二斗以助兄之時來來初新來尹君實繼而見
田米一斛又米五斗大二石來還來云兩細二
初十日清晨來而給米兒尹文之來偶見其給女尤於過積
類來因爲雖無半面之分久聞名便當此亂離中都
巡察使給米以還上並微不要如之當君特授寸情云自

十四日 收 [illegible] 來 四名 尹文之 [illegible] 一名 名長 徐 億蘭 [illegible] 年
四[illegible]一名 合之 名 [illegible] 二名 [illegible] 君 [illegible] 尹 [illegible]
[illegible] 以 [illegible] 入送云 當此 [illegible] 不 [illegible]
雖在平日 八名來 [illegible] 此 家 雜 中 [illegible] 一 [illegible]
[illegible] 來入 [illegible] 村 避 [illegible] 首 [illegible] 子 [illegible]
[illegible] 閒 [illegible]
十六日 [illegible] [illegible] 姑 [illegible] 羅 [illegible]
十七日 [illegible] 蘭 [illegible] 通 [illegible] 司 [illegible] 辭 中 [illegible]
[illegible] 子 來入 [illegible] 司 [illegible] 下 [illegible] 傳 [illegible]
十八日 自設 [illegible] 後 [illegible] 司 [illegible] 來 宿
[illegible] 故 [illegible] 興
朴 [illegible] 司 [illegible]

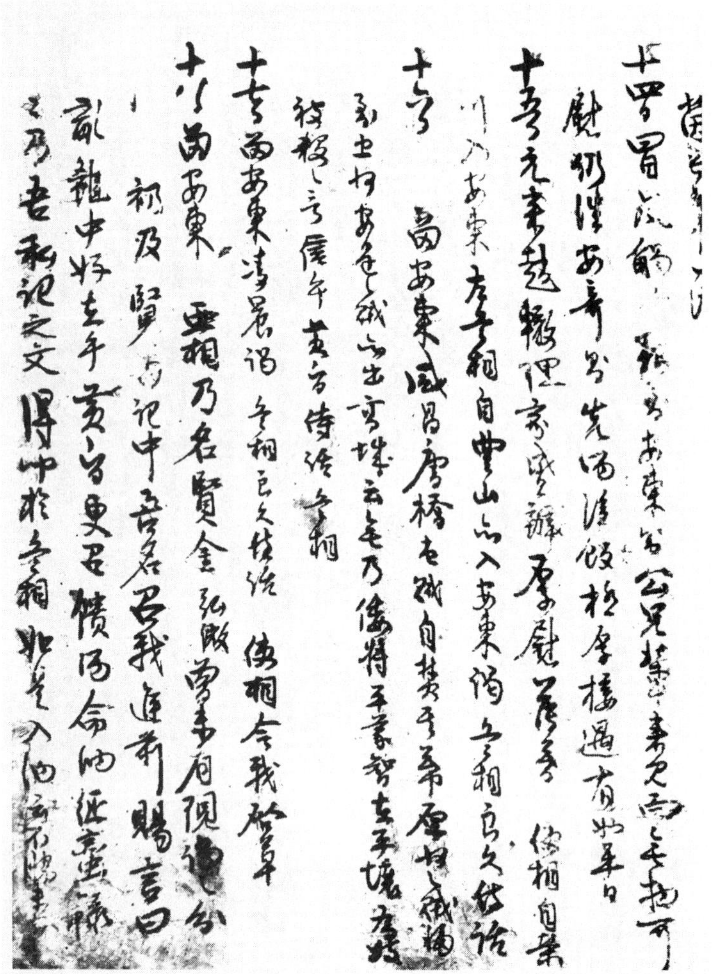

105

十九日 去辭 令相 頻示 戀戀之 [illegible] 使相還 [illegible]
真寶 此世則 賊未犯境 故江山人物 依舊於 [illegible]
會 使相與 寧海境 [illegible]谷村 夫人避亂 留二日
念三日 晝 伯吉寶 自[illegible] [illegible] 私留三日 念四日 晝
伯吉與和 [illegible] 來入 [illegible] 留三日 雖曰 亂世 [illegible]地
閑適 [illegible] 母 與子 猶 [illegible] 山 書 [illegible] 右
同[illegible] 山 有 樂 [illegible] 避亂 有 [illegible] 此[illegible]
檢令 [illegible] 驛 陰[illegible] [illegible] 此家
右 壬辰 至日 [illegible] 四十 [illegible]
[illegible] 王子 臨海君 [illegible] 避亂 [illegible]
[illegible] 人 國 [illegible] 以 [illegible]
未 [illegible] 君 [illegible]

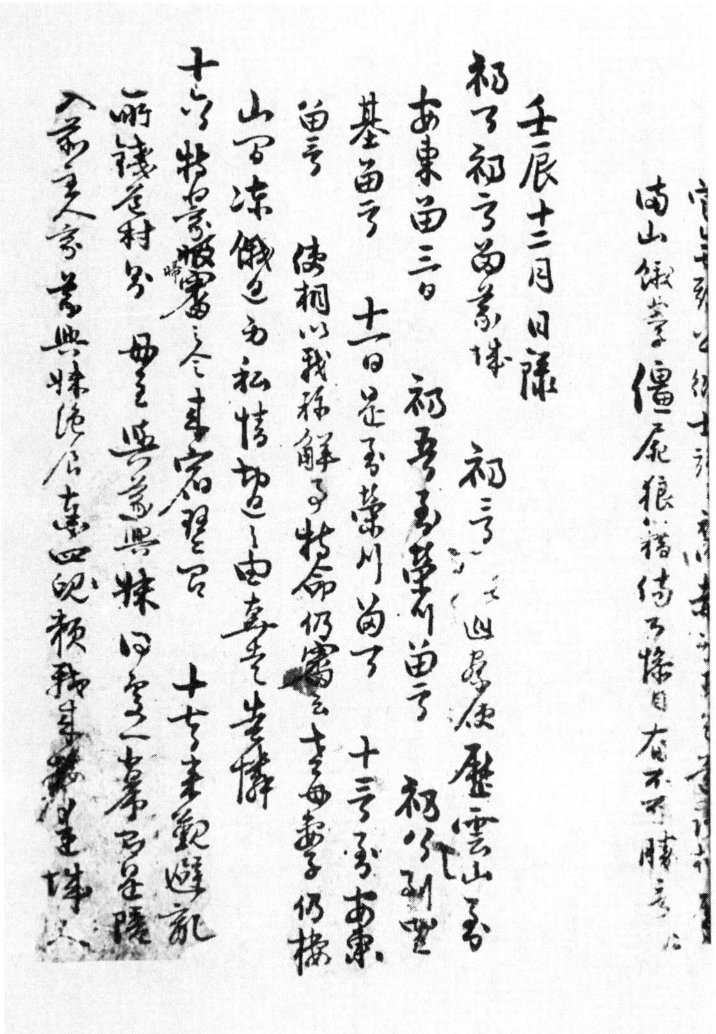
壬辰十二月日錄

107

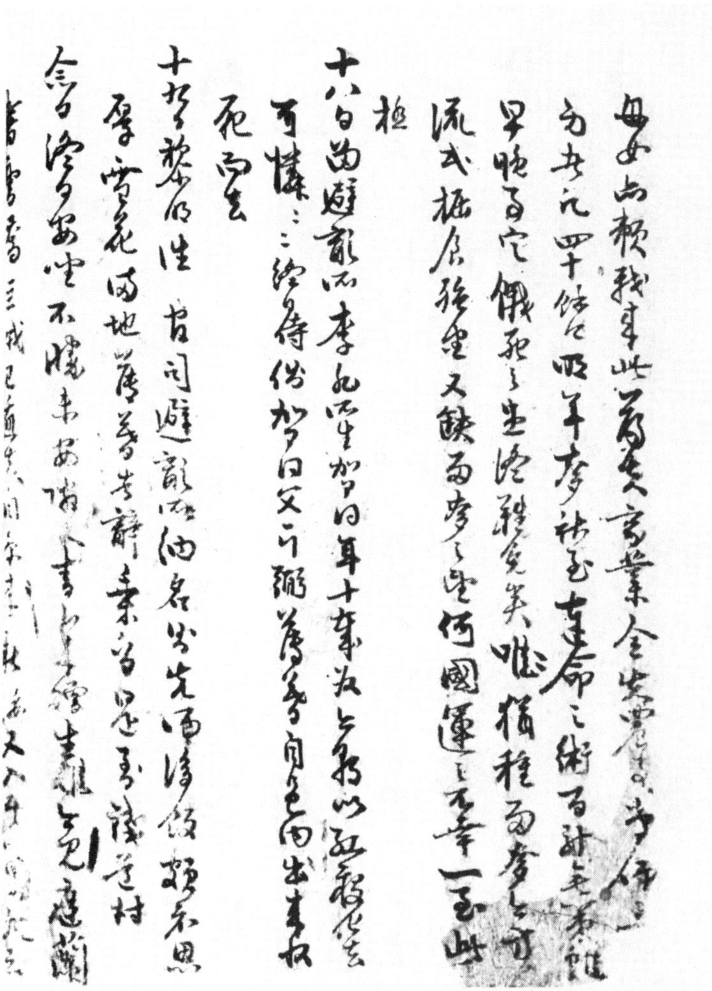

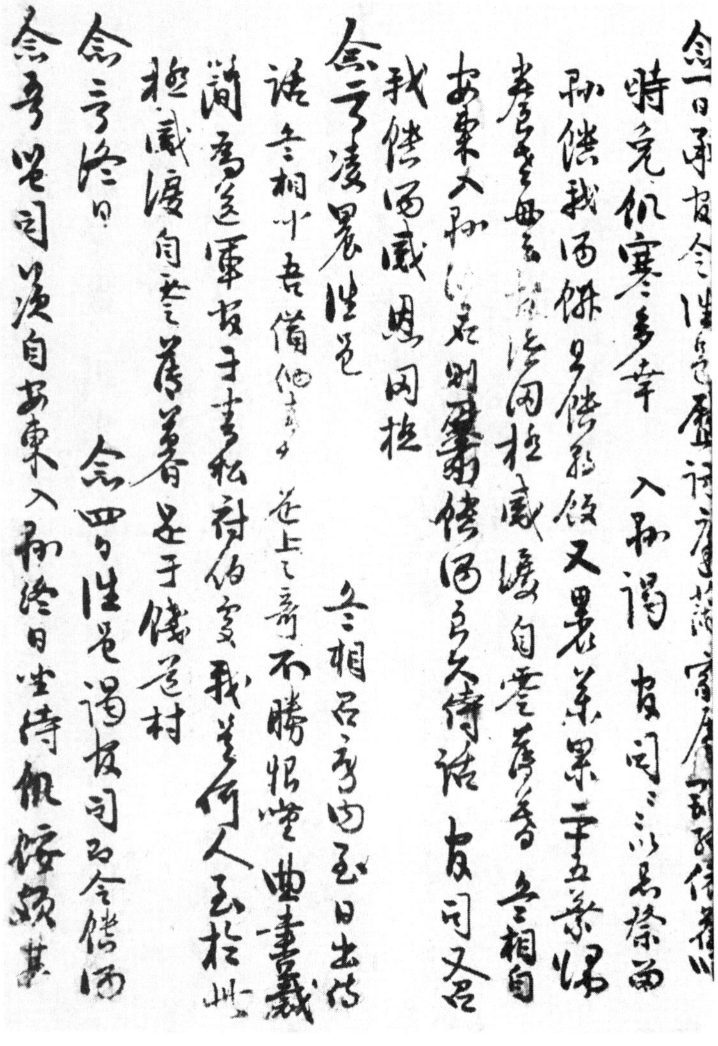

挈女婿生還難雖去亦加不勝憐悼之至

寄 使相入和

僉知使相簡包 僉知使相又簡 僉知使相

東萊向書狀

僉知除夕前日又送白米三斗以爲過年之資入和

謝前日又令饋酒

右壬辰年自四月倭大滿國中

戈日甚民生離散飢餓相望僵

尸狼藉傷心慘目有不可勝說

我二王子陷在賊中已爲連年

未知何所歸宿國運之不幸

癸巳春正月左道巡察使韓孝純統率東左諸將欲討
仁同賊彼衆我寡終未交鋒平安道巡察使獻、提督通
天兵陷入平壤提督於早朝卜吉與朝廷約束諸將
除出左右營士馬結陣於牧丹峯下七星普通含毬等
近處而提督居中指揮臣等伏在降福山望見則辰時末
諸軍鱗次漸進各擧銃砲一時齊發聲振天地大野晦冥
適以風從東南來烟散漫西麓外城及三門間諸將若隅
重霧咫尺不分俄而火起密德賊窟烟焰亘天西風回吹延
爇殆盡天兵鼓噪薄城南方炮手遼薊步兵負牌持矛
槍者急擊大敗之○癸巳三月二十六日得見朝報天朝宋

侍郎已到肅州 大駕今月初三日迎接事自永柔移往
肅川侍郎過後還往永柔衛次安定三宮及東宮時在
定州○癸巳四月日備忘記傳曰今見禮部書狀則提督以
爲講和云此則彼此相生之說不可取宗但今日提督之
言探識業意極爲可疑和之一字前代上比國之字豈忍
出口不勝痛悶設使和而不討此殘賊送之無有爲國
之理乎我國存亡在此提督一行明白接見時宜以大人勦
賊之言則小邦君臣無不洞知哉且但中有講和之說自
古和之一字誤謀國多矣與夷狄講和字有保國之望乎況
倭奴變詐百出心悍叵測非他夷狄之比今以天威震

之則必懼伏而莫敢動若與之和則彼必凌侮年〻侵
軼無疑小邦不勝悶望願大人以此意告于宋爺云〻
此意措辭略作揭帖臨別呈之可也○癸巳四月初四日唐橋
之賊闌入龍醴兩境仁同之賊又入義興境殺掠甚多大丘
府使尹睍自變初率眷隱公山并被焚蕩僅以身免父棲
深山粮盡勢迫發向保寧農舍前月二十日臨渡洛江爲仁
同賊掩襲夫人及子婦處子三人自投江中而死子弟一人奴婢
五十餘口皆被害慘痛可言○癸巳四月二十八日宣傳官持操
信來布京城之賊已爲遁下竹山忠州之賊亦已遁下天兵已
到京城將下尾擊之計○癸巳夏五月初十日巡察使韓孝純

欲向聞慶以迎天将之計而尙州屯賊無意退去盖肆其
暴故由間路到大灘站天将先鋒三大将来陣于此巡察
使只送問安人将向聞慶京畿助防将容通曰天将査
撫兵貪虐無狀若聞本道巡察使之行必侵暴困辱底
閫入来云○癸巳夏五月十二日天将劉遊擊率浙江砲手三
千踰嶺到聞慶劉将淸謹佳聲遠播萬里之外巡察使
切欲承顔而非便未果十五日天将李提督如松率大軍踰
嶺大軍之數六萬餘衆赫赫○皇威大振於千萬里之外孑遺
生靈朽骨欲蘇巡察使率守令跪迎于道左提督視而不
見令老營吏輩持酒肉稱土民以示簞食壺漿以迎王師之
豊則提督駐馬諄諄致勞曰可憐餘生從何得此令通事奉

納云接伴使大提學李德馨接待使禮判韓應寅户判李
誠中放粮使白惟誠跟隨之翌日提督不爲前進還即旋
師還踰嶺向京衆我南民更無所望徒增痛哭而已五月
十七日巡察使於安康縣半途得逢唐官一員則李提督托
以本國無人馬不肯前進還即旋師故宋侍郎欲驗虛實送
此唐官兵馬舟師数書去云義兵將曹好益馳報内東萊
梁山之賊水陸路彌滿向密陽欲犯晉州之計都元帥金命元
駐兵慶州李提督已還京城宋侍郎退駐安州唯李摠兵
祖摠兵張遊擊葛遊擊方駐大灘劉摠兵浙江砲手五千時
駐尚州劉遊擊時駐善山黃指揮陶策士往駐慶州全羅

兵與倡義士金千鎰爲堅(性)傳兵馬來駐右道督捕使朴晉兵馬
及三道防禦使李時彥李薦聖兵馬雖來駐密陽若長驅
則少無交鋒之勢食盡兵疲之歎甚於燃眉若非天兵則此
賊爲無退遁之理。望見罔極而但問天兵之那來住恣行無
忌見物必奪而唯劉揔兵綎一軍上下則賭物必讓見物不
奪其爲淸涯傑出於諸軍人皆欽慕且其本意欲速討賊
而牽制於宋李兩爺迄未遂意尋常捫歎云。許多天兵
費盡餘粮兩歲已竭秋耕無路淩盡枯骨更無所爲處
人爭相食至於什處縣境有一定虜衛者殺食其妹何特
運之不幸至於此極〔 癸巳六月二十日在北道被虜判書黃

廷彧承旨黃赫各宰大人賴天將沈惟敬之救得還過此大
爲王子將不知去處兇賊屯據靈山咸安宜寧已衝晉州而
天兵無意馳援全羅諸將坐觀已款○前月廿九日晉州陷城
消息公始得聞一州老弱盡入城中自城東西南北無慮四十
餘里積屍如山被死將士乃右兵使崔慶會虞候成永達
淸忠兵使黃進倡義士金千鎰金海府使李宗仁晉州牧
使徐禮元判官成守慶前郡守高得賚巨濟縣令金俊民
泰安郡守尹龜壽義兵將高從厚海美縣監鄭名世黃澗縣
監柳夢說懷德縣監南景誠義兵將張潤結城縣監金
應鍵藍浦縣監李禮壽僉正李潛唐津縣監宋悌[illegible]

寧縣監李義精甚[illegible]不能盡力賊將淸正初以別將
捧寧精銳深入北道擄王子擄大臣自以謂成大功又欲南[illegible]
與平行長爭功而關伯平秀吉向淸正多媼之故淸正期欲成
大功欲陷晉州則當時士論 王都社稷尚未免焚蕩況晉州
一城年前官舍閭家已被焚蕩只有真石一名樓有何所關
而明知不敵而強驅難信士卒終至見敗乎只可空城以避其
鋒流山則使淸賊有勝捷之名以充其欲使我保生有住有
餘則彼此有益無害此兵家之良策云而竟至塗地言之奈
何 都元帥金命元遞差以權慄爲元帥天將劉摠兵駐
大丘[illegible][illegible]體察使柳成龍還京 癸巳秋九月天將駱參

將一陣駐慶州貽弊一道可勝痛哉○癸巳冬十月天兵自本
道難辦粮餉湖南舡運亦渴擧國遑遑束手無爲飢饉之
餘癘疫大熾餓屍相枕終日之行無少乾淨之處○癸巳十
二月天將劉都督謁天使後還下八莒營戶判韓準兵判
李恒福工判金命元跟隨之天將戚摠兵不意下來到星州
上枝村巡察使駐處仁厚無比少無作弊之事○甲午三月
初五日天將劉摠兵自大丘向湖南○甲午秋八月巡察使韓孝
純遞代以洪履祥爲巡察使○乙未春正月吏曹受 教八莒縣
劉摠兵營下召聚人民廣作屯田以爲監司留鎭之所監司料
理大作得穀數萬餘石又設義勝之法丁壯爲義勝軍老弱

為義勝粮子遺南民賴此而向蘇○同月二十六日天將陳
遊擊宣諭倭奴講和事自賊中来高靈巡察使往慰之賊
将平行長玄蘇竹溪平調臣等天將所見處左道賊七千
右道賊八千度海入送賊将清正初以別将出来天朝不知此
賊之名宣諭之名不及於清正以此激憤直犯皇朝恐嚇尤
增痛憤○乙未二月巡察使始審晋州百年名區蕩然無
形還分左右道觀察使以徐渻為右監司以洪履祥為左
監司○乙未夏四月天將沈遊擊惟敬由草溪急到密陽
右沈爺自變初為說客多至七八度出入賊中遊說曲折未
詳難悉賊将平行長先送問安倭親迎于三浪浦○同月

二十四日平行長又送駿馬百餘匹以迎遊擊之行遊擊將行
羣倭擁後而去陪臣黃愼從之至八金海諸賊陣封倭天
使已入京隨行馬四百匹刷馬百餘匹刷牛三百隻一日放糧十
三石太二十七石先鮮已到于遺民雖有生氣蕩然丘墟
未由支吾都元帥權慄還向湖南以迎天使都體察使右相
李元翼率副使大司憲金玏從事官將平南以恭來駐
慶州〇乙未秋七月二十四日冊封日本倭酋關白副天使楊方亨
職帶五軍營副將左軍都督府都督僉事自湖南已到充
接伴使吏判李恒福跟隨之上天使李宗成仍留京城
右道賊十三陣內四陣先燒幕撤兵渡海賊將平行長軍

義智陣及巨濟島場門浦以津浦薺浦熊川等處屯陣
之賊七月二十八日撤歸釜山平行長陣中只有天將沈遊擊支
待率倭云安骨浦永登浦伏兵倭二陣獨留天將金指揮
率其家丁百餘名始入左道沃野站百事難形而無以措
直到密陽站留駐○乙未冬十月正使後軍都督府都督
李宗成率將官六十九員軍卒三百五十五員兵部差官頭
督理帶接伴使戶判金睟從事官金尚容李光庭二十
二日自居昌始入左道至密陽站留駐而蕩然丘墟未由支
待接伴使巡察使立庭告悶于天使前依京城例減省
天使廚房所用入量之外諸將各處一日所用直油十二斗

九升二合大口魚五百五十九尾生鮮二百四尾豆泡二千八百二
十四塊醋八斗五升清蜜一石四斗八合甘醬一石二斗七升塩五石五斗
活鷄八十一首肉八十四斤冬瓜二百四十尾菁根二千三百二十本酒
二百四十瓶此外微細之物不可勝記○乙未十一月 日左右
道處處賊陣皆以焚撤咸聚釜山令方渡海惟西生浦賊
將清正與行長爭功相激不肯渡海○二十二日 天使下車
釜山賊營特無渡海消息民力已竭束手無策○正使李
宗成悶其渡海自倭營以微服乘夜晩逃深入慶州境山谷
等十二日不堪飢餓出現于慶州府接伴使金睟獨還京城○
以楊方亨爲正使以沈惟敬爲副使帶跟隨臣黃慎朴弘長渡

海向日本○丙申冬十月初九日巡察使李用淳得見黃愼等舘
則和事不成竟成虛行淸正已辟關伯來在其家不出此月往
據西生舊陣云自聞此奇以來人心危懼莫保朝夕○丙申冬十二
月初四日都體察使李元翼副使韓孝純都元帥權慄巡察使
李用純期會星州議定一切淸野之令驅入山城急於星火星
州一境餘生皆以謂山城必死之地顏色如土聚首相顧悶塞
無語人皆曰天時不如地利〻〻不如人和强驅難信生靈恐
有無窮之悔云而以體相仁賢愛民未能覺悟一切不聽公穀
私粮輸入之令急於燃眉男負女戴怨號格天金烏城體察使
主之公山城巡察使主之其他各城皆定將主之如公山城眞天

險一夫當關萬夫莫敵之地而人心如此其將奈何○丙申十二月
十九日天使自日本渡海到釜山○同月二十二日正使楊方亨自
倭營先出來接伴使李恒福巡察使李用淳往迎于蘇山
站道左天使駐馬俯問多示鄭重之意倭兵百餘人當其
冱寒只荷單衫露體耐寒杖劍先導之狀免慘不忍言由梁山
路二十四日護送于雲峯○副天使沈惟敬繼後出來晦日到陜
川故巡察使自雲峯達夜馳迎于陜川○丁酉春正月初二日
入伽倻山海印寺天使拜佛甚恭都體察使李元翼亦來
謁于天使前天使步出不二門自皇朝兵部勅書來付未知何
事伏聞 聖天子令沈天使仍留小邦使兩國成和後入來事

云一國餘生顒望天使之還欲聞好音旋聞兇賊荷釼踵至之
奇民皆落膽決無收拾之勢丁酉正月十五日賊將清正還
渡海還據于西生浦舊巢穴清野之令急於星火疊入山城之
舉刻期催督民心渙散怨號格天體察使鎮定人心之計於夫
山城斬斬無辜以來士論沮喪莫敢誰何扶老攜幼被驅入
城哭聲連天如在鼎沸之中當此時雖使張巡許遠主之
人心若此莫能捍禦清正書契于我國曰奉書朝鮮國
王陛下有可問尋事故愚雖欲遣使於貴國京城慶
尚之民等以未稟陛下之命無道寸愚使者由是惟不堪
恐懼之志先奉拜呈單牘也勅護軍公松雲師而急

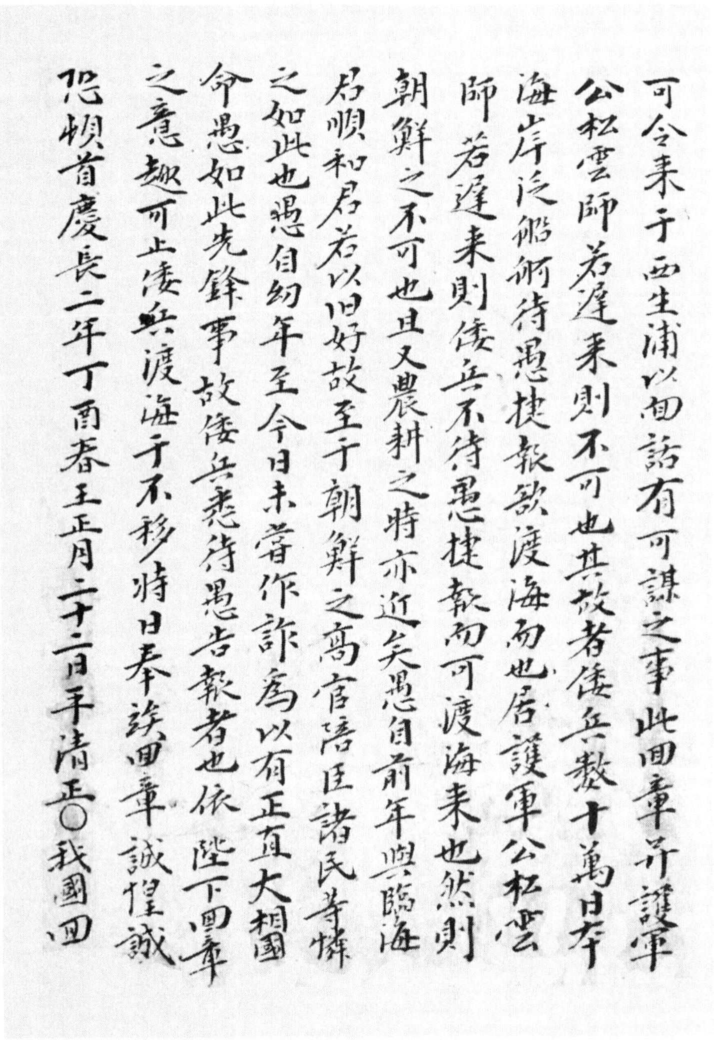
可令來于西生浦以面話有可謀之事此回章并護軍
公松雲師若遲來則不可也其故者倭兵數十萬日本
海岸泛船俯待愚捷報欲渡海而也居護軍公松雲
師若遲來則倭兵不待愚捷報而可渡海來也然則
朝鮮之不可也且又農耕之時亦近矣愚自前年與臨海
君順和君若以旧好故至于朝鮮之高官諸臣諸民等憐
之如此也愚自幼年至今日未嘗作詐爲以有王直大相國
命愚如此先鋒事故倭兵悉待愚告報者也依陛下回章
之意趣可止倭兵渡海于不移時日奉俟回章誠惶誠
恐頓首慶長二年丁酉春王正月二十二日平清正○我國回

127

書曰自從將軍撤兵東渡經界有截雖不得越境傳書
以伸私謝而已已向慕亦未嘗忘于懷也今因蔣啓仁得奉
手札良用爲慰我國於日本素爲與邦講信修睦二百年
于玆不意日本先啓兵釁勞宗社爲墟萬姓塗炭幸賴
天朝一視之仁將解紛息爭偕之大道而即審將軍欲遣
使者京城以通書信用意甚勤但我國凡有大小事必稟
命於 天朝天朝命令未下則我國亦難自由況今 天朝將官多駐京
城平壤義州等諸處而楊冊使先赴 闕下沈冊使奉勅旨南下方
要調戢兩國我國不待 天朝處分經與貴使往復非徒事體[illegible]
不敢爲亦難獲罪 天朝是懼日本如欲更以好意相待則我國

當報知冊使馳禀 天朝吏咨奉 旨回復李將軍亮之順和君疾甚
不逮人事黃赫又遠在北方來書未能修答耳松雲當送赴陣中
想有以待也統惟照諒不宣萬曆二十五年二月十四日臨海君
拜○丁酉秋七月十五日統制使元均率三道舟師自閑山
島出陣于永登浦前洋倭賊先滅我斥候四船乘夜掩
襲我諸船將士皆沉眠不覺倭賊三放銃筒然後元均始
覺接戰之際天亦已明欲出外洋則賊船四面無可奈何
新造別船四十隻爲先被擄我將士皆弃船依岸下陸而
走統制使與兩湖水使諸將皆被害獨右水使裵楔已
命而走尋擒斬之三道舟師士卒無遺被擄閑山一島粮

129

餉軍兇盡爲賊資可勝痛哉○丁酉九月賊將清正自
其西平浦巢穴動兵向西烟熖漲天威振千里○同月二十日
巡察使李用淳於義城鄉校北山結陣待變清賊自比安突
至巡察使稍退策應賊徒直下公山城滿城兇具無遺被
奪公山一城公私之穀不知其幾萬石當其輸穀之日士論卷議
皆以爲豐榮青眞安東等山郡許多之穀則不須強輸山
城各其境內絕險處入積設柵堅守及其危難老弱團聚穀
下則赴戰壯士必不棄父母遠走之理想必父母妻子賴此粮
而埋伏截殺此其上策而竟至塗地柰何曾見湖南大軍七萬
兵行師時勿論水澤江河首尾相接九十餘里而今次清賊累

日結陣處詳見則軍幕之數不過一馬場以此料之則其
軍數不滿千餘名而無一人捍禦可勝痛哉○丁酉七月初
一日天將楊摠兵自全州不意馳來于井溪縣拿去沈冊使
惟敬下獄沈爺自変初出入三國佯主和議案則與賊通
謀到今事覺被拿云倭賊自公山到永川與義兵大將權應銖相
戰大敗之倭賊還遁其巢穴體察李元翼退駐新寧
巡察使李用淳還駐大丘都元帥權慄退駐慈仁縣有
若護送者然哀我南民更無孑遺○丁酉冬十二月十四日
天將麻提督率大軍踰鳥嶺到安東楊經理亦率自
衙兵數千十五日自本處到龍宮接伴使二相李德馨跟

隨之提督揔兵先下義城路直下慶州府經理十七日徊安東
由義城二十一日到慶州境河大驛野陣來特永川郡守金景
下人皆逃走閑倭來此慶州府亦未及支待巡察使分遣
營吏欲得村家米太而竟未覓呈經理步出陣外巡視結
陣完否坐見巡察使獨坐無爲召前慰勞曰我將士自
可炊食勿念支待退宿邑處勿復露坐○二十二日鷄初鳴
經理行軍直到麻提督陣中約束提督則萬里行師必須
休兵養士舉事云而經理曰兵貴神速督令舉事二十三日昧
夜戊時行師公旣未啟大軍直擣淸賊陣即左兵營南門外
城隍堂公稱島山是也倭千餘騎突出天兵佯示退北之狀

賊兵追及天兵先鋒頸下百年嶺近處藏兵一時挾攻大破
之斬首千餘級直突清正外城多發雷天霹靂砲地天振
動外城則蹂躪殆盡淸正平行長及平秀吉婿名不知倭
將只率精銳走入內城城中凡然小孤城其中容衆必不滿千
兵入居其中亂放矢砲故未易撞破天兵我軍合勢圍之三
匝唯待彼賊自困出降而已○戊戌春正月初三日楊經理麻提
督不意解圍旋師曰久圍賊陣終不出降天兵露處多日
死亡相仍退駐安東休兵養士又待劉綎兵數萬十去來合
勢更討云謁一國輸粮空弃走可勝痛哉公次之戰天將
邢軍門駐京城其以下楊經理麻提督吳摠兵李副摠解

副摠李副摠高都督李遊擊茅遊擊葉遊擊羊遊擊
頗遊擊樑遊擊安遊擊牛遊擊此其名將其餘編將未
能盡記○天兵久圍之日不肯他策只放飜天大將卒閑暇
若無為當此之時我國大兇中天字箭雖壯而鈍不及遠
地字箭震天雷神猛而遠及可衝數里之賊倡山清賊陣而
有對峯一二里多設機械於對峯之上以地字箭震天雷
連放八送于賊陣使賊不得自安使華人知我國大兇如是可
也而有若無而為而隨天兵自退可勝痛哉○楊經理麻提
督率諸將旋師只留李副摠芳春率其兵三千留防安
東○戊戌四月天兵四萬六千餘衆不意南下分駐醴泉安東義

城義興新寧永川尙州善山星州等處大有所恃而本道見在
之粮僅支一朔之故公私蕩竭缺無繼粮之道擧國遑遑束手
無策○戊戌五月麻提督還下由安東義城義興十四日到新
寧吳摠兵陣中聞倭賊還退即即旋師十八日還到安東○八
月初一日提督自安東起身向京○皇朝大兵一時南下劉提督
赴順天董提督赴泗川麻提督赴蔚山皆未得捷淸正不過公
廨一倭而入據沓沓一孤城坐困天下時也運也可勝痛哉○戊戌冬
十月天朝梁按察來駐星州接伴使尹國馨跟隨之以粮餉難
繼之故巡察使鄭經世日被譙責於衙門痛悶奈何○十二月初
一日急聞天朝大官不意南下之奇未由支待巡察使馳到咸

135

昌則天朝徐給事初六日丁主事初七日陳御史初十日皆由鳥嶺
南下三爺皆大官極尊衙門皆向慶州路是時淸賊還兵國
天朝表〻將官名號左路諸將右路諸將未得記錄久事○欽
差整飭遼陽等處海防兵備帶管東路監軍道事右叅議梁祖
齡○欽差贊畫朝鮮軍務兵部職方淸吏司主事丁應泰○欽
差査勘東征軍務兵科左給事徐觀瀾○欽差摠督薊遼保定
等處軍務兼理粮餉經畧禦倭兵部尙書兼都察院右副都御
史邢玠○欽差經理朝鮮軍務都察院右副都御史萬世德○欽
差監察遼海朝鮮軍務監察御史陳效○欽差管理備倭粮餉
户部郎中董漢儒○欽差提督南北水陸官兵防海禦倭摠兵管

後軍都督府都督麻貴○禦倭摠兵官吳維忠○禦倭副摠
兵解生○叅将楊登山○叅将王國棟○游擊頗貴○游擊陳
寅○游擊葉思忠○游擊許國威○坐營都事張維城○都事
薛虎臣○叅将龐渤○叅将楊紹祖○千摠葛鳴盛高進義
○把摠官謝炤劉應春丁國用王勘定安應科曺子龍○軍門
都事謝用梓軍門賛畫官朱漢卿管粮官指揮王来徵○
千把摠官楊國卿○千摠張勇○千摠賈朋○千摠韓儒○千
摠李猛蘆○千摠李賀賓○千摠張應擧○中軍趙泰相○
中軍趙應元○旗鼓官崔科○旗牌官籍可用趙尙爵傳方
臣陳光宗倪孟敬募緣官曺盡忠韓定○丁主事應泰行到

聞西得見海東記以我國奸欺引賊至於奏聞于天朝故在外
諸臣上書曰朝鮮國議政府右議政李德馨原任戶曹判書金
睟諸道都元帥權慄西路摠管使韓孝純禮曹參判閔仁伯
全羅道巡察使黃愼兵曹參議權愭戶曹參議李民覺等謹
叩首百拜上書于欽差西路禦倭監軍道臺下職等蒙寡君差
委奔走於戎馬調度之間其他則未暇省焉既聞寡君被丁贊
畫參奏不視事者有日舉國遑遑罔措職等在遠外不得守王
宮而吁籲又不得泣訴於制府科憲各衙門徒自摧腸腐心
瞻望於挹而猶未見李煬未知其所參辭說何謂及今始着
謄報可恠可愕有鑿空而做出者有因跡而搆揑者有人心天

理所不可忍道恣加詬蔑不已者職等目不能正肩身不
能正聽且驚且悶且憤且痛久[illegible]自定也欽惟 聖天
子明見萬里之外 上司諸老爺下至各營將卒親覩
小邦事情彼疏中之語不須辨論第君臣之義根於
秉彜如天經地緯亘萬古而不可易者若或以不韙加之
於此則庶人猶不忍晏然自處如平日況於一國之君乎今
玆寡君被誣之事一日未雪則一日未敢以常禮自處二
日未雪則二日未敢以常禮自處此情理之必然臨變激
惱自不得不已吁亦戚矣小邦自箕子受封以來遺化未
泯仁柔貞信見稱古史逮我 太祖高皇帝 誕撫萬邦

而國祖康獻大王始受封於洪武壬申之歲迄今二百餘年
至誠事大恪修侯道得蒙列聖待之如一家東漸之澤浹
民肌骨若寡君拱北之誠如金之百鍊而益剛如水之萬折而
必東天地鬼神所共鑑知曩在辛卯年賊酋秀吉有謝
天之志貽書共力貢語極悖逆寡君即遣陪臣金應南
具奏以聞朝廷賜勅嘉奬翌年夏四月賊之先鋒陷釜
山節制使鄭撥死之第二日陷東萊府使宋象賢死之
賊分路而上小邦軍兵一敗於密陽再敗於尚州三敗於忠
州而都城已危解矣小邦昇平之餘猝遇滔天之賊勢不支
吾無以戢殺屢要借道或貪或誘寡君以爲力屈於藩

蔽則寧赴訴於父母而死矣遂與諸臣之執羈靮者恣意
而西欲守浿江賊勢盛逼退駐鴨江請爲內附于將本兵
首還差官黃應 天朝受害如此 天朝不胥知矣賊充據
平壤辭語極危悖 朝廷悶悲其狀遂發兵極救寡君於
流離顚沛之際奉而周旋者唯是一節忠義及大兵快捷
平壤而直至于臨津咸謂王京以南臂如破竹毋無異議
不幸師頓不進淹歷夏月而一種苟且了事之論作矣於
是或言釜山舊有倭戶釜山之有倭不足逐也或言朝鮮
歲遣倭奴紬米今與之修好可矣轉輾文飾報奏塞責
目前以誤大計墮虧損 天朝體貌至今七年而勞毋弊

者實此報爲之祟也豈知今日怒甲移乙之言仍而誣諂寡[illegible]
又如此耶嗚呼痛哉嗚呼痛哉對馬島本小邦慶尚道地方中
古爲倭奴所占舊有投順倭人来居薺浦塩浦釜山浦等三處
非我族類易於煽亂往在正德庚午年小邦驅巢無遺此載
小邦輿地書可覆視也對馬島爲路咽喉山多地瘠無稻米本
處商倭来要邊市傳報賊情或日本倭奴與對馬島倭奴而求
往来者小邦並羈縻不絶定其歲遣舡數及圖書符驗一年應
受米只二百石此與 天朝邊上韃子一般雖是小邦事體之所不敢
而區區只爲海邊赤子設此事耳若海東紀略則有陪臣申叔舟
得日本之史記其土地風俗稪槩仍以序文弁其首書日本紀年

者只是謄本文而備覽耳其序尾大揭 天朝成化年號此則
何不擧耶漢時諸侯王於其國自尊爲宗者有之此出於
臣子欲尊敬其主之私情耳如酌其情則觀過可知仁矣先
王何與哉寡君即位三十餘年未嘗一日有聲色弋獵之娛
日與儒臣開書筵訪治道問民事其不喜繁華儉勤于
家邦即素性出天而無待於典學矣只以昇平日久武備未
完令德在躬否運難免以治世得民之主値千古所無之變此
則天也數也其於人力何哉然而倭奴蹂躪八道服節死者無
筭未有一守土之人附順於賊征繕七年調發日苦而百姓忍飢
爭趍官令寡君及人之仁於是可見矣職等每痛寡君遭

遇之不幸而猶自慰者義聲聞天下斯無愧於後世矣
不意橫被惡言反肆誣陷環東海一域凡有血氣者忠
憤欝抑誓有一死尚何以生爲哉倘此惡言未卽蒙
昭雪則寡君視宗社土地如視敝屣恤恤如窮人之無
歸東韓之民擧爲罪人將何以自立於天地間子滅賊
報讎特餘事耳仁人君子寧不爲動念乎哉伏乞
下執事明白奏揭陳辨使市虎之說不得恣行以洒一國
至冤至痛則小邦君臣生死骨肉受死而不敢忘矣情迫
辭蹙伏希諒察 此則在湖南諸臣
朝鮮國陪臣刑曹判書李忠元司憲府大司憲柳永慶

知中樞府事李光廷刑曹參判尹國馨工曹參判尹泂慶
尚道巡察使鄭經世等呈爲深冤莫伸至痛在心冀蒙
舒究亟賜昭雪事畢職等聞丁賓盡以小邦爲奸欺引
賊至於奏聞于朝且驚且憤且怯且痛思欲披瀝心肝就
辨於 老爺之庭者非一非再而第惟流言止於智者天
日臨之在上彼揑虛造誣之事當不待區〻辨說而自底
於消釋矣傾耳側聽日月已久而迄未聞明白奏揭快雪
冤枉天特己溪惡名未去使小邦人心憤鬱而不伸〻則
塞〻則否〻則氣像愁慘政理乖廢於是上而寡君下
以庶民內以籌畫之臣外以奔走之臣皆曰我國血誠事

145

大衆義拒賊而終以黨逆反君受誣得罪 皇朝[illegible]
之罪人得罪名義爲萬世之罪人此究未辨則亂賊不必討
邦國不必存重恢社稷皆故餘事而將無以自立於天
壤之間矣若是則豈以煩瀆爲避自明爲嫌而不瀝
血以陳之乎嗚呼小邦之被惡於讒畫者非也特海
東記略爲其捏虛之本旣此而論其曲直則其他構陷
之實終亦難掩矣竊惟小邦與日本爲隣彼禽獸之性易
叛難服射聲猝發虺毒遍吹世爲邊患罔有紀極於是
乎不得已而爲羈縻之計因其納款而開市不禁許以往
來而館待有所至於紬米之給簡書之通此固前代之所

未免而其實則無非欲保固生民藩衛 上國而已今
欲假其跡而掩其實以小邦爲服屬於倭奴則人雖可
欺天不畏乎若其大書日本年號者蓋是書得倭於
僧而專記海東事故標其僭稱之元而其下節註之
曰天朝之某元幾年也蓋欲繙閱者知其世次先後而
已其序文之末又大書成化某年則其遵奉 王正可知
也春秋之作因魯史故大書魯元年而註解者書平王
某年於其下以此而謂無尊周之心可乎此事曲折則
具在本記是非虛實一閱可得其中言之罔極而情所
不近又有甚於此數者招納倭奴欲復舊疆是也嗚呼蠢

茲兇醜非我族類在其國爲簒君之賊在 皇朝有射
天之志罪踰逆亮海難流恶小邦力微雖不能聲罪致
討其忍從於悪而相濟乎釜山之舊有倭戶賫去於一時
互市之請而中因救援討滅已八十年矣今乃謂于萬曆
辛卯誘引世居倭戶往於諸酋煽亂云求之天理人情
果亦當然而無許爲小邦自箕子受封以来洊被仁
賢之化以禮義貞順見稱於中國久矣逮夫大明御
極聲敎旁漸八荒即叙四海讋帖況我東韓最被恩
眷小邦以父母事皇朝皇朝以內服待小邦朝聘之禮已
著於表章字恤之仁可見於諭勅此豈通義常經亘乎

萬古優恩異渥視猶一家惟其如是故曩者倭奴寇我
上國爲小邦邏兵所得即以獻其俘及所擒華人嘗以
此屢蒙天朝奬賞小邦之捍衛東邊不貳藩職者此
也辛卯春賊酋秀吉殺其正開伯禍心未已信然有侵
鎬之志致書寡君覬以假途寡君據義斥絕即奏聞
于 朝彼則怨我不肯助己爲亂稱兵犯順踐蹂我土鉤
牙鉅爪血我三都此其稔惡固非一日乘時而發兵禍如纏
吁土地自有界限分義嚴如天地寧有爭一九夾江之地而
誘致兇賊犬邦爲讐終至於自覆其國而無所悔乎小
邦果招納倭奴一如秦說則壬辰以後倭寇之捏造虛僞

通行間諜欲使小邦見疑於 皇朝者無所不至而無一諒者
於相爲黨援以復遼疆何哉近又倭奴請和小邦非止再
而寡君恥與賊連和當冊使渡海之時小邦陪臣黽勉
隨行而不敢云通信惟以跟隨爲名値此強弱懸殊存
亡立決之日尚不肯畢辭請成況於國體猶存之日其有
是事乎以彼以此俱無所據有罪無罪不須多辨第以
惡莫極於黨賊冤莫痛於搆陷辨莫難於先入一日未
辨則爲一日無君之國一年未辨則爲一年無君之國被
此名以生不如速死之爲愈此所以遑遑惑惑唯恐此冤之
未雪而雖今日言之明日被戮於賓畫之前亦有所不

暇計者也此而未白則其他侵誣之事微細不足言而在小邦
臣民又有所不得不籲呼者寡君自受命以來圖恢治
理釐舉廢政內無聲色之娛外絶遊畋之樂淹情書史事
必師古延訪儒臣禮罔或懈今遭喪亂修省益切惧無
以作答天戒貽恤皇朝義聲昭著臣民感悅撤移根
餉繕緝器械廢有以協勢於 天兵圖濟於國事此實
老爺親蒞小邦所嘗目覩者也今遽以暴虐沉湎加之
於寡君身上欲加之罪其無辭乎彼贊畫亦何嘗有一
毫私怨於小邦而捏虛造誣一至此極無他特因一款
事拂其意轉輾觸忤以至於此畢職等雖不敢明言

而 老爺必有以察之矣卑職等聞忠無不報信[illegible]
疑況以悋譴如小邦羽燭如 老爺豈有銜寃抱誣終
有未暴之理乎伏願 老爺求之於天理利之以大義曲
垂憐察速為伸雪使小邦君民得以自立於天日之下
幸甚為此理合具呈伏請照詳施行須至呈者
己亥夏五月 皇朝水兵來防數○杜副使兵四千一百
○陳游擊兵八千駐釜山○張副摠兵四千六百駐竹島○
又水兵三千駐海口○藍游擊步兵三千水兵一千駐巨濟
○水兵一千駐閑山○水兵一千駐南海○解副摠兵三千駐
竹島之南釜山之北○俞叅將馬兵二千駐巨濟之東竹島之

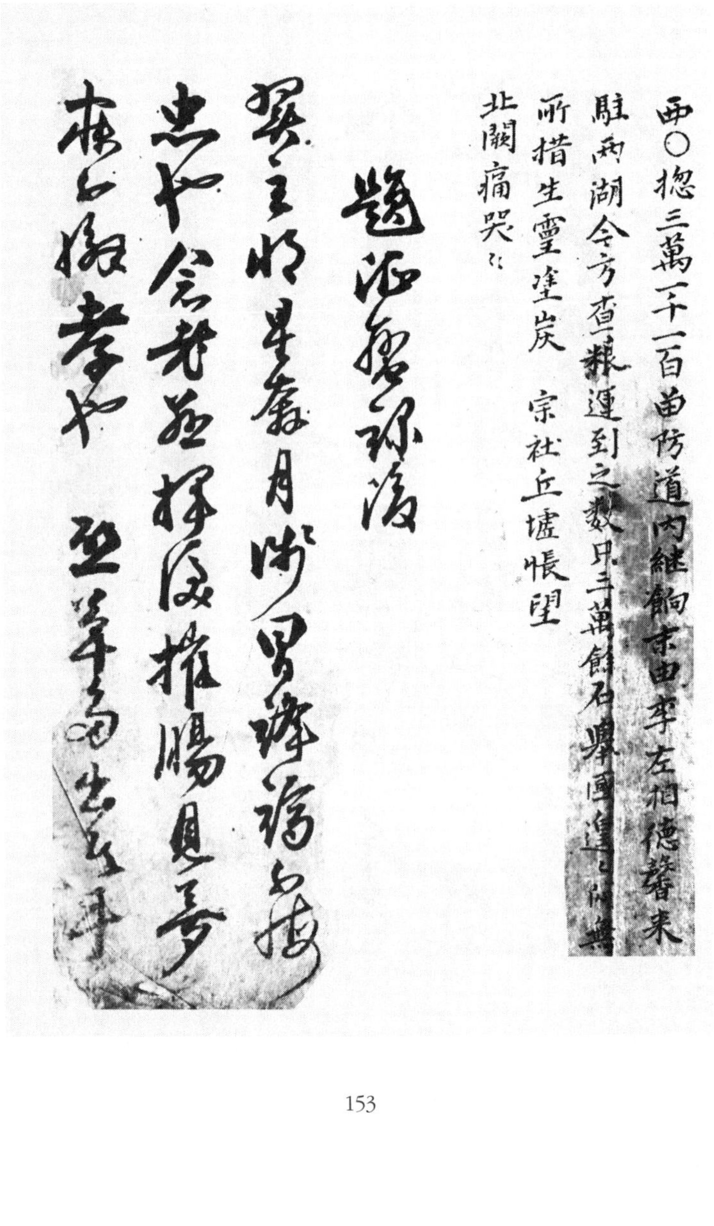

西○摠三萬一千一百畒防道内継餉京由李左相德馨来
駐兩湖令方查糧運到之數早三萬餘石李國進〻無
所措生靈塗炭　宗社丘墟悵望
北闕痛哭〻

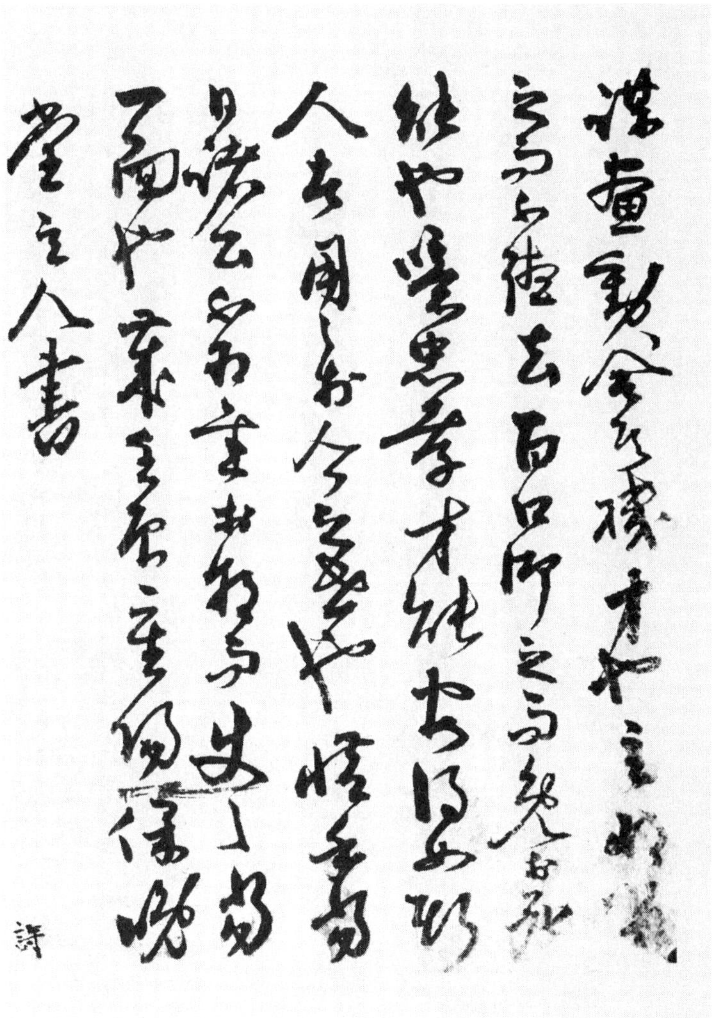
詩

이탁영 정만록의
임진변생후일록

李擢英 征蠻錄 壬辰變生後日錄

영인 자료

《정만록》 乾, 한국국학진흥원 소장

여기서부터 영인본을 인쇄한 부분입니다. 이 부분부터 보시기 바랍니다.

역주자 신해진(申海鎭)

경북 의성 출생
고려대학교 국어국문학과 및 동대학원 석·박사과정 졸업(문학박사)
전남대학교 제23회 용봉학술상(2019) ; 제25회·제26회 용봉학술특별상(2021·2022)
현재 전남대학교 인문대학 국어국문학과 교수

저역서 『용주 조경 호란일기』(2023), 『암곡 도세순 용사일기』(2023)
『설하거사 남기재 병자사략』(2023), 『사류재 이정암 서정일록』(2023)
『농포 정문부 진사장계』(2022), 『약포 정탁 피난행록(상·하)』(2022)
『중호 윤탁연 북관일기(상·하)』(2022), 『취사 이여빈 용사록』(2022)
『양건당 황대중 임진창의격왜일기』(2022), 『농아당 박홍장 병신동사록』(2022)
『청허재 손엽 용사일기』(2022), 『추포 황신 일본왕환일기』(2022)
『청강 조수성 병자거의일기』(2021), 『만휴 황귀성 난중기사』(2021)
『월파 류팽로 임진창의일기』(2021), 『검간 임진일기』(2021)
『검간 임진일기 자료집성』(2021), 『가휴 진사일기』(2021), 『성재 용사실기』(2021)
『지헌 임진일록』(2021), 『양대박 창의 종군일기』(2021)
『선양정 진사일기』(2020), 『북천일록』(2020), 『괘일록』(2020), 『토역일기』(2020)
『후금 요양성 정탐서』(2020), 『북행일기』(2020), 『심행일기』(2020)
『요해단충록 (1)~(8)』(2019, 2020), 『무요부초건주이추왕고소략』(2018)
『건주기정도기』(2017)
이외 다수의 저역서와 논문

이탁영 정만록의 임진변생후일록
李擢英 征蠻錄 壬辰變生後日錄

2023년 7월 21일 초판 1쇄 펴냄

원저자 이탁영
역주자 신해진
펴낸이 김흥국
펴낸곳 도서출판 보고사

책임편집 이경민
표지디자인 김규범

등록 1990년 12월 13일 제6-0429호
주소 경기도 파주시 회동길 337-15 보고사
전화 031-955-9797(대표)
팩스 02-922-6990
메일 bogosabooks@naver.com
http://www.bogosabooks.co.kr

ISBN 979-11-6587-560-2 93910

정가 30,000원